佛教十三经

楞严经

赖永海 主编

刘鹿鸣 译注

中华书局

总　序————————————————————————

　　佛教有三藏十二部经、八万四千法门，典籍浩瀚，博大精深，即便是专业研究者，用其一生的精力，恐也难阅尽所有经典。加之，佛典有经律论、大小乘之分，每部佛经又有节译、别译等多种版本，因此，大藏经中所收录的典籍，也不是每一部佛典、每一种译本都非读不可。因此之故，古人有"阅藏知津"一说，意谓阅读佛典，如同过河、走路，要先知道津梁渡口或方向路标，才能顺利抵达彼岸或避免走弯路；否则只好望洋兴叹或事倍功半。《佛教十三经》编译的初衷类此。面对浩如烟海的佛教典籍，究竟哪些经典应该先读，哪些论著可后读？哪部佛典是必读，哪种译本可选读？哪些经论最能体现佛教的基本精神，哪些撰述是随机方便说？凡此等等，均不同程度影响着人们读经的效率与效果。为此，我们精心选择了对中国佛教影响最大、最能体现中国佛教基本精神的十三部佛经，认为举凡欲学佛或研究佛教者，均可从"十三经"入手，之后再循序渐进，对整个中国佛教作进一步深入的了解与研究。

　　"佛教十三经"的说法，由来有自。杨仁山、梅吉庆以及中国佛学院都曾选有"佛教十三经"，所选经典大同小异。上述三家都选录的经典有：《金刚经》、《维摩诘经》、《法华经》、《楞伽经》、《楞严经》；被两家选录的经典有：《心经》、《胜鬘经》、《观经》、《无量寿经》、《圆觉经》、《金光明经》、《梵网经》、《坛经》。此外，《四十二章经》、《佛遗教经》、《解深密经》、《八大人觉经》、《大乘密严经》、《地藏菩萨本愿经》、《菩萨十住行道品经》、《大毗卢遮那成佛神变加持经》为一家所选录。本着以上所说的"对中国佛教影响最大、最能体现中国佛教基本精神"的原则，这次我们选择了以下十三部经典：《心经》、《金刚经》、《无量寿经》、《圆觉经》、《梵网经》、《坛经》、《楞严经》、《解深密经》、《维摩诘经》、《楞伽经》、《金光明经》、《法华经》、《四十二章经》。

佛教发展至今已有两千多年的历史，就其历史发展、思想内容说，有大乘、小乘之分。《佛教十三经》所收录之经典，除了《四十二章经》外，多为大乘经典。此中之缘由，盖因佛法之东渐，虽是大小二乘兼传，但是，小乘佛教在传入中国之后，始终成不了气候，且自魏晋以降，更是日趋式微；直到13世纪以后，才有南传上座部佛教在云南一带的流传，且范围十分有限。与此相反，大乘佛教自传入中土后，先依傍魏晋玄学，后融汇儒家的人性、心性学说而蔚为大宗，成为与儒道二教鼎足而三、对中国社会各方面产生着巨大影响的一股重要的社会思潮。既然中国佛教的主体在大乘，《佛教十三经》所收录的佛经自然以大乘经典为主。

对于大乘佛教，通常人们又因其思想内容的差异把它分为空、有二宗。空宗的代表性经典是"般若经"。中国所见之般若类经典，以玄奘所译之《大般若经》为最，有六百卷之多。此外还有各类小本"般若经"的编译与流传，其中以《金刚经》与《心经》最具代表性与影响力。

"般若经"的核心思想是"空"。但佛教所说的"空"，非一无所有之"空"，而是以"缘起"说"空"，亦即认为，世间的万事万物，都是条件（"缘"即"条件"）的产物，都会随着条件的变化而变化。条件具备了，它就产生了（"缘起"）；条件不复存在了，它就消亡了（"缘灭"）。世间的一切事物，都不是一成不变的，而是一个念念不住的过程，因此都是没有自性的，无自性故"空"。《金刚经》和《心经》作为般若经的浓缩本，"缘起性空"同样是其核心思想，但二者又进一步从"对外扫相"和"对内破执"两个角度去讲"空"。《金刚经》的"对外扫相"思想集中体现在"一切有为法，如梦幻泡影，如露亦如电，应作如是观"这个偈句上，"对内破执"则有"应无所住而生其心"这一点睛之笔。《心经》则是以"色不异空，空不异色；色即是空，空即是色；受想行识亦复如是"来对外破五蕴身，以"心无罣碍"来破心执。两部经典都从扫外相、破心著的角度去说"空"。

有宗在否定外境外法的客观性方面与空宗没有分歧，差别仅在于，有宗虽然主张"外境非有"，但又认为"内识非无"，倡"三界唯心"、"万法唯识"，认为一切外境、外法都是"内识"的变现。在印度佛教中，有宗一直比较盛行，但在中国佛教史上，唯有玄奘、窥基创立的"法相唯识宗"全力弘扬"有宗"的思想，并把《解深密经》等"六经十一论"作为立宗的根据，《佛教十三经》选录了对"唯识宗"影响较大的《解深密经》进行注译。

《解深密经》的核心思想在论证一切外境外法与识的关系，认为一切诸法乃识之变现，阿赖耶识是生死轮回的主体，是万物生起的种子。经中还提出了著名的"三性"、"三无性"问题，并深入地论述了一切虚妄分别相与真如实性的关系。

与印度佛教不尽相同，中国佛教的主流或主体不在纯粹的"空宗"或"有宗"，而在大乘佛教基本精神与中国传统文化（特别是儒家心性学说）汇集交融而成的"真常唯心"思想，这种"真常唯心"思想也可称之为"妙有"的思想。首先创立并弘扬这种"妙有"思想的是智者大师创建的天台宗。

天台宗把《法华经》作为立宗的经典依据，故又称"法华宗"。《法华经》的核心思想，是"开权显实，会三归一"，倡声闻乘、缘觉乘、菩萨乘同归一佛乘，主张一切众生悉有佛性。《法华经》是南北朝之后，中国佛教走向以大乘佛教为主流的重要经典依据，也是中国佛教佛性理论确立以一切众生悉有佛性、都能成佛为主流的重要经典依据。而《法华经》的"诸法实相"也成为中国佛教"妙有"思想的重要思想资源和理论依据。

中国佛教注重"妙有"之思想特色的真正确立，当在禅宗。慧能南宗把天台宗肇端的"唯心"倾向推到极致，作为标志，则是《坛经》的问世。《坛经》是中国僧人撰写的著述中唯一被冠以"经"的一部佛教典籍，其核心思想是"即心即佛"、"顿悟成佛"。《坛经》在把佛性归诸心性、把人变成佛的同时，倡导"即世间求解脱"，主张把入世与出世统一起来，而这种思想的经典根据，则是《维摩诘经》。

《维摩诘经》可以说是对中国佛教影响最大的一部佛经，

不论是作为中国佛教代表的禅宗，还是成为现、当代佛教主流的人间佛教，《维摩诘经》中的"心净则佛土净"及"亦入世亦出世"、"在入世中出世"的思想，都是其最为重要的思想资源和经典依据。尤其值得一提的是，贯穿于整部《维摩诘经》的一根主线——"不二法门"，更是整个中国佛教的方法论依据。

《楞伽经》也是一部对禅宗、唯识乃至整个中国佛教有着重大影响的佛经。《楞伽经》思想有两个重要特点，一是融汇了空、有二宗，既注重"二无我"，又讲"八识"、"三自性"；二是把"如来藏"和"阿赖耶识"巧妙地统合起来。因此之故，《楞伽经》既是"法相唯识宗"借以立宗的"六经"之一，又被菩提达摩作为"印心"的依据，并形成一代楞伽师和在禅宗发展史颇具影响的"楞伽禅"。

《楞严经》则是一部对中国佛教之禅、净、律、密、教都有着广泛而深刻影响的大乘经典。该经虽有真伪之争，但内容十分宏富，思想体系严密，几乎把大乘佛教所有重要理论都囊括其中，故自问世后，就广泛流行。该经以理、行、果为框架，谓一切众生都有"菩提妙明元心"，但因不明自心清净，故流转生死，如能修禅证道，即可成就无上正等正觉。这一思想对中国佛教的各宗各派都产生了极其深刻的影响。

《圆觉经》是一部非常能够体现中国佛教注重"妙有"思想特色的佛经。该经主张一切众生都具足圆觉妙心，本当成佛，无奈为妄念、情欲等所覆盖，才于六道中生死轮回；如能顿悟自心本来清净，此心即佛，无须向外四处寻求。该经所明为大乘圆顿之理，故对华严宗、天台宗、禅宗都有十分重要的影响。

《金光明经》对中国佛教的影响，主要体现在其"三身"、"十地"思想、大乘菩萨行之舍己利他、慈悲济世思想、金光明忏法及忏悔思想、以及天王护国思想。由于经中所说的诵持本经能够带来不可思议的护国利民功德，故长期以来被视为护国之经，在所有大乘佛教流行的地区都受到了广泛重视。

《无量寿经》是根据"十方净土"的思想建立起来的净土类经典，也是净土宗所依据的"三经"之一。经中主要叙述过去世法藏菩萨历劫修行成无量寿佛的经过，及西方极乐世界的种种殊胜。净土信仰自宋之后就成为与禅并驾齐驱的两大佛教思潮之一，到近、现代更出现"家家阿弥陀，户户观世音"景象，故《无量寿经》在中国佛教史上的影响至为广泛和深远。

《梵网经》在佛教"三藏"中属"律藏"，是大乘戒律之一，在中国佛教大乘戒律中，《梵网经》的影响最大。经中主要讲述修菩萨的阶位（发趣十心、长养十心、金刚十心和体性十地）和菩萨戒律（十重戒和四十八轻戒），是修习大乘菩萨行所依持的主要戒律。另外，经中把"孝"与"戒"相融通、"孝名为戒"的思想颇富中国特色。

所以把《四十二章经》也收入《佛教十三经》，主要因为该经是我国最早译出的佛教经典，而且是一部含有较多早期佛教思想的佛经。经中主要阐明人生无常等佛教基本教义和讲述修习佛道应远离诸欲、弃恶修善及注重心证等重要义理，且文字平易简明，可视为修习佛教之入门书。

近几十年来，中国佛教作为中国传统文化的重要组成部分，以其特殊的文化、社会价值逐渐为人们所认识，研究佛教者也日渐增多。而要了解和研究佛教，首先得研读佛典。然而，佛教名相繁复，义理艰深，文字又晦涩难懂，即便有相当文史基础和哲学素养者，读来也颇感费力。为了便于佛学爱好者、研究者的阅读和把握经中之思想义理，我们对所选录的十三部佛典进行了如下的诠释、注译工作：一是在每部佛经之首均置一“前言”，简要介绍该经之版本源流、内容结构、核心思想及其历史价值；二是在每一品目之前，都撰写了一个“题解”，对该品目之内容大要和主题思想进行简明扼要的提炼和揭示；三是采取意译与音译相结合的原则，对所选译的经文进行现代汉语的译述。这样做的目的，是希望它对原典的阅读和义理的把握能有所助益。当然，这种做法按佛门的说法，多少带有“方便设施”的性质，但愿它能成为“渡海之舟筏”，而不至于沦为“忘月之手指”。

赖永海

庚寅年春于南京大学

前　言 ————————————————————

　　"开悟的《楞严》，成佛的《法华》。"这句禅门话语道出了《楞严经》在中国佛教中的特殊地位和影响。本经自唐代中叶译出后便开始流行，宋代之后更是盛行于僧俗、禅教之间，成为汉传大乘佛教的最核心经典之一，是一部对中国佛教之禅、净、教、律、密都有着广泛而深刻影响的大乘经典。

　　《楞严经》以禅定修习之见、修、行、果为框架，以首楞严大定为中心，系统讲述了见地抉择、禅修法门、菩萨阶位以及七趣因果和五十阴魔等佛法大义，其禅观体系组织得十分严密巧妙，义理宏深，内容丰富，一经在手，见修齐备，因而被誉为佛教"教观之总纲"，素有"佛教全书"之称；其教理和禅观思想，对宋代之后的中国佛教发展产生了极其深刻的影响。元代天如惟则法师称之为："《首楞严经》者，诸佛之慧命，众生之达道，教网之宏纲，禅门之要关也。"明代高僧蕅益智旭在《阅藏知津》中称赞："此经为宗教司南，性相总要，一代法门之精髓，成佛作祖之正印。"

　　《楞严经》对于修行开悟、明了宇宙人生实相真理具有特

1

别的意义，是能够使人入门悟道的一部书，也是抱本修行直至证果都需要带在身边的一部书。明代憨山德清大师言："不知《法华》，则不知如来救世之苦心；不知《楞严》，则不知修心迷悟之关键。"由于经中对于破妄显真、破魔显正以及禅定中出现的种种魔事境界作了非常细致的讲述，故本经历来被公认为是一部禅修宝典、破魔大全。

从唐末五代以来，丛林就盛行"楞严法会"，宋元以后，楞严咒逐步成为丛林早课的中心内容，而《楞严经》的流传和讲习也随之更普遍了。

《楞严经》在唐代译出不久，就流传到了日本、韩国。在藏文《甘珠尔》中有由汉译藏的《大佛顶首楞严经》第十品以及《魔鬼第九》两本，实即本经第九、第十两卷，据学者考证，为西藏前弘期（约当唐代）的译品。清乾隆年间，章嘉呼图克图主持，由衮波却将全经重译成藏文，并刊成汉、满、藏、蒙四体合璧的《首楞严经》全帙。

一　本经之翻译和流通

《楞严经》是在唐代中叶于广州制旨寺（今光孝寺）译成汉语，并随后开始流通。唐代著名的佛经目录学家智升将其列入《开元释教录》（编于唐开元十八年[730]，是经录中集大成者，宋藏以下诸藏皆依准之）中。自北宋初年第一部雕刊汉文大藏经《开宝藏》起，直至清朝乾隆年间刊刻的《龙藏》，无一例外地将其列入"正藏"加以流通。

关于《楞严经》的传译情况，早在本经流传之初就有不同说法，由此也引起了后世关于本经的真伪之争。智升在《开元释教录》卷九中记载，罗浮山沙门释怀迪"因游广府，遇一梵僧（原注：未得其名），赍梵经一夹，请共译之，勒成十卷，即《大佛顶万行首楞严经》是也。迪笔受经旨兼缉缀文理。其梵僧传经事毕，莫知所之。有因南使，流经至此"。在同书的卷十二、卷十七则简略记为"大唐循州沙门怀迪共梵僧于广州译，新编入录"、"大唐沙门怀迪于广州译"。这就引起了一些学者的误解。智升在其后专门补充译经史迹的《续古今译经图记》中则有了详细记载："沙门般剌蜜帝，唐云'极量'，中印度人也。怀道观方，随缘济度，展转游化，达我支那。乃于广州制旨道场居止。众知博达，祈请亦多。利物为心，敷斯秘赜。以神龙元年（705）龙集乙巳五月己卯朔二十三日辛丑，遂于灌顶部诵出一品《大佛顶如来密因修证了义诸菩萨万行首楞严经》一部十卷。乌苌国沙门弥伽释迦语，菩萨戒弟子前正谏大夫同中书门下平章事清河房融笔受，循州罗浮山南楼寺沙门怀迪证译。其僧传经事毕，泛舶西归。有因南使，流通于此。"这一记载，颇为全面，不但补充了《开元释教录》中情况不明的"梵僧"详情，而且增加了弥迦译语、怀迪证译和房融笔受等译经经过。智升在《续古今译经图记》中关于《楞严经》传译的补充资料，被其后的佛教目录家所采用。在稍后释圆照撰写的《贞元新定释教目录》中，关于《楞严经》的传译完全采用了《续古今译经图记》的说法，而不再沿用《开元释教录》的说法。

关于本经的流通主要有三种说法。一是智升《续古今译经图记》记载："有因南使，流通于此。"即有南方的使者来奏入朝廷而得以流通。二是宋代长水子璇《首楞严义疏注经》中说："房融入奏，又遇中宗初嗣，未暇宣布，目录缺书。时禅学者因内道场得本传写，遂流此地。大通（即神秀禅师）在内，亲遇奏经，又写随身，归荆州度门寺。有魏北馆陶沙门慧振搜访灵迹，常慕此经，于度门寺遂遇此本，初得科判。"这是说，房融奏入武则天朝廷，随后唐中宗初登基，故没来得及宣布，恰好神秀禅师在内道场接受供养，看到后传写，带到了荆州度门寺。沙门慧振正在寻找此经，在度门寺遇到此本，就作科判流通。这个"因内道场"传出的说法与智升的记载是一致的。三是宋代赞宁《宋高僧传·惟悫传》记载：天宝末，惟悫于京师"受旧相房公融宅请。未饭之前，宅中出经函云：'相公在南海知南铨，预其翻经，躬亲笔受《首楞严经》一部，留家供养。今筵中正有十僧，每人可开题一卷。'悫坐居第四，舒经见富楼那问生起义，觉其文婉，其理玄，发愿撰疏，疏通经义"。这是说，惟悫法师在房融家供斋时，遇到了当初房融笔受留家供养的一部《楞严经》，恰好读到了卷四，见其义理玄婉而发愿撰疏，这是注疏《楞严经》之始。《惟悫传》也提到了惟悫作疏的另外一个说法："一说《楞严经》初是荆州度门寺神秀禅师在内时得本，后因馆陶沙门慧震于度门寺传出，悫遇之，著疏解之。后有弘沇法师者，蜀人也，作义章开释此经，号《资中疏》，其中亦引震法师义例。"这里说惟悫法师作注疏的起因是遇到了慧震（即慧振）法师从度门寺传出的《楞严经》，而且还提到蜀中弘沈法师作《资中疏》也因此本。《楞严经》流通的三种说法，其实是一致的，奏入朝廷而由内道场传出也好，留家供养而传出也好，都是房融参加译经笔受本这同一来源。

由上述可知，虽然本经的翻译和流通在早期流传之初有不同说法，但从智升《续古今译经图记》之后，观点趋向一致，并不存在实质性的不同观点。因此，真正引发后世关于《楞严经》真伪之争的焦点更在文义，而不在传译。但由于《楞严经》在见地抉择和禅修法门方面的非凡价值，这些争论并未影响僧俗两界对此经的喜爱和崇信。到了近代，可能是受疑古风气的影响，一些学者重启《楞严经》真伪之争，如梁启超、吕澂等人。梁氏仅凭文中"十种仙"等片语即断语经伪，十分轻率，未免有出风头之嫌疑。而以吕澂为代表的学宗唯识者，主要还是对以《楞严经》、《起信论》为代表的汉传佛教的禅观和义理有看法，或者以为《楞严经》是一种真常唯心论的学说，将之硬归为是与印度外道"梵我"的学理相同，并重新从翻译和流通的史实上、或个别文句上大做文章，以便得出《楞严经》是伪造的结论来。其深层次背景则是试图以印度佛教之正统性来否定汉传佛教之合法性，与日本学者试图以小乘经典来得出"大乘非佛说"的结论如出一辙。但无论从论证方法，还是分析结论，都难于尽信，谁也拿不出真凭实据，不过是各执己见而已。更有少数研究者，以盛唐时期文学发达、佛学兴盛为理由，直接说《楞严经》是房融所造，此种说法就如同说有一位文学家伪造了一部最高深的数学经典一样，颇为可笑，令人难以置信。以《楞严经》义理之缜密、定境之高深、辨魔之细致，乃是大乘菩萨地之甚深境界，绝非一个尚不识初禅、二禅，也未得初果、二果，更遑论菩萨地境界的文学之士所能想、所能知，读懂尚难，更何谈撰造！要之，《楞严经》论义多为直接就禅观之见修而说，故颇有不同于他经的特别说法，诸如七大、四加行、十仙趣等，加之兼有密部内容，破邪见、破邪魔甚力，其所立名相、义理以及论证方式自难以中观或唯识的学说来衡量。近代学者据中观或唯识义而排《楞严》、非《起信》，间生诬谤，或不免偏执之嫌。

二 历代注疏

《楞严经》自唐中叶译出以来，备受各宗的推崇，历代注疏甚多，其数量之大，大概只有《金刚经》、《法华经》等少数经典可比。早期的唐代注疏三家，早已失传。现存注疏都是宋代以后的著作，大半是属于贤首、天台、禅宗三家。明末清初钱谦益《楞严经疏解蒙钞》卷一"古今疏解品目"列举自唐至明历代注疏55家，并对其中三十余种作了简略评述，同时判别注家之学派分属。在《蒙钞》的基础上，清代达天通理法师《楞严经指掌疏》中列举历代注疏增至68家（其中唐4家、宋20家、元4家、明34家、清6家），也作了简评，时间下限为清乾隆中期。近代以来，关于《楞严经》注疏和讲义不下十余种。《大正藏》、《卍续藏经》收录自宋代至清末的《楞严经》注疏56种。兹列举其中主要者如下（评语多依据

《楞严经指掌疏》）：

唐代：

崇福寺惟悫法师疏（已佚。"崇福"有本作"兴福"。惟悫于唐至德初年得房融家笔授经函，发愿撰疏，勒成三卷。为此经疏解之祖）。

魏北馆陶沙门慧振科判（已佚。"慧振"或作"慧震"。为此经科判之祖）。

蜀资中弘沇法师疏（已佚。用天台宗三观义解此经之始）。

长庆道巘（yǎn）师《说文》（巘师为赵州禅师法嗣，《说文》别标一宗，为用禅宗话语解经之始）。

宋代：

永明延寿禅师《宗镜录》引释（禅师会三宗学者，撰《宗镜录》百卷，折衷法门，会归心要，多取证于《楞严》。所引古释，即悫、振、沇三家之说）。

携李洪敏法师《证真钞》（已佚，略见于《楞严义海》诸录）。

长水子璿《义疏》（法师传贤首教观，尤精于《楞严》，时称"楞严大师"。依贤首五教及慧振科判，采集悫、沇、敏、节诸家之解，释通此经，奉为准绳，在后世《楞严经》注疏中最为著称，被誉为"百代心宗之祖"）。

孤山智圆《疏》并《谷响钞》（用天台宗三止三观解释此经。间有未明，又撰《谷响钞》释疏）。

吴兴仁岳《集解》并《熏闻记》（岳师力扶孤山，张皇台观，集崇福以下诸解）。

北峰宗印《释题》（依天台宗观点，总括一经大义，解释名题）。

桐州法师怀坦（近本讹为思坦）《集注》（敷演台观，辅翼圆、岳，开张本宗而已）。

王安石《定林疏解》（文公罢相，归老钟山之定林，著《首楞严疏解》。略诸师之详，而详诸师之略）。

温陵戒环《要解》（戒环法师一生掩关，深悟玄理，其解释观点精到，不泥执一家，识见有大过人者）。

元代：

天如惟则《会解》（遵其师中峰明本国师之嘱而为本经作集解。列唐宋九师，附己为十，故为十家会解。而不录其师中峰明本之解，以为禅有禅解，经有经义，不欲混为一门，以长后人狂解）。

明代：

携李真界《纂注》（《蒙钞》谓其为《会解》支流）。

憨山德清《悬镜》并《通议》（憨山大师深探楞严教观，后居东海那罗延窟，枯坐三年，一夕海湛空澄，发悟楞严观境，遂信笔述《悬镜》一卷，词富理圆，包罗观网。晚年在南岳应门人之请又著《通议》十卷以释全经）。

紫柏真可《解》（师每言"此方真教体，清净在音闻"，约文拈义，时有提唱，剪截葛藤，超然于笺注之表，片文只字，学者珍之。此则偶见笔札者也）。

莲池祩宏《摸象记》（大师专修净业，不居禅讲。因见时师注疏，辨驳太甚，故自制《摸象记》，意言彼此皆如盲摸象，不必定执己是而他非也）。

交光真鉴《正脉》（师自叙从《楞严》发悟，故注本经。扫拂台观，排抵《会解》，流传幽朔，惊动江左。是明代《楞严经》注疏中影响最大者。清代及近代的《楞严经》注疏受《正脉》影响颇深）。

幽溪传灯《玄义》并《圆通疏》（《圆通疏》力扶台宗，专依《会解》，与《正脉》函矢相攻，未免伤于袒护）。

蕅益智旭《玄义》并《文句》（此师律仪清肃，心眼孤明。所著《玄义》并《文句》与长水、吴江宗旨印合）。

庐陵曾凤仪《楞严宗通》（遍采宗门公案，配释经文）。

二楞通润《合辙》（语句尖新，世多乐习。借禅门棒喝之谈，资讲筵排演之口，杂拈公案，多引机缘，接引宗徒，随喜教诲，于是经不无少补）。

钱谦益《疏解蒙钞》（盖谓取诸家疏解而钞之，上取崇福以下诸师五十余家，而以长水为司南。仍复网罗多家，衷其得失，搜剔之心良苦，是《楞严经》集解中的佼佼者。一册在手，诸家备览，为后世研《楞严》提供莫大方便）。

丹霞函昰（xià）《直指》（以禅门见地解《楞严》。多提持向上，启发悟门）。

陆西星《说约》并《述旨》（陆为明清际著名的道教内丹家，开内丹东派，晚年参禅，注《楞严》、《楞伽》，俨然会通三教之意也）。

清代：

巴蜀居士刘道开《楞严贯摄》（居士自言其注疏观点《正脉》取六、《合辙》取四，实则主要以《正脉》为主，是辑录《正脉》文句而串讲《楞严》之佳作）。

慈云续法《灌顶疏》（此经自流传以来，译释咒语则为第一人）。

法界溥畹《宝镜》（二十年玩味，午夜参究，遍搜诸注精英，直探本经之旨，然取《正脉》文意为多）。

达天通理《指掌疏》并《悬示》（师为清代最为著名的注经法师。本注遍采诸家而多有新见，是清代注经中的佼佼者）。

千华戒润《贯珠》（以全部经文贯珠于释文之中以便初学，对文句疏解极有益）。

近代：

太虚《摄论》并《研究》（闭关三年之心得，《楞严》一悟之亲证。于经文玄义多有发明）。

谛闲《大佛顶经序指味疏》（一生常讲《楞严》，取天如《会解序文》而疏释之）。

圆瑛《楞严经讲义》（积毕生心血而为疏解，近代以来号为"《楞严》独步"。折衷诸家而多依《正脉》，兼取《贯摄》、《宝镜》、《指掌》等，于文句消解极有益）。

成观《楞严经义贯》（戒润《贯珠》之后的又一个现代贯珠解，即以原经文贯珠于白话译文中，于消文颇有益）。

三　经题"大佛顶如来密因修证了
义诸菩萨万行首楞严"

《楞严经》全称《大佛顶如来密因修证了义诸菩萨万行首楞严经》,又名《中印度那烂陀大道场经》,于"灌顶部"录出别行,属于密部。然本经虽属密部,其对汉传佛教的影响主要还在显教。按照古来注家的观点,此经题即代表了本经的宗旨和始终因果的玄妙深义。

"大佛顶",指心自性之理体,即本经所言"常住真心、性净明体",也即是如来藏心。"佛顶"是佛身三十二相中之无见顶相,喻指此"如来藏心"为无上至妙最胜之顶法。由此心体,含吐十界,弥纶万有,"随缘不变,融四科而惟是本真;不变随缘,妙七大而各周法界"(达天通理《指掌疏悬示》)。经中言:"一切众生无始以来生死相续,皆由不知常住真心、性净明体,用诸妄想。此想不真,故有轮转。"谓一切众生都有"常住真心、性净明体",但因不明本有真心,用诸妄想,故流转生死;若能觉悟自心,返妄归真,即可成就无上菩提。因此,众生的流转与还灭,皆以"常住真心、性净明体"为根本,迷则迷此,悟则悟此,乃至世界相续、业果相续,也是如此。"大佛顶"三字,全示本经正体,所喻之"常住真心、性净明体"乃是本经的根本宗旨所在。在密部的诠释中,"大佛顶"则以佛顶出无为心佛所宣说的"悉怛多般怛啰无上宝印"为代表,即佛顶化佛所宣说的楞严咒。

又就"大佛顶"之理体而言,即是三德秘藏,为一心三大之异称。"大"即法身,周遍法界,含摄森罗,竖穷三际,横亘十

11

方,超言思之表,绝朕兆之机,无可得以称,强名之为"大",即体大;"佛"即般若,觉照为义,本无垢染及诸妄想,自性清净,本来觉照,故名为"佛",即用大;"顶"即解脱,一门超出,至尊无上,故称为"顶",即相大。此三大皆归一心,即本如来藏妙真如性,亦即是当人常住真心、性净明体。

"如来密因、修证了义、诸菩萨万行、首楞严",即因"常住真心、性净明体"之圆理,谓之"如来密因";起行圆修,举二十五圆通法门,拣选耳根圆通为最初方便,进而建立坛场轨则,专修楞严咒,谓之"修证了义";由此断惑证真,历五十五位菩萨行阶位之圆行,谓之"诸菩萨万行";然始终修证,总归首楞严大定。故"如来密因、修证了义、诸菩萨万行、首楞严"即说明了本经始终修证之总纲。《指掌疏》云:"在迷为如来密因,在悟为修证了义;在因为菩萨万行,在果为首楞严王。一经要妙,不出此宗。"(《玄义》卷上)蕅益智旭《楞严经玄义》云:"依此成自行因果,故名如来密因、修证了义;即此为化他因果,故名诸菩萨万行、首楞严。"(《玄义》卷上)《楞严经》中言:"有三摩提,名大佛顶首楞严王,具足万行,十方如来一门超出妙庄严路。"虽然真心本然、性净圆明,而迷者不觉,故须修如幻三摩提禅定以返本归元,故经中大开修证之门,曲示圆通之路,抉择始终迷悟真妄因果,建立楞严大定法门,历菩萨万行而断惑证真;虽多方抉择,无非显示见性之源,广演楞严大定。故本经修证总纲实以圆通妙定为始终,显说以耳根圆通法门为方便,密说则为楞严大定。

"如来密因",指诸佛之因心,觉证之真因,即是如来藏妙真如心。此心为四科七大的根本实性，具足三如来藏全体大用，不仅是因性，也即是果性。经中言众生迷悟有二种根本："一者无始生死根本，则汝今者与诸众生用攀缘心为自性者"，此是迷本；"二者无始菩提涅槃、元清净体"，此是悟本，即是如来藏心，也即"如来密因"。文中从卷一阿难请定开始，至卷四"身意轻安，得未曾有"，从破妄和显真两个方面详细抉择。

"修证了义"，观、行为"修"，解、悟为"证"，而"了义"指圆修。《正脉》解释"了义"有二义：一者，用根不用识。盖用识，则以生灭为本修因，如蒸沙做饭，毕竟不成常住菩提，故非了义；用根，则以不生灭性为因地心，如依金作器，决定能成无上菩提，故为了义。又依此特选耳根圆通法门。二者，从性起修，因赅果海。盖依密因无修证的本觉果海中，不妨幻修幻证，修而无修，非事相之染修，证而无证，故称"了义"。本经又列密部修证，安立道场，顶光说咒，建立楞严大定法门，也称"了义"。文中自卷四后半请华屋之门开始，直至卷七前半楞严咒功德，诸天神等护咒。

"诸菩萨万行"，指分证诸圣五十五菩萨位，即十信、十住、十行、十回向、四加行、十地以至等觉，历位所修，行应无量。文中自卷七后半阿难请说修行阶位，至卷八结经名前。

"首楞严"，即大定总名，能圆统诸定，故文中又称"首楞严王"。《涅槃经》中佛自释"首楞严"意为"一切事究竟坚固"，即是如来藏心本觉妙定，也称为"佛性"、"般若"、"狮子吼"等。又名"金刚三昧"，也是究竟坚固之义。又译"健相三昧"，能究竟诸法实相，所住至处，无能坏伏。蕅益智旭结合经文解释为，"言'一切事'者，所谓五阴六入十二处十八界及七大也；言'毕竟坚固'者，所谓皆非因缘、非自然、非和合、非不和合，本如来藏常住妙明、不动周圆、妙真如性，皆悉清净本然，周遍法界也。"《正脉》解释"首楞严"为三义：一、此是妙定，以自性本具，天然不动，不假修成，纵在迷位动中，其体本然。二、此是圆定，此定不独取自心不动，乃统万法万事，皆悉本来不动。三、此是大定，此定纵在迷位尚本不曾动摇，开解起行之后直至历位成佛，终无退出。憨山德清《通议》则以"一心三观"解释"首楞严"，谓此大定之体，总之而为"一心"，别之而为"三观"。一心，即如来藏清净真心。依此心体有三种名：一空如来藏，二不空如来藏，三空不空如来藏。此心体本来清净，一法不立，是故名空；具有恒沙称性功德，故名不空；即此二体，但是一心，故名空不空。依此义故建立三观，由此三观还证一心，故称大定之总名。自阿难请问三观，佛答直指一心，全经所演修证因果始终，无非令其成此楞严大定。

蕅益大师言："经中取大佛顶性德及首楞严修德，合成三昧之名，总显全性起修、全修在性之妙，而以具足万行二句，别显三昧功能旨趣。"

四　本经的结构和主要内容

本经的科判，诸家大同小异。如下表：

《楞严经》科判表

科分					卷数
序分					
正宗分	正说妙定	一、依常住真心以开圆解（如来密因）	七处征心	一心不在身内；二心不在身外；三心不潜根里；四心不随明暗开合；五心不是思维体，随与外境相合而有；六心不在中间；七不能以一切无著名之为心	卷一
			二种根本	一者无始生死根本 二者无始菩提涅槃元清净体	
			十番显见	一显见是心；二显见不动；三显见不灭；四显见不失；五显见无还；六显见不杂；七显见无碍；八显见不分；九显见超情；十显见离见	卷二
			二见剖妄	别业妄见、同分妄见	
			性相辨析	因缘自然、和合非合	
			四科七大无非藏性	四科：五阴：色、受、想、行、识 六入：眼、耳、鼻、舌、身、意 十二处：眼色处、耳声处、鼻香处、舌味处、身触处、意法处 十八界：眼色识界、耳声识界、鼻香识界、舌味识界、身触识界、意法识界	卷三
				七大：地大、水大、火大、风大、空大、根大、识大	
			阿难明心说偈	妙湛总持不动尊……	
			审除细惑	如来藏本净，为何忽起迁流？	卷四
				五大如何周遍圆融？	
				三种相续：世界、众生、业果	
			开三如来藏	空如来藏	
				不空如来藏	
				空不空如来藏	
			性相抉择	妄起无因，歇即菩提	
				因缘自然，和合不合	

续表

科分					卷数
二、依常住真心以起圆行（修证了义，首楞严）	选根直入	华屋示门二义决定	决定以因同果澄浊入涅槃义		
			决定从根解结脱缚入圆通义		
		六根结解	六根功德		
			六根清净		
			随拔一根		
			六解一亡		
		释二疑	根性断灭疑：击钟验常		
			别有结元疑：决定根元		
		说偈重明			
		绾巾示解			
		二十五圆通	六尘圆通	1.声尘圆通（侨陈那等五比丘）	卷五
				2.色尘圆通（优波尼沙陀尊者）	
				3.香尘圆通（香严童子）	
				4.味尘圆通（药王、药上菩萨）	
				5.触尘圆通（跋陀婆罗菩萨）	
				6.法尘圆通（摩诃迦叶尊者）	
			五根圆通	7.眼根圆通（阿那律陀尊者）	
				8.鼻根圆通（周利槃特迦尊者）	
				9.舌根圆通（侨梵钵提尊者）	
				10.身根圆通（毕陵伽婆蹉尊者）	
				11.意根圆通（须菩提尊者）	
			六识圆通	12.眼识圆通（舍利弗尊者）	
				13.耳识圆通（普贤菩萨）	
				14.鼻识圆通（孙陀罗难陀尊者）	
				15.舌识圆通（富楼那尊者）	
				16.身识圆通（优波离尊者）	
				17.意识圆通（大目犍连尊者）	
			七大圆通	18.火大圆通（乌刍瑟摩明王）	
				19.地大圆通（持地菩萨）	
				20.水大圆通（月光童子）	
				21.风大圆通（琉璃光法王子）	
				22.空大圆通（虚空藏菩萨）	
				23.识大圆通（弥勒菩萨）	
				24.根大圆通（大势至菩萨）	

续表

科分					卷数
三、依正助两行以分圆位（诸菩萨万行、首楞严）		耳根圆通		25. 耳根圆通（观世音菩萨）如教观修：解六结, 明三空	卷六
				圆通妙用：三十二应、十四无畏、四不思议	
		文殊选择		研判诸圣圆通	
				独选耳根圆通	
				重说偈颂	
		道场加行	前行除障	四种清净明诲	卷七
			建立道场		
			正修三昧		
			重说神咒	正说神咒	
				功德利益	
				会众护咒	
		染缘起遍成轮回	众生颠倒		
			世界颠倒	十二类生：胎、卵、湿、化、有色、无色、有想、无想、非有色、非无色、非有想、非无想	
		净缘起历成诸位	三种渐次	一修习，除去助因；二真修，刳其正性；三增进，违其现业	
			干慧地	（欲习初干，未与如来法流水接。）	
			五十五位真菩提路	十信：信心住、念心住、精进心、慧心住、定心住、不退心、护法心、回向心、戒心住、愿心住十住：发心住、治地住、修行住、生贵住、方便具足住、正心住、不退住、童真住、法王子住、灌顶住十行：欢喜行、饶益行、无嗔恨行、无尽行、离痴乱行、善现行、无著行、尊重行、善法行、真实行十回向：救护一切众生离众生相回向、不坏回向、等一切佛回向、至一切处回向、无尽功	

续表

科分				卷数
			德藏回向、随顺平等善根回向、随顺等观一切众生回向、真如相回向、无缚解脱回向、法界无量回向 四加行：暖地、顶地、忍地、世第一地 十地：欢喜地、离垢地、发光地、焰慧地、难胜地、现前地、远行地、不动地、善慧地、法云地 等觉：	
		妙觉位		
	四、承三法既备问名受持（经）	本经五名	1. 大佛顶悉怛多般怛啰无上宝印，十方如来清净海眼 2. 救护亲因，度脱阿难，及此会中性比丘尼，得菩提心，入遍知海 3. 如来密因，修证了义 4. 大方广妙莲华王，十方佛母陀罗尼咒 5. 灌顶章句，诸菩萨万行首楞严	卷八
助说七趣五阴魔	五、因释余疑广辨七趣	升堕总说	内分外分	
			情想升堕	
		地狱趣因果	十习因：淫习、贪习、慢习、嗔习、诈习、诳习、怨习、见习、枉习、讼习	
			六交报：见报、闻报、嗅报、味报、触报、思报	
		鬼趣因果	怪鬼、魃鬼、魅鬼、蛊毒鬼、疬鬼、饿鬼、魇鬼、魍魉鬼、役使鬼、传送鬼	
		畜生趣因果	枭类、咎类、狐类、毒类、蛔类、食类、服类、应类、休类、循类	
		人趣因果	顽类人、愚类人、庸类人、狠类人、微类人、柔类人、劳类人、文类人、明类人、达类人	
		仙趣因果	地行仙、飞行仙、游行仙、空行仙、天行仙、通行仙、道行仙、照行仙、精行仙、绝行仙	

续表

科分					卷数
		天趣因果	欲界天	四天王天、忉利天、焰摩天、兜率陀天、乐变化天、他化自在天	
			色界天	初禅天：梵众天、梵辅天、大梵天	
				二禅天：少光天、无量光天、光音天	
				三禅天：少净天、无量净天、遍净天	
				四禅天：福生天、福爱天、广果天、无想天	
				五不还天：无烦天、无热天、善见天、善现天、色究竟天	
			无色界天	四空天：空无边处天、识无边处天、无所有处天、非想非非想处天	
		四种阿修罗		鬼趣摄修罗（卵生）人趣摄修罗（胎生）天趣摄修罗（化生）畜生摄修罗（湿生）	
	六、无问自说预明禅境	色阴魔境		（1）身能出碍；（2）身彻拾虫；（3）精魄离合、闻空说法；（4）境变佛国；（5）虚空成七宝色；（6）黑暗中能见物；（7）身同草木；（8）上见佛国下见地狱；（9）遥见遥闻；（10）妄见妄说	卷九
		受阴魔境		（1）责已悲生——悲魔入心；（2）扬已齐佛——狂魔入心；（3）定偏多忆——忆魔入心；（4）慧偏多狂——知足魔入心；（5）历险生忧——忧魔入心；（6）觉安生喜——喜魔入心；（7）见胜成慢——慢魔入心；（8）慧安自足——轻清魔入心；（9）着空毁戒——空魔入心；（10）着有恣淫——淫魔入心	
		想阴魔境		（1）贪求善巧——怪鬼来扰；（2）贪求经历——魃鬼来扰；（3）贪求契合——魅鬼来扰；（4）贪求辨析——蛊毒魔鬼来扰；（5）贪求冥感——疠鬼来扰；（6）贪求静谧——大力鬼来扰；	

科分				卷数
			（7）贪求宿命——山川土地鬼神来扰； （8）贪求神力——天地大力精魅来扰； （9）贪求深空——麟凤龟鹤精怪来扰； （10）贪求长寿——遮文茶、毗舍遮来扰	
		行阴魔境	（1）二无因论；（2）四遍常论；（3）四一分常论；（4）四有边论；（5）四不死矫乱论；（6）十六有相论；（7）八无相论；（8）八俱非论；（9）七断灭论；（10）五现涅槃论	
		识阴魔境	（1）因所因执；（2）能非能执；（3）常非常执；（4）知无知执；（5）生无生执；（6）归无归执；（7）贪非贪执；（8）真非真执；（9）定性声闻执；（10）定性缘觉执	卷十
		五阴生因	五种妄想：坚固妄想、虚明妄想、融通妄想、幽隐妄想、虚无妄想。	
		五阴修断	五阴边际	
			灭除次第	
流通分				

关于各卷内容，见各卷译文前的提要，此不赘言。

又，明代蕅益大师《楞严经玄义》对于本经的经题和全文大意有一个文辞优美的简短总结，可与上述科判合参：

【解释经题】大佛顶者，即心自性之理体也。随缘不变，融四科而惟是本真；不变随缘，妙七大而各周法界。喻冰水之始终，惟是湿性；譬太虚之群相，不拒发挥。十界一心，事造与理具遍摄遍含；一境三谛，横辨与竖历非并非别。依此成自行因果，故名如来密因修证了义；即此为化他因果，故名诸菩萨万行首楞严。

【全经提要】因果妙修，全归性具；化他力用，宁隔体宗。二本明而金沙立辨，二义决而华屋有门。圆通既陈，信方便之无非圣性；圆根既选，知耳门之独利此方。明诲殷勤，戒乘俱急；道场安立，显密互资。无渐次而立渐次，能历之正助圆彰；即位次而非位次，所历之转依如幻。精研七趣，只因迷此大佛顶理而妄受轮回，谁达空华无别体；详辨五魔，本求悟此大佛顶理而中途成惑，那知妄想作根原。

【结赞本经】是诚一代时教之精髓，成佛作祖之秘要，无上圆顿之旨归，三根普被之方便，超权小之殊胜法门，摧魔外之实相正印也。

五　关于本经的白话译注

本白话译注采用的经文底本是近代圆瑛法师《楞严经讲义》所用底本，又参考了长水子璿《首楞严义疏注经》所用底本，字句不同处又参考了《中华大藏经》本（底本为《赵城金藏》本）、《房山石经》石碑拓本、《高丽大藏经》初雕本、《永乐北藏》本、《龙藏》本等。

《楞严经》文辞优美，议论精妙，具有很高的文学价值，故有所谓"自从一读楞严后，不看人间糟粕书"之说。可想而知，本经的白话翻译，难度是极大的。本白话翻译在经文文义及玄义上主要参考了钱谦益集解《宗镜录》、长水疏、孤山疏、温陵解、惟则疏等宋元多家注疏之《楞严经疏解蒙钞》，以及晚明莲池大师、蕅益大师、憨山大师的注疏和玄义；而在消文上，则主要参考了长水疏、《正脉》、《贯摄》、《宝镜疏》、《指掌疏》、《楞严经讲义》、《楞严经义贯》等。白话译文是在导师赖永海先生和杨维中教授合译的《楞严经译注》的基础上进行的。

与其他经有所不同的是,《楞严经》译文特别古雅简练,因此本经的消文历代都是难点,虽然注疏甚多,但许多文义依然难解。明代《楞严经正脉》之所以很快流行,也与其消文比较细致有关,其后又有《贯摄》、《宝镜疏》、《指掌疏》以及《贯珠》等,依据《正脉》,折中多家,把消文工作推进一步。近代圆瑛法师《楞严经讲义》则对本经作了最细致的消文,逐句讲解,《讲义》主要依据《正脉》、《贯摄》、《宝镜疏》、《指掌疏》等,又参考多家,是历代以来《楞严经》文句消解最细致的,所以,面世以来即大受欢迎。近年又有成观法师作《楞严经义贯》(2006年出版),发愿把本经文句作彻底之疏解,"俾令大家对这部稀有的宝典,于每一字、每一句、乃至每一行,都能得到较清楚及确定、满意的理解;也就是作者发心志在廓清所有的盲点与疑惑不清之处,普令皆解如来真实义",因此,《义贯》对于本经消文无疑有很大帮助。虽然如此,由于本经文义难度所致,在此次白话翻译中依然有许多文句要参酌多家,反复玩味,最后才落笔,其间艰辛,不可以语言道也。

以前笔者认为把文言佛经转译为现代汉语白话文,有两种思路:一是把白话本看作是对原文的解释性翻译,尽可能在文义上使原文清楚明白;二是把白话本也看作一种独立的译本,只是为了随顺读者的阅读习惯而把文言转为白话,并不刻意追求把原文文义说得更清楚一些,故在文句、文义、文气上都尽可能与原文一致,保持一个简洁优美的文本。两种翻译形式各有千秋,但总的来说笔者颇倾向于后一种。然而此次《楞严经》的白话译文却需要按照第一种翻译形式，即是一种针对原文的解释性翻译，需要增加许多解释性的文句，这自然是由于本经文句难度所决定的。虽然如此，本白话译文的翻译原则还是忠实表达原文，使得增加解释的文句能够与相应的原文对应，而避免出现译文能够看懂，却无法与原文对得上的问题。

又，字词注释主要参考了《中华佛教百科全书》、《佛光大辞典》、《佛学大辞典》等，注音主要参考了《汉语大词典》、《辞海》、《一切经音义》等，有关参考文献见书末，在此一并致谢。

目 录

卷 一

　　卷一内容是本经的发起以及三番破识、十番显见等,这三个内容又是通过佛陀从顶上、面门和胸前卍字的三次放光而逐次宣说的。

　　本经的发起是由于阿难尊者的一段因缘。序分中说,在七月十五解夏自恣日这一天,按照印度的习俗,民众普遍供养僧众,阿难因故没参加集体应供,单独外出托钵乞食,结果途中遭遇摩登伽女的大幻术,险些毁戒失身,佛派文殊菩萨持咒解救了阿难,文殊菩萨把阿难和摩登伽女带到佛前,阿难恳请佛陀慈悲开示,佛于是宣说了这部《楞严经》。这个发起因缘,按照传统注疏的解释,喻示了本经的几个重要主题:(一)破魔。从开始文殊菩萨持楞严咒帮助阿难破除魔障,到中间抉择正见以摧破邪见,至最后佛陀特别讲说五十阴魔,使得本经成为了著名的破魔大全。(二)禅定修习。阿难遭魔的原因是由一向求多闻而未能实修禅定,故在境界面前无力破除,因此请佛陀详细开示能够成就菩提的"妙奢摩他、三摩、禅那最初方便",佛告诉阿难"有三摩提,名大佛顶首楞严王,具足万行,十方如来一门超出,妙庄严路",开启了本经详细讲述禅定修习法门,并分为抉择真见、圆通法门、楞严咒、菩提道次第等科而详细解说,使得本经成为了著名的禅修宝典。(三)护戒。阿难因为遭魔而险些破了不淫欲戒,幸得楞严咒以破除,因此本经特别强调持清净戒律,而且本经历来被认为对于护戒具有重要意义。

在回答阿难提出的禅定法门最初方便中，佛陀首先抉择正见——"如来密因"，即"一切众生从无始来，生死相续，皆由不知常住真心，性净明体，用诸妄想，此想不真，故有轮转"。随后通过辨析真妄而破除妄识，逐步显示此常住真心之真见。分为三个内容：（一）破妄显真。佛七次征问阿难"心在何处"，从而辨析说明：一心不在身内；二心不在身外；三心不潜根里；四心不随明暗开合；五心不是思维体，随与外境相合而有；六心不在中间；七不能以一切无著名之为心。此即是《楞严经》脍炙人口的"七处征心"。（二）抉择一切众生的二种根本："一者无始生死根本"，即众生无始以来都以妄想攀缘心为自心性，这是众生流转生死的根本原因；"二者无始菩提涅槃元清净体"，即众生本具的常住真心、妙明心体，这是众生解脱的根本原因。以上两个内容，有的注家也以"三番破识"来解释。（三）十番显见。"见"即"见性"，眼根能看见之所依根性。在眼根为"见性"，在耳根为"闻性"，实际上即是觉性。通过十个方面的层层递进抉择，显示心之真性：一显见是心；二显见不动；三显见不灭；四显见不失；五显见无还；六显见不杂；七显见无碍；八显见不分；九显见超情；十显见离见。其中一、二在卷一。

如是我闻①。一时②，佛在室罗筏城祇桓精舍③，与大比丘众千二百五十人俱④，皆是无漏大阿罗汉⑤。佛子住持⑥，善超诸有⑦，能于国土，成就威仪。从佛转轮，妙堪遗嘱，严净毗尼⑧，弘范三界⑨，应身无量，度脱众生,拔济未来,越诸尘累。其名曰大智舍利弗、摩诃目犍连、摩诃拘绝罗、富楼那弥多罗尼子、须菩提、优波尼沙陀等而为上首⑩。复有无量辟支无学⑪,并其初心⑫,同来佛所,属诸比丘⑬,休夏自恣⑭;十方菩萨⑮,谘决心疑⑯,钦奉慈严⑰,将求密义。即时如来敷座宴安⑱,为诸会中宣示深奥。法筵清众得未曾有,迦陵仙音遍十方界⑲。恒沙菩萨来聚道场,文殊师利而为上首。

注释:

①如是我闻:意为如此的教法是我阿难亲自从佛陀那里听闻的。这是为了使听法的人生起信顺。据佛教经论上记载,释迦牟尼佛将要入灭的时候,阿难请问四事:“一佛灭度后,诸比丘等以何为师?二诸比丘依何住?三恶性比丘云何共居?四一切经首置何字?”佛回答说:“一依四念处住。二以戒为师。三默摈恶性比丘。四一切经首置‘如是我闻’等言。”(《大智度论》卷二)又佛经篇首的通序具备六项内容:如是、我闻、说法的时间、说法人、地点、听众等,这称为“六事成就”。即:“如是”,是信成就;“我闻”,是闻成就;“一时”,是时成就;“佛”,是主成就;“室罗筏城祇桓精舍”,是处成就;“与大比丘众千二百五十人俱”,是众成就。此六事是所有佛经通用的序分,故称“通序”;又因其乃证实该经确为佛说,诚属可信,故又称“证信序”。

②一时:指佛说法的那时,不能定指何时,唯以机教相投,师资会合之际,总名“一时”。

③室罗筏（fá）城：即舍卫城（Sravasti），北侨萨罗国（Kosala）之都城。佛陀在世时，波斯匿王统治此国。佛陀在此前后居止二十五年，留有许多佛教胜迹。祇桓（qí huán）精舍：即"祇树给孤独园"之略称，也称"祇园精舍"（Jetavana），在舍卫城之南。此精舍是由给孤独长者以金布地购买祇陀太子之园而建精舍，供养佛陀及弟子，而祇陀太子也以园中之树供养，故合称"祇树给孤独园"。佛陀曾于此度过许多雨季，讲说了《阿含经》、《弥勒下生经》、《弥勒上生经》、《阿弥陀经》、《文殊般若经》、《金刚般若经》等诸多大小乘经典。"祇桓精舍"与王舍城的"竹林精舍"并称为佛教早期的两大精舍。

④比丘：梵文 bhiksu 的音译，又译"苾刍"等，意译作"乞士"、"除士"等，指受了具足戒的男性出家者。又比丘语义有五种：一、乞士（行乞食以清净自活者）；二、破恶（破烦恼）；三、出家人；四、净持戒；五、怖魔。（《大智度论》卷三）又"大比丘"指已证得阿罗汉道的比丘僧。千二百五十人：佛陀的常随众，共一千二百五十五人，这里是取整数而言。

⑤无漏：漏，即是烦恼之异名。贪、嗔等烦恼，日夜由眼、耳等六根门漏泄不止，故称为"漏"。又烦恼能令人落入三恶道，也称为"漏"。因此称有烦恼之法为"有漏"；称离烦恼垢染之清净法为"无漏"，如涅槃、菩提及一切能断除三界烦恼之法，均为无漏。阿罗汉：梵文 arhat 的音译，其义为：一、应，应断烦恼、应受供养、应不复受分段生，通常只说应供；二、杀贼，能断三界见思惑，杀烦恼之贼；三、无生，烦恼不再生起，不再来三界受生。阿罗汉为小乘之最高果位，然通于三乘。又阿罗汉分为

"慧解脱"和"俱解脱"两种,慧解脱阿罗汉是依慧力证入法性,无明等障得解脱;俱解脱阿罗汉则同时获得定、慧解脱,故灭尽定之力,使贪爱等障也得解脱,获得三明六通等殊胜功德。经中的"大阿罗汉",通常即指俱解脱阿罗汉。

⑥佛子:指能绍继佛法,拔济众生。《法华经》卷二:"真是佛子,从佛口生,从法化生,得佛法分,堪绍佛种。"这里是指大阿罗汉们。住持:持佛法藏,令法久住。

⑦诸有:指迷界之万象差别。可分三有、四有、七有、九有、二十五有等。三有,即欲有、色有、无色有,义同"三界"。一、欲有,欲界天、人、阿修罗、畜生、饿鬼、地狱,各随其业因而受果报,称为"欲有";二、色有,色界四禅诸天,虽离欲界粗染之身,而有清净之色,称为"色有";三、无色有,无色界四空诸天,虽无色质为碍,亦随所作之因,受其果报,称为"无色有"。

⑧毗尼:梵文 Vinaya 的音译,新译"毗奈耶",佛教戒律之总称。

⑨三界:即欲界、色界、无色界。

⑩舍利弗:释迦牟尼佛的十大弟子之一,以"智慧第一"著称。摩诃目犍连:"摩诃"即"大"之义,释迦牟尼佛的十大弟子之一,以"神通第一"著称。摩诃拘绨罗:即舍利弗的舅父长爪梵志,在佛的弟子中,以四辩才著称。富楼那弥多罗尼子:又称"富楼那",意译为"满慈子",释迦牟尼佛的十大弟子之一,以"说法第一"著称。须菩提:意为"空生"、"善现",释迦牟尼佛的十大弟子之一,以"解空第一"著称。优波尼沙陀:意为"尘性",因悟尘性是空而得道。

⑪辟支：辟支佛，梵文 pratyeka-buddha 的音译，意译为"缘觉"、"独觉"，指无师而能自觉自悟的圣者。有二义：一、独觉辟支佛，出生于无佛之世，但因前世修行的因缘，自以智慧得道；二、因缘觉辟支佛，不从他闻而自出智慧，借飞花落叶等因缘而觉悟得道。（《大智度论》卷十八）无学："有学"之对称，又称"无学位"。若已知佛之教法，但未断惑，尚有所学者，称为"有学"。若已解脱一切烦恼，证尽智、无生智，更无可学的阿罗汉果，则称为"无学"。又缘觉及佛亦断尽一切烦恼，无可学，故亦称"无学"。

⑫初心：初发心学佛者。

⑬属（zhǔ）：会合，聚集。

⑭休夏：即解夏，七月十五日结束夏安居。佛制比丘每年四月十六日至七月十五日进行夏安居，即固定在某处静修而不外出乞食行化。夏安居三月期满当日，僧众齐集，当众作自我检讨，或听任他人来检举自己的过失，此谓"自恣"（恣，音 zì，恣任，听任，任凭）。举行自恣仪式的这一天，称为"自恣日"。

⑮菩萨：梵文 bodhi-sattva 音译，"菩提萨埵"的略称，新译为"觉有情"。菩提，觉、智、道之意；萨埵，众生、有情之义，即求大觉的有情众生，大道心有情。

⑯谘（zī）：同"咨"，征询。

⑰钦（qīn）：恭敬。慈严：喻慈母严父。

⑱如来：梵文 tathagata，音译"多陀阿伽陀"等。意为由真理而来（如实而来），由真如而成正觉，故尊称佛陀为"如来"。又作"如去"，为佛十号之一。

⑲迦陵仙音：迦陵频伽，印度的仙鸟，音声和雅美妙，以其比喻佛之妙音。

译文：

这部经是我亲自听佛讲的。有一天，佛在舍卫城的祇园精舍，与大比丘众一千二百五十人在一起，都是已断除一切生死烦恼、证得无漏果位的大阿罗汉。这些大比丘乃是真佛子，住持如来正法，善于出离三界，能于此娑婆国土，三业无亏，六尘不染，成就种种清净威仪。他们从佛受教，智慧深妙，堪能继承佛的遗愿，转正法轮，度化众生；各戒行严净，堪为三界众生之师范；他们示现各种应化之身，度生济世，利益未来世的众生，超越尘累而得解脱。其中，大智舍利弗、大目犍连、大拘绨罗、富楼那弥多罗尼子、须菩提、优波尼沙陀等为上首弟子。当时，适值夏安居期满之日，还有许多缘觉众及初发心的学人也来到佛的住所，会合到比丘僧团中，参加夏安居期满的自恣法会；十方世界的菩萨也前来亲近佛陀，咨决心中疑问，都恭敬奉事如来，想要探求佛法之深义奥旨。其时佛陀展坐具安详跌坐，为与会大众开示佛法奥旨。法席大众同沾法益，得未曾有。佛说法的声音像迦陵频伽鸟的鸣叫声一样柔和美妙，遍至十方。无数的菩萨都闻声前来参加法会，其中，以文殊师利菩萨而为上首。

时波斯匿王①，为其父王讳日营斋②，请佛宫掖③，自迎如来，广设珍馐无上妙味，兼复亲延诸大菩萨④。

城中复有长者居士同时饭僧⑤，伫佛来应⑥。佛敕文殊分领菩萨及阿罗汉应诸斋主⑦。唯有阿难先受别请⑧，远游未还，不遑僧次⑨，既无上座及阿阇黎⑩，途中独归。

注释：

①波斯匿王：中印度侨萨罗国国王，与释迦牟尼同时代人，住舍卫城，为佛教僧团的大外护。

②讳日：即忌日，逝世纪念日。

③宫掖（yē）：即指皇宫。掖，偏殿或后宫，宫掖即指正宫与后宫等，统指皇宫。

④延：邀请，迎接。

⑤长者：印度一般指豪族、巨富，或年高德劭者为长者。居士：居财之士或居家有道之士，后指归依佛门的在家众。古来常与所称之长者混同。

⑥伫（zhù）：等候。

⑦敕（chì）：令也。

⑧阿难：又译"阿难陀"，意为"庆喜"等。系佛陀的堂弟，出家后二十余年间为佛的侍者，对于佛的说法多能明记，故在佛的十大弟子中被誉为"多闻第一"。佛入灭之后结集三藏时，阿难诵出经藏。阿难是本经的当机者。

⑨遑（huáng）：及，赶上。

⑩上座：对出家比丘戒腊超过十夏或二十夏者的尊称。阿阇（shé）黎：梵文 acarya，意为"轨范师"，即教授弟子使行为端

正合宜,而自身又堪为师范楷模,故又称"导师"。

译文:

那天正是波斯匿王之父的逝世纪念日,波斯匿王为超荐其父王,特地在宫中举办了盛大的斋会,准备了丰盛的美味佳肴,亲自到佛的住所恭迎佛陀到宫中应供,同时也亲自恭迎诸大菩萨一起来应供。其时,舍卫城的许多长者居士也同时设斋,大家都热切地等候佛陀及诸大菩萨、阿罗汉前来应供。佛即命文殊菩萨率领与会的诸大菩萨和阿罗汉,分别到各处去应供。只有阿难一人,自恣之前先受别请,远出没有回来,未能赶上僧众应供的行列,没有上座比丘和亲教师同行,途中独自一人归来。

其日无供,即时阿难执持应器①,于所游城,次第循乞。心中初求最后檀越以为斋主②,无问净秽③,刹利尊姓及旃陀罗④,方行等慈⑤,不择微贱,发意圆成一切众生无量功德。阿难已知,如来世尊诃须菩提及大迦叶⑥,为阿罗汉心不均平,钦仰如来开阐无遮,度诸疑谤,经彼城隍⑦,徐步郭门⑧,严整威仪,肃恭斋法。

注释:

①应器:应量器,梵文 patra,音译"钵多罗",略称"钵"。其材料、颜色、大小均有定制,为如法之食器,应受人天供养所用之食器,又为应腹分量而食之食器,故称"应量器"。

②檀越:即施主。檀,即梵文"檀那",布施之义;越,超

越，布施获福而超越贫穷，故称施主为"檀越"。

③净秽：指净家和秽家。净家，指高种姓之家。秽家，指低种姓之家以及娼优家、屠户、卖酒家、妓院等。

④刹利尊姓：古印度是一个严分种姓的社会，分为婆罗门、刹帝利、吠舍、首陀罗四种姓。"刹利"即"刹帝利"种姓，是王者贵族种姓。旃（zhān）陀罗：是首陀罗种姓中的贱族，意为"屠者"、"恶人"。

⑤方：法也，效法。

⑥诃须菩提及大迦叶（shè）：过去须菩提乞食，舍去贫家，专乞富家。因为怕富家堕落了善根，让他们继续种福田。大迦叶则专乞贫家，不乞富家。因为怜悯贫家，让他们多种福田，好转贫为富。如来为此曾责备他们二人，身为阿罗汉应当以平等心对待一切，不应当心不均平，分别乞食。大迦叶，意为"饮光"，释迦牟尼佛的十大弟子之一，以"头陀第一"著称。佛陀入灭后，于王舍城主持召集第一次经典结集。

⑦城隍（huáng）：城墙和护城河、城壕。此处指城边。

⑧郭门：外城门。郭，外城。

译文：

这天阿难因没有参加应供，即捧持钵器，于所经过的城中，按户依次乞食。阿难心想，今天托钵，但求最后一家尚未供佛菩萨的施主作为斋主，而不论施主是净家，还是秽家，是属于刹帝利尊姓之族，还是属于旃陀罗低贱之族，效法佛陀平等慈悲，不拣择种姓微贱之家，让他们都有种福修善的机会，发心圆成一切众生的无量功德。阿难知悉佛曾呵责须菩提和大迦叶身为阿罗汉，行乞时心仍存有舍贫就富和舍富就贫之差别，十分钦敬佛陀的无量慈心和平等胸襟，从而避免了诸多无端猜疑和诽谤，想着想着，不知不觉已走到城边，于是阿难整肃威仪，谨遵乞食的律仪，徐步进城。

尔时，阿难因乞食次，经历淫室，遭大幻术。摩登伽女以娑毗迦罗先梵天咒摄入淫席[1]，淫躬抚摩，将毁戒体。如来知彼淫术所加，斋毕旋归。王及大臣、长者居士，俱来随佛愿闻法要。于时，世尊顶放百宝无畏光明[2]，光中出生千叶宝莲，有佛化身[3]，结跏趺坐[4]，宣说神咒。敕文殊师利将咒往护。恶咒销灭，提奖阿难及摩登伽，归来佛所。

注释：

①摩登伽女：下贱种姓之卖淫女，名"钵吉蹄"。娑毗迦罗：古印度的黄发外道，善咒术。

②世尊：梵语 bhagavat，音译"薄伽梵"，又译作"婆伽婆"等，意译作"世尊"，如来十号之一。《大乘义章》卷十二说："佛备众德，为世钦重，故号世尊。"即为世间所尊重者之意，亦指世界中之最尊者。在印度一般用为对尊贵者之敬称，即"富有众德、众佑、威德、名声、尊贵者"之意，若于佛教，则特为佛陀之尊称。

③化身：指佛菩萨为教化救济众生而变化示现各种形相之

身。关于佛身,有一身、二身、三身,乃至十身之说;依三身说,佛有法身、报身、化身。

④跏趺(jiā fū):佛教的禅定坐法。即互交二足,足心向上。

译文:

这时,阿难不择贵贱次第乞食,不料经过一娼妓之家,遭遇了大幻术。被摩登伽女用娑毗迦罗先梵天咒迷惑,趁阿难迷迷糊糊时将他掳入寝室,之后百般诱惑、抚摩,眼看就要毁失戒体。佛陀已知阿难被幻术所迷,用斋之后,立即赶回精舍。波斯匿王和众大臣及诸长者居士也跟着佛陀回到精舍,十分希望能够聆听佛陀为他们开示说法。此时,佛陀头顶放出百宝色的无畏光明,光中生出千叶宝莲,莲花中有尊化身佛,结跏趺坐,宣说楞严神咒。于是佛陀敕令文殊师利菩萨持神咒前去救护阿难。神咒一至,恶咒顿时就失效了,阿难方才清醒,文殊菩萨就把阿难和摩登伽女一起带回佛的住所。

阿难见佛,顶礼悲泣,恨无始来一向多闻,未全道力①。殷勤启请十方如来,得成菩提②,妙奢摩他、三摩、禅那最初方便③。于时,复有恒沙菩萨及诸十方大阿罗汉、辟支佛等俱愿乐闻,退坐默然,承受圣旨。

注释:

①道力:即定慧之力。

②菩提：梵文 bodhi 的音译，意为"觉道"。

③奢摩他：梵文 samatha，意为"止"，亦云"寂静"。三摩：此处"三摩"后略字，诸家解释不同，或云略"提"字，或云略"地"字，或云略"钵底"字。今结合长水子璿《首楞严经疏》、蕅益智旭《楞严经文句》及《楞严经疏解蒙钞》等观点，译文采用"三摩钵提（钵底）"（samatha），意为"观"、"等至"。禅那：梵文 dhyana，意为"静虑"。本经所言"妙奢摩他、三摩、禅那"，是经中首楞严大定的进修次第和纲要，诸注家多会合《圆觉经》三法、《涅槃经》三相或天台宗三观而予解释。

译文：

阿难见到佛，顶礼佛足，悲伤啜泣，悔恨从无始以来，只求广记多闻，而未修定慧，道力不够，遭此邪咒的迷惑。于是殷勤启请佛陀慈悲开示，为大家讲说十方如来成就菩提及修习深妙的奢摩他、三摩钵提、禅那等止观法门的最初方便。其时，在座的众多菩萨及十方大阿罗汉、缘觉等也一起恳请佛陀慈悲开示，并围坐在佛陀的四周，静静地等待着聆听法要。

尔时，世尊在大众中，舒金色臂摩阿难顶，告示阿难及诸大众："有三摩提①，名大佛顶首楞严王②，具足万行，十方如来一门超出，妙庄严路。汝今谛听③。"阿难顶礼，伏受慈旨。④

注释：

①三摩提：梵文 samadhi，又译"三摩地"，或"三昧"，意为"定"、"等持"。

②首楞严：梵文 surangama，意为一切事究竟坚固，本经则指首楞严三昧、首楞严大定，乃是佛的定境界。

③谛（dì）：仔细，如实。

④按，此段文字原在"故我在堂得远瞻见"后，依圆瑛法师《讲义》观点，当是错简，应在"退坐默然，承受圣旨"之后，故移此。

译文：

其时，世尊在大众中，伸出金色手臂，摩阿难头顶，告诉阿难及与会大众："有三摩提，名大佛顶首楞严王，乃三昧之王，总摄一切修行法门，是十方如来一门超出生死苦海，证得涅槃圣果的妙庄严路。你现在仔细谛听。"阿难向佛屈身顶礼，领受佛陀的慈悲教旨。

佛告阿难："汝我同气①，情均天伦。当初发心，于我法中见何胜相，顿舍世间深重恩爱？"阿难白佛："我见如来三十二相胜妙殊绝②，形体映彻，犹如琉璃。常自思惟，此相非是欲爱所生。何以故？欲气粗浊，腥臊交遘③，脓血杂乱，不能发生胜净妙明紫金光聚④，是以渴仰，从佛剃落。"佛言："善哉！阿难。汝等当知，一切众生从无始来，生死相续，皆由不知常住真心，性净明体，用诸妄想，此想不真，故有轮转⑤。汝今欲研无上菩提，真发明性，应当直心酬我所问⑥。十方如来同一道故，出离生死，皆以直心。心言直故，如是乃至终始地位，中间永无诸委曲相。阿难，我今问汝，当汝发心，缘于如来三十二相，将何所见？谁为爱乐？"阿难白佛言："世尊，如是爱乐，用我心目，由目观见如来胜相，心生爱乐，故我发心，愿舍生死。"佛告阿难："如汝所说，真所爱乐，因于心目。若不识知心目所在，则不能得降伏尘劳⑦。譬如国王为贼所侵，发兵讨除，是兵要当知贼所在。使汝流转，心目为咎⑧。吾今问汝：唯心与目，今何所在？"

注释：

①同气：同一祖宗之血脉气质。

②三十二相：又称"三十二大丈夫相"、"三十二大人相"。佛菩萨之应化身所具有的不同于凡俗众生的三十二种殊胜妙相，如"足下平满"、"垂手过膝"、"顶成肉髻"等，是福、慧两种功德之表征。

③遘（gòu）：合也。

④紫金光聚：佛的三十二大人相之一为"身金色相"，肤体柔软细滑如紫磨金色。

⑤轮转：即生死轮回。

⑥酬：有版本作"诪"（chóu），答也。

⑦尘劳：烦恼之异称。宗密《圆觉经疏钞》解释为二义：一、

"尘"为"六尘",由其境界令心起烦恼劳倦;二、"尘"指染污心,"劳"指勤苦,烦恼能染污心且令勤苦。

⑧咎(jiù):过错。

译文:

佛告诉阿难:"你我同一血脉,情同手足。当初你于佛法中见有何殊胜之处,所以决定舍去世间的深重恩爱,而出家修行?"阿难对佛说:"我当初看到如来三十二相妙好庄严,世间无与伦比,身体如同琉璃,晶莹凝润,光彩映彻。我私下就想,这种庄严妙相,绝非世间爱欲所生。为什么呢?世间粗浊爱欲所成的肉身,父精母血腥臊交合、脓血杂乱而成,不能生出如此胜妙清净的紫金光身相,所以十分渴求仰慕,就跟随佛陀剃发出家。"佛说:"善哉!阿难。你们应当知道,一切众生,从无始以来,一直在六道中轮回,在生死中流转,都因为不知常住真心,这是吾人本具的清净光明之性体,却沉迷于妄想分别之中,导致种种虚妄假相并误以为真,故有轮回流转。你现在要想修习无上菩提,真实开发明悟自心的清净本性,应当直心回答我提出的问题。十方如来,同出一道,都以直心而超越生死。正因为心直言直,表里如一,自初始发心,至终证成妙果,中间没有任何迁曲不实之心态。阿难,我现在问你,你当初发心出家,是因为看到如来三十二妙相,那么,你当时是用什么去看的?爱乐之想又是从何而起的呢?"阿难回答道:"世尊,这种爱乐,是用我的心和眼。由眼观见如来的胜妙之相,心中生起爱乐,因而发心出家,愿能舍离生死流转。"佛告诉阿难:"如你所说,真正生起爱乐乃因你的心和眼，因此，如果不知心和眼之所在，就不能降伏烦恼尘劳。这有如一个国王被贼寇侵扰，要发兵讨除，首先应当知道贼寇之所在。一切凡俗众生所以在六道中轮回，在生死中流转，乃因心和眼之误导。我现在问你，你可知心和眼在何处？"

　　阿难白佛言："世尊！一切世间十种异生①，同将识心居在身内②。纵观如来，青莲花眼，亦在佛面。我今观此，浮根四尘③，只在我面，如是识心，实居身内。"佛告阿难："汝今现坐如来讲堂④，观祇陀林今何所在⑤？""世尊，此大重阁清净讲堂在给孤园，今祇陀林实在堂外。""阿难，汝今堂中，先何所见？""世尊，我在堂中，先见如来，次观大众，如是外望，方瞩林园⑥。""阿难，汝瞩林园，因何有见？""世尊，此大讲堂户牖开豁⑦，故我在堂得远瞻见。"

注释：

①异生：旧译为"凡夫"，新译为"异生"。凡夫轮回六道，受种种别异之果报；又凡夫起变异而生邪见造恶，故称"异生"。"十种异生"通常指卵生、胎生、湿生、化生、有色生、无色生、有想生、无想生、非有想生、非无想生。

②识心：指六识或第八识。

③浮根四尘：浮根，即浮尘根，又作"扶根"、"扶尘根"、"扶根尘"。小乘有部等将眼、耳、鼻、舌、身五根分为"扶尘

根"与"胜义根",扶尘根即指眼球、耳穴、鼻柱等可见部分,具有扶持助成之功能,皆为色、香、味、触四尘所成之器官,其体粗显,本身无感觉认识作用;胜义根则以扶尘根为所依处,取外界之境,而于内界发起识,其体清净微妙,非肉眼所能见,乃四大种所造极微之集合。四尘,与四大种俱生的四种色法,指色尘、香尘、味尘及触尘。

④讲堂:佛教早期僧团中,佛陀在世时已设有讲堂,供大众集会讲法之用。据《分别功德论》卷二载,须达多长者为祇园精舍建有七十二座讲堂。

⑤祇陀林:即祇园中的树林,是祇陀太子所布施。

⑥瞩(zhǔ):看。

⑦牖(yǒu):窗户。

译文:

阿难回答佛说:"世尊!一切世间的十类众生,识心都居于身体之内,至于眼睛,即使是世尊的青莲花眼,也长在脸面之上;我自己浮根四尘之眼根,自然是长在面上,而我能知觉的识心,实居于身体之内。"佛问阿难:"你现在坐在如来讲堂内,观看祇陀林,是在何处?"阿难答:"世尊,这个大重阁清净讲堂在给孤独园中,那么祇陀林当在讲堂之外。"佛又问:"阿难,你在讲堂中,先见到了什么?"阿难答:"世尊,我在讲堂中,首先看见如来,其次看见与会大众,再往外望,才看到园林。"佛说:"阿难,你看到园林,是在什么条件下才得看见?"阿难答道:"世尊,此大讲堂的门窗都开着,所以我在讲堂中可以看见远处的园林。"

尔时，世尊在大众中，舒金色臂摩阿难顶，告示阿难及诸大众："有三摩提，名大佛顶首楞严王，具足万行，十方如来一门超出，妙庄严路。汝今谛听。"阿难顶礼，伏受慈旨。①

注释：

①按，此段依圆瑛法师《楞严经讲义》的观点，当是错简，在前文"退坐默然，承受圣旨"之后。此处不译。

佛告阿难："如汝所言，身在讲堂，户牖开豁，远瞩林园。亦有众生在此堂中，不见如来，见堂外者？"阿难答言："世尊，在堂不见如来，能见林泉，无有是处！""阿难，汝亦如是。汝之心灵，一切明了。若汝现前所明了心，实在身内，尔时先合了知内身；颇有众生先见身中，后观外物？纵不能见心肝脾胃，爪生发长①，筋转脉摇，诚合明了，如何不知？必不内知，云何知外？是故应知，汝言觉了能知之心，住在身内，无有是处。"

注释：

①爪（zhǎo）：指甲。

译文：

佛告诉阿难："如你所说，身在讲堂中，门窗开着，就能望见外面的园林。那么，是否有人身在讲堂，能看见堂外的园林，却看不见如来呢？"阿难答道："身在堂中，能看见堂外的林泉，却看不见堂内的如来，无有此理！"佛说："阿难，你就是这样啊。你的心灵，内外一切明了。若是你的灵明之心实在身内，就应先能了知身内；可有哪个人是先见身内之物，后见身外之物？纵然不能看见自己体内的心肝脾胃，但体外爪生发长，筋骨转动，血脉跳动，总该明见了知吧，为何却不知呢？如果灵明之心不能观知身内，又如何能观知外物呢？所以你应知道，你所说的能知能觉之心居于身内，是没有道理的。"

阿难稽首而白佛言："我闻如来如是法音，悟知我心实居身外。所以者何？譬如灯光然于室中，是灯必能先照室内，从其室门，后及庭际。一切众生，不见身中，独见身外，亦如灯光居在室外，不能照室。是义必明，将无所惑，同佛了义，得无妄耶？"

译文：

阿难顶礼并对佛说："我听了如来的法音，明白了心识实居身外，不在身内。为什么这样呢？譬如灯烛，燃于室内，必然先照室内，然后从其门窗，照及室外、庭院。一切众生，不见身内，独见身外，这有如灯光位于室外，不能照及室内。这个道理显然分明，不再有所疑惑，与佛所说的义理相同，应该不会错吧？"

佛告阿难："是诸比丘，适来从我室罗筏城循乞抟食^①，归祇陀林。我已宿斋^②，汝观比丘，一人食时，诸人饱不？"阿难答言："不也，世尊！何以故？是诸比丘，虽阿罗汉，躯命不同。云何一人能令众饱？"佛告阿难："若汝觉了知见之心，实在身外，身心相外，自不相干，则心所知，身不能觉；觉在身际，心不能知。我今示汝兜罗绵手^③，汝眼见时，心分别不？"阿难答言："如是，世尊！"佛告阿难："若相知者，云何在外？是故应知，汝言觉了能知之心，住在身外，无有是处。"

注释：

①抟（tuán）食：也作"团食"，古印度、西域以手团食而食，又译"段食"。

②宿（sù）斋：即结斋。宿，止。

③兜罗绵手：佛的三十二相之一。兜罗绵是古印度所产的一种质地柔软的细香绵，此喻佛手之柔软。

译文：

佛告诉阿难："这些比丘刚才跟随我到舍卫城乞食后回到祇陀林。我今已用过斋，你看看这些比丘，一人吃饭，其他人也都会饱吗？"阿难答："不会的，世尊！为什么呢？这些比丘，虽然是阿罗汉，但各有自己的身体。怎么会一人吃饭，众人皆饱呢？"佛对阿难说："如果你的能知能觉之心确实在身外，身与心各自分开，互不相干，则心有所知，身不能觉知；身有所觉，心也不能觉知。现在我把手伸给你看，你眼见手时，心里同时觉知分别了吗?"阿难答:"是的,世尊!"佛对阿难说:"既然眼见手时,心能同时感觉到,身心互知,怎么能说心在身外呢?所以你应知道,你所说的能知能觉的心居于身外,是没有道理的。"

阿难白佛言:"世尊,如佛所言,不见内故,不居身内;身心相知,不相离故,不在身外。我今思惟,知在一处。"佛言:"处今何在?"阿难言:"此了知心,既不知内,而能见外,如我思忖①,潜伏根里②。犹如有人,取琉璃碗合其两眼③,虽有物合,而不留碍,彼根随见,随即分别。然我觉了能知之心,不见内者,为在根故;分明瞩外无障碍者,潜根内故。"佛告阿难:"如汝所言,潜根内者犹如琉璃,彼人当以琉璃笼眼,当见山河,见琉璃不?""如是,世尊。是人当以琉璃笼眼,实见琉璃。"佛告阿难:"汝心若同琉璃合者,当见山河,何不见眼?若见眼者,眼即同境,不得成随。若不能见,云何说言此了知心潜在根内,如琉璃合?是故应知,汝言觉了能知之心潜伏根里,如琉璃合,无有是处。"

注释:

①忖(cǔn):思量,揣度。

②根里:根指眼根,即肉眼之内。

③琉璃碗:类似玻璃眼镜。碗,有版本作"椀"(wǎn)。

译文：

阿难对佛说："世尊，如您所说，心不能见体内，所以心不在身内；又因身与心能相互感知，不相离的缘故，所以心也不在身外。我现在思考，悟知心在什么地方了。"佛问："在什么地方？"阿难说："此能知能觉之心，既然不知体内，却能见到身外，那么我思维，应是潜藏在眼根之内。就好比有人拿透明的琉璃碗罩在眼上，虽然有东西盖在眼睛上，却不会阻碍视线，眼根随便看什么，心里随即能觉知分别。那么，这能知能觉之心不能看见身内之心肝脾胃等，是因为潜藏于眼根之内；能分明瞻视外境而无障碍，因为心潜在眼根内，而眼根犹如琉璃碗，不相妨碍之故。"佛又问阿难："如你所说，心潜藏于眼根之内，而眼根好比琉璃碗无有障碍，那么，当有人用琉璃碗罩在眼外，看见外面的山河，试问，此时能同时看见琉璃碗吗？"阿难答道："是的，世尊。此人用琉璃碗罩住眼睛时，确实能看见琉璃碗。"佛对阿难说："如果你的心潜在眼根，如同琉璃笼眼一样，当看见山河之时，为何看不见眼根？如果看见山河时能同时看见眼根，则眼根即等同于所见的外境，而不是能见之根，而说眼根随见，心随即分别，不能成立。如果不能同时看见眼根，又怎么能说此能知能觉之心潜藏于眼根之内，如同琉璃碗合眼一样呢？所以你应知道，你所说的能知能觉之心潜藏于眼根之内，如同琉璃碗合眼，是没有道理的。"

阿难白佛言："世尊，我今又作如是思惟，是众生身，腑藏在中[①]，窍穴居外[②]。有藏则暗，有窍则明。今我对佛,开眼见明,名为见外;闭眼见暗,名为见内。是义云何?"佛告阿难:"汝当闭眼见暗之时,此暗境界为与眼对?为不对眼?若与眼对,暗在眼前,云何成内?若成内者,居暗室中,无日月灯,此室暗中,皆汝焦腑③。若不对者,云何成见④?若离外见,内对所成,合眼见暗,名为身中,开眼见明,何不见面?若不见面,内对不成。见面若成,此了知心及与眼根,乃在虚空,何成在内?若在虚空,自非汝体,即应如来今见汝面,亦是汝身。汝眼已知,身合非觉,必汝执言身、眼两觉,应有二知,即汝一身,应成两佛。是故应知,汝言见暗,名见内者,无有是处。"

注释:

①腑藏:即五脏六腑。藏,同"脏",指五脏。

②窍穴:此处指七窍之孔穴。

③焦腑:"焦"指三焦,"腑"指六腑。这里喻指身内。腑,有版本作"府"。焦府,六府之一,为命之府。

④若不对者,云何成见:凡眼睛看见,必定要眼根与外境相对,暗境也是一个对境。此为世间共许。因此,如果暗境不与眼相对,则所见无有,能见也就一无所见而不能成立了。

译文:

阿难又对佛说:"世尊,我现在又有这样的想法,众生的身体，五脏六腑在内，七窍等在外。有脏腑在身内则有暗境，有窍穴通身外则有明境。现在我在佛面前，开眼见到明境，此为见外；闭眼见到暗境，此为见内。不知这个道理可以成立吗？"

佛告诉阿难道："当你闭眼见到暗境之时，此暗境是与眼相对的外境？还是不相对？如果与眼相对，暗境就在眼前，怎么能说是见内呢？如果眼前的暗境可以称为见内，那假如你居于暗室中，没有日月和灯的光明，则此室中的暗境都成了你身内的三焦六腑。如果暗境不与眼相对，所见不存在，又怎么能成其为'看见'呢？如果离开眼对外境的外对之见，即开眼见明之见外，则成眼对内境的内对之见，即合眼见暗之见内，此时合眼见到暗境，称为是看到了身中的脏腑，即合眼见到身内之物，那么，当开眼见到明境之时，为何看不见自己的脸面呢？如果开眼见不到自己的脸面，那么合眼内对时见到身中脏腑等物也不能成立。假如说开眼能够看见自己的脸面，则此能知能觉之心及眼根等，应是处于身外的虚空之中，怎么能是在内呢？如果是在虚空之中，自然就不是你的身体了。如果你认为离体的知觉不妨还是你的身体，那样的话，即如现在如来看见你面，如来的身体也成为你的身体。你在虚空的眼睛已有知觉，所见的身体应该没有知觉，而如果你一定认为身与眼二者各有知觉，那就应有两个独立的知觉之体，如此说来，则你阿难一人之身有两个知觉之体，应该能成就为两尊佛了。所以你应知道，你所说的见暗称为见内，是没有道理的。"

阿难言："我常闻佛开示四众[①]，由心生故，种种法生，由法生故，种种心生。我今思惟，即思惟体，实我心性，随所合处，心则随有，亦非内、外、中间三处。"

注释：

①四众：指构成佛教教团之四种弟子众，即出家二众比丘、比丘尼，在家二众优婆塞、优婆夷，合称"四众"。

译文：

阿难又说："我常听世尊开示四众，因为心生的缘故，而有种种法生；因为法生的缘故，而有种种心生。我现在想，这个能思维的自体，实为我的心性，随其与外境相合而随有种种心出生；也就是心的所在之处，然并不是在身体的内、外、中间三处。"

佛告阿难："汝今说言'由法生故，种种心生，随所合处，心随有者'；是心无体，则无所合。若无有体而能合者，则十九界因七尘合①，是义不然。若有体者，如汝以手，自挃其体②，汝所知心，为复内出？为从外入？若复内出，还见身中；若从外来，先合见面。"阿难言："见是其眼，心知非眼，为见非义。"佛言："若眼能见，汝在室中，门能见不③？则诸已死，尚有眼存，应皆见物；若见物者，云何名死？阿难，又汝觉了能知之心，若必有体，为复一体？为有多体？今在汝身，为复遍体？为不遍体？若一体者，则汝以手挃一肢时，四肢应觉。若咸觉者，挃应无在。若挃有所，则汝一体自不能成。若多体者，则成多人，何体为汝？若遍体者，同前所挃。若不遍者，当汝触头，亦触其足，头有所觉，足应无知，今汝不然。是故应知，随所合处，心则随有，无有是处。"

注释：

①十九界因七尘合：六根（眼、耳、鼻、舌、身、意）、六尘（色、声、香、味、触、法）、六识（眼识、耳识、鼻识、舌识、身识、意识）合之为"十八界"。六尘外更加一本无其体的第七尘乃是无体虚名，而以第七尘合十八界而成十九界则更是同于龟毛兔角，不能成立。

②挃（zhì）：挠捏，触摸。

③门能见不：《楞严经正脉》解释"门能见不"，乃是以"门为室眼"作为比喻，圆瑛法师《楞严经讲义》等诸家多有引用。然此解释颇为曲折。成观法师《楞严经义贯》的解释：以眼与心一起才能见门，若只用眼而不用心，则视而不见。

译文：

佛告诉阿难："你现在说'因为法生的缘故，而有种种心生，随其与外境相合而随有种种心出生'；如果是这样的话，应知这个心其实本来没有自体，既无自体，则也没有所谓的心与外境相合。如果心没有自体而又能与外境相合，则岂不是想用本无其体的第七尘与十八界相合而成十九界，这种说法不能成立。如果心有自体,那么你自己用手去触捏自己的身体,这种能知觉之心是从身体内出?还是从身体外入?如果是从体内而出的,应当先见到身中脏腑;如果是从体外而来,就应先见到自己的脸面。"阿难说:"'见'是眼的功能,心的功能为知觉而非眼见,今以心说'见',似于理不合。"佛说:"如果仅有眼便能见,那么你在室内,门能够看见吗?若不用心而眼便能见的话,那么已死之人,其眼尚存,应该都能见物;如果他还能见物的话,又怎能叫作死人呢?还有,阿难,你那能知能觉之心,如果必有自体,那么是一个体?还是有多个体?现在能知能觉之心在你身,此心体之知觉是遍布全身?还是不遍布全身?如果心之自体是一个体,那么你用手触捏一肢时,四肢应该都有感觉。如果四肢同时都有感觉,那么触捏处应当无法确定位置所在。如果触捏处有确定位置所在,那么你认为心是'一体'的说法就不能成立。如果心之自体是多个体,则成了多个人,那么哪一个体是你呢?如果说心之自体遍布全身,与前面所说的心是'一体'道理相同,是错误的。如果心之自体不遍布全身,那么当你触捏头时,同时也触捏脚,应该是头有知觉而脚没有知觉,但实际情形并不是这样。所以你应知道,你所说的心体随其与外境相合而随有种种心出生,是没有道理的。"

阿难白佛言:"世尊,我亦闻佛与文殊等诸法王子谈实相时[①],世尊亦言'心不在内,亦不在外'。如我思惟,内无所见,外不相知。内无知故,在内不成;身心相知,在外非义。今相知故,复内无见,当在中间。"

佛言:"汝言中间,中必不迷,非无所在。今汝推中,中何为在? 为复在处? 为当在身? 若在身者,在边非中,在中同内。若在处者,为有所表? 为无所表? 无表同无,表则无定。何以故? 如人以表,表为中时,东看则西,南观成北。表体既混,心应杂乱。"

注释:

①法王子: 以佛为法王,菩萨为佛之真子,故称"法王子"。实相: 一切万法真实不虚之体相,或究竟真实之理体,大乘或谓之为空性,或谓之为清净心体,然皆以无相之相论之。

译文:

阿难对佛说:"世尊,我曾听过您与文殊菩萨等诸大士谈论诸法实相,当时您曾说过'心不在内,也不在外'。由此我想,若说心在身内,则于身内一无所见; 若说心在身外,则又会落得身心不相知,于理不合。见不到身内,故说心在身内不成立; 身心又相知,故说心在身外也没有道理。现在既然身心相知,而且心又见不到身内,所以,心既不在身内,也不在身外,应该是在中间吧。"佛说:"你说心在中间,既是中间,必然不是迷昧无所,不是没有一个确定的处所。现在你推想在中间,这中间的确定处所又在哪里呢? 是在身外的某一处呢? 还是在身上呢? 若是在身上,那么是在身体的边缘处? 还是在身体中? 如果是在身体的皮肤边缘处,就不能说是在中间; 如果是身体中,那就同于前面所说的'在内'了。如果是在身外的某一处所,那么该处是可以用方位来标示？还是不可以用方位来标示？如果没有标示，那就等同于没有方位处所，也就谈不上中间所在了；如果有所标示，也同样没有一个固定的中间之处。为什么这样说呢？比如有人在某处立一标示，称此为中，但如果从东边看去，它则为西，从南边看去，它则成北。所立方位标示既是混乱不定，心之处所也应是杂乱不定。"

阿难言："我所说中，非此二种。如世尊言，眼色为缘[1]，生于眼识。眼有分别，色尘无知，识生其中，则为心在。"佛言："汝心若在根尘之中[2]，此之心体为复兼二？为不兼二？若兼二者，物体杂乱，物非体知，成敌两立，云何为中？兼二不成，非知、不知，即无体性，中何为相？是故应知，当在中间，无有是处。"

注释：

①眼色：六根对六尘为缘而产生六识。故此处"眼色"指六根之眼根对六尘之色尘而产生眼识。

②根尘：即"六根"与"六尘"之并称。尘，又称"境"。

译文：

阿难说："我所说的中间，不是指这两种。如世尊所说的，眼根与色尘相互为缘，产生眼识。眼根有分别之功能，而色尘乃无知觉之物，识生于根尘相接之中，则是心的所在之处。"佛说："你所说的心若是在根尘之中间，那么这个心之体是同时兼有根与尘二者之性呢？还是不兼有二者之性？如果同时兼有二者之性，则色尘无知之物与眼根有知之体，混合杂乱；也就是说，尘非有知，根体有知，则知与不知，成为敌对，两相对立，这时你所说的心体，一半有知，一半无知，敌对而立，怎么能够称为中间呢？所以说同时兼有二者之性不能成立，如果不兼有二者之性，则这个心体既非根之有知，也非尘之无知，即落于无有体性，则你所谓的心在中间，究竟以何为相呢？所以你应知道，你所说的心在根尘中间，是没有道理的。"

阿难白佛言："世尊，我昔见佛与大目连、须菩提、富楼那、舍利弗四大弟子共转法轮①，常言觉知分别心性，既不在内，亦不在外，不在中间，俱无所在，一切无著，名之为心。则我无著，名为心不？"佛告阿难："汝言觉知分别心性，俱无在者，世间虚空水陆飞行②，诸所物象，名为一切，汝不著者，为在？为无？无则同于龟毛兔角③，云何不著？有不著者，不可名无。无相则无，非无则相，相有则在，云何无著？是故应知，一切无著，名觉知心，无有是处。"

注释：
①转法轮："法轮"是对于佛法的喻称。"转法轮"最初指佛之说法，后泛指佛法之宣扬流行。
②世间虚空水陆飞行："世间"指山河大地等，"虚空"指虚空界。水、陆、飞行，分别指水中、陆地、空中的生物种类。"世

间虚空"是依报,"水陆飞行"是正报,依、正二报,品类差殊,所有物象,名为一切。

③龟毛兔角:龟之毛,兔之角,喻子虚乌有。

译文:

阿难又对佛说:"我从前见佛与大目犍连、须菩提、富楼那、舍利弗四大弟子宣讲佛法的时候,常说此能知觉分别的心性,既不在内,也不在外,也不在中间,任何处所都无所在,一切皆无住着,乃称之为心。那么,这个一切无着的心境,可以称作就是心吗?"佛告诉阿难:"如果你所说的能知觉分别的心性,于一切处无所住着,然而世间虚空、水陆飞行等所有物象,称为世间的一切,你的心都不住着,那么,此心是离一切物象,别有心体存在,但不去住着一切?还是说此心是离一切物象,本无心体存在,故称为不着一切?如果此心体本不存在,那就如同龟毛兔角,仅是假名而已,怎么还能说着与不着呢?如果此心于不着一切物象之外,别有心体所在,则不可称为无着。若此心完全没有体相,本无所有,也就没有什么着与不着;若此心不是虚无则应有体相,有体相则应有所在住着之处,怎么能说是无着呢?所以你应知道,你所说的于一切处无所住着之心境,名为能知觉之心性,是没有道理的。"

尔时,阿难在大众中即从座起,偏袒右肩,右膝著地,合掌恭敬而白佛言:"我是如来最小之弟,蒙佛慈爱,虽今出家,犹恃恃怜,所以多闻,未得无漏,不能折伏娑毗罗咒, 为彼所转, 溺于淫舍, 当由不知真际所诣①。唯愿世尊, 大慈哀愍, 开示我等奢摩他路②, 令诸阐提③, 隳弥戾车④。"作是语已, 五体投地, 及诸大众, 倾渴翘伫, 钦闻示诲。

注释:

①诣(yì):至也, 符也。又有版本作"指"。

②奢摩他:梵文 samatha 之音译, 意为"止"。常与毗钵舍那(梵语 vipasyana, 意为"观")并用。

③阐提:即"一阐提", 梵文 icchantika 之音译, 意为"断善根、不具信之人"。

④隳:通"堕"(duò), 堕落。弥戾车:梵文 Mleccha 之音译, 又译"蔑戾车"、"弥离车"等, 意为边地之卑贱无知种族。按, 此句意为, 令诸阐提断善根者、堕落边地之无知邪见者等, 皆生起正信。"隳弥戾车"下似有缺文。

译文:

这时, 阿难在大众中即从座位而起, 偏袒右肩, 右膝跪地, 合掌恭敬对佛说:"我是如来最小的兄弟, 蒙佛陀慈爱, 得以出家修行。虽然出家了, 还倚仗着佛的怜爱, 只图多闻广记, 未能精修禅定而证得无漏圣果, 所以不能折服娑毗罗咒术, 为其魔咒所迷惑, 几乎陷溺于淫舍之中, 这都是由于我不知道真心所在而造成的。唯愿世尊发大慈心, 哀怜悯念我等, 为我们开示奢摩他正定之路, 使一切众生, 包括那些断善根者、堕落于边地的无知邪见之辈,都能舍弃一切邪知见,生起正信。"说罢,阿难五体投地,虔诚礼拜,与会诸大众也都以仰慕诚敬之心,渴望着聆听佛陀的教诲。

尔时,世尊从其面门放种种光,其光晃耀,如百千日,普佛世界六种震动①,如是十方微尘国土一时开现。佛之威神令诸世界合成一界,其世界中所有一切诸大菩萨,皆住本国,合掌承听。

注释:

①六种震动:指大地震动的六种相,此代表六识妄心将破。《大品般若经》卷一序品,依地动之方向,举出东涌西没、西涌东没、南涌北没、北涌南没、边涌中没、中涌边没等六相。《华严经》卷十六则举出动、起、涌、震、吼、击等六相,各相复分小、中、大等三种,故计有动、遍动、等遍动,起、遍起、等遍起,涌、遍涌、等遍涌,震、遍震、等遍震,吼、遍吼、等遍吼,击、遍击、等遍击等十八相。

译文:

那时,佛陀从其面门放出种种光,光明晃耀,有如百千日之光芒,普遍十方的诸佛世界都发生六种震动,十方微尘数之多的国土顿时都显现出来。佛以其威神力,使微尘数的世界合成一世界,此一大世界中的所有一切诸大菩萨,都不离本住国土,合掌恭听佛陀说法。

佛告阿难："一切众生从无始来种种颠倒，业种自然，如恶叉聚①。诸修行人不能得成无上菩提，乃至别成声闻、缘觉②，及成外道、诸天魔王及魔眷属③，皆由不知二种根本，错乱修习；犹如煮沙，欲成嘉馔④，纵经尘劫⑤，终不能得。

注释：

①恶叉聚：印度一种树，所结果实皆三粒同一蒂。喻惑、业、苦三者必同聚。

②声闻、缘觉：同为佛教中的小乘。又称"二乘"，是相对大乘而言。声闻，由听闻佛说法而悟道。缘觉，自观十二因缘而成道者。

③外道：指佛教之外的其他宗教派别或思潮，如佛陀时代的六师外道等。诸天：佛教把世间分为三界——欲界、色界、无色界，其中，欲界有六天，色界有四禅十八天，无色界有四天；此外尚有日天、月天、韦驮天等诸天神，这些总称为诸天。魔王：天魔之王，即欲界第六天之他化自在天主，其名为"波旬"。

④馔（zhuàn）：食物。

⑤尘劫：尘沙数之劫，即无数劫。

译文：

佛对阿难说："一切众生，从无始以来，不识本心，而生种种颠倒妄想，业习种子自然感果，由惑造业，由业招果，惑、业、苦三者不相舍离，如恶叉聚果一样。诸修行人之所以不能得成无上菩提,乃至只能证果声闻、缘觉,甚至堕入外道、诸天以及魔王及诸魔眷属,就是因为不懂得二种根本而盲修瞎练。这有如欲煮沙而想成为佳肴一样,纵然经过微尘数劫的时间,终究不能得成正果。

"云何二种?阿难,一者无始生死根本,则汝今者与诸众生用攀缘心为自性者①;二者无始菩提涅槃元清净体②,则汝今者识精元明③,能生诸缘,缘所遗者。由诸众生,遗此本明,虽终日行④,而不自觉,枉入诸趣⑤。

注释:

①攀缘心:即前七转识,表现为妄想知觉之心。第七识恒缘第八识而成我执染污意,第六意识遍缘五尘落谢之影像,五识缘外尘。

②涅槃:梵文 nirvana 之音译,又作"泥洹"等,意译作"灭"、"寂灭"、"灭度"、"无生",指烦恼之火灭尽,完成悟智(即菩提)的境地。此为超越生死(迷界)之悟界,也是佛教终极的实践目的,故被列为三法印之一,称"涅槃寂静"。小乘有"有余涅槃"、"无余涅槃"二义,大乘又有"自性涅槃"、"无住涅槃"等义。

③识精:第八识之精明体。精,多指识体之觉性精微明妙。

④行:造作,流迁。

⑤诸趣:通常指六趣,即天、人、阿修罗、畜生、饿鬼、地狱等六道。趣,所往,造业所往之果报。

译文：

"那么，是哪二种根本呢？阿难，一者是无始以来一切众生在生死中流转的根本，就如你现前与所有众生那样，是以攀缘心为自心性；二者是无始以来一切众生本具的真性菩提、性净涅槃之本来清净体，就是你现前与所有众生本具的识精元明之体，此体本自元明清净，但因众生无明妄动而生起诸缘识，攀缘驰逐外境不休，反把此妙明本心迷失遗忘了。由于众生迷失这本然妙明心体，虽终日依此造作诸行，但日用而不知，不能觉悟此妙明本心，结果堕入六道生死流转之中而枉受轮回。

"阿难，汝今欲知奢摩他路，愿出生死，今复问汝。"即时如来举金色臂，屈五轮指①，语阿难言："汝今见不！"阿难言："见。"佛言："汝何所见？"阿难言："我见如来举臂屈指，为光明拳②，耀我心目。"佛言："汝将谁见？"阿难言："我与大众，同将眼见。"佛告阿难："汝今答我，如来屈指为光明拳，耀汝心目，汝目可见，以何为心，当我拳耀③？"阿难言："如来现今征心所在④，而我以心推穷寻逐，即能推者，我将为心。"佛言："咄⑤！阿难，此非汝心！"阿难矍然⑥，避座合掌，起立白佛："此非我心，当名何等？"佛告阿难："此是前尘虚妄相想，惑汝真性。由汝无始至于今生，认贼为子⑦，失汝元常，故受轮转。"

注释：

①五轮指：如来手指端有千辐轮相，故称"轮指"；又五指各对应地、水、火、风、空轮，故称"五轮指"。

②光明拳：此言如来之拳有光芒，或如来拳放光芒。若按禅宗观点，则如来举拳，拷问对此何心，此有特殊的接引意义。

③当：对也。即当面对光明拳时，眼可以看见，而此时的心是什么！"汝今见不！"用感叹号，其意非在眼见，乃在心见。圆瑛法师《楞严经讲义》中以禅宗观点解释此段说："世尊举手擎拳，原欲以无言之道，向上一着，接引阿难，令向见色，闻声处，亲见自己本来面目也。奈阿难直指不会，只得再加曲指，重行审问：'汝何所见？'一审也。'汝将谁见？'二审也。世尊则循循善诱，阿难则处处胶着，不能认见为心，而反认见属眼，世尊见其始终不悟，只得落草盘根，更征之曰：'汝目可见，以何为心，当我拳耀？'此三审也。"

④征：询问，质询。

⑤咄（duō）：呵斥声。

⑥矍（jué）然：惊异状。

⑦贼：即六识，劫夺自性法财，有如贼人。

译文：

"阿难，你现在欲知正定之路，愿出生死轮回，我再问你。"这时如来举起金色手臂，屈五轮指为拳，对阿难说道："你看见了吗！"阿难说："看见了。"佛说："你看见什么？"阿难说："我看见如来举臂屈指，成为光明拳，照耀我的心目。"佛说："你用什么见呢？"阿难说："我与大众都是以眼而见。"佛告诉阿难："你现在回答我，如来屈指为光明拳，照耀你的心目。你以眼睛看见，但对着光明拳时，你的心在哪里呢？"阿难说："世尊现在询问我心之所在，我便用心极力推究追寻，我以为这个能推究的应该就是我的心。"佛听后喝道："咄！阿难，这不是你的心！"阿难闻言惊惧，离座起立合掌，对佛说："这不是我的心，又应叫作什么呢？"佛告诉阿难："你所说的心，实是现前尘境的虚妄相上所生起的分别妄想，正是此颠倒妄想，迷惑了你的真心本性。由于你从无始以来至于今生，一直认贼为子，迷失了你的本元常住真心，故而枉受轮回之苦。"

阿难白佛言："世尊，我佛宠弟，心爱佛故，令我出家。我心何独供养如来，乃至遍历恒沙国土，承事诸佛及善知识，发大勇猛，行诸一切难行法事，皆用此心。纵令谤法，永退善根，亦因此心。若此发明不是心者，我乃无心，同诸土木。离此觉知，更无所有，云何如来说此非心？我实惊怖，兼此大众无不疑惑。唯垂大悲，开示未悟。"

译文：

阿难对佛说："世尊，我是佛的宠弟，因为心中爱佛的缘故，才随佛陀出家。我不但是以此心供养如来，乃至遍历无数国土，奉事诸佛及善知识，发大勇猛去做一切难行法事，用的都是此心。纵使诽谤佛法，或永断善根，也因此心所致。如果如来阐明这是颠倒妄想而不是真心，我岂不成了无心之人，同于泥塑木雕。离此能知能觉的心，我更没有其他的心了，为什么如来说这不是我的真心？这实在令我惊恐惶怖，就连在座大众对此也无不疑惑。唯愿世尊大悲垂示，开示我等未悟之辈。"

　　尔时，世尊开示阿难及诸大众，欲令心入无生法忍①，于师子座摩阿难顶而告之言②："如来常说：诸法所生，唯心所现，一切因果、世界、微尘，因心成体。阿难，若诸世界一切所有，其中乃至草叶缕结③，诘其根元④，咸有体性；纵令虚空，亦有名貌，何况清净妙净明心，性一切心⑤，而自无体？若汝执吝分别觉观所了知性⑥，必为心者，此心即应离诸一切色、香、味、触诸尘事业，别有全性。如汝今者，承听我法，此则因声而有分别；纵灭一切见闻觉知，内守幽闲，犹为法尘分别影事。我非敕汝执为非心，但汝于心微细揣摩。若离前尘有分别性，即真汝心。若分别性离尘无体，斯则前尘分别影事。尘非常住，若变灭时，此心则同龟毛兔角，则汝法身同于断灭，其谁修证无生法忍？"即时，阿难与诸大众默然自失。佛告阿难："世间一切诸修学人，现前虽成九次第定⑦，不得漏尽成阿罗汉，皆由执此生死妄想，误为真实。是故汝今虽得多闻，不成圣果。"

注释：

①无生法忍：无生法，远离生灭之真如实相理体。忍，即智。真智安住于真如理而不动，谓之"无生法忍"。

②师子座：师子，即"狮子"。师子座，即佛的法座位，喻佛无畏说法犹如狮子。摩顶：佛以手摩弟子顶，有三义：一是授记，二是安慰，三是加持。此处为后二义。

③缕（lǚ）结：如丝麻之类。

④诘（jié）：追问，质问，推究。

⑤性一切心：性，此处作动词，义为赋予体性。能令一切法得其体性之心。

⑥吝（lìn）：吝惜，不舍。觉观：新译为"寻伺"。觉，即寻，心之粗相。观，即伺，心之细相。

⑦九次第定：四禅（初禅、二禅、三禅、四禅）、四定（空无边处定、识无边处定、无所有处定、非想非非想处定）、灭尽定，次第而进，故名"九次第定"。四禅四定属凡夫定，灭尽定则是小乘圣者所证。

译文：

这时，世尊将要开示阿难及与会诸大众，令他们都悟入无生法忍，就在狮子座上伸手摩阿难顶，告诉他说："如来常说：一切诸法之生起，唯心所现；一切因果，以及大至整个世界，小至微尘，也都是依此真心而成体性。阿难，如所有世界的一切事物，其中乃至草叶、缕结，追根究底，也都有其体性；纵然是虚空，也有其名称形貌，何况这清净妙明真心，能令一切法得其所依体性,怎么会自己没有体性呢? 如果你固执不舍,认定这个能分别寻伺的了知性就是你的真心,那么,此心就应该即使是离开一切色、香、味、触等六尘事相造作,而别有完全独立的体性。就如你现在听我说法,则因为听到了说法声音才有了心的分别,离开声音外尘则能分别的心毕竟无体;纵使你令六根不缘外尘而止灭一切见闻觉知,让心内守幽闲寂静的境界,这仍然属于独头意识对法尘所做的分别尘影之事,而非你的真心。我不是一定要你承认执此缘尘的分别心不是真心,但你对于这个心应细细揣摩。如果离开现前六尘境相而仍有分别觉知之性,即真正是你的心;然而,如果分别觉知之性,离开六尘境相就没有体性了,那它不过是现前六尘的分别尘影之事,是虚幻而不是真心。六尘境相不是常住不变的,如果六尘变灭时,这个分别觉知之心失去所缘境相而不复存在,如同徒具假名的龟毛兔角,那么这时你的法身也同样断灭不存,又是谁去修证无生法忍呢?"这时,阿难与诸大众无语可对,默然自有所失,然而还是不识真心。佛对阿难说:"世间一切修学佛法的人,即使现前已经成就九次第定,仍未得诸漏灭尽而成就阿罗汉果位,其原因在于执着此作为生死根本的分别妄想识心,误以为是真实之常住真心,所以你虽然多闻广记,却仍未能成就圣果。"

阿难闻已,重复悲泪,五体投地,长跪合掌而白佛言:"自我从佛发心出家,恃佛威神,常自思惟,无劳我修,将谓如来惠我三昧①,不知身心本不相代,失我本心,虽身出家,心不入道,譬如穷子,舍父逃逝②。今日乃知，虽有多闻，若不修行，与不闻等，如人说食，终不能饱。世尊，我等今者二障所缠③，良由不知寂常心性。惟愿如来哀愍穷露，发妙明心，开我道眼。"即时如来，从胸卍字涌出宝光④，其光晃昱⑤，有百千色，十方微尘普佛世界一时周遍，遍灌十方所有宝刹诸如来顶，旋至阿难及诸大众。告阿难言："吾今为汝建大法幢⑥，亦令十方一切众生，获妙微密性净明心，得清净眼⑦。"

注释：

①三昧："定"的梵文 sumadhi 音译，有"三昧"、"三摩地"二词，其中"三昧"是早期译名，并一直沿用，后来比较多地用来指称大乘定境；"三摩地"是在玄奘新译之后才普遍使用。

②譬如穷子，舍父逃逝："穷子"比喻六识妄心，"父"比喻本心真性。父家有无尽珍宝而穷子却外出流浪，不知返回。

③二障：指烦恼障与所知障。以诸我执烦恼能障涅槃，故称"烦恼障"；以诸法执无明能障菩提，故称"所知障"。又障正知见之惑名为理障，即所知障；而令生死相续之惑为事障，即烦恼障。

④胸卍字：卍为佛胸前的吉祥相，佛三十二相之一，意为"吉祥海云"、"吉祥喜旋"。古来鸠摩罗什、玄奘等师译为"德"字，菩提流支则译为"万"字，武则天始制定此字，读音为"万"，意为"吉祥万德之所集"。

⑤昱（yù）：明耀。

⑥法幢（chuáng）：幢者，幢幡、旌旗之类。猛将建幢旗以

示胜利，故以法幢比喻佛菩萨说法能摧邪显正，降伏魔军，高树正法。

⑦清净眼：即大开圆解之智慧眼。

译文：

阿难听了佛陀这些话后，又悲感流泪，五体投地，合掌长跪，对佛说："自从我跟随佛陀发心出家以来，依恃佛的威神，心里经常有这样一种想法，以为不需要我自己精勤修行，如来也会惠赐我三昧定力，却不知彼此身心不能相互替代，故迷失了自己的本心，身虽出家，心不入道；譬如一个穷子，不知父家有无尽珍宝却逃出流浪，不知返回。现在我懂得，虽听闻许多佛法，若不精勤修行，与不闻一样，如人说食，终不能饱。世尊，我们现在被二障所缠缚，实在是由于不懂得寂湛真常的妙明心性。唯愿如来哀悯我们如穷子一样孤露无依，显发我等妙明真心，开启我等道眼。"这时，如来从胸前卍字，涌出无量宝光，其光明耀炽盛，有百千种颜色，一时普照十方微尘数的诸佛世界，遍灌十方所有宝刹中的诸如来顶，然后又回旋来灌照阿难及与会诸大众。佛告诉阿难说："我现在为你建立大法幢，也使十方世界一切众生都能获得妙明微密的自性清净圆明本心，得清净道眼。"

"阿难，汝先答我见光明拳，此拳光明，因何所有？云何成拳？汝将谁见？"阿难言："由佛全体阎浮檀金①，赩如宝山②；清净所生，故有光明。我实眼观五轮指端，屈握示人，故有拳相。"佛告阿难："如来今日实言告汝，诸有智者要以譬喻而得开悟。阿难，譬如我拳，若无我手，不成我拳，若无汝眼，不成汝见。以汝眼根，例我拳理，其义均不？"阿难言："唯然，世尊。既无我眼，不成我见，以我眼根③，例如来拳，事义相类④。"佛告阿难："汝言相类，是义不然。何以故？如无手人，拳毕竟灭，彼无眼者，非见全无。所以者何？汝试于途询问盲人：'汝何所见？'彼诸盲人必来答汝：'我今眼前唯见黑暗，更无他瞩。'以是义观，前尘自暗，见何亏损？"阿难言："诸盲眼前，唯睹黑暗，云何成见？"佛告阿难："诸盲无眼，唯观黑暗，与有眼人处于暗室，二黑有别？为无有别？""如是，世尊，此暗中人与彼群盲，二黑校量，曾无有异。""阿难，若无眼人全见前黑，忽得眼光，还于前尘见种种色，名眼见者；彼暗中人全见前黑，忽获灯光，亦于前尘见种种色，应名灯见。若灯见者，灯能有见，自不名灯。又则灯观，何关汝事？是故当知，灯能显色，如是见者，是眼非灯；眼能显色，如是见性，是心非眼。"

注释：

①阎浮檀金：指流经阎浮树间之河流所产之沙金。其色赤黄兼带紫焰气，为金中之最高贵者。

②赩（xì）：大红色。

③以我眼根：有版本无此四字。参见《楞严经疏解蒙钞》所

引释文。

④类：类似，相同。

译文：

佛继续说道："阿难，前面我伸臂举拳，你回答说眼睛看见光明拳，那么，这拳的光明因何而有？为何成拳？你因何而见？"阿难说："由于世尊全身如阎浮檀金色一般，光艳无比，有如大宝山；这是由清净心所生，故有光明。再者，我实以眼睛看见世尊的五轮指，伸臂屈握而成拳相。"佛告诉阿难："如来现在如实告诉你，凡有智慧的人，应以譬喻而得开悟。阿难，比如我这个拳相，若无我手，就不成我的拳相，若无你眼，就不成你的所见。以你眼根之能见，类比我拳相之屈握，二者道理相同吗？"阿难说："是的，世尊。若无我眼，就不成我的所见。以我眼根来类比如来拳相，二者的道理相同。"佛告诉阿难："你说二者道理相同，其实不然。为什么呢？比如无手的人，拳相完全没有了；而那些没有眼的盲人，并不是全无其'见'。原因何在呢？你试着在路上询问那些盲人：'你们看见什么了？'那些盲人一定回答说：'我眼前只见一片黑暗，别无所见。'以此道理来看，是眼前的尘自暗，见性又何曾亏缺呢？"阿难说："那些盲人眼前只见黑暗，怎么能成有所见呢？"佛对阿难说："那些盲人没有眼睛，只看到黑暗，这与有眼人处于暗室中，眼前也是一片黑暗，二者是有区别？还是没有区别？"阿难说："是的，世尊，处于暗室中的有眼人与那些盲人，二者所见黑暗相比较，原来并无不同。"佛说："阿难，若那些盲人，原本眼前全见黑暗，忽然眼睛得到光明，见到眼前尘境中的种种色相，如果这就称为'眼见'的话，那么，那些处于暗室中的有眼人也是眼前全见黑暗，忽然获得灯光，见到眼前尘境中的种种色相，类似的就应该称为'灯见'了。如果能够称为'灯见'的话，灯既然自能有所见，自然就不能称为无情之物的'灯'，而应该属于有情之物了。再说，既然是灯在看见种种色相，又何关你的事呢？所以应当知道，灯的作用只是显现种种色相，而能够看见种种色相的，是眼而不是灯；同样，眼的作用也只是显现种种色相，而能够看见种种色相的见性，是心而不是眼。"

阿难虽复得闻是言，与诸大众，口已默然，心未开悟，犹冀如来慈音宣示①，合掌清心，伫佛悲诲。尔时，世尊舒兜罗绵网相光手②，开五轮指，诲敕阿难及诸大众："我初成道，于鹿园中③，为阿若多五比丘等及汝四众言④：一切众生不成菩提及阿罗汉，皆由客尘烦恼所误。汝等当时因何开悟，今成圣果？"时憍陈那起立白佛："我今长老，于大众中独得解名，因悟'客尘'二字成果。世尊，譬如行客，投寄旅亭，或宿或食，宿食事毕，俶装前途⑤，不遑安住⑥；若实主人，自无攸往⑦。如是思惟，不住名客，住名主人，以不住者名为客义。又如新霁⑧，清旸升天⑨，光入隙中，发明空中诸有尘相，尘质摇动，虚空寂然。如是思惟，澄寂名空，摇动名尘，以摇动者名为尘义。"佛言："如是！"

注释:

①冀(jì):希望。

②兜罗绵网相光手:兜罗绵,西域细绵。佛手柔软,加以指间缦网相连,似此绵。

③鹿园:即鹿野苑,在波罗奈国,佛成道后最初为五比丘讲法的初转法轮处。

④阿若多五比丘等:当初悉达多太子出家后,其父净饭王乃遣憍陈如等五人伴随太子学道。佛陀成道后,前往波罗奈国鹿野苑,为五比丘讲法,初转法轮,始有佛教僧团。五比丘之名,诸经记载不一。据《佛本行业经》,五比丘为憍陈如、跋提梨迦、摩诃那摩、波沙菠、阿奢踰时。阿若多,即憍陈如,又译"憍陈那"、"阿若憍陈如"等,意为"解本际",故下文憍陈那云"于大众中独得解名"。又阿若多是佛陀弟子中最早出家证果的,故下文称"我今长老"。

⑤俶(chù)装:整理行装。俶,整也。

⑥遑(huáng):闲暇,安闲。

⑦攸(yōu):住所。

⑧霁(jì):雨止天晴。

⑨旸(yáng):日出,天晴,明亮。

译文:

阿难虽然听了佛的这番教言,和与会大众一样,口中默然无语,心里却未开悟,还希望如来再宣示慈音,都合掌清心,等待佛陀继续给予慈悲教诲。这时,世尊伸出兜罗绵相光手,展开五轮指,教诲指示阿难和与会大众说:"我初成道时,在鹿野苑为阿若多等五比丘及四众弟子说法:一切众生所以不能成就菩提及证得阿罗汉果,都是由于妙明真心为客尘烦恼覆盖所误。你们当时因什么而开悟,证得了圣果?"这时侨陈那站起来对佛说:"我现在作为长老,在大众中独得'解本际'之名,是因为悟了'客尘'二字而证得圣果。世尊,譬如路上行客,投宿旅舍,或食或宿,食宿完毕,又整装前行,不会常住下来;若是旅舍的主人,自然不会行往他方。我这样思考,不能常住的称为客人,能够常住的称为主人,因此凡是不能常住的就称为'客'的含义。又如雨后初晴,太阳照耀天空,阳光照入缝隙中,可以看到虚空中尘埃飞扬的景象,微尘摇动不停,而虚空则寂然不动。我这样想,澄明寂静的称为虚空,摇动不止的称为微尘,因此凡是摇动不止的就称为'尘'的含义。"佛赞许侨陈那说:"是的!"

即时如来于大众中,屈五轮指,屈已复开,开已又屈,谓阿难言:"汝今何见?"阿难言:"我见如来百宝轮掌,众中开合。"佛告阿难:"汝见我手众中开合,为是我手有开有合?为复汝见有开有合?"阿难言:"世尊宝手众中开合,我见如来手自开合,非我见性有开有合①。"佛言:"谁动谁静?"阿难言:"佛手不住,而我见性尚无有静,谁为无住?"佛言:"如是。"如来于是从轮掌中飞一宝光在阿难右,即时阿难回首右盼;又放一光在阿难左,阿难又则回首左盼。佛告阿难:"汝头今日何因摇动?"阿难言:"我见如来出妙宝光,来我左右,故左右观，头自摇动。""阿难，汝盼佛光，左右动头，为汝头动？为复见动？""世尊，我头自动，而我见性尚无有止，谁为摇动？"佛言："如是。"于是如来普告大众："若复众生，以摇动者名之为'尘'，以不住者名之为'客'。汝观阿难，头自动摇，见无所动；又汝观我，手自开合，见无舒卷。云何汝今以动为身，以动为境，从始洎终^②，念念生灭，遗失真性，颠倒行事；性心失真，认物为己，轮回是中，自取流转。"

注释：

①有开有合：有版本作"自开自合"。

②洎（jì）：至，到。

译文：

这时如来在大众中屈五轮指，屈后复开，开后又屈，对阿难说："你现在见到什么？"阿难说："我见如来百宝轮拳，在大众中又开又合。"佛对阿难说："你见我手在众中开合，究竟是我的手有开有合，还是你的见性有开有合？"阿难答道："世尊宝手在大众中开合，我见如来的手自开自合，并不是我的见性有开有合。"佛说："二者谁动谁静？"阿难说："佛的宝手开合不住，而我的见性，静相尚不可得，又哪来开合不住的动相呢？"佛说："是的。"如来于是从轮掌中飞出一道宝光，照在阿难右边，阿难这时便回首看右边；如来又放一道宝光，照于阿难左边，阿难又回首看左边。佛对阿难说："你的头因何左右摇动？"阿难说:"我见如来手中放出奇妙宝光,照射在我的左右两边,所以左顾右盼,头自然就左右摇动了。"佛说:"阿难啊,你顾盼佛光,头左右摇动,那么,究竟是你的头在动,还是你的见性在动?"阿难说:"世尊,只是我的头在动,而我的见性,尚且没有静止之相,哪来的摇动之相呢?"佛说:"是的。"于是如来普告大众说:"如果已有众生明白了以摇动不止的称为'尘',以不能常住的称为'客',就应进一步明了不动、常住的含义。你们看阿难,头虽左右摇动,而见性并无所动;又看我的手,虽自开自合,而见性并无舒卷开合。既然如此,为什么你们还以变迁不停为实身,以变化无常为实境,一生从始到终之中,总是处于念念生灭的状态,遗失真性,颠倒行事;既令自性真心失其本真,又妄认内外诸物为己,在颠倒中轮回,自取生死流转,未能获得解脱。"

卷 二

　　卷二接"十番显见"之"三～十"：三显见不灭；四显见不失；五显见无还；六显见不杂；七显见无碍；八显见不分；九显见超情；十显见离见。"十番显见"的辨析过程细腻缜密，层层深入，极其精彩。明代交光法师《楞严经正脉疏》评论说："初番显其脱根、脱尘，迥然灵光独耀；二番显其离身、离境，凝然本不动摇；三番显其尽未来际，究竟常住不灭；四番显其从无始来，虽颠倒而不失；五番显其无往无还，挺物表而常住；六番显其不杂不乱，超象外以孤标；七番显其观大观小，转物自在无碍；八番显其无是无非，见真妄情自息；九番显其诸情不堕，远越外计、权宗；十番显其自相亦离，转入纯真无妄。显见至此，可谓显之至矣！"其中第五番的"明还日轮，……暗还黑月，通还户牖，壅还墙宇，缘还分别，顽虚还空，郁㙲还尘，清明还霁"，即是著名的"八还辨见"；而第六番之"见吾不见"、第十番之"见见之时，见非是见，见犹离见，见不能及"，特别为禅宗所重视，成为了著名的禅宗公案而被参究。

　　"十番显见"以常情中眼根之"见性"（又称"见精"）为出发点来辨析，最终抉择胜义中的妙明真心正见，这其中以"三种月"比喻见地抉择中的三种见，对于理解禅宗"指月"的参究理路极为有益。如下图：

　　　　妙觉明心——见性（见精）——妄心

真月	第二月	水中月
真如性心	带妄之真（觉性）	虚妄

"十番显见"之后，接着讲述了众生世界的两种业缘："别业妄见"和"同分妄见"。

"十番显见"起初于动静中抉择静性，于生灭中抉择不生灭性，于颠倒中抉择不变性，进而于"三种月"中抉择真月，从而揭示真性绝待，无有一切大小、是非等差别相，妙明真心与一切山河大地之不一不异、即相离相，最后过渡到抉择妙明真心之非因非缘、非自然性，非和合生及不和合，从而引出正见抉择中的另外一个重要论题：五阴、六入、十二处、十八界等一切有为法诸幻化相，"因缘和合，虚妄有生，因缘别离，虚妄名灭"，本来皆是如来藏妙真如性。本卷讨论了"五阴本如来藏妙真如性"。

尔时，阿难及诸大众，闻佛示诲，身心泰然，念无始来失却本心，妄认缘尘分别影事，今日开悟，如失乳儿，忽遇慈母。合掌礼佛，愿闻如来显出身心真妄虚实，现前生灭与不生灭二发明性。

译文：

这时，阿难及与会大众听了佛的开示教诲，身心泰然，回想自己从无始以来迷失了本具的妙明真心，妄认所缘六尘境而产生种种虚妄分别尘影之事为真实，今日蒙佛教诲，始得开悟，就像一时失乳的幼儿忽然遇到了慈母一般。大家合掌礼佛，诚愿听闻如来进一步开显出身心的真与妄、虚与实，以及现前身心的生灭与不生灭，由此二者开发显明身心中什么是虚妄生灭的无常性，什么是真实不生灭的真常性。

时波斯匿王起立白佛："我昔未承诸佛诲敕，见迦旃延、毗罗胝子①，咸言'此身死后断灭，名为涅槃'。我虽值佛，今犹狐疑：云何发挥证知此心不生灭地？今此大众诸有漏者，咸皆愿闻。"佛告大王："汝身现在②，今复问汝：汝此肉身为同金刚常住不朽？为复变坏？""世尊！我今此身终从变灭。"佛言："大王！汝未曾灭，云何知灭？""世尊！我此无常变坏之身虽未曾灭，我观现前，念念迁谢，新新不住，如火成灰，渐渐销殒③。殒亡不息，决知此身，当从灭尽。"佛言："如是，大王！汝今生龄已从衰老，颜貌何如童子之时？""世尊！我昔孩孺④，肤腠润泽⑤；年至长成，血气充满；而今颓龄，迫于衰耄⑥，形色枯悴，精神昏昧，发白面皱，逮将不久，如何见比充盛之时！"

注释：

①迦旃延：意为"剪发"，印度外道六师之一，主张一切皆是自在天所造。毗罗胝(zhī)子：意为"不作"，披发灰身的苦行外道，外道六师之一，主张苦乐等报，现在无因，未来无果。

②在：有版本作"存"。

③殒(yǔn)：损毁，死亡。

④孺(rú)：幼儿。

⑤腠：肌肉之纹理。

⑥耄(mào)：年七十曰耄。

译文：

这时波斯匿王站起来对佛说："我过去没有接受佛陀教诲的时候，曾见外道论师迦旃延和毗罗胝子等，都说'我们这个身体死后即断灭坏尽，称之为涅槃'。我现在虽然有幸听闻佛陀说法，但心中仍有疑问：究竟如何发挥佛所说的道理而证知此心的不生不灭常住真性境地？现在与会大众，那些还未断尽烦恼的有漏学人，都希望聆听世尊您的教诲。"佛告诉国王说："你现今身体健在，我且问你：你这个肉身，是同金刚一样常存不朽呢？还是要日渐变坏？"波斯匿王回答说："世尊！我现在这个身体，终归是要变坏散灭的。"佛说："大王！你现在还未坏灭，怎么知道日后终将变坏散灭呢？"波斯匿王说："世尊！我这个无常而随时变坏的身体，虽然现在还未坏灭，但我观察现前这个身体，念念迁流，新新不住，如同火灭成灰，渐渐消亡。这个坏灭消亡的过程从不停息，因此我决定了知此身将会坏死灭尽。"佛说："是的，大王！你现在的年龄已走向衰老，你的面容形貌与童年时候相比如何？"波斯匿王答道："世尊！我孩童之时，肌肤细嫩润泽；及至成年，血气充满；而今到了衰颓的年龄，迫近衰老，形貌和肤色都已枯槁憔悴，精神昏昧，发白面皱，恐将不久于人世了，如何能与壮盛之年相比！"

佛言:"大王,汝之形容应不顿朽?"王言:"世尊!变化密移,我诚不觉,寒暑迁流,渐至于此。何以故?我年二十,虽号年少,颜貌已老初十岁时;三十之年又衰二十;于今六十又过于二,观五十时,宛然强壮。世尊,我见密移,虽此殂落①,其间流易,且限十年。若复令我微细思惟,其变宁唯一纪、二纪②,实为年变;岂唯年变,亦兼月化;何直月化,兼又日迁。沉思谛观,刹那刹那③,念念之间,不得停住。故知我身终从变灭。"

注释:

①殂(cú)落:凋零。

②一纪:古代以十二年为一纪。

③刹那:须臾,念顷,时之最少者,即一个心念起动之间。

译文:

佛说:"大王,你的形体容貌,应该不是突然衰老的吧?"波斯匿王答道:"世尊!这变化微密潜移,我实在不曾觉察到,随着岁月寒来暑往的流迁,渐渐到了今天这个老衰之相。为什么呢?当我二十岁时,虽说是年少,但容颜相貌已老成于十岁时;三十岁时又老成于二十岁时;现在我已六十二岁了,回看五十岁时,身体还是很强壮。世尊,我见身体随岁月暗自迁移,虽已日趋衰老,其间的迁流变易,权且以十年为限来观察即见明显变化。如果我再细细思维观察,则其变化岂止是十年二十年一变，实则是每年都在变；岂止是每年在变，而且每月都在变化；岂止是每月在变化，又有每日的变迁。进一步深入思维，如实观察，实在是刹那刹那、念念之间都在变化，没有一时一刻停住不变。所以可以知道，我这个身体终归是要变坏散灭的。"

佛告大王："汝见变化，迁改不停，悟知汝灭；亦于灭时，汝知身中有不灭耶①？"波斯匿王合掌白佛："我实不知。"佛言："我今示汝不生灭性。大王，汝年几时见恒河水？"王言："我生三岁，慈母携我谒耆婆天②，经过此流，尔时即知是恒河水。"佛言："大王，如汝所说，二十之时衰于十岁，乃至六十，日月岁时，念念迁变，则汝三岁见此河时，至年十三，其水云何？"王言："如三岁时，宛然无异；乃至于今，年六十二，亦无有异。"佛言："汝今自伤发白面皱，其面必定皱于童年；则汝今时观此恒河，与昔童时观河之见，有童耄不？"王言："不也，世尊！"佛言："大王，汝面虽皱，而此见精③，性未曾皱。皱者为变，不皱非变；变者受灭，彼不变者元无生灭，云何于中受汝生死？而犹引彼末伽梨等④，都言此身死后全灭！"王闻是言，信知身后舍生趣生，与诸大众踊跃欢喜，得未曾有。

注释：

①汝知：有版本作"知汝"。

②耆（qí）婆天：意为"命天"，即长寿天。此天为帝释天左

右之侍卫。西域诸国风俗,皆事长命天神,子生三岁,即谒此天之庙,以求长命百岁。

③见精:即见性,眼根能见之精妙觉性。

④末伽梨:古印度六师外道之一,主张众生的苦乐不由因缘,自然产生,死后一切皆灭。

译文:

佛告诉波斯匿王:"你看到了身体变化,变迁不停,因而悟知你的身体终将坏灭;但在你身体变化坏灭的同时,你是否知道身中还有不灭的东西存在吗?"波斯匿王合掌禀告佛说:"我实不知。"佛说:"我现在为你抉择显示生灭身中的不生灭性。大王,你多大年龄时看见恒河水?"波斯匿王说:"我三岁时,母亲带我去拜谒耆婆天,经过恒河,那时就知道了恒河水。"佛说:"大王,如你所说,二十岁时比十岁要衰老些,乃至到六十岁,其间的每年每月每日每时,身体都在念念流迁变化着;但是,你在三岁时见到的恒河水,与你十三岁又见到的恒河水,二者有什么不同吗?"波斯匿王答道:"与三岁时见到的全然无异;甚至到今天我六十二岁时所见到的恒河水,也没有什么不同。"佛说:"你现在感伤自己发白面皱,面容当然比童年时更皱一些了;但是,你现在看见恒河,与童年时看见恒河,这个'见性'也有老幼变化的区别吗?"波斯匿王说:"没有区别,世尊!"佛说:"大王,你的面容虽然变皱,但这个'见精',其本性却未曾有过起皱变化。能皱的属于变化,不皱的属于不变;变化的终将坏灭,而那个不变的本来就属于不生灭性,怎么会在身中随着你身体的生死而生灭呢？而你却还引用外道末伽梨他们的说法，说什么这个身体死后全都消灭不存了呢！"波斯匿王听了佛陀的这番开示后，才确然知道这个身体死后，虽舍此生，仍趣他生，并非全然断灭；因此和诸大众都欢喜踊跃，得到从未曾有的法喜。

阿难即从座起，礼佛合掌，长跪白佛："世尊，若此见闻必不生灭，云何世尊名我等辈遗失真性，颠倒行事？愿兴慈悲，洗我尘垢。"即时如来垂金色臂，轮手下指，示阿难言："汝今见我母陀罗手①，为正？为倒？"阿难言："世间众生以此为倒，而我不知谁正谁倒。"佛告阿难："若世间人以此为倒，即世间人将何为正？"阿难言："如来竖臂，兜罗绵手上指于空，则名为正。"佛即竖臂，告阿难言："若此颠倒，首尾相换，诸世间人一倍瞻视；则知汝身与诸如来清净法身，比类发明，如来之身名正遍知②，汝等之身号性颠倒。随汝谛观，汝身佛身称颠倒者，名字何处号为颠倒？"

注释：

①母陀罗手：意译为"印相"、"契印"，即结印之手。

②正遍知：音译作"三藐三普提"，佛十号之一。新译为"正等觉"、"正等正觉"。

译文：

这时，阿难即从座起，合掌礼佛，长跪对佛说："世尊，如果见性是不生不灭的，那世尊为什么呵斥我等遗失真性，颠倒行事？愿佛大兴慈悲，以甘露法水洗涤我等的心头尘垢。"这时如来垂下金色手臂，五轮手指向地面，对阿难说："你现在看我的结印之手，是正还是倒？"阿难答道："世间众生都以此为倒，但我不知道何者为正，如何为倒？"佛告诉阿难："如果世间人以此为倒，那世间人认为怎样才是正呢？"阿难说："如果如来竖起手臂，把手向上指向天空，世间人则称此为正。"佛随即竖起手臂，告诉阿难说："若把手臂上下颠倒一下，不过是首尾相换而已，本无所谓正倒，而世间人却执着这样为正，那样为倒，这不过是一种颠倒妄想的双重迷执；类比就可以明白，你的五蕴身与如来清净法身的关系也是这样，如来法身叫作正遍知，你们的生身叫作性颠倒，然二者实同一真性，差别仅在于迷悟之间。请你们详审观察，你的身与如来清净身相比而称为颠倒，既称颠倒之名，那么，究竟是颠倒在什么地方？"

于时阿难与诸大众瞪瞢瞻佛[1]，目睛不瞬，不知身心颠倒所在。佛兴慈悲，哀愍阿难及诸大众，发海潮音遍告同会："诸善男子，我常说言，色心诸缘及心所使[2]，诸所缘法，唯心所现。汝身汝心，皆是妙明真精，妙心中所现物。云何汝等遗失本妙，圆妙明心，宝明妙性，认悟中迷！晦昧为空，空晦暗中，结暗为色，色杂妄想，想相为身。聚缘内摇，趣外奔逸，昏扰扰相，以为心性。

一迷为心，决定惑为色身之内。不知色身，外洎山河虚空大地，咸是妙明真心中物。譬如澄清百千大海，弃之，唯认一浮沤体③，目为全潮，穷尽瀛渤④。汝等即是迷中倍人，如我垂手，等无差别，如来说为可怜愍者！"

注释：

①瞪瞢（méng）：睁眼楞视貌。此处意为直视。

②心所使：即心所有法。因是受心王所驱使者，所以称为"心所使"，共有五十一个。

③沤（ōu）：水中浮泡。

④瀛（yíng）渤（bó）：瀛，海也；渤，海之旁出。

译文：

此时，阿难及与会诸大众各瞪目结舌，目不转睛望着佛，不知身心究竟颠倒在何处。佛见阿难及诸大众皆茫然不知所对，实堪哀怜，兴大慈悲，发海潮音，普告阿难及与会诸大众："诸善男子，我经常说，色法、心法以及能生二法的诸缘，乃至一切的心所有法和心不相应行法，都是妙明真心所现的幻影。包括你们的身、你们的心等所造作的一切，也都是这个妙明真精妙心的所现之物。你等为何遗失了这个本妙、圆妙之妙明真心，清净坚固之妙性，反而在妙明本悟中妄认虚妄分别之一点迷情？由于这一点迷情妄动而无明生起，迷失了圆明妙性而转为晦暗昏昧的顽空之相，顽空相中由于妄想迷情的缘故，暗相凝结而幻化出地水风火四大等物质色法，进而妄想心揽取少分的四大幻色而杂合,妄想坚执显相而假合为五蕴根身。既有妄身而集聚心识诸缘,内缘五尘落谢的影子,计度分别,摇动不休;外缘五尘诸境之法,趣向外境,奔驰纵逸,于是就把这个由妄想迷情而生起的昏扰扰相误认为是自己的心性。一旦迷执这个昏扰扰相为自心,决定会迷执妄认心在色身之内。殊不知,这个五蕴色身,乃至色身之外的一切山河虚空大地,皆是妙明真心中所现之物,无一超出自心之外。譬如虽有澄清的百千大海却弃之不顾,而唯认得一个浮沤水泡,以为这即是穷尽了一切海水的大海全潮。你们就是这样的迷而又迷之人,与我前面垂手举手,而你们却妄起颠倒迷执没有什么两样。本无所谓正与倒却定要妄分正与倒,本来没有身心内外却认妄为真,所以如来说你们是最可怜悯的人!"

阿难承佛悲救深诲,垂泣叉手而白佛言:"我虽承佛如是妙音,悟妙明心,元所圆满,常住心地①。而我悟佛现说法音,现以缘心,允所瞻仰②,徒获此心,未敢认为本元心地。愿佛哀愍,宣示圆音,拔我疑根,归无上道。"

注释:

①心地:心为万法之本,能生一切诸法,故曰"心地"。修行者依心而近行,故曰"心地"。

②允:信,诚。

译文：

阿难承蒙佛的慈悲救拔和深切教诲，合掌悲泣而对佛说："我虽然承蒙佛如此妙音开示，悟得妙明真心乃是本自圆满的常住心地，但是，我还是用这缘虑分别之心悟解佛现说法音，由此生起净信仰慕，因此对于妙明心只是获得了分别意识的解悟而已，实未真正证得此心，所以未敢认其为自己的本元心地。唯愿佛哀悯，更为宣示圆妙法音，拔我疑根，使我归向无上道。"

佛告阿难："汝等尚以缘心听法，此法亦缘，非得法性①。如人以手，指月示人，彼人因指，当应看月。若复观指，以为月体，此人岂唯亡失月轮，亦亡其指。何以故？以所标指为明月故。岂唯亡指，亦复不识明之与暗。何以故？即以指体为月明性，明暗二性无所了故。汝亦如是。若以分别我说法音为汝心者，此心自应离分别音有分别性②。譬如有客寄宿旅亭，暂止便去，终不常住，而掌亭人都无所去，名为亭主。此亦如是。若真汝心，则无所去，云何离声无分别性？斯则岂唯声分别心；分别我容，离诸色相，无分别性。如是乃至分别都无，非色非空，拘舍离等昧为冥谛③，离诸法缘无分别性。则汝心性各有所还，云何为主？"

注释：

①法性：诸法的本性。这种诸法的本性，在有情方面，叫做

"佛性"；在无情方面，即叫做"法性"。"法性"也就是"实相"、
"真如"、"法界"、"涅槃"的别名。

②分别性：分别是推量思维之意，即心及心所（精神作用）
对境起作用时，取其相而思维量度之。"分别性"即心能够思维
的特性、性质。

③拘舍离：意译为"牛舍"，古印度外道六师之一。冥谛：为
古代印度六派哲学中之数论哲学派所立二十五谛之第一谛，是为
万物之本源，冥漠无谛，故曰"冥谛"，又作"冥性"、"冥初"，以
此作为诸法生灭变异之根本原因。又以此为诸法之实性，故又
称"冥性"、"自性"。

译文：

佛告诉阿难："你们尚且以缘虑之第六意识心听我说法，
这个法音也是所缘尘境，仍然属于缘生法，并不是不生灭之法
性。就如有人用手指月给别人看，那人应循着手指去看月亮。
如果仅看手指而以为这就是月亮，此人岂止是亡失了月亮，也同
时亡失了手指的含义。为什么呢？因为他把作为标示的手指当
作了明月。又岂止是亡失了手指的含义，也不能认识明与暗的
含义。为什么呢？因为他以手指形体当作月亮的明性，对于明、
暗二性都没有了知的缘故。阿难，你也是如此。如果将能分
别我说法声音的分别之心当作是自己的真心，此心就应该在即
使离开所分别的说法声音之时，仍然具有能分别之自性。譬如
有客人寄宿于旅店，暂住几日便会离去，终究不会常住，而掌管
旅店的人却不会离去，因此称作店主人。心也是如此。如果它

真是你的真心，就应该常住不去，没有生灭来去，然而却为什么离开了所分别的声音就没有了能分别之自性呢？如此则不但是对声音的分别心；其他比如能分别我容貌的分别心，离开那些所分别的容貌色相，也没有能分别之自性。如此乃至分别心完全没有的非色非空的寂静境界——拘舍离等外道错误地认为这是造物最初之冥谛，如果离开所缘之幽寂法尘，也没有能分别之自性。如此则你所认为的分别心性，缘境而有，随境而灭，各有所还灭之处，怎能称为是心性之主呢？”

阿难言：“若我心性各有所还①，则如来说妙明元心，云何无还？惟垂哀愍，为我宣说。”佛告阿难：“且汝见我，见精明元，此见虽非妙精明心，如第二月，非是月影。汝应谛听，今当示汝无所还地。阿难，此大讲堂洞开东方，日轮升天，则有明耀；中夜黑月，云雾晦暝，则复昏暗；户牖之隙②，则复见通；墙宇之间，则复观壅③；分别之处，则复见缘；顽虚之中，遍是空性；郁垆之象④，则纡昏尘⑤；澄霁敛氛⑥，又观清净。阿难，汝咸看此诸变化相，吾今各还本所因处。云何本因？阿难，此诸变化，明还日轮。何以故？无日不明，明因属日，是故还日。暗还黑月，通还户牖，壅还墙宇，缘还分别，顽虚还空，郁垆还尘，清明还霁，则诸世间一切所有不出斯类。汝见八种，见精明性，当欲谁还？何以故？若还于明，则不明时，无复见暗。虽明暗等种种差别，见无差别。诸可还者，自然非汝，不汝还者，非汝而谁？则知汝心，本妙明净，汝自迷闷，丧本受轮，于生死中，常被漂溺，是故如来，名可怜愍。"

注释：

①还：经文中有"还灭"、"还归"、"归因"、"归结"等多种意思，当以"还灭"为正义。

②牖（yǒu）：窗户。

③壅（yōng）：堵塞，阻挡。

④郁垺（bó）：气结曰"郁"，尘飞曰"垺"。游气随尘土飞扬。

⑤纡（yū）：萦回，围绕。

⑥霁（jì）：明朗，晴朗。

译文：

阿难说："如果我的心性都随着所缘外境而随处发生、随处还灭，各有所还灭之处，那么如来所说的妙明真心为什么没有还灭？唯愿佛垂示哀悯，为我们宣说。"佛告诉阿难："就如现前你看见我，是因为见精的妙明本元作用，此'见'虽然不是本元心地的妙精明心，但也有如捏住眼睛所见的第二月，并不是月亮的影子。你现在注意听，我为你们开演无所还去的本元心地。阿难，这座大讲堂门开东方，太阳升起时就有明亮光耀之相；夜半黑月时，或云雾朦胧时，就变为昏暗之相；从窗户的缝隙中，能够看到光线通达之相；墙宇之间则只能看到壅塞之相；从眼前有可分别物之处，能够看到种种事物的差别之相；

而在空无所有之中看到的则全部是虚空之相；尘雾飞扬，就看到一片混沌之相；雨过天晴，则显现出一片清净之相。阿难，你们都看到了这些变化之相，我现在各自还归它的本来起因。什么是本来的起因呢？阿难，这些变化，明亮还归于太阳。为什么呢？没有太阳就不会有明亮，明亮因而起于太阳，因此归因于太阳。同理，昏暗归因于看不到月亮的黑夜，通达归因于门窗，壅塞归因于墙壁，差异的物象归因于分别，空无所有归因于虚空，混沌归因于尘土，清明归因于雨后的晴天，如此则世间的一切现象都不出这八种类别。而你能够看见这八种现象的见精明性，又应当归因于谁呢？为什么如此问呢？如果归因于明，那么没有光明之时，就应该见不到黑暗。虽然有明暗等种种差别，但见性却并无差别。那些可以还灭的，自然不是你的见性；而不会还灭的，不是你的真性又是什么？如此看来，你的心本来妙觉明净，你自己却迷惑不知，丧失了本妙真心而遭受轮回，常常漂流在生死的大海之中，因此如来说你们实在是可怜人。"

阿难言："我虽识此见性无还，云何得知是我真性？"佛告阿难："吾今问汝，今汝未得无漏清净，承佛神力，见于初禅[1]，得无障碍；而阿那律见阎浮提如观掌中庵摩罗果[2]；诸菩萨等见百千界，十方如来穷尽微尘清净国土，无所不瞩；众生洞视不过分寸。阿难，且吾与汝观四天王所住宫殿，中间遍览水陆空行，虽有昏明种种形像，无非前尘分别留碍，汝应于此分别自他。今吾将汝择于见中，谁是我体？谁为物象？阿难，

极汝见源，从日月宫，是物非汝；至七金山③，周遍谛
观，虽种种光，亦物非汝；渐渐更观云腾鸟飞，风动尘
起，树木山川，草芥人畜，咸物非汝。阿难，是诸近远
诸有物性，虽复差殊，同汝见精清净所瞩；则诸物类自
有差别，见性无殊，此精妙明，诚汝见性。

注释：

①初禅：四禅之一。修行者初离欲界而心感喜受，身感乐
受，故称"离生喜乐"。

②阿那律：佛陀十大弟子之一，以"天眼第一"著称。阿那
律出家后，曾于佛说法时酣睡，为佛所呵责，遂立誓不眠而罹眼
疾，至于失明。然以修行益进，心眼渐开，最终成为佛弟子中天
眼第一，能见到天上、地下六道众生的相状。阎浮提：又译"赡
部洲"，即佛教中所说人类世界所居住的娑婆世界。庵摩罗果：
又作"菴摩罗果"。"庵"与"菴"同。印度药果之名。《玄应音
义》卷二十一说："阿末罗，旧言庵摩罗，亦作阿摩勒。其叶似小
枣，花亦白小，果如胡桃，其味酸而甜，可入药分。经中言如观掌
中者也。"

③七金山：位于须弥山及铁围山间的七座山，其山悉由金宝
所成，故有此称。

译文：

阿难说："我虽然认识到了此见性没有还灭，但又如何得
知这就是我的真性呢？"佛告诉阿难说："我现在问你，你并未

证得无漏清净的圣果，只是承佛的神力，见到初禅的境界，得以没有障碍；而阿那律观见阎浮提，就如同观看掌中的庵摩罗果一样；诸菩萨能观见成百上千的世界，十方如来穷尽微尘数那样多的清净国土，没有看不到之处；而众生的肉眼观看范围却不过是分寸之地。阿难，我与你一起观看四天王所住的宫殿，遍观其间水居、陆居、空行的一切存在，虽然有或明或暗的种种形像，但无一不是因眼前尘境而妄起的分别之相，你应该从中分别出何为自性，何为他物。现在我引导你从能见和所见之中，抉择出谁是我的自性之体？谁为物象？阿难，尽你所能来周遍观察，从远处的日月宫殿来看，是物而不是你的见性；再看围绕须弥山的七金山，周遍细看，虽有种种光芒，也是物而不是你的见性；你再逐渐观看云腾鸟飞、风动尘起、树木山川、草芥人畜等等，这些都是物而不是你的见性。阿难，这些远近所有物象，虽然千差万别，但都是见精的清净瞩望之境；因此这些物类自有差别，而见性却没有差别，这个见精妙净明体，确实就是你的见性。

　　"若见是物，则汝亦可见吾之见。若同见者，名为见吾；吾不见时，何不见吾不见之处？若见不见，自然非彼，不见之相。若不见吾不见之地，自然非物，云何非汝？又则汝今见物之时，汝既见物，物亦见汝，体性纷杂，则汝与我并诸世间，不成安立。阿难，若汝见时，是汝非我，见性周遍，非汝而谁？云何自疑汝之真性，性汝不真，取我求实？

译文：

"如果见性是一物，那么你应该能够看见我的见性。如果由于你我见到同样的东西，就叫看见了我的见性；那么，我不看物时，你为何看不见我不见物时的见性所在之处呢？如果你能够见到我不见物时的见性所在之处，则你所看到的自然就不是我见性不见物时的相状，因为此时是无能见所见之对待的无所见之相，而你这时则出现了能见与所见相对待的有所见之相。如果你见不到我不见物时的见性所在之地，见性自然就不是外物，既然不是外物，怎么不是你的真性呢！再说，如果见性是一物，那么你现在见物之时，你既然看见了物，物也应该看见你，这样一来，无情之物与有情见性之物，二者体性纷然杂乱，那你之见与我之见以及世间一切事物，都无法安立了。阿难，如果你见物时，是你的见性在见，而不是我的见性在见，既然见性周遍，但它既不属于物，也不属于我，那么，这个见性不是你的真性而是谁的呢？为什么你自己怀疑你的真性，真性在你而不敢认为真，反而取我言说以求证实呢？"

阿难白佛言："世尊，若此见性必我非余，我与如来观四天王胜藏宝殿，居日月宫，此见周圆，遍娑婆国①；退归精舍，只见伽蓝②，清心户堂，但瞻檐庑③。世尊，此见如是，其体本来周遍一界，今在室中唯满一室；为复此见缩大为小，为当墙宇夹令断绝？我今不知斯义所在，愿垂弘慈，为我敷演。"

注释:

①娑婆国:即"娑婆世界",即释迦牟尼进行教化之现实世界。娑婆,堪忍之义。

②伽蓝:全译为"僧伽蓝摩",意译"众园",又称"僧园"、"僧院"。原意指僧众所居之园林,然一般用以称僧侣所居之寺院、堂舍。

③檐庑(wǔ):代指房屋。檐,屋檐。庑,堂下周围的走廊、廊屋。

译文:

阿难对佛说:"世尊,如果此见性本来周遍,必定是我真性而非其他,我与如来同观四天王胜藏宝殿,在日月宫中,此见性能够周遍观察娑婆世界所有国土;但回到精舍却只见到伽蓝,进入讲堂清心静坐却只见到屋檐和走廊等。世尊,见性是不是这样,见性之体本来可以周遍一个世界,现今在室中却只能见到一室;到底是这个见性由大缩小,还是被墙宇隔断了呢?我不知其中的道理所在,唯愿佛陀慈悲,为我开演解说。"

佛告阿难:"一切世间大小、内外诸所事业,各属前尘①,不应说言见有舒缩。譬如方器,中见方空。吾复问汝,此方器中所见方空,为复定方,为不定方?若定方者,别安圆器,空应不圆;若不定者,在方器中,应无方空。汝言不知斯义所在,义性如是,云何为在?阿难,若复欲令入无方圆,但除器方,空体无方。不应说言，更除虚空方相所在。若如汝问，入室之时，缩见令小，仰观日时，汝岂挽见，齐于日面？若筑墙宇，能夹见断，穿为小窦，宁无续迹？是义不然。一切众生从无始来，迷己为物，失于本心，为物所转，故于是中，观大观小。若能转物，则同如来，身心圆明，不动道场，于一毛端遍能含受十方国土。"

注释：

①前尘：现前的六尘境相。

译文：

佛告诉阿难："一切世间的大小、内外等等所有事相变化，各属于现前的六尘境象，不能说见性有扩大缩小。譬如方形的器皿，从中可以看见方形的虚空。我现在问你，从方形器皿中所见的方形虚空，是一定为方形？还是不一定为方形？如果说一定为方形，那么另外安放一个圆形器皿，则里面的空间就不应再变成圆的；如果不一定为方形，那么，方形器皿中就应该没有确定的方形空间。你说不知这个道理所在，实际上见性的道理性质就是这样，如同方器见方、圆器见圆而虚空实无方圆，见性在大见大、在小见小而见性实无大小，为什么还要问其所在呢？阿难，如果要让虚空入于无有方圆之相，但除去的器皿方圆即可，而虚空的体性则本无方圆。不应说，拿走器皿之外还有一个虚空的方圆相所在之处要去除。如果像你所问的那样，进入室内时，便收缩见性使其变小；那么仰观太阳时，你岂不要将见性拉长到太阳的表面呢！如果筑起墙宇，就能隔断见性；那么在墙上穿一个小洞，见性为何没有接续的痕迹呢？事实却不然。一切众生从无始以来，迷失自己真性而误认心所变现之境为心外实有之物，将心属物，认物为己，失却了本心，以致心随物转，触处成障，因此在外物中观大观小，妄起分别。若悟万物都是真心显现，则心够转物，就同于如来，身心即是法界，圆明周遍，而为寂然不动的道场，就可以于一毛端遍能含受十方国土。"

阿难白佛言："世尊，若此见精必我妙性，今此妙性现在我前，见必我真，我今身心复是何物？而今身心分别有实，彼见无别分辨我身。若实我心，令我今见，见性实我，而身非我，何殊如来先所难言'物能见我'？惟垂大慈，开发未悟。"

译文：

阿难对佛说："世尊，如果此见精必定是我的妙明真性，那现在这妙明真性就显现在我眼前；这见性既然必定是我的真实本性，那我现在的身心又是何物呢？而今身心的能分别作用真实存在，那见性却没有分别的功能作用以分辨我的身心。如果见性确实是我的真心，现前显现令我能见到它，而它却不能分辨我，难道说见性是真实的我，而能分别的身心反而不是我？这何异于如来先前所驳斥的'物能见我'的观点呢？唯愿世尊发大慈悲，启发我等未悟之人。"

佛告阿难:"今汝所言,见在汝前,是义非实。若实汝前、汝实见者,则此见精既有方所,非无指示。且今与汝坐祇陀林,遍观林渠及与殿堂,上至日月,前对恒河。汝今于我师子座前,举手指陈是种种相,阴者是林,明者是日,碍者是壁,通者是空。如是乃至草树纤毫,大小虽殊,但可有形,无不指著。若必其见,现在汝前,汝应以手确实指陈何者是见!阿难当知,若空是见,既已成见,何者是空?若物是见,既已是见,何者为物?汝可微细披剥万象,析出精明净妙见元,指陈示我,同彼诸物,分明无惑。"

译文:

佛告诉阿难:"你所说的,见性在你眼前,这个道理是错误的。如果见性确实在你面前,你确实可以见到,那么此见精既然有方所,就不应该没有标示。那么,我现在与你坐在祇陀林中,周遍观察这些树林、河渠与殿堂,上至日月,前对恒河。你就在我的狮子座前,举手指出这种种的物象,阴暗的是树林,明亮的是太阳,阻碍的是墙壁,通达的是虚空。如此类举乃至草木纤毫微细之物,大小虽然不同,只要是有形相的,都可以指陈出来。如果见性必定能够显现在你面前,你应该用手确实指陈出哪个是见性!阿难,你应当知道,如果说空是见性,既然已成为见性,那什么是空呢?如果说物是见性,物既然已成了见性,什么又是物呢?你可以细致剖析世间万象,从中分析出精明净妙的见元,指陈给我,就如同指陈其他物象一样,历历分明,毫无疑惑。"

阿难言:"我今于此重阁讲堂,远泊恒河,上观日月,举手所指,纵目所观,指皆是物,无是见者。世尊,如佛所说,况我有漏初学声闻,乃至菩萨亦不能于万物象前剖出精见,离一切物别有自性。"佛言:"如是,如是。"

译文:

阿难说:"我在这重阁讲堂中,远望恒河,上观日月,举手所指,放眼所观,所见的都是物象,没有一样是这个见性,所以无法指称出。世尊,如佛所说的,不要说我这样的有漏初学声闻,乃至菩萨也不能在万物象前剖析出精妙的见性,剖析出一个离开一切物象之外而别有自性的见性。"佛说:"是这样,是这样。"

佛复告阿难:"如汝所言,无有见精^①,离一切物别有自性;则汝所指是物之中,无是见者。今复告汝,汝与如来,坐祇陀林,更观林苑,乃至日月,种种象殊,必无见精受汝所指。汝又发明,此诸物中何者非见?"阿难言:"我实遍见此祇陀林,不知是中何者非见。何以故?若树非见,云何见树?若树即见,复云何树?如是乃至,若空非见,云何见空?若空即见,复云何空?我又思惟,是万象中,微细发明,无非见者。"佛言:"如是,如是。"

注释:

①见精:有版本作"精见"。

译文:

佛又告诉阿难:"正像你所说的,并无见性能够离开一切物象之外而别有自性;然则你所指陈的这些物象之中也无此见性。我再告诉你,你与如来坐在祇陀林的讲堂中,又观察林苑,乃至日月等种种不同的物象,必定没有见性由你指陈而显示出来。那么,现在你再进一步观察阐明,这种种物象之中又有哪一个不属于见性?"阿难说:"我如实周遍观察了这祇陀林中的一切物象,不知其中哪一个不属于见性。为什么呢?如果树不属于见性,为何能看见树呢?如果树就是见性,又为何说是树呢?如此类推,乃至如果空不是见性,为何能看见空呢?如果空就是见性,又为何说是空呢?我又思考,这万象之中,如果细微地观察明辨,没有哪一个不属于见性的。"佛说:"是这样,是这样。"

于是,大众非无学者闻佛此言,茫然不知是义终始,一时惶悚①,失其所守。如来知其魂虑变慑②,心生怜愍,安慰阿难及诸大众:"诸善男子,无上法王是真实语,如所如说,不诳不妄,非末伽梨四种不死矫乱论议③。汝谛思惟，无忝哀慕④。"

注释:

①惶悚(sǒng)：惶恐。

②魂虑变慑(shè)：神魂惊变而不安，思虑忧慑而不定。

③末伽梨四种不死矫乱论议：为印度古代外道所执六十二见之一，对于不死的问题，自己并非如实了知却矫乱回答他人。此类外道共四种，故又称"四种不死矫乱论"、"四不死矫乱论"。四种是：一、就善恶业报之问题，随一己所理解者而答复他人。二、就他世有无之问题，随问者之所见而答以如是如是。三、就善不善法之问题，答以非善非恶。四、取他人之见解而作为问题之答案。

④忝(tiǎn)：有愧于。

译文:

这时，与会大众中尚未证得无学位的人，听佛所说，都茫然不知义理的始终来由，一时间心中惶恐不安，不知所从。如来知道他们六神无主，思绪不定，心生怜悯，安慰阿难及诸大众说："诸位善男子，无上法王是真实语者，如其所证，如实而说，不诳语，不妄语，并非像末伽梨外道所说的四种不死矫乱诡辩理论。你们应如实思维，不要辜负了佛对你们的哀悯和你们对圣道的仰慕。"

是时文殊师利法王子愍诸四众，在大众中即从座起，顶礼佛足，合掌恭敬，而白佛言："世尊，此诸大众，不悟如来发明二种精见、色空，是、非是义。世尊，若此前缘色空等象，若是见者，应有所指；若非见者，应无所瞩。而今不知是义所归，故有惊怖，非是畴昔善根轻鲜。唯愿如来大慈发明，此诸物象与此见精元是何物，于其中间无'是'、'非是'。"

译文:

这时，文殊师利法王子哀悯四众，在大众中即从座位起来，顶礼佛足，合掌恭敬而对佛说："世尊，此诸大众不悟如来发明精见、色空二者究竟是'是义'，即指'色空等物象是见性'，还是'非是义'，即指'色空等物象不是见性'。世尊，如果前缘色空等是见性，应该有相状可以指陈；如果前缘色空等不是见性，应该没有什么东西可以被看到。而今与会大众不知义理的究竟，故有惊怖，不是这些大众往昔的善根浅薄。唯愿如来发大慈悲，启发指明这些色空物象与此见精原本是什么样的存在，为什么在中间没有'是义'与'非是义'的区别。"

佛告文殊及诸大众："十方如来及大菩萨，于其自住三摩地中，见与见缘并所想相，如虚空华本无所有。此见及缘元是菩提妙净明体，云何于中有'是、非是'？文殊，吾今问汝，如汝文殊，更有文殊是文殊者？

为无文殊？""如是，世尊。我真文殊，无是文殊。何以故？若有是者，则二文殊。然我今日非无文殊，于中实无是非二相。"

译文：

佛告诉文殊菩萨以及诸大众："十方如来及大菩萨们在他们自己所安住的禅定境界中，能见之见性与见性所缘之六尘境相以及意识妄想相等，都如同病眼所见的虚空幻花，本来就是不存在的。此见性及所缘尘境原本都是菩提妙净明体所现之物，还说什么二者之中有'是义'与'非是义'的区别呢？文殊啊，我现在问你，比如像你文殊，现在在你之外又有一位文殊，他是文殊、还是不是文殊呢？还是说根本就没有另外的这个文殊？"文殊菩萨回答："是的，世尊！我是真文殊，没有另外的那个文殊。为什么呢？如果另外又有一位文殊也是文殊，那么就有两个文殊了。然而我现在也不是说没有一个真文殊，但是其中实在是没有"是文殊、不是文殊"两种虚妄戏论之相。"

佛言："此见妙明，与诸空尘，亦复如是。本是妙明无上菩提净圆真心①，妄为色空及与闻见。如第二月，谁为是月？又谁非月？文殊，但一月真，中间自无是月非月。是以汝今观见与尘，种种发明，名为妄想，不能于中出'是'、'非是'。由是真精妙觉明性，故能令汝出'指'、'非指'。"

注释：

①按，对于"妙明真心"的用词，本经各处多有不同，如云"菩提妙净明体"、"妙明无上菩提净圆真心"、"真精妙觉明性"等，分别显示真性之妙德无尽，其实真义完全相同。妙，法身德；净，无垢涅槃德；明，常照般若德。三德圆明，故称"妙明"。又云"觉"者、般若德；言"精"者，微妙不测。

译文：

佛说："此妙明见性与诸前尘色空，二者的关系也是如此，无是义无非义，但一体真。本来都是妙明无上菩提净圆真心，由于最初一念无明妄动，致使由真起妄，妄现为所见的色空与能闻能见的见性。譬如捏目所见的第二月，随后又加以虚妄分别哪个是真月？哪个不是真月？文殊啊，只有一月是真，其中自然没有'是真月'与'非真月'的虚妄分别。因此，你现在观察见性与色空尘境，由此而有的种种阐发明辨，都是虚妄想相，不能从中超出'是'与'非是'。若悟了见性与尘境都是真精妙觉明性真心，则能使你超出'指陈'、'非指陈'的二法分别妄想境界。"

阿难白佛言："世尊，诚如法王所说，觉缘遍十方界，湛然常住，性非生灭；与先梵志娑毗迦罗所谈冥谛①，及投灰等诸外道种②，说有真我遍满十方，有何差别？世尊亦曾于楞伽山为大慧等敷演斯义③：'彼外道等常说自然④，我说因缘，非彼境界。'我今观此觉性自然，非生非灭，远离一切虚妄颠倒，似非因缘，与彼自然。云何开示，不入群邪，获真实心，妙觉明性？"

注释：

①娑毗迦罗：又作"劫毗罗"。译为"黄发"、"金头"或"龟种"。印度古仙人名，为数论派之祖。因其须发面色皆黄赤，故号为"黄赤色仙人"。

②投灰：指苦行外道，为求解脱或达到某种愿望而采取折磨自己的修行方式。

③楞伽山：《慧苑音义》谓楞伽山在南天竺南界，近海岸，佛陀在此讲说《楞伽经》。大慧：《楞伽经》会上的上首菩萨。

④自然：六师外道中之末伽梨、阿奢多等执自然无因论，否认万物依因缘所生。佛教批判此种观点。

译文：

阿难对佛说："世尊，诚如法王您所说，觉明能缘的见性充遍十方界，湛然常住，其性本不生灭；这种说法，与从前梵志娑毗迦罗外道所谈的冥谛，以及投灰等诸外道种姓者所说的'真我遍满十方'的观点，有什么差别呢？世尊也曾经在楞伽山为大慧菩萨等广为开演这个义理：'那些外道等常说自然论，认为一切事物，自然而生，自然而灭，无因无缘，我则宣说诸法因缘生、因缘灭的甚深义理，这不是外道所能了知的境界。'我现今观思这明觉见性，也是自然，非生非灭，远离一切虚妄颠倒，好像不是从因缘而有，而同于外道所说的自然论。应如何开发阐

示,方能使众生不堕入诸外道的邪见网中,并获得真实心地、妙
觉明性呢?"

佛告阿难:"我今如是开示方便,真实告汝,汝犹未
悟,惑为自然! 阿难,若必自然,自须甄明①,有自然体。
汝且观此妙明见中,以何为自? 此见为复以明为自? 以
暗为自? 以空为自? 以塞为自? 阿难,若明为自,应不
见暗;若复以空为自体者,应不见塞。 如是乃至诸暗
等相以为自者,则于明时,见性断灭,云何见明?"

注释:

①甄(zhēn):鉴明。

译文:

佛告诉阿难:"我现在如此方便开示,将真性如实之相告
诉你,你却仍然未能了悟,反而迷惑认为其同于自然论! 阿难,
如果见性必定是自然,自须甄别察明,当有一个自然之体存在。
你且观察此妙明见性之中,究竟是以什么作为自体? 此见性难
道是以'明'为自体? 还是以'暗'为自体? 是以'空'为自体?
还是以'塞'为自体? 阿难,如果是以'明'为自体,应该不能见
到'暗';如果是以'空'为自体,应该不能见到'塞'。 如此乃
至以诸如'暗'等相为自体,那么在'明'时,见性应该就断灭
了,又怎么能见到'明'呢?"

阿难言：“必此妙见，性非自然。我今发明是因缘生，心犹未明，咨询如来，是义云何合因缘性？”佛言："汝言因缘，吾复问汝：汝今因见，见性现前。此见为复因明有见，因暗有见，因空有见，因塞有见？阿难，若因明有，应不见暗；如因暗有，应不见明。如是乃至因空因塞，同于明暗。复次，阿难，此见又复缘明有见，缘暗有见，缘空有见，缘塞有见？阿难，若缘空有，应不见塞；若缘塞有，应不见空。如是乃至缘明缘暗，同于空塞。当知如是精觉妙明，非因非缘，亦非自然，非不自然，无非不非，无是非是；离一切相，即一切法。汝今云何于中措心，以诸世间戏论名相而得分别^①？如以手掌撮摩虚空^②，只益自劳，虚空云何随汝执捉？"

注释：

①戏论：谓错误无意义的言论，即违背真理、不能增进善法而无意义的言论。名相：名，指事物之名称，能诠显事物之本体。相，指事物之相状。以名能诠显事物之相状，故称"名相"。

②撮（cuō）：抓取。

译文：

阿难又说："这妙明见性，既然其性决定不属自生，我现在想应当是从因缘生，但心中还是未能明了，请问如来，这个见性真常不生不灭的义理为何合于因缘性？"佛说："你说见性当是因缘而生，我再问你：你现在是因为见到了明、暗、空、塞等境相，见性的作用才现前。那么，此见性是因为有'明相'为生因而有见性作用的生起，还是因为有'暗相'为生因才有能见生起？是因为'空相'才有，还是因为'塞相'才有？阿难，如果是因为有'明相'为生因才有见性作用的生起，那么见性就应该不能看到'暗相'；如果因为有'暗相'才有，就应该不能看到'明相'。如此类推，乃至以'空相'、'塞相'为生因的情况同于因有'明'、'暗'二相的道理。还有，阿难，此见性是因为缘于'明相'而有见性作用的生起，还是因为缘于'暗相'而有能见生起？是缘于'空相'而有，还是缘于'塞相'而有？阿难，如果是因为缘于'空相'而有能见生起，应该不能看到'塞相'；如果是因为缘于'塞相'而有能见生起，应该不能看到'空相'。如此类推，缘于'明相'、'暗相'的情况同于缘'空'、'塞'二相的道理。你应当了知，这精觉妙明的见性，非是因生，非是缘生，也非是自然而有；也不能说不是因缘，或不是自然；本没有非与不非，也没有是与非是；它出离一切妄情计度之相，又圆融一切法，全体法界，不一不异。你怎么在这妙明真性中，仍依识情妄想用心，以世间的戏论名相而去分别真性呢？如同以手掌去捉摩虚空，不过徒自劳苦，虚空怎么会随你去执捉到呢？"

阿难白佛言："世尊，必妙觉性非因非缘，世尊云何常与比丘宣说见性具四种缘？所谓因空、因明、因心、因眼，是义云何？"佛言："阿难，我说世间诸因缘相，非第一义①。阿难，吾复问汝：诸世间人说'我能

见'，云何名见？云何不见？"阿难言："世人因于日月
灯光见种种相，名之为见。若复无此三种光明，则不
能见。""阿难，若无明时名不见者，应不见暗！若必见
暗，此但无明，云何无见？阿难，若在暗时不见明故，名
为不见；今在明时不见暗相，还名不见。如是二相，俱
名不见。若复二相自相陵夺，非汝见性于中暂无。如
是则知，二俱名见，云何不见？

注释：

①第一义：指究竟真理。

译文：

阿难对佛说："世尊，如果妙明觉性必定是非因非缘，世尊
为何常给比丘宣说见性具有四种缘呢？所谓因空、因明、因心、
因眼而有见性，道理何在？"佛说："阿难，我所宣说的世间法
乃是因缘聚合而生之相，非是第一义。阿难，我再问你：通常
世间人说'我能见'，什么叫作'见'，什么叫'不见'呢？"阿难
回答："世人因为有日、月、灯三种光明而见到种种相状，称之
为'见'。如果没有这三种光明，就不能见到，称之为'不见'。"
佛说："阿难，如果没有光明时，就称为'不见'，那就应该也见
不到'暗'。如果说没有日月灯光时也一定能见到'暗'，那么
这只能说仅是没有光明而已，怎么能说没有'见'呢？阿难，如
果在暗时，因为不见光明的缘故，称为'不见'；那么现在在明
时，不见暗相，同样应该称为'不见'。这样一来，无论'明'、

'暗'二相都称为'不见'。如果'明'、'暗'二相交互出现，相互中断，但此时并不会是你的见性在其中有所中断而暂时消失。如此可知，两种情况都应该称为'见'，怎么能称为'不见'呢？

"是故，阿难，汝今当知，见明之时，见非是明；见暗之时，见非是暗；见空之时，见非是空；见塞之时，见非是塞。四义成就。汝复应知：见见之时，见非是见，见犹离见，见不能及，云何复说因缘、自然及和合相？汝等声闻狭劣无识，不能通达清净实相。吾今诲汝，当善思惟，无得疲怠妙菩提路①。"

注释：
①怠（dài）：懒惰，松弛。

译文：
"因此，阿难，你现在应当知道，看见明相之时，见性非是因明而有；看见暗相之时，见性非是因暗而有；看见空相之时，见性非是因空而有；看见塞相之时，见性非是因塞而有。见性究竟离于明、暗、空、塞四缘的义理成立。你更应了知：当修行人以观行力照见'见性'之时，能见之观照本身还不是'见性'，见性乃是完全超离于能见与所见，见性不是能见与所见之二法分别观照所能及，怎么又说见性属于因缘、自然及和合相呢？你们声闻众，见地狭小，心志拙劣，无有甚深智慧，不能通达清净实相。我现在教诲你们，应当善自思维，不要在胜妙的菩提大道上疲怠。"

阿难白佛言:"世尊,如佛世尊为我等辈宣说因缘及与自然、诸和合相与不和合,心犹未开;而今更闻'见见非见',重增迷闷。伏愿弘慈,施大慧目,开示我等觉心明净。"作是语已,悲泪顶礼,承受圣旨。

译文:

阿难对佛说:"世尊,如佛世尊为我等辈宣说见性不属于因缘、自然以及诸和合相、不和合相等义理,我们心中仍未悟解;而现在又听佛宣说'见见非见'的义理,更增加了迷惑。恳请世尊您发大慈悲,赐予我们大智慧眼目,开示我等悟解觉心明净。"说了这些话后,阿难悲感垂泪,顶礼佛陀,等待接受佛陀的教诲。

尔时,世尊怜愍阿难及诸大众,将欲敷演大陀罗尼,诸三摩提妙修行路[①],告阿难言:"汝虽强记,但益多闻,于奢摩他微密观照,心犹未了。汝今谛听,吾当为汝分别开示,亦令将来诸有漏者获菩提果。

注释:

①陀罗尼:即咒语,梵文意译为"总持"。

译文:

这时,世尊怜悯阿难及诸大众,将要广为开演大陀罗尼、诸大定的胜妙修行之路,告诉阿难说:"你虽强于记忆,但只是增益见闻而已,对于奢摩他定中的微密观照,心中尚未了悟。你现在仔细听,我将为你抉择分别,演说开示,也使将来诸有漏学人能获得菩提果。

"阿难,一切众生轮回世间,由二颠倒分别见妄,当处发生,当业轮转。云何二见?一者众生别业妄见[1],二者众生同分妄见[2]。

注释:

[1]别业:与"总业"相对之语。指众生殊别的业因,随众生感各异之果。妄见:虚妄不实的见解。

[2]同分:此处为"众同分"之略称,指有情众生之共性或共因。

译文:

"阿难,一切众生轮回世间的原因,是由于二种颠倒分别妄见而生出种种妄相所致,随一念心动而当处发生,循妄造业而当业轮转。哪两种妄见呢?一是众生的别业妄见,二是众生的同业妄见。

"云何名为别业妄见?阿难,如世间人目有赤眚[1],夜见灯光,别有圆影,五色重叠。于意云何?此夜灯明所现圆光,为是灯色,为当见色?阿难,此若灯色,则

非眚人何不同见？而此圆影，唯眚之观。若是见色，见
已成色，则彼眚人见圆影者，名为何等？复次，阿难，
若此圆影，离灯别有，则合傍观屏帐几筵有圆影出；离
见别有，应非眼瞩，云何眚人目见圆影？是故当知，色
实在灯，见病为影，影见俱眚，见眚非病。终不应言是
灯是见，于是中有非灯非见。如第二月，非体非影。何
以故？第二之观，捏所成故。诸有智者不应说言：此
捏根元，是形非形，离见非见。此亦如是，目眚所成，
今欲名谁是灯是见？何况分别非灯非见？

注释：

①眚（shěng）：眼睛生白翳之病状。

译文：

"什么叫别业妄见呢？阿难，譬如世间有人眼中长了赤翳，
夜晚见到灯光之时，看到灯的周边另有一个五彩重叠的圆影光
晕。应该如何认识这种现象呢？这灯光周边的圆影光晕，是灯
光本身的色彩呢？还是病眼妄见所成的颜色呢？阿难，这圆晕
如果是灯光本身的颜色，那么没有眼翳病的人为何不能同样见
到圆晕呢？而实际上这圆晕仅仅只是眼翳病人所看到的。如果
说这圆晕是眼翳病人妄见所成的颜色，既然能见之性已经成为
圆晕的颜色，那么，眼翳病者所见到的圆晕又是什么呢？再者，
阿难，如果说这圆晕离开灯而另有存在，那么观看旁边的屏风、

衣帐、几案等都应该有圆晕出现；如果说离开病眼妄见而别有圆晕存在，就应该不是患翳病眼所见，怎么能说仅是眼翳病人才见到圆晕呢？因此应当知道，光色确实是由灯发出，由于眼翳而使得眼见误观为圆影光晕，圆晕和见病都是由于眼翳所致，但能了知眼翳的见性之体却并没有病误。因此，究竟言之，不应该说圆晕是灯色，还是见色，并进而在其中分别圆晕非是离灯别有，非是离妄见别有。就如前面所说的第二月，既不是月体本身，也不是月亮的影子。为什么呢？第二月的观见，是由于捏目所观成。那些有智慧的人就不应当说：这个由于捏目之根元病误而所见的第二月，是真月形或非是真月形，离开见性别有，或非离开见性别有。这看见圆晕的道理，也是如此，本来就是眼翳病目所造成，现在怎么能称名论说圆晕是灯色，还是见色？更何况去分别圆晕非是离灯别有，非是离见别有呢？

"云何名为同分妄见？阿难，此阎浮提除大海水，中间平陆有三千洲，正中大洲，东西括量，大国凡有二千三百，其余小洲在诸海中，其间或有三两百国，或一或二至于三十、四十、五十。阿难，若复此中有一小洲，只有两国，惟一国人同感恶缘，则彼小洲当土众生，睹诸一切不祥境界：或见二日，或见两月，其中乃至晕适佩玦、彗孛飞流、负耳虹蜺①，种种恶相。但此国见，彼国众生本所不见，亦复不闻。

注释：

①晕适佩玦（jué）：环匝曰"晕"，薄蚀曰"适"。佩玦，近日月灾气之状也。彗孛飞流：星之灾象。星芒偏指曰"彗"，四出曰"孛"，横去曰"飞"，下注曰"流"。负耳虹蜺（ní）：单是日之灾象，夹日而成负耳，映日而成虹蜺。

译文：

"什么叫同分妄见呢？阿难，这阎浮提内，除大海水外，中间的平原陆地有三千洲，正中间的大洲从东到西计算共有两千三百个大国，其余的小洲都在诸海之中，其间或有二三百个国家，或有一个，或有两个，乃至或有三十、四十、五十个国家。阿难，如果这阎浮提中有一个小洲，只有两个国家，其中一个国家的人共同感招恶缘，那么，在这个小洲上居住的众生，就看到一切不祥的境界：或者看见两个太阳，或者看见两个月亮，其中乃至看见了日食、月食、日月上出现了如同佩玦一样的光环，彗星陨落，流星飞逝，出现像耳环一样的虹彩，如此等等种种恶相。唯有这个国家的众生见到这些恶相，其他国家的众生，本来就没有看见，同时也没有听闻。

"阿难，吾今为汝，以此二事，进退合明。阿难，如彼众生别业妄见，瞩灯光中所现圆影，虽现似境，终彼见者目眚所成。眚即见劳①，非色所造。然见眚者，终无见咎。例汝今日以目观见山河国土及诸众生②，皆是无始见病所成；见与见缘，似现前境，元我觉明见所缘眚。觉见即眚。本觉明心，觉缘非眚；觉所觉眚，觉非眚中。此实见见③，云何复名觉闻知见？是故汝今见我及汝并诸世间十类众生，皆即见眚，非见眚者。彼见真精，性非眚者，故不名见④。

注释：

①劳："见劳"、"劳相"，"劳"，动也，烦劳、繁复之动，如云昏扰扰之纷乱动相。《义贯》云："劳，病也。""见劳"，即见病之义。

②例：动词，类比。

③此实见见：真实地证见了见性之体、本觉明心，离于能见所见，寂而常照，照而常寂。如前文云"见见之时，见非是见"。

④故不名见：此与前文"见见之时，见非是见"互参。"此实见见"是进一步说明"见见之时"；"故不名见"则是进一步说明"见非是见"。

译文：

"阿难，我现在以别业妄见圆晕和同业妄见灾祥的这两种事例，为你说明见性真妄的道理。阿难，像前述那些众生的别业妄见，观看灯光而出现环绕灯光的圆影，即便好像是实有的外境，但到底还是观看者眼睛翳障所成的幻影。而眼翳所见的光色就是见病妄发劳相，即是能见之性动扰于尘境而有的动扰扰昏乱相，并非是灯色所造。然而能觉观眼翳病相的见性之体，终究没有见病的过咎。以此类比你今日眼观山河国土及诸多众生，不过都是你无始以来见病所成的妄境；能见的见性与所缘的外境，像似实有现前外境，却都似有实无，原是我们本觉妙明真心忽然一念妄动，所产生的能见妄见与所缘妄境。本觉明心一念妄动而起见分之妄见，就如同眼中生出翳障一样，是无明不觉的根由。本觉明心、觉照能缘的见性本自无病，然见性妄动而起能觉，觉于所觉，就如同眼生翳病而妄见幻影，而真觉之体则不在能所眚病之中。这无能所的真觉见性方是真实见见，怎么能说是见闻觉知的妄见呢？因此，你现在所看见的我、你，以及种种世间的十类众生，都是见带眚病的妄见，并不是照见眚病妄见的真觉见性。此见性真觉精妙，其真性不堕于能见所见的眚病之中，所以就不能名之为见。

"阿难，如彼众生同分妄见，例彼妄见别业一人，一病目人，同彼一国。彼见圆影眚妄所生，此众同分所现不祥，同见业中瘴恶所起，俱是无始见妄所生。例阎浮提三千洲中，兼四大海，娑婆世界，并洎十方诸有漏国，及诸众生，同是觉明无漏妙心，见闻觉知，虚妄病缘，和合妄生，和合妄死。若能远离诸和合缘及不和合，则复灭除诸生死因，圆满菩提不生灭性，清净本心，本觉常住。

译文：

"阿难，众生的同分妄见，可以类比一个人的别业妄见，一个眼生翳障的人观见妄境的道理，同理适用于一国人的共业所见。这个眼有翳障的人所见的圆影，既是因眼病妄见而生；

那么，这一国人所共同见到的不祥灾象，同样是由共业中的瘴厉恶缘而生起，二者都是无始以来的妄见所生。同理类推，阎浮提三千洲中以及四大海、娑婆世界，并至十方诸有漏国土及诸众生，同样是由这本觉圆明无漏妙心之体上，因一念妄动而生起见闻觉知的虚妄分别见病，缘于外境，于是和合妄生，和合妄死。如果能够远离诸和合缘和不和合缘，就可以灭除一切生死的因，从而圆满菩提的不生灭性，也就是清净本心，也名为本觉常住。

"阿难，汝虽先悟本觉妙明，性非因缘非自然性，而犹未明如是觉元，非和合生及不和合①。阿难，吾今复以前尘问汝：汝今犹以一切世间妄想和合诸因缘性，而自疑惑证菩提心和合起者。则汝今者妙净见精，为与明和，为与暗和？为与通和，为与塞和？若明和者，且汝观明，当明现前，何处杂见？见、相可辨，杂何形像？若非见者，云何见明？若即见者，云何见见？必见圆满，何处和明？若明圆满，不合见和。见必异明，杂则失彼，性、明名字②；杂失明、性，和明非义。彼暗与通，及诸群塞，亦复如是。

注释：

①和合：此段中，先论"和"，次论"合"，所以首先要清楚"和"与"合"之同异。"和"者，杂和也，融和也，如水与泥和在

一起;"合"者,相合也。

②按,如水土相和,则失彼水、土本名,转名为泥。

译文:

"阿难,你虽然已经悟知本觉妙明的真心,其真性本来就不是因缘所生,也并非自然所成,但你仍然未能明了这个本觉明元妙心也并非和合以及不和合而生。阿难,我现在还用前面所说的眼见四种尘境问你:你现今还是以一切世间诸法都是妄想和合的诸因缘性而生起的道理,而自生疑惑,那证得菩提心也应是和合而起。如果是这样,那么,你现在的妙净见精,是与'明'和呢,还是与'暗'和? 是与'通'和呢,还是与'塞'和? 如果是与'明'和,那观见明相之时,当明相显现出来的时候,究竟在何处杂和'见性'呢? 当见明相之时,见性和明相仍可分别辨明其各自原来的形像,如果二者是杂和,应该是个什么形像呢? 如果说杂和后的形像不是'见性',那样的话,见性没有了,如何去见明相呢? 如果说杂和后的形像即是'见性',那样的话,明相没有了,又如何去见其所见的明相呢? 如果说见性本自周遍圆满,则在何处与'明'和呢? 如果说明相本自周遍圆满,就不应仍能与见性相和。如果说见性必定异于明相,杂和就应当失去各自本有的属性,这样也就失去了'见性'、'明相'的名义;若因杂和而失去了明相、见性的名义,再说见与明和就失去了意义。其他如见与暗、通以及塞和,也是这个道理。

"复次,阿难,又汝今者妙净见精,为与明合,为与暗合？为与通合，为与塞合？若明合者，至于暗时，明相已灭，此见即不与诸暗合，云何见暗？若见暗时，不与暗合，与明合者，应非见明。既不见明，云何明合，了明非暗？彼暗与通，及诸群塞，亦复如是。

译文：

"其次，阿难，你现在的妙净见精，是与'明'合呢，还是与'暗'合？是与'通'合呢，还是与'塞'合？如果是与'明'合，待到'暗'时，明相已经消失了，这时见性就应该不与'暗'合，怎么能够看到暗呢？如果看见'暗'时，可以不与'暗'合，那么与'明'合时，就应该不是见到'明'。既然不是见到'明'，又怎么能说与'明'合，怎么能了知这是'明'而不是'暗'呢？其他如见与'暗'、'通'以及'塞'合，也是这个道理。"

阿难白佛言："世尊，如我思惟，此妙觉元与诸缘尘及心念虑非和合耶？"佛言："汝今又言觉非和合，吾复问汝：此妙见精非和合者，为非明和？为非暗和？为非通和？为非塞和？若非明和，则见与明必有边畔。汝且谛观，何处是明？何处是见？在见在明，自何为畔？阿难，若明际中，必无见者，则不相及，自不知其明相所在，畔云何成？彼暗与通，及诸群塞，亦复如是。

译文：

阿难对佛说："世尊，依我的思维，难道这妙觉元明的见性与所缘尘境及心之念虑功能是处于非和合状态吗？"佛说："你现在又说，这本觉妙性并非和合相。我现在问你：如果这本觉妙明的见性并非和合相，是不与'明'和，还是不与'暗'和？是不与'通'和，还是不与'塞'和？如果是不与'明'和，那么在'见性'与'明相'之间就必然有边界。你不妨仔细观察，哪个范围是'明相'？哪个范围是'见性'？属于'见性'还是属于'明相'，自哪里作为边界呢？阿难，如果在'明相'的边际之内，一定没有'见性'，那么，'明相'与'见性'就不相及，自然就无法知晓那明相的所在，边界如何建立呢？其他如非与'暗'、'通'以及'塞'和，也是如此。

"又妙见精非和合者，为非明合？为非暗合？为非通合？为非塞合？若非明合，则见与明性相乖角，如耳与明了不相触。见且不知明相所在，云何甄明合非合理？彼暗与通，及诸群塞，亦复如是。

译文：

"还有，如果这本觉妙明的见性不是和合相，是不与'明'合，还是不与'暗'合？是不与'通'合，还是不与'塞'合？如果是不与'明'合，那么，'见性'与'明相'相互对立，永远不相接触，就如同耳朵与'明'永远不相接触一样。见性尚且不知明相所在的地方，又怎么来甄别'见'与'明'是和合相还是非和合相呢？其他如非与'暗'、'通'以及'塞'合，也是如此。

"阿难，汝犹未明一切浮尘，诸幻化相，当处出生，随处灭尽，幻妄称相，其性真为妙觉明体。如是乃至五阴、六入，从十二处至十八界，因缘和合，虚妄有生，因缘别离，虚妄名灭。殊不能知生灭去来，本如来藏常住妙明，不动周圆妙真如性。性真常中，求于去来、迷悟、生死①，了无所得。

注释：

①生死：有版本作"死生"。

译文：

"阿难，你还未明白世间一切虚浮不实的尘境，所有虚假幻化之境相，都是当缘聚处出生，随缘散处灭尽，不过是幻化虚妄之相而作种种的假名分别，其真实体性乃是妙觉圆明之体。如此乃至五阴、六入、十二处、十八界，都是因缘和合而有虚妄境相之假名为生，因缘离散而有虚妄境相之假名为灭。世间众生实在是不懂得这些虚妄境相的生灭去来，原本其真实体性乃是不生不灭、常住妙明的如来藏性，也即是常寂不动、周遍法界的妙真如性。在这真常妙性中去寻求生灭去来、迷悟生死的诸幻化相，了不可得。

"阿难，云何五阴本如来藏妙真如性？

"阿难,譬如有人以清净目观晴明空,唯一晴虚,迥无所有。其人无故,不动目睛,瞪以发劳,则于虚空别见狂花,复有一切狂乱非相。色阴当知,亦复如是。阿难,是诸狂花非从空来,非从目出。如是,阿难,若空来者,既从空来,还从空入;若有出入,即非虚空。空若非空,自不容其花相起灭。如阿难体,不容阿难。若目出者,既从目出,还从目入;即此花性,从目出故,当合有见。若有见者,去既花空,旋合见眼。若无见者,出既翳空①,旋当翳眼;又见花时,目应无翳,云何晴空号清明眼?是故当知,色阴虚妄,本非因缘,非自然性。

注释:

①翳(yì):遮蔽,障碍;目疾引起的障膜。

译文:

　　"阿难,为什么说五阴本是如来藏妙真如性呢?

　　"阿难,譬如有人以清净明亮的眼睛去看明朗的晴空,唯见碧空万里,更无他物。假若这个人没什么缘由,目不转睛地直视天空,瞪眼成劳,就在虚空中看见狂花飞舞,或又看见一些奇形怪状的乱相。当知色阴,也是如此。阿难,眼前这些狂花乱相,既不是从空中来的,也不是从眼睛产生出来。因为是这样,阿难,如果说是从空中来的,既然是从空中出来,最后还会回入空中;如果有来去出入,那就不是虚空了,虚空是没有来去出入的。而如果虚空不是空的,便是实体,自然不能容纳这些狂花之相在其中生灭去来了。正如你阿难的身体中,不容再有一个阿难的身体。如果说是从眼中来的,既然是从眼中出来,最后还会回入眼中;此花既从眼出,眼以能见为性,此花也应有见性,也应该能看见东西。如果此花真有见性,能看见东西,出去时既为花于空中,旋归眼时应当见到眼睛。如果此花没有见性,不能看见东西,出去时既然成为空中翳障,旋归眼时也应当成为眼中翳障;那样的话,当眼睛又见到狂花时,狂花翳障已从眼中出去而为花于空中,这时眼睛应该没有翳障,应该可以被称为清明眼;可是却为什么眼见狂花被称为翳眼,而必见晴空万里才被称作清明眼呢?因此应当知道,色阴是虚妄而无自性,本非因缘所生,也非无因缘而自有的自然性。

"阿难,譬如有人手足宴安,百骸调适,忽如忘生,性无违顺。其人无故,以二手掌于空相摩,于二手中,妄生涩滑、冷热诸相。受阴当知,亦复如是。阿难,是诸幻触,不从空来,不从掌出。如是,阿难,若空来者,既能触掌,何不触身?不应虚空,选择来触。若从掌出,应非待合。又掌出故,合则掌知,离即触入,臂腕、骨髓应亦觉知入时踪迹。必有觉心,知出知入,自有一物,身中往来,何待合知要名为触?是故当知,受阴虚妄,本非因缘,非自然性。

译文:

"阿难,譬如有人四肢舒畅,身体调和,忽然间好像忘了自身的存在,心中没有了诸如苦乐顺逆等感受。这个人随便之间,以二手掌相互摩擦,就在两手掌间妄生涩滑、冷热等相。当知所谓受阴,也是如此。阿难,这种种幻触,既不是从虚空中来,也不是自手掌中生出的。阿难,这种种幻触如果是从虚空中来的,那它既然能够触及手掌,为什么不触及身体的其他部分呢?不应说虚空能够有选择地来触及。如果是从手掌中生出的,那就应该不必等到两手相合摩擦后才产生。又,如果幻触是从掌中生出,那么两掌合时知道幻触从掌出,两手分开时,也应该知道幻触从掌入,那臂腕、骨髓也应觉知幻触进入时的踪迹。如果有一个这样的能觉知之心,知道幻触之出与入,就应该自成一物,在身中进出往来,又何须等到两掌相互摩擦产生感受后才称名为'触'呢?因此应当知道,受阴是虚妄而无自性,本非因缘所生,也非无因缘而自有的自然性。

"阿难,譬如有人,谈说酢梅^①,口中水出;思踏悬崖,足心酸涩。想阴当知,亦复如是。阿难,如是酢说,不从梅生,非从口入。如是,阿难,若梅生者,梅合自谈,何待人说?若从口入,自合口闻,何须待耳?若独耳闻,此水何不耳中而出?想踏悬崖,与说相类。是故当知,想阴虚妄,本非因缘,非自然性。

注释：

①酢（cù）：有版本作"醋"。"酢"为"醋"的异体字。

译文：

"阿难，譬如有人一谈说酸梅时，口中就生出口水来；一想到脚踏悬崖时，脚掌心就会感到酸涩。当知所谓想阴，也是这样。阿难，因谈酸梅而生出口水，这水既不是由酸梅所生，也不是由外从口而入。所以，阿难，如果是酸梅所生，那么，梅应该自己谈说而生出水来，何必等人来谈说才生出水来？如果是自外从口而入，自当口闻，又何须等耳朵听闻后口中才生出水呢？而如果唯有耳朵才能听闻，此水又为何不从耳中生出？至于一想脚踏悬崖就足底酸楚，此中道理与此相类似。因此应当知道，想阴是虚妄而无自性，本非因缘所生，也非无因缘而自有的自然性。

"阿难，譬如暴流，波浪相续，前际后际，不相逾越。行阴当知，亦复如是。阿难，如是流性，不因空生，不因水有，亦非水性，非离空、水。如是，阿难，若因空生，则诸十方无尽虚空，成无尽流，世界自然俱受沦溺。若因水有，则此暴流，性应非水，有、所有相，今应现在。若即水性，则澄清时，应非水体。若离空、水，空非有外，水外无流。是故当知，行阴虚妄，本非因缘，非自然性。"

译文：

"阿难，譬如滚滚流水，后浪推前浪，前际后际相续，不相超越。当知行阴，也是这样。阿难，这滚滚流水的流动性，并不是从虚空中生出，也不是因水而有，也不是水的本性如此，但又不是离开虚空与水而别有存在。因此，阿难，如果这瀑流是虚空所生，那么十方无尽虚空，就会成为无尽的水流汪洋，世界自然界都将为滚滚流水所淹没。如果这瀑流因水而有，那么，瀑流之性体，必与水各异，则能生相与所生相两者各自之体相，今应呈现在眼前，但实际上并非如此。若说瀑流奔流的流动性就是水的本性，那么，当水止不流、澄清静止时，应该就不是水的自体了。如果说离开虚空与水另有瀑流，应该知道，虚空之外了无一物，而水之外更无瀑流。因此应当知道，行阴是虚妄而无自性，本非因缘所生，也非无因缘而自有的自然性。

"阿难，譬如有人取频伽瓶①，塞其两孔，满中擎空，千里远行，用饷他国。识阴当知，亦复如是。阿难，如是虚空非彼方来，非此方入。如是，阿难，若彼方来，则本瓶中，既贮空去，于本瓶地应少虚空。若此方入，开孔倒瓶，应见空出。是故当知，识阴虚妄，本非因缘，非自然性。"

注释：

①频伽瓶：以形状似频伽鸟而得名。瓶，喻业识；两空，喻理事二端；所盛的虚空，喻空性。

译文：

"阿难，譬如有人拿一个频伽瓶，将其两端之孔塞起来，瓶中盛的尽是虚空，他远行千里，以此盛满虚空的瓶馈送他人。当知识阴也是这样。阿难，这个瓶中的虚空，并不是自远方带来，也不是从此方装进去的。所以，阿难，如果是从远方带来的，则此瓶中既然在远方盛走了一部分虚空，那么，该地方理应少却被盛走的那部分虚空。如果此虚空是从本地装进去的，那么，当开口倒瓶时，就应该看到原先的虚空从瓶中被倒出来。因此应当知道，识阴是虚妄而无自性，本非因缘所生，也非无因缘而自有的自然性。"

卷 三

　　本卷中，继续讨论"六入、十二处、十八界、七大"等，皆本来是如来藏妙真如性，"本非因缘，非自然性"。此中，"五阴、六入、十二处、十八界、七大"涵盖了根、尘、识，世间的一切有为法，也就是说，实际是抉择一切有为法之"性真相妄"。一切有为法就其相而言，都是虚妄幻化之相，因缘和合而有，因缘消散而亡；就其性而言，则为妙觉明体，皆本于如来藏妙真如性。就其性而言，本非因缘所生；就其相而言，也非无因缘而自有的自然性。故一切法性相圆融无碍，无有少法可得，也无少法可舍，如是乃至一切迷悟、去来、生死、涅槃等皆本来是如来藏妙真如性，"一切世间诸所有物皆即菩提妙明元心，心精遍圆，含裹十方"。这是本经抉择正见的甚深要义，也是圆悟如来密因、圆修菩萨万行、圆证楞严大定之枢要。

　　又通常"蕴（阴）、处、界"称为"三科"，本经加"六入"，则合称"四科"。

　　又"七大"即地、水、风、火、空、根（见）、识，这是本经的特别讲法。传统称"六大"，其中地、水、风、火、空"五大"属色法，识大则属心法，本经加"根大（见大）"而称"七大"。"大"指周遍法界。"根大"，指六根的功能作用，也称"见大"，是举见根代表其余诸根，意思还是指根大。蕅益大师言，"见大"是旧科之名，新科则名"根大"。

又本卷最后阿难所说的"妙湛总持不动尊，首楞严王世希有"之赞佛偈，后来被列入汉传佛教早课中而普遍流传。

"复次，阿难，云何六入本如来藏妙真如性？

"阿难，即彼目睛瞪发劳者[1]，兼目与劳同是菩提瞪发劳相。因于明、暗二种妄尘，发见居中，吸此尘象，名为见性。此见离彼明暗二尘，毕竟无体。如是，阿难，当知是见，非明、暗来，非于根出，不于空生。何以故？若从明来，暗即随灭，应非见暗。若从暗来，明即随灭，应无见明。若从根生，必无明、暗。如是见精，本无自性。若于空出，前瞩尘象，归当见根。又空自观，何关汝入？是故当知，眼入虚妄，本非因缘，非自然性。

注释：

①劳：此处"劳"字有二义，劳倦、疲劳是比喻之意，真正的含义是扰动、昏扰之相。下同。

译文：

"其次，阿难，为什么说六入本是如来藏妙真如性呢？

"阿难，如前所说，眼睛瞪视虚空而发生劳累错觉，就会看见空花乱飞，实际上，与此同样的道理，就连眼根与因劳累所见的狂花，都是菩提自性一念妄动所成的劳扰虚妄之相。因于明暗两种虚妄尘境，引发眼睛的能见功能在其中吸收相应的境相，这种功能就称为见的性能。这个见的性能离开了明暗两种妄尘，毕竟没有独立的自体存在。这样，阿难，应当知道，此见的性能不是从明、暗来，也不是由眼根而出，也不是虚空自己生出。为什么呢？假如它是从明而来，暗时就应当随即谢灭，就应该看不见暗，但实际上，明和暗都是可以看到的。假如它是从暗而来，明时就应当随即谢灭，就应该看不见明，实际上也非如此。假如此见的性能是从眼根产生，那即使完全没有明、暗二境，单独的眼根也应该有所见，但实际上眼根离了明暗二尘等外境而并不能有所见。这样看来，此能见之精，本来就没有自性。假如此见的性能是从虚空产生，既然前面可以看见境相，回转过来也应该看见自己的眼睛，实际也不是这样。再说，如果此见的性能真的是从虚空产生，即是虚空自己能有所观见，与你的眼根又有什么关系呢？因此应当知道，眼入是虚妄而无自性，本非因缘所生，也非无因缘而自生的自然性。

　　"阿难，譬如有人以两手指急塞其耳，耳根劳故，头中作声。兼耳与劳同是菩提瞪发劳相。因于动、静二种妄尘，发闻居中，吸此尘象，名听闻性。此闻离彼动、静二尘，毕竟无体。如是，阿难，当知是闻，非动、静来，非于根出，不于空生。何以故？若从静来，动即随灭，应非闻动。若从动来，静即随灭，应无觉静。若从根生，必无动、静。如是闻体，本无自性。若于空出，有闻成性，即非虚空。又空自闻，何关汝入？是故当知，耳入虚妄，本非因缘，非自然性。

译文：

"阿难，譬如有人用两手指急速塞住两耳孔，久之耳根疲劳，头脑中嗡嗡作声。实际上，这耳根与劳倦所听到的嗡嗡声音，都是菩提自性一念妄动所成的劳扰虚妄之相。因于动、静两种虚妄尘境，引发耳根的听闻功能在其中吸收相应的境相，称之为听闻性。此听闻性离开了动、静两种尘象，毕竟没有独立的自体。因此，阿难，应当知道，这听闻性不是从动、静来，也不是由耳根而出，也不是虚空自己生出。为什么呢？假如此听闻性是从静而来，则动时就应当随即谢灭，就应该听不到动的声音，但实际上，动和静时的声音都可以听到。假如此听闻性是从动而来，则静时应当随即谢灭，就应该不能感觉到静境，实际上也非如此。假如此听闻性是从耳根产生，那即使完全没有动、静二境，单独的耳根也应该有所闻听，但实际上耳根离开了动、静二尘等外境而并不能有所闻听。如此看来，此听闻性自体，本来就没有自性。假如此听闻性是从虚空产生，如此一来，虚空既然具有听闻性，也就成为根性，既成为根性，也就不再是虚空了。再说，虚空既然自己能有所闻听，又与耳根有什么关系呢？因此应当知道，耳入是虚妄而无自性，本非因缘所生，也非无因缘而自生的自然性。

"阿难，譬如有人急畜其鼻，畜久成劳，则于鼻中闻有冷触。因触分别通、塞、虚、实，如是乃至诸香、臭气。兼鼻与劳同是菩提瞪发劳相。因于通、塞二种妄尘，发闻居中，吸此尘象，名嗅闻性。此闻离彼通、塞二尘，毕竟无体。当知是闻，非通、塞来，非于根出，不于空生。何以故？若从通来，塞则闻灭，云何知塞？如因塞有，通则无闻，云何发明香、臭等触？若从根生，必无通、塞。如是闻机，本无自性。若从空出，是闻自当回嗅汝鼻。空自有闻，何关汝入？是故当知，鼻入虚妄，本非因缘，非自然性。

译文：

"阿难，譬如有人急速抽搐鼻子，久之鼻根疲劳，就在鼻中产生冷气冲入的感觉。因为有了这种触觉，便分别出鼻子的通与塞、虚与实，以及香与臭等气味。实际上，这鼻根与劳倦产生的冷触，都是菩提自性一念妄动所成的劳扰虚妄之相。因于通、塞两种虚妄尘境，引发鼻根的嗅闻功能在其中吸收相应的境相，称之为嗅闻性。此嗅闻性离开了通、塞两种尘象，毕竟没有独立的自体。应当知道，这嗅闻性不是从通、塞来，也不是由鼻根而出，也不是虚空自己产生。为什么呢？假若此嗅闻性是因通而来，则鼻塞时感知的功能就应消失，为何仍能知晓鼻塞呢？假如此嗅闻性是因鼻塞而来，则鼻通时就当没有嗅闻的功能，为何仍能辨明香、臭等感受呢？假如此嗅闻性是从鼻根生出，那即使完全没有通、塞两种境相，单独的鼻根也应该有所嗅闻，但实际上鼻根离开了通、塞两种境相就不能有所嗅闻。这样看来，嗅闻性本来就没有自性。假如此嗅闻性是从虚空所生出，那它就应当能回转过来嗅到自己的鼻子。即便如此，这是虚空自己有嗅觉，与你的鼻根又有什么相干呢？因此应当知道，鼻入是虚妄而无自性，本非因缘所生，也非无因缘而自生的自然性。

"阿难，譬如有人以舌舐吻，熟舐令劳。其人若病，则有苦味，无病之人，微有甜触。由甜与苦，显此舌根，不动之时，淡性常在。兼舌与劳同是菩提瞪发劳相。因甜苦、淡，二种妄尘，发知居中，吸此尘象，名知味性。此知味性，离彼甜苦及淡二尘，毕竟无体。如是，阿难，当知如是，尝苦淡知，非甜苦来，非因淡有，又非根出，不于空生。何以故？若甜苦来，淡则知灭，云何知淡？若从淡出，甜即知亡，复云何知甜苦二相？若从舌生，必无甜淡及与苦尘。斯知味根，本无自性。若于空出，虚空自味，非汝口知。又空自知，何关汝入？是故当知，舌入虚妄，本非因缘，非自然性。

译文：

"阿难，譬如有人用舌舐自己的嘴唇，久之舌根疲劳。这个人若有病，就有苦味；若无病，就会略微感觉有甜味。因为有了甜与苦之味觉，方显出舌根的尝觉功能，而舌根不动的时候，非甜非苦的淡性常在。但实际上，这舌根与因舌疲劳所产生的甜苦味觉，都是菩提自性一念妄动所成的劳扰虚妄之相。因于甜苦有味和淡之无味的两种虚妄尘境，引发舌根的味觉功能在其中吸收相应的境相，称之为知味性。此知味性离开了甜苦、淡两种虚妄尘境，毕竟没有独立的自体。因此，阿难，你应当知道，这能够尝甜苦、淡的知味性，不是从甜苦来，也不是从淡性而来，不是从舌根生出，也不是虚空自己产生。为什么呢？假如此知味性是从甜苦来，则感受无味时，这个味觉就应消失，何以仍能感受到淡味呢？假如此知味性是从淡性产生出来，则尝到甜味时，这个味觉也应消失，为何仍能感受到甜苦两种味道呢？假如此知味性是由舌根产生，那即使完全没有甜苦、淡两种境相，单独的舌根也应该有所味觉，但实际上舌根离开了甜苦、淡等两种境相就不能有所味觉。这样看来，知味性本来就没有自性。假如此知味性是由虚空所生出的，那虚空自己能够觉知味道，并不是非得经过口、舌不可。况且，既是虚空自己有所知味，又与你的舌根有什么相干呢？因此应当知道，舌入是虚妄而无自性，本非因缘所生，也非无因缘而自生的自然性。

"阿难，譬如有人以一冷手触于热手，若冷势多，热者从冷；若热功胜，冷者从热。如是以此合觉之触，显于离知。涉势若成，因于劳触。兼身与劳同是菩提瞪发劳相。因于离、合二种妄尘，发觉居中，吸此尘象，名知觉性。此知觉体，离彼离合、违顺二尘，毕竟无体。如是，阿难，当知是觉，非离合来，非违顺有，不于根出，又非空生。何以故？若合时来，离当已灭，云何觉离？违、顺二相，亦复如是。若从根出，必无离、合、违、顺四相[①]，则汝身知，元无自性。必于空出，空自知觉，何关汝入？是故当知，身入虚妄，本非因缘，非自然性。

注释:

①四相:离、合二尘各有违、顺二相,故成四相——离违相、离顺相、合违相、合顺相。

译文:

"阿难,譬如有人用一只冷的手去接触另一只热的手,若冷势多,热手的温度便跟着下降;若热势多,冷手的温度便跟着上升。这样,以此二手相合时有了触觉,对显出二手离开后依然有觉知存在,能够知道是离开了。二手冷热交涉后,因而身根产生触久劳倦妄相。实际上,这身根与劳倦妄相,都是菩提自性一念妄动所成的劳扰虚妄之相。因于离、合的两种虚妄尘境,引发身根的知觉功能在其中吸收相应的境相,称之为知觉性。此知觉之体离开了离合、违顺两种虚妄尘境,毕竟没有独立的自体。因此,阿难,你应当知道,这个知觉性,不是从离合来,也不是从违顺而来;不是从身根生出,也不是虚空自己产生。为什么呢?如果此知觉性是由身根相合接触而来,当其离开时,触觉就应随之消失,又何以仍能知晓身根与外尘相离呢?对于违、顺二相,也是这个道理。如果此知觉性是从身根产生,那即使完全没有离、合、违、顺四种境相,单独的身根也应该有所知觉,但实际上身根离开了离合、违顺等境相就不能有所触觉,由此可见,你身根的知觉性本来就没有自性。如果此知觉性是从虚空产生的,虚空自己具有触觉功能,与你的身根又有什么关系呢?因此应当知道,身入是虚妄而无自性,本非因缘所生,也非无因缘而自生的自然性。

"阿难,譬如有人劳倦则眠,睡熟便寤。觉尘斯忆,失忆为忘。是其颠倒生、住、异、灭。吸习中归,不相逾越,称意知根。兼意与劳同是菩提瞪发劳相。因于生、灭二种妄尘,集知居中,吸撮内尘,见闻逆流,流不及地①,名觉知性。此觉知性离彼寤寐、生灭二尘,毕竟无体。如是,阿难,当知如是觉知之根,非寤寐来,非生灭有,不于根出,亦非空生。何以故?若从寤来,寐即随灭,将何为寐?必生时有,灭即同无,令谁受灭?若从灭有,生即灭无,谁知生者?若从根出,寤、寐二相随身开合,离斯二体,此觉知者同于空花,毕竟无性。若从空生,自是空知,何关汝入?是故当知,意入虚妄,本非因缘,非自然性。

注释:

①流不及地:意根是以过去之五尘为所缘,以思忆为能缘的。如此便有忘失等现象,故而眼、耳、鼻、舌、身等五根的感觉内容并不能全部及于意根之地。

译文:

"阿难,譬如有人劳倦了就睡眠,睡足了就醒来。回想所见境相尘影称为回忆,若失去印象、不能记忆称为忘记。这些忽眠忽醒、或忆或忘都是意根颠倒而有的生、住、异、灭之相。收摄此忆忘、生灭等习气,全归心内,熏习不断,次第迁流,前后

不杂,称为意知根。实际上,意知根与所生的颠倒知觉劳相,都
是菩提自性一念妄动所成的劳扰虚妄之相。因于生、灭两种虚
妄尘境,意根与前五根的觉知功能集聚在心内,吸摄内在的法
尘于意根之中;前五根取外尘境的见闻觉知等,刹那流入意地,
意识逆流返缘五根的落谢尘影,乃至缘于思不及处,称为意根
的觉知性。此觉知性离开了寤与寐、生与灭两种虚妄尘境,毕
竟没有独立的自体。因此,阿难,你应当知道,这个觉知性的
根源,不是从寤寐来,也不是从生灭而有;不是从意根生出,也
不是虚空自己产生。为什么呢? 如果此觉知性是从寤而来,那
么寐时就应当随即谢灭,又怎么知道是寐呢? 如果一定是意念
生起时才有,那么意念谢灭时就应该等同于没有意识,又是谁
在领受意念的生灭呢? 如果此觉知性是意念谢灭时才有,那么
意念生起时即是灭相已经没有了,又是谁在知道意念生起呢?
如果此觉知性是从意根生出,寤、寐二相乃是随着身体而开合
的,离开了身体的开合二相,此觉知功能就等于空花,毕竟没有
独立的自性。如果此觉知性是从虚空中生出来的,便是虚空
自己具有觉知功能,与你的意根又有什么关系呢? 因此应当知
道,意入是虚妄而无自性,本非因缘所生,也非无因缘而自生的
自然性。

"复次,阿难,云何十二处本如来藏妙真如性?

"阿难,汝且观此祇陀树林及诸泉池。于意云何?
此等为是色生眼见? 眼生色相? 阿难,若复眼根生色
相者,见空非色,色性应销,销则显发一切都无;色相

既无，谁明空质？空亦如是。若复色尘生眼见者，观空非色，见即销亡，亡则都无，谁明空色？是故当知，见与色空，俱无处所。即色与见二处虚妄，本非因缘，非自然性。

译文：

"其次，阿难，为什么说十二处本是如来藏妙真如性呢？

"阿难，你现在看祇陀园中的树林和泉池。你以为这些到底是色尘生出眼根能见之性？还是眼根生出所见的色相？阿难，如果是眼根生出色相，则当眼睛观见虚空时，没有色相，这时眼根能生色相功能的色性应该消亡，如此则所显发出来的一切色相都应该没有了；色相既然消亡，同是色法的眼根也应消亡，又是谁来观见明了虚空呢？眼根生出虚空也是同样道理。如果认为是色尘生出眼见，则当眼睛观看虚空时，没有了色相，则能生出眼见的色尘也应没有了，所生出的眼见即消亡，如此能生与所生都没有了，又是谁来明了虚空与色相呢？因此应当知道，眼根能见之性与色相、虚空，都没有定在的处所。也就是说，色处和眼处二处都是虚妄而无自性，本非因缘所生，也非无因缘而自生的自然性。

"阿难，汝更听此祇陀园中，食办击鼓，众集撞钟，钟鼓音声，前后相续。于意云何？此等为是声来耳边？耳往声处？阿难，若复此声来于耳边，如我乞食室罗筏城，在祇陀林则无有我；此声必来阿难耳处，目连、迦叶应不俱闻，何况其中一千二百五十沙门，一闻钟声，同来食处。若复汝耳往彼声边，如我归住祇陀林中，在室罗城则无有我；汝闻鼓声，其耳已往击鼓之处，钟声齐出，应不俱闻，何况其中象马牛羊种种音响。若无来往，亦复无闻。是故当知，听与音声俱无处所。即听与声二处虚妄，本非因缘，非自然性。

译文：

"阿难，你再听听祇陀园里，过堂吃饭时击鼓，集合大众时撞钟，钟鼓音声，前后相续，你怎样认识呢？你能听到此等钟鼓之声，究竟是声音来到你耳边呢？还是你耳根的听觉去往钟声所在之处？阿难，如果是声音来到你耳边，那么譬如我往室罗筏城乞食，此时在祇陀林就不会有我身在，因为我只有一个身体，在此处就不能去彼处；同样的道理，此声之体亦只有一个，若说这声音一定是来入阿难你的耳处，目犍连和大迦叶应不能同时听到，更何况在林中的一千二百五十比丘，一听钟鼓声都来到集会处。如果是你耳根的听觉去往声音处，那么如同我乞食回到祇陀林中，室罗筏城就不会有我身在；你听到鼓声，耳根听觉既然已去往击鼓之处，就不能去往撞钟之处，那么当钟鼓齐鸣之时，应该不能同时听到，更何况还有象马牛羊等种种音响夹杂其中。如果说根本没有声音与听觉的来往，声音也不来，听觉也不往，那就没有声音能被听到了。因此应当知道，听觉和声音都没有定在的处所。也就是说，耳处和声处二处都是虚妄而无自性，本非因缘所生，也非无因缘而自生的自然性。

"阿难，汝又嗅此炉中旃檀①。此香若复然于一铢，室罗筏城四十里内同时闻气。于意云何？此香为复生旃檀木？生于汝鼻？为生于空？阿难，若复此香生于汝鼻，称鼻所生，当从鼻出，鼻非旃檀，云何鼻中有旃檀气？称汝闻香，当于鼻入，鼻中出香，说闻非义。若生于空，空性常恒，香应常在，何藉炉中爇此枯木②？若生于木，则此香质，因爇成烟，若鼻得闻，合蒙烟气！其烟腾空，未及遥远，四十里内云何已闻？是故当知，香鼻与闻俱无处所。即嗅与香二处虚妄，本非因缘，非自然性。

注释：

①旃（zhān）檀：香木名。

②爇（ruò）：燃烧。

译文：

"阿难，你现在再闻此炉中所燃的旃檀香。这种香仅点燃一铢，室罗筏城内就会香气四溢，方圆四十里同时可以闻到香味。你怎样认识呢？此香味到底是生于旃檀木？生于你的鼻根？还是生于虚空中？阿难，如果此香味是从鼻根产生，既然称言为鼻根所生，则应当是从鼻而出，可鼻根不是旃檀木，怎么鼻中会有旃檀香的气味？既然称言是你闻到香味，就应当从鼻吸入才对，如果说鼻中放出香气，而又称言为闻香，这样讲不符合'闻'的本义。若说此香味是从虚空中生出,而虚空的本性是恒常不变,那么香味也应常在不灭,何必还要通过炉中燃的旃檀木才有香味呢?如果说香味是由旃檀木产生,而此香木质,因燃烧而成烟,如果说鼻得闻香味,合当蒙受烟气!况且烟气腾空,并没有传到多远的地方,而室罗筏城方圆四十里内的人为什么却都能闻到此味呢?因此应当知道,香味、鼻根与嗅觉都没有定在的处所。也就是说,鼻处和香处二处都是虚妄而无自性,本非因缘所生,也非无因缘而自生的自然性。

"阿难,汝常二时,众中持钵,其间或遇酥酪醍醐①,名为上味。于意云何?此味为复生于空中?生于舌中?为生食中?阿难,若复此味生于汝舌,在汝口中只有一舌,其舌尔时已成酥味,遇黑石蜜应不推移。若不变移,不名知味;若变移者,舌非多体,云何多味一舌之知?若生于食,食非有识,云何自知?又食自知,即同他食,何预于汝,名味之知?若生于空,汝瞰虚空,当作何味?必其虚空若作咸味,既咸汝舌,亦咸汝面,则此界人同于海鱼。既常受咸,了不知淡,若不识淡,亦不觉咸,必无所知,云何名味?是故当知,味、舌与尝俱无处所。即尝与味,二俱虚妄,本非因缘,非自然性。

注释:

①酥酪(lào)醍醐(tí hú):都是牛羊等乳精制而成。所谓

从牛出乳，从乳出酪，从酪出生酥，从生酥出熟酥，从熟酥出醍
醐，而醍醐最为上味。

译文：

"阿难，你常于早晨、中午二时与大众一起托钵至各处乞
食，有时会得到酥、酪、醍醐等种种上等滋味。你怎么认识？这
些味觉到底是生于虚空中？或生于舌根中？还是生于食物中
呢？阿难，若说此味觉是生于你的舌头，可你口中只有一个舌
头，如果它此时已成为酥的味道，再遇到黑石蜜糖，味道就不
应该转移。假若味道没有变化，那舌头就不能称为知味；假若
味道变化了，舌头又不是多个，怎么多种味一个舌头就能了知其
不同味道呢？如果说这个味觉是生于食物中，食物没有知觉分
别，又怎么能自知味道呢？况且，如果食物自知味道，就如同他
人吃饭一样，与你有何相干，又怎能称为你的舌头有尝味的知
觉呢？如果说这个味觉生于虚空，那你尝一尝虚空，当是什么味
道？如果虚空必定是咸味，它既然能够咸了你的舌，也应同时咸
了你的面孔，那这个世界的人就应该全同海鱼一样了。既然常
常受着咸味，就应彻底不知道淡味，可如果不识知淡味，也就
不会知觉咸味了；这样连咸淡都无所知觉，怎么能称为知味呢？
因此应当知道，味、舌根与尝都没有定在的处所。也就是说，
尝与味二处都是虚妄而无自性，本非因缘所生，也非无因缘而
自生的自然性。

"阿难，汝常晨朝以手摩头。于意云何？此摩所

知，谁为能触？能为在手？为复在头？若在于手，头则无知，云何成触？若在于头，手则无用，云何名触？若各各有，则汝阿难应有二身。若头与手一触所生，则手与头当为一体，若一体者，触则无成；若二体者，触谁为在？在能非所，在所非能，不应虚空与汝成触。是故当知，觉、触与身俱无处所。即身与触，二俱虚妄，本非因缘，非自然性。

译文：

"阿难，你时常在晨起时用手摩自己的头。你以为如何？这个摩触所生的触觉，何处是能觉知所在？能觉知的触觉是在手？还是在头？若是在手，那单是手就有触觉了，头则没有触的知觉，怎么还要手摩头才成为摩触呢？若是在头，那单是头就能有触觉了，手则没有用处，怎么能够称为摩触呢？若头与手各自都有一个知觉体，那你一人应有两个身体才是。若头与手的知觉为同一触觉觉知体所生，那头与手应当是一体，若真的为一体，就没有能触和所触的区分，能所既泯，对待斯绝，也就不成其为触了；若说手与头是二体，那触觉觉知究竟应在谁处呢？若在能摩之手，即非属于所摩之头；若在所摩之头，即非属于能摩之手，那说头与手的知觉是同一触觉就不合道理了，总不应说是虚空来给你作所触之尘境吧！因此，应当知道，触觉、接触与身体都无真实的处所。也就是说，身处与触处二处都是虚妄而无自性，本非因缘所生，也非无因缘而自生的自然性。

"阿难，汝常意中所缘善、恶、无记三性生成法则①。此法为复即心所生？为当离心，别有方所？阿难，若即心者，法则非尘，非心所缘，云何成处？若离于心，别有方所，则法自性为知？非知？知则名心，异汝非尘，同他心量？即汝即心，云何汝心更二于汝？若非知者，此尘既非色、声、香、味、离、合、冷、暖及虚空相，当于何在？今于色、空都无表示，不应人间更有空外？心非所缘，处从谁立？是故当知，法则与心俱无处所。则意与法，二俱虚妄，本非因缘，非自然性。

注释：

①善、恶、无记：此三者合称"三性"。善，指其性安稳，能于现在世、未来世中，给与自他利益之白净法。恶，即能招感苦果或可厌毁之不善法，及恶思之所作。无记，即非善非不善者，因其不能记为善或恶，故称"无记"。

译文：

"阿难，你常在意根中攀援五尘落谢影像而生起善、恶、无记三性，进而生成法尘之轨则。此法尘应是意根之心中所生？还是离心以外别有一个所生之处？阿难，如果法尘是从心中生出，此法就不是外尘，故不是心之所缘；心所缘的对象才叫作'处'，因而此法尘怎么能成为'意处'呢？若说此法尘离开自心另有所生之处，那么法尘的自性是觉知性呢？还是非觉知性呢？

如果是有觉知性就应叫作心，此时法尘既异于你心，又不是外尘，那岂不是同于他人的心量了吗？如果认为离于心且有知觉之法尘是你的心，为何你的心更分为了两个呢？如果是无有觉知性，则此法尘既无色声香味四尘，又无离合冷暖之触尘以及虚空之相，法尘究竟应在何处呢？此法尘在五尘色法、虚空之中都无所显示，你该不会认为人世间更有虚空之外作为法尘的处所吧？色法有内外之别，虚空岂有内外！此法尘既然不是心之所缘，非心非境，法处从何建立呢？因此应当知道，法则与心都没有定在的处所。也就是说，意与法二处都是虚妄而无自性，本非因缘所生，也非无因缘而自生的自然性。

"复次，阿难，云何十八界本如来藏妙真如性？

"阿难，如汝所明，眼、色为缘，生于眼识。此识为复，因眼所生，以眼为界？因色所生，以色为界？阿难，若因眼生，既无色空，无可分别，纵有汝识，欲将何用？汝见又非青黄赤白，无所表示，从何立界？若因色生，空无色时，汝识应灭，云何识知是虚空性？若色变时，汝亦识其色相迁变，汝识不迁，界从何立？从变则变，界相自无；不变则恒，既从色生，应不识知虚空所在。若兼二种，眼、色共生，合则中离，离则两合，体性杂乱，云何成界？是故当知，眼、色为缘生眼识界，三处都无。则眼与色及色界三，本非因缘，非自然性。

译文：

"其次，阿难，为什么说十八界本是如来藏妙真如性呢？

"阿难，像你所知道的，眼根与色尘相互为缘而生出眼识。那么此眼识，是依眼根所生而以眼所见为识之界？还是依色尘所生而以所见色法为识之界呢？阿难，若是依眼根而生，既然没有作为识所缘对象的色相和虚空，没有可以被分别的对象，纵然你有眼识，又如何起作用呢？你的见性中又没有青黄赤白等差别相，无从表示你所见的范畴，如此则从何处确立眼识之界呢？如果说眼识是依色尘而生，那么当眼见虚空无任何色相时，你的眼识应当随即谢灭，这样能识别色相的主体谢灭了，又怎么识知辨别这个虚空性呢？如果色尘变迁时，你也识知色相的变迁，可你的眼识并不随色法变迁，则色与识一变一不变，无有对待之相，又从何建立眼识界呢？但若说眼根随着色尘变迁而变迁，二者都在变动，界相自然无从建立；若说眼识不随色相变迁而为恒常存在，既然是从色尘而生，应当不能识知虚空的所在。然而事实不然，眼识确能识知虚空所在，故眼识并非无觉知性。如果说眼识是兼眼根与色尘二者共同生成，那么，当眼根与色尘相合时，和合生出识之中界，离出根境之外；如此则此识之中界必然是根境'两合'而成，都会造成体性杂乱，怎么能成立为一个界呢？因此，应当知道，眼根、色尘为缘生眼识界，三处推究都无所得。也就是说，眼根、色境及眼识三界都是依如来藏自体而起的虚妄暂有的现象，本非因缘所生，也非无因缘而自生的自然性。

"阿难，又汝所明，耳、声为缘生于耳识。此识为复因耳所生，以耳为界？因声所生，以声为界？阿难，若因耳生，动、静二相既不现前，根不成知；必无所知，知尚无成，识何形貌？若取耳闻，无动、静故，闻无所成，云何耳形？杂色触尘，名为识界？则耳识界复从谁立？若生于声，识因声有，则不关闻；无闻则亡声相所在。识从声生，许声因闻而有声相，闻应闻识！不闻非界，闻则同声？识已被闻，谁知闻识？若无知者，终如草木。不应声、闻杂成中界。界无中位，则内外相复从何成？是故当知，耳、声为缘生耳识界，三处都无。则耳与声及声界三，本非因缘，非自然性。

译文：

"阿难，又如你所知道的，耳根和声尘相互为缘生出耳识。那么此耳识是依耳根所生而以耳所闻为界？还是依声尘所生而以所闻声尘为界？阿难，若是依耳根而生，则声尘须具有运动和静止两种状态，才能形成耳识，动、静两种相状若不现前，单独耳根不能成其听觉；必定没有所闻知的对象，听觉尚不能成立，更何谈耳识是什么形貌呢？若耳识是从耳听闻而来，那当没有动、静两种声尘之时，听闻无所成立，怎么能生耳识呢？若说是有形的耳朵能生耳识，可肉耳属于身根的色相，身根的对象应是触尘，因此怎么能把耳朵杂上身根色相与触尘，称为能生耳识之界呢？若以上都不能成立，则耳识界又从何处成立呢？若耳识产生于声尘，耳识因声音而有，则与能闻的耳根无关；若无耳根之能闻，则所闻的声相便亡失其所在，既然没有声尘所在，耳识从何而立呢？若一定说耳识从声尘而生，就应当许可声尘本身具有听闻性，并因听闻性而有所闻的声相，如此则声尘于听闻之时也应该能听到耳识！然而岂有无情之声尘反过来听闻有情之识的？如果此声尘的听闻性并不能听闻到耳识，当然就不能成立耳识界；倘若能够听闻到耳识，那么耳识岂不是同于声尘了吗？进而，耳识既然已被听闻，识已成境，则没有能觉知之识，又是谁来觉知此闻识呢？如果说没有能觉知闻识的，那人岂不是等同于草木了。也不应说声尘与能闻之耳根相杂合而成为中间的耳识界。因为所谓杂合的中界并不成立，这样，既然耳识界并没有中界之位可得，则内根外尘之界相又从何而成呢？因此，应当知道，耳根与声尘互相为缘生耳识的说法，从三处推究都无所得。也就是说，耳根、声境、耳识三界都是依如来藏真如自体而起的虚妄作用，本非因缘所生，也非无因缘而自生的自然性。

"阿难，又汝所明，鼻、香为缘生于鼻识。此识为复因鼻所生，以鼻为界？因香所生，以香为界？阿难，若因鼻生，则汝心中以何为鼻？为取肉形双爪之相？为取嗅知动摇之性？若取肉形，肉质乃身，身知即触，名身非鼻，名触即尘，鼻尚无名，云何立界？若取嗅知，又汝心中以何为知？以肉为知，则肉之知元触非鼻。以空为知，空则自知，肉应非觉，如是则应虚空是汝；

汝身非知，今日阿难应无所在。以香为知，知自属香，何预于汝？若香臭气必生汝鼻，则彼香、臭二种流气不生伊兰及旃檀木①。二物不来，汝自嗅鼻，为香为臭？臭则非香，香应非臭；若香、臭二俱能闻者，则汝一人应有两鼻，对我问道有二阿难，谁为汝体？若鼻是一，香、臭无二，臭既为香，香复成臭，二性不有，界从谁立？若因香生，识因香有，如眼有见，不能观眼；因香有故，应不知香。知即非生，不知非识。香非知有，香界不成；识不知香，因界则非从香建立。既无中间，不成内外，彼诸闻性毕竟虚妄。是故当知，鼻、香为缘生鼻识界，三处都无。则鼻与香及香界三，本非因缘，非自然性。

注释：

①伊兰：又作"伊罗"、"翳罗"、"堙罗那"等，树名。花可爱，气味甚恶，其恶臭及四十里。经论中多以伊兰喻烦恼，以旃檀之妙香比菩提。

译文：

"阿难，又如你所知道的，鼻根与香尘互相为缘生出鼻识。此鼻识是依鼻根所生而以鼻所闻为界？还是依香尘所生而以所闻香尘为界？阿难，如果因于鼻根而生，则你心中是以什么为鼻呢？是以如双垂爪的肉形为鼻？还是以嗅知香尘之性能为鼻？若取双垂爪的肉形为鼻，然肉质之鼻乃属身根，其觉知对象是触尘，应该称为身根而不是鼻根，这样，鼻根之名尚且得不到，又如何立鼻识界呢？若取嗅知为鼻，则你心中是以什么为嗅知呢？如果以肉形之鼻为能嗅知者，但肉形之鼻的觉知本来属于身根之触觉而不是鼻之嗅觉。如果以虚空为能嗅知者，则是虚空自己具有觉知，而肉形之鼻应该没有感觉，这样的话，则应该说虚空就是你的身体；进而，若你的身体没有觉知，那今天阿难你就应该无处可以存在了。如果以香尘为能嗅知者，则此觉知之性属于香尘，与你何干？如果香、臭气味都是从你鼻根生出，则这两种香、臭的流动气味应该不须生于伊兰树和旃檀木。这两种气味不来的时候，你自己闻鼻中，其中气味是香还是臭？是臭味就不应是香味，是香味就不应是臭味；如果香臭两种气味都能嗅到，则你一人应有两个鼻子，这样的话，向我问道的就应有两个阿难，那么哪个是你的真体呢？如果说鼻只是一个，鼻根又同时生出香、臭二气，则香、臭已混和为一，无有二性了，这样的话，臭既可成为香，香又可成为臭，香臭二性不能确定，则鼻识界从何建立呢？如果鼻识因于香尘而生，鼻识因香尘而有；如同眼有能见的功能却不能自观其眼；同样的道理，鼻识既然从香尘而生，也应该不能自己觉知其香味才是。若是鼻识能够觉知香味，就不能说香尘生出鼻识；若是鼻识不能觉知香味，那就不能叫作鼻识了。若香尘不能被鼻识所觉知，则香界就不能成立；若鼻识不能觉知香尘，则产生鼻识的因界就不是从香尘而建立。既然没有中间的鼻识界可得，也就不能成立内根外尘二界和合生识，那么能闻、所闻之性即是究竟虚妄的了。因此应当知道，鼻、香为缘生鼻识界的说法，向三处推究都不能确立，所以，鼻根、香境、鼻识都是虚妄暂有的现象。也就是说，鼻根、香境、鼻识三界都是依如来藏自体而起的功能、作用，本非因缘所生，也非无因缘而自生的自然性。

"阿难，又汝所明，舌、味为缘生于舌识。此识为复因舌所生，以舌为界？因味所生，以味为界？阿难，若因舌生，则诸世间甘蔗、乌梅、黄连、石盐、细辛、姜、桂①，都无有味。汝自尝舌，为甜为苦？若舌性苦，谁来尝舌？舌不自尝，孰为知觉？舌性非苦，味自不生，云何立界？若因味生，识自为味，同于舌根，应不自尝，云何识知是味非味？又一切味非一物生，味既多生，识应多体；识体若一，体必味生，咸淡甘辛和合俱生，诸变异相同为一味，应无分别。分别既无，则不名识，云何复名舌味识界？不应虚空生汝心识！舌、味和合，即于是中元无自性，云何界生？是故当知，舌、味为缘生舌识界，三处都无。则舌与味及舌界三，本非因缘，非自然性。

注释：

①细辛：多年生草本植物，性温，味辛。

译文：

"阿难，如你所知道的，舌根与舌尘为缘而生出舌识。此舌识是依舌根所生而以舌尘为界？还是依味尘所生而以所尝味觉为界？阿难，如果舌识是舌根所生，则诸世间的甘蔗、酸梅、黄连、食盐、细辛、生姜、肉桂等都应该没有味了。那你就尝尝自己的舌头，其味是甜，还是苦？若说舌性是苦味，谁来尝知舌性是苦味呢？如果舌不能自己尝自己，又是谁来知觉苦味呢？若说舌性没有苦等诸味，而味自己也不会从舌根生出，如此则舌中了无味觉，如何成立舌识界呢？如果舌识因于味尘而生，则舌识自身即为味尘，同于前述舌根应不能自尝其舌的道理一样，味尘也不能识知味尘，又如何能识知是有味，还是无味呢？再者，一切诸味有许多种类，但并不是从一个物体中生出，味既然是从多种物体中产生，而你认为舌识生于味尘，那么多种味尘生出的舌识相应地也应有多体了；如果你认为舌识之体只有一个，且其体必然从味尘而生，这样，能生之味也只能有一种，如此，则咸、淡、甘、辛等味只能和合在一起产生，这多种味混合变异，就呈现为同一味道，应该没有什么味的差别。味的分别既然没有了，就不能称其为识，又如何称名为舌味识界呢？总不能认为是从虚空中生出你的心识吧！因此，舌根与味尘和合，在其中本来就没有自性，识界从何处建立呢？因此应当知道，舌、味为缘生舌识，向三处推究都不能确定，三者都是虚妄暂有的现象。也就是说，舌根、味境、舌识三界都是依如来藏自体而有的功能、作用，本非因缘所生，也非无因缘而自生的自然性。

　　"阿难，又汝所明，身、触为缘生于身识。此识为复因身所生，以身为界？因触所生，以触为界？阿难，若因身生，必无离合二觉观缘，身何所识？若因触生，必无汝身，谁有非身知合离者？阿难，物不触知，身知有触。知身即触，知触即身。即触非身，即身非触。身、触二相元无处所，合身即为身自体性，离身即是虚空等相。内、外不成，中云何立？中不复立，内、外性空，则汝识生，从谁立界？是故当知，身、触为缘生身识界，三处都无。则身与触及身界三，本非因缘，非自然性。

译文：

"阿难，又如你所理解的，身根和触尘为缘而生出身识。此识是依身根所生而以身体觉受为界？还是因于触尘所生而以所觉触尘为界？阿难，如果身识是依身根而生，假使说没有了身体与外界的离、合二相以及依此产生的觉、观两种心理活动等缘，又如何生起身识呢？如果身识是依触尘而生，那应该是不须你的身体就能产生身识，但哪有人能不须身体就能觉知离、合呢？阿难，如果此识以根尘共为界限而生识，物必不能自触而生知，须与身合方知有触，此为共生。如果因触而知觉有身，则此知觉即是从触尘而生；如果因身而知觉有触，则此知觉即是从身而生。如果此知觉是从触尘所生，则非从身出；如果此知觉是从身根所出，则非从触尘生。如此，身与触尘二相互夺，不能成立二者对立共生之处所，则能生者不可得，怎么能生识呢？且此知在身在触尘之二相，原无一定的处所，如果此知离于触尘而合于身根，则即为身根自己的体性功能，而不需要有外境了；如果离于身而合于触尘，则离身之触不过即是虚空相，无有内根，从何而立！内之身根和外之触尘不能成立，中间所生之身识又从何处建立呢？中间的身识不能成立，则内、外的根和尘都不能成立，又从何处建立身识界呢？因此，应当知道，身根和触尘为缘而生身识界，向三处推究都不能成立，三者同是虚妄暂有的现象。也就是说，身根、触尘、身识三界都是依如来藏真如自体而起的功能、作用，本非因缘所生，也非无因缘而自生的自然性。

"阿难，又汝所明，意、法为缘生于意识。此识为复因意所生，以意为界？因法所生，以法为界？阿难，若因意生，于汝意中必有所思，发明汝意，若无前法，意无所生；离缘无形，识将何用？又汝识心与诸思量兼了别性，为同为异？同意即意，云何所生？异意不同，应无所识。若无所识，云何意生？若有所识，云何识意？唯同与异二性无成，界云何立？若因法生，世间诸法不离五尘，汝观色法及诸声法、香法、味法及与触法，相状分明，以对五根，非意所摄。汝识决定依于法生，汝今谛观法法何状？若离色空、动静、通塞、合离、生灭，越此诸相，终无所得。生则色空诸法等生，灭则色空诸法等灭。所因既无，因生有识，作何形相？相状不有，界云何生？是故当知，意、法为缘生意识界，三处都无。则意与法及意界三，本非因缘，非自然性。"

译文：

"阿难，又如你所理解的，意根与法尘互相为缘生出意识。此意识是依意根所生而以意所思维为界？还是依法尘所生而以所思法尘为界？阿难，如果意识是依意根而生出，则在你的意根中必定有所思的法尘存在，来发明你的想象，如果没有所思的法尘对象，意识就不能生起；离于所缘法尘则意根无形可得，根尘双泯，意识又如何起作用呢？再者，你的识心与诸思量、了别性是相同的？还是相异的？如果是相同的，意识若等同于意根则即是意根，怎么还说意根生出意识呢？如果是不相同的，意识异于诸思量、了别性，则应该像无知的外尘一样无所识知。假如的确是无所识知的，那怎能说是意根生识呢？假如你认为是有所识知，则意根与识心都具有了别性，怎么可以分出何者是意根的了别性，何者是意识的了别性呢？所以，意根与识心无论是相同或相异，意根与意识二者的自性都无法成立，又怎么能由此建立意识界呢？如果说意识是依法尘而生出，那么，世间一切诸法都不离色、声、香、味、触五尘，而你观察色法、声法、香法、味法以及触法，都是相状分明，以对应于五尘各自相应的五根，并不是意根所摄之法。如果说你的意识决定是依于法尘而生，你现在仔细观察法尘之法到底是什么相状？如果离开了色与空、动与静、通与塞、合与离、生与灭，超越了这些相状，终无所得，没有自体。法尘若生则与五尘一同生，若灭则与五尘一同灭。所因的法尘既然无有自体，因此而生出的意识，又作何形相呢？相状尚且没有，则意识界又以何建立呢？因此应当知道，意根和法尘为缘而生意识的说法，向三处推究都不能成立。也就是说，意根、法尘、意识三界都是虚妄暂有的现象，都是依如来藏真如自体而起的功能、作用，本非因缘所生，也非无因缘而自生的自然性。"

阿难白佛言："世尊，如来常说和合因缘，一切世间种种变化皆因四大和合发明[1]。云何如来因缘、自然二俱排摈？我今不知斯义所属，惟垂哀愍，开示众生中道了义、无戏论法。"

注释：

[1]四大：地、水、火、风。此四者广大，造作生出一切之色法（物质），故名"四大"。

译文：

阿难对佛说："世尊，如来常说因缘和合生一切法，一切世间的种种变化都是由于地、水、火、风四大和合而显发出现。究竟是什么原因，如来现在将因缘和自然二种生因都排除在外？我今不知其中的义理所在，恳请如来哀悯，再为我等一切众生开示中道了义、无戏论的法义。"

尔时，世尊告阿难言："汝先厌离声闻、缘觉诸小乘法，发心勤求无上菩提，故我今时为汝开示第一义谛。如何复将世间戏论、妄想因缘而自缠绕？汝虽多闻，如说药人，真药现前，不能分别，如来说为真可怜愍。汝今谛听，吾当为汝分别开示，亦令当来修大乘者通达实相。"阿难默然承佛圣旨。

译文：

这时，世尊告诉阿难："你先前厌离声闻、缘觉等小乘法，发心勤求无上菩提。因此，我现在为你开示大乘妙法第一义谛。可是你为何又被这些世间戏论、分别妄想因缘之法而缠绕自心呢？你虽广见多闻，却如同一个口说药名的人，真药出现在眼前，却反而不能辨别认识，如来说这种人真可怜悯。你现在仔细听，我将为你分别法义，开示精要，也让将来修习大乘法的人通达实相。"阿难默然，准备领受佛宣示法要。

"阿难，如汝所言'四大和合发明世间种种变化'。阿难，若彼大性，体非和合，则不能与诸大杂和，犹如虚空不和诸色。若和合者，同于变化，始终相成，生灭相续。生死死生，生生死死，如旋火轮，未有休息。阿难，如水成冰，冰还成水。

译文：

"阿难，如你所说的'四大和合产生了世间种种变化'。阿难，如果四大之体性不是和合而成，那就不能与四大之相杂和，这样就是性在相外，如同虚空不与一切种类的色相和合一样。如果四大之体性是和合而成的，就同于四大之相的变化不住，即生住异灭的始终相成，前后相续。生了死，死了生，生生死死，如同旋转的火轮没有止息。阿难，这四大之性与相的关系就像水结成冰，冰又化成水一样。

"汝观地性：粗为大地，细为微尘，至邻虚尘①，析彼极微，色边际相，七分所成，更析邻虚，即实空性。阿难，若此邻虚析成虚空，当知虚空出生色相。汝今问言：由和合故，出生世间诸变化相。汝且观此一邻虚尘用几虚空和合而有？不应邻虚合成邻虚。又邻虚尘析入空者，用几色相合成虚空？若色合时，合色非空。若空合时，合空非色。色犹可析，空云何合？汝元不知，如来藏中，性色真空，性空真色，清净本然，周遍法界；随众生心，应所知量，循业发现。世间无知，惑为因缘及自然性，皆是识心分别计度，但有言说，都无实义。

注释：

①邻虚尘：新译曰"极微"。色法之最极少分，邻似虚空者，即已接近虚空的微尘，此为色法之根本。

译文：

"你且观察地大之性：粗的为大地，细的为微尘，析解微尘作七分，七分之一称为极微尘，进一步析解极微尘作七分，到达了色尘的边际，称为邻虚尘；这样分析至于邻虚尘，再析解细分下去，色尘名义失去，依如来权教所说，即是真实的虚空之性。

阿难，如果此邻虚尘可以析解成虚空，同理应当可知虚空能够生出色法之相。你现在问的意思：由于和合的缘故，产生了世间的种种变化之相。你试观察这一邻虚尘，用了多少虚空和合而成？不应该是邻虚尘合成了邻虚尘吧。又如果说是邻虚尘不断析解而成了虚空，那么，究竟是用多少邻虚尘色相合成了虚空？若是色相与色相相合，合成之物仍是色法，不会成为虚空。若是虚空与虚空相合，合成之物仍是虚空而不是色法。色法还可以析解，而虚空无相又怎么能相合呢？你原本不知，如来藏性中，性具之色即是真空，而性具之空即是真色，此如来藏本然清净，周遍于法界；随着众生之心性的不同，以及相应知量的大小，因循众生的业感不同而显发呈现不同的差别外境。世间无知的人，迷惑本性而误认为是因缘性以及自然性，这些都是众生识心的分别计度妄想，仅仅只是言说戏论，并没有真实的意义。

"阿难，火性无我，寄于诸缘。汝观城中未食之家，欲炊爨时[1]，手执阳燧[2]，日前求火。阿难，名和合者，如我与汝一千二百五十比丘，今为一众。众虽为一，诘其根本，各各有身，皆有所生氏族名字，如舍利弗，婆罗门种[3]，优楼频螺[4]，迦叶波种[5]，乃至阿难，瞿昙种姓[6]。阿难，若此火性因和合有，彼手执镜于日求火，此火为从镜中而出？为从艾出？为于日来？阿难，若日来者，自能烧汝手中之艾，来处林木皆应受焚。若镜中出，自能于镜出然于艾，镜何不镕？纤汝手执尚无热相，云何融泮？若生于艾，何藉日镜光明相接，然后火生？汝又谛观，镜因手执，日从天来，艾本地生，火从何方游历于此？日镜相远，非和非合，不应火光无从自有。汝犹不知如来藏中性火真空，性空真火，清净本然，周遍法界，随众生心，应所知量。阿难，当知世人一处执镜，一处火生，遍法界执，满世间起。起遍世间，宁有方所？循业发现。世间无知，惑为因缘及自然性，皆是识心分别计度，但有言说，都无实义。

注释：

①爨（cuàn）：烧火煮饭。

②阳燧：古代利用取火的铜镜。

③婆罗门：印度四姓中，最上位之僧侣、学者阶级。

④优楼频螺：佛陀弟子的三迦叶之一，"迦叶"为其姓。

⑤迦叶波：又作"迦摄波"。佛弟子名，古佛名，童子名，仙人名，律部名。此处指种姓。

⑥瞿昙：为印度刹帝利种中之一姓，瞿昙仙人之苗裔，即释尊所属之本姓。又作"乔答摩"、"瞿答摩"、"俱谭"、"具谭"，意译作"地最胜"、"泥土"、"地种"、"暗牛"、"牛粪种"、"灭恶"。

译文：

"阿难，火性没有自体，它是寄托于众缘才显现。你观察一下城中还未用餐的人家，将要烧火做饭时，手中拿着阳燧在太阳下求取火种。阿难，所谓和合的意思，就如同我和你们一千二百五十位比丘，现在合为一个大众集体。虽是一个大众集体，但究其根本，却各有自己的身体，都有所出生的氏族名字，如舍利弗是婆罗门种姓，优楼频螺是迦叶波种姓，乃至阿难为瞿昙种姓。阿难，如果此火性因和合而有，那人手拿阳燧镜在阳光下求火，那么，这个火是从镜中而生出呢？还是从艾草中而生出？或者是从太阳中而来呢？阿难，如果火是从太阳而来的，那么既然自能烧着手中的艾草，所经过之处的林木也应该都被焚烧。如果是从镜中生出，那么既然能从镜中出火点燃艾草，镜子为何却没被熔化呢？执镜之手尚且没有热的感觉，怎能熔化镜子呢？如果火是从艾草中生出，为何还要借助于日光与阳燧镜光明相接才生出火呢？你再仔细观察，镜子拿在手中，日光从天空来，艾草由地长出，那么，火究竟是从何方游历到这里的？太阳与镜子相距很远，既不能相和，也不能相合，总不应该说火是无因无缘自然而有的吧。你原本不知，如来藏中，性具之火即是真空，而性具之空即是真火。此如来藏本然清净，周遍于法界，并且随着众生之心性以及相应知量的大小而显现。阿难，当知世间人在一处执镜求火，就有一处火生出；假如是遍法界的人都持镜求火，那么整个世间都应有火生起。火既然遍世间到处都有生处，怎能说都有一定的所来处所呢？火只是因循众生的业感不同而显现的。世间无知的人，迷惑本性而误认为是因缘性以及自然性，这些都是众生识心的分别计度妄想，仅仅只是言说戏论，并没有真实的意义。

"阿难，水性不定，流息无恒。如室罗城迦毗罗仙、斫迦罗仙及钵头摩、诃萨多等诸大幻师[1]，求太阴精，用和幻药。是诸师等于白月昼手执方诸[2]，承月中水。此水为复从珠中出？空中自有？为从月来？阿难，若从月来，尚能远方令珠出水，所经林木皆应吐流。流则何待方诸所出？不流，明水非从月降。若从珠出，则此珠中常应流水，何待中宵承白月昼？若从空生，空性无边，水当无际，从人洎天皆同陷溺，云何复有水陆空行？汝更谛观，月从天陟[3]，珠因手持，承珠水盘本人敷设，水从何方流注于此？月珠相远，非和非合，不应水精无从自有。汝尚不知，如来藏中性水真空，性空真水。清净本然，周遍法界，随众生心，应所知量。一处执珠，一处水出，遍法界执，满法界生。生满世间，宁有方所？循业发现。世间无知，惑为因缘及自然性，皆是识心分别计度，但有言说，都无实义。

注释：

①迦毗罗仙：数论外道之祖，称"黄发外道"。斫迦罗仙：为"圆轮外道"。钵头摩：为"莲花池外道"。诃萨多：为"事水外道"，均是古印度外道之师，都善幻术。

②方诸：水晶珠。为古人于月夜使用方术求取水的器具，状如珠子。

③陟（zhì）：由低处向高处走。与"降"相对。

译文：

"阿难，水性不定，流动止息无常态。就如室罗筏城中的迦毗罗仙、斫迦罗仙及钵头摩、诃萨多等大幻师，欲求取太阴精用以和合制作幻药。这些幻师于月明如白昼之时，手执方诸承接月中之水。此水是从水晶珠中生出？还是空中自然而有？还是从月亮来的呢？阿难，如果此水是从月亮来的，月亮既然尚能于如此遥远的地方使珠出水，那月光所经过的林木都应该有水流出。若有水流出则何必再依靠水晶珠出水呢？若林木之中并无水流出，就表明了此水不是从月中降下的。如果此水是从水晶珠中生出，则此珠应该常常有水流出，何必等到午夜月明之时呢？如果此水是从空中生出，虚空无有边际，那所出的水也应当无有边际，这样，从人间到天上都应被洪水淹没，怎么还会有水、陆、空行的生命呢？你再仔细观察一下，月从天空升起，水晶珠以手执持，承接水晶珠出水的水盘本是人为安放设置的，那么，水是从何方流注于这个盘中呢？月亮与水晶珠相距很远，不能和合，总不应说所求的水精是无所从来、自然而有的吧。你原本不知，如来藏性中，性具之水即是真空，而性具之空即是真水。此如来藏本然清净，周遍于法界，并且随着众生之心性以及相应知量的大小而显现。阿难，当知世间人在一处执珠求水，就有一处水生出；假如是遍法界的人都持珠求水，那么整个世间都应有水生起。水既然遍世间到处都有生起，怎能说都有一定的所来处所呢？水只是因循众生的业感不同而显现的。世间无知的人，迷惑本性而误认为是因缘性以及自然性，这些都是众生识心的分别计度妄想，仅仅只是言说戏论,并没有真实的意义。

"阿难,风性无体,动静不常。汝常整衣,入于大众,僧伽梨角动及旁人,则有微风拂被人面。此风为复出袈裟角?发于虚空?生彼人面?阿难,此风若复出袈裟角,汝乃披风,其衣飞摇,应离汝体。我今说法,会中垂衣,汝看我衣,风何所在?不应衣中有藏风地。若生虚空,汝衣不动,何因无拂?空性常住,风应常生;若无风时,虚空当灭。灭风可见,灭空何状?若有生灭,不名虚空;名为虚空,云何风出?若风自生被拂之面,从彼面生,当应拂汝;自汝整衣,云何倒拂?汝审谛观,整衣在汝,面属彼人,虚空寂然,不参流动,风自谁方鼓动来此?风、空性隔,非和非合,不应风性无从自有。汝宛不知,如来藏中,性风真空,性空真风,清净本然,周遍法界,随众生心,应所知量。阿难,如汝一人微动服衣,有微风出,遍法界拂,满国土生,周遍世间,宁有方所?循业发现。世间无知,惑为因缘及自然性,皆是识心分别计度,但有言说,都无实义。

译文:

"阿难,风性没有自体,动静无常。你常常整理僧衣,进入大众,若袈裟衣角飘动触到旁边的人,则有微风吹拂这人的脸面。此风可是从袈裟衣角中生出?还是发自虚空?还是生于他人脸面？阿难，此风如果是从袈裟衣角中生出，那你就等于把风披在身上，这样袈裟衣飞动飘摇时，应该吹离你的身体而飞去才是。我现在说法，在法会中垂下僧衣，你看我的僧衣垂下不动之际，此时风在何处呢？不应说于静止时衣中有藏风之地吧。如果风是从虚空中生出，若你的僧衣不动时，为何虚空没有产生风来拂面呢？再说，虚空之性常住，风应该时时生出才是；反过来说，若无风之时，虚空也应该消亡才对。风之消亡可以看见，而虚空的消亡又该是什么样子呢？虚空如果有了生灭，就不能称为虚空；既然称为是虚空，就不应有生灭，没有能生与所生，如此则为何说风于此生出呢？如果风是自己从被拂人的脸面生出来的，既是从他的脸面生出的，应当顺着吹拂到你；然而，自然是你自己在整衣，从他面上生出风来吹拂你的袈裟又拂触其人，这岂不是倒拂？你仔细观察，整理僧衣的是你，然衣中无风，被拂之面是属于他人，彼面亦不生风，虚空寂静不参与任何流动，空亦不生风，风究竟是从何方鼓动而来此处的呢？风与虚空二者体性隔异，不能和合，总不应说风性是无所从来、自然而有的吧！你原本不知，如来藏中，性具之风即是真空，而性具之空即是真风，此如来藏本然清净，周遍于法界，并且随着众生之心性以及相应知量的大小而显现。阿难；像你一人微微动一下衣服，就有微风生出；假如遍法界的人都拂动衣服，那么整个国土都应有风生出。风既然遍世间到处都有生起，怎能说都有一定的所来处所呢？风只是因循众生的业感不同而显现的。世间无知的人，迷惑本性而误认为是因缘性以及自然性，这些都是众生识心的分别计度妄想，仅仅只是言说戏论，并没有真实的意义。

　　"阿难，空性无形，因色显发。如室罗城去河遥处，诸刹利种及婆罗门、毗舍、首陀兼颇罗堕、旃陀罗等新立安居[①]，凿井求水。出土一尺，于中则有一尺虚空；如是乃至出土一丈，中间还得一丈虚空。虚空浅深，随出多少。此空为当因土所出？因凿所有？无因自生？阿难，若复此空无因自生，未凿土前，何不无碍？惟见大地，迥无通达[②]。若因土出，则土出时，应见空入。若土先出，无空入者，云何虚空因土而出？若无出入，则应空、土，元无异因；无异则同，则土出时，空何不出？若因凿出，则凿出空，应非出土。不因凿出，凿自出土，云何见空？汝更审谛，谛审谛观，凿从人手，随方运转，土因地移，如是虚空因何所出？凿、空虚实，不相为用，非和非合，不应虚空无从自出。若此虚空性圆周遍，本不动摇，当知现前地水火风，均名五大，性真圆融，皆如来藏，本无生灭。阿难，汝心昏迷，不悟四大元如来藏。当观虚空，为出？为入？为非出入？汝全不知，如来藏中，性觉真空，性空真觉。清净本然，周遍法界，随众生心，应所知量。阿难，如一井空，空生一井，十方虚空，亦复如是，圆满十方，宁有方所？循业发现。世间无知，惑为因缘及自然性，皆是识心分别计度，但有言说，都无实义。

注释：

①毗舍：指商人。首陀：指农夫。颇罗堕：泛指各种工匠。
旃陀罗：指屠夫。

②迥（jiǒng）：全然。

译文：

"阿难，虚空之空大种性无有形相，随着色尘对待烘托之
缘而显现发明。就如室罗筏城距离河流很远，城中的王族、婆
罗门教士、商人、农夫以及工匠、屠夫等安立新居后，就掘井求
水。若掘出一尺的土，其中就有一尺的虚空；这样乃至掘出一
丈的土，中间就有一丈的虚空。其地下虚空的浅深，与掘出泥
土的多少而相应。此空到底是由于土所出呢？还是由凿而有
呢？此空是由所出之土生出的呢？还是由开凿之力凿出的呢？
还是无因而自己生出？阿难，如果此空是无因自生的，则还未凿
土掘井之前，为何地中不现出通达无碍的空相呢？唯见大地之
中全无通达之相。如果此空是因土而出，则挖出土时，应该看
见有虚空进入才对。如果土先挖出，却并无虚空进入，怎么能
说虚空是因土而出呢？如果此空本来无有出入，则虚空与土二
者应该没有差别；没有差别则是相同，那么土被挖出之时，虚空
为何不同时出来呢？若是因凿而出现虚空，就应该开凿出空而
不是挖出土来。如果不是因为开凿而生出虚空，开凿只是挖出
土来，为何却见到空呢？你再仔细如实观察，开凿是由人手完
成，随其方向，运转施工，土从地中移出，这样的话，虚空究竟
是从何处产生的呢？凿是实有，空是虚无，一虚一实，不能互相

为用，非和非合，总不能说虚空是无所从来、自然而有的吧！如果虚空之性圆融周遍，本不动摇，则虚空与现前的地水火风都称为五大，其体性真实圆满，都是如来藏妙真如性，本来没有生灭。阿难，你的心昏迷，不悟四大本来都是如来藏妙真如性的作用显现。你应当观察虚空究竟是出？是入？还是非出非入？你全然不知，如来藏中，性觉即是真空，而性空即是真觉。此如来藏本然清净，周遍于法界，并且随着众生之心性以及相应知量的大小而显现。阿难，如一井之土被挖出，便有与一井等量的虚空，十方虚空，也是如此。虚空圆融遍满十方，岂有一定之方所呢？虚空只是随着众生的业感不同而显现的。世间无知的人，因迷惑而将其认作因缘和合而生，或当作无因自生的自然之性，这些都是众生识心分别计度的结果，仅仅只是言说戏论，并没有真实的意义。

"阿难，见觉无知，因色空有。如汝今者，在祇陀林，朝明夕昏，设居中宵，白月则光，黑月便暗，则明、暗等，因见分析。此见为复与明暗相并太虚空，为同一体？为非一体？或同非同？或异非异？阿难，此见若复与明与暗及与虚空元一体者，则明与暗二体相亡，暗时无明，明时无暗。若与暗一，明则见亡，必一于明，暗时当灭。灭则云何见明、见暗？若明、暗殊，见无生灭，一云何成？若此见精与暗与明非一体者，汝离明暗及与虚空，分析见元，作何形相？离明离暗及离虚空，是见元同龟毛兔角。明、暗、虚空，三事俱异，从何立见？明、暗相背，云何或同？离三元无，云何或异？分空分见，本无边畔①，云何非同？见暗见明，性非迁改，云何非异？汝更细审，微细审详，审谛审观：明从太阳，暗随黑月，通属虚空，壅归大地，如是见精，因何所出？见觉、空顽，非和非合，不应见精无从自出。若见、闻、知，性圆周遍，本不动摇，当知无边不动虚空，并其动摇地、水、火、风，均名六大，性真圆融，皆如来藏，本无生灭。阿难，汝性沉沦，不悟汝之见、闻、觉、知本如来藏。汝当观此见、闻、觉、知，为生？为灭？为同？为异？为非生灭？为非同异？汝曾不知，如来藏中，性见觉明，觉精明见。清净本然，周遍法界，随众生心，应所知量。如一见根，见周法界，听、嗅、尝触、觉触、觉知，妙德莹然，遍周法界，圆满十虚，宁有方所？循业发现。世间无知，惑为因缘及自然性，皆是识心分别计度，但有言说，都无实义。

注释：

①畔：界限，疆界。

译文：

"阿难，见性本无能所分别之知，只因色空等外尘为缘，方有见闻觉知显发。就如你现在所住的祇陀林，早晨光明，傍晚昏暗，假设在夜半之时，有月亮则有光明，无月亮便见昏暗，则

明、暗等现象,因为见性而分辨明析。此见性与明、暗以及太
虚空究竟是同为一体呢? 还是并非一体? 或者是既同又不同?
或者是既异又非异呢? 阿难,此见性如果与明、暗以及虚空本
来同为一体,那么,明与暗二体更相消亡,不能共存,暗时无明,
明时无暗。此见性若与暗同为一体,明时则见性消亡; 若说见
性一定是与明同为一体,暗时就应谢灭。见性既然谢灭则怎
么能够见明、见暗呢? 如果说明与暗虽有差别,而见性却并无
生灭,那见性与明暗同为一体的义理怎么能成立呢? 如果此见
性与明暗等并非是一体,那么,你试着离开明暗及虚空等尘境,
而去分析此见性,看看它到底是什么形相呢? 如果离于明、离
于暗以及离于虚空等尘境,这个能见之性原来如同龟毛兔角一
样,虚妄无实,无有自体。明、暗、虚空三种尘境都离开,没有
了所见外境,又如何成立见性呢? 明、暗二者之性本相反,互
相陵替,怎能说见性与明暗二者有时而同? 若离开明、暗、虚空
三者,原无独立之见性,怎能说见性与三者有时而异呢? 若分
析虚空和分析见性,本来各自都没有边畔疆界,怎可说见性与
虚空非混同一体呢? 见性能够见暗见明,而见性却并无迁改变
化,又怎能说见性与明、暗非相异呢? 你再仔细审量,细微地
研究,如实观察: 明跟从太阳,暗随从黑月,通属于虚空,塞归
于大地,如此则见性究竟是从何处所出呢? 见性有觉知,虚空
则顽钝,体性各异,非和非合,总不能说见性是无所从来、自
然而出的吧。因而,见、闻、觉、知之性,圆满周遍,本不动摇,
当知其与无边际、无动摇的虚空和地、水、火、风,都称为六大
种性; 其体性真实圆融,都是如来藏妙真如性,本来没有生灭。

阿难，你心性沉沦，不悟你的见、闻、觉、知功能都是如来藏妙真如性的作用显现。你应当观察此见、闻、觉、知功能是有生？是有灭？与尘境是相同？还是相异？或是非生灭？或是非同异呢？你原本不知，如来藏中，性具之见性即是本明的觉体，本觉之性即是妙明真见。此如来藏本然清净，周遍于法界，并且随着众生之心性以及相应知量的大小而显现。就像这一见根，其见觉性周遍法界，则耳根之听觉性、鼻根之嗅觉性、舌根之尝觉性、身根之触觉性、意根之知觉性，妙德明通，周遍法界，圆满遍在于十方虚空，怎么会有一定的所来处所呢？它只是随着众生的业感不同而显现。世间无知的人，因迷惑而将其认作因缘和合而有，或当作无因自生的自然之性，这些都是众生识心的分别计度的结果，仅仅只是言说戏论，并没有真实的意义。

"阿难，识性无源，因于六种根尘妄出。汝今遍观此会圣众，用目循历。其目周视，但如镜中，无别分析；汝识于中，次第标指，此是文殊，此富楼那，此目犍连，此须菩提，此舍利弗。此识了知，为生于见？为生于相？为生虚空？为无所因，突然而出？阿难，若汝识性生于见中，如无明暗及与色空，四种必无，元无汝见；见性尚无，从何发识？若汝识性生于相中，不从见生，既不见明，亦不见暗，明暗不瞩，即无色空；彼相尚无，识从何发？若生于空，非相非见。非见无辨，自不能知明暗色空；非相灭缘，见闻觉知无处安立。处此二非，空则同无，有非同物，纵发汝识，欲何分别？若无所因，突然而出，何不日中别识明月？汝更细详，微细详审：见托汝睛，相推前境，可状成有，不相成无，如是识缘因何所出？识动、见澄，非和非合；闻、听、觉、知，亦复如是。不应识缘，无从自出。若此识心本无所从，当知了别，见闻觉知，圆满湛然，性非从所，兼彼虚空、地、水、火、风，均名七大，性真圆融，皆如来藏，本无生灭。阿难，汝心粗浮，不悟见、闻、发明、了知，本如来藏。汝应观此六处识心为同为异？为空为有？为非同异？为非空有？汝元不知，如来藏中，性识明知，觉明真识。妙觉湛然，遍周法界，含吐十虚，宁有方所？循业发现。世间无知，惑为因缘及自然性，皆是识心分别计度，但有言说，都无实义。"

译文：

"阿难，识性并无根源，依凭于六种根、尘而虚妄显现。你现在遍观此会的圣众，用眼睛依次观览。你的眼睛周遭环视一遍，但只如同镜中所现一般，眼识没有别作分析；而你的意识却于其间依次标名指相，这是文殊，这是富楼那，这是目犍连，这是须菩提，这是舍利弗。此识的了别觉知之性，是生于见根眼睛？还是生于尘相？还是生于虚空呢？或者是无因突然而自生？阿难，如果你的识性是生于见根之中，假若明、暗以及色尘、虚空等四种尘相完全没有的话，就根本不会有你的见性；见性尚且不存在，又从何处发生眼识呢？如果

你的识性生于尘相之中，而不是从见根中生出，那么因为没有
见根，则既不能见明，也不能见暗，若明暗诸相都不能瞩视，
也就没有色尘和虚空能被看到；外境诸相尚且没有，此识从
何处发生呢？如果此识性生于虚空，既非尘相，又非见根。若
非见根则无有能辨之性，自然无法知道明、暗、色、虚空；若
非尘相则所缘之境即灭，见闻觉知就无处安立了。处在这样
非见性、非尘相的情况下，虚空则等同于无，如何能生识？即
使你认为虚空还是有，但此有并不能同于一般有具体形相存
在的物象之有，又如何能生识？纵使能生发你的识性，识体
终究是空无一物，又将如何作分别了知呢？如果此识是无因
而突然生出，为何不能在日中之时另外看到明月呢？你再仔
细审量，细微观察：能见作用依托眼睛扶尘根，所见尘相推
属现前所对外境，可见相状的称为有相的色尘，不见相状的
称为无相的虚空，这样的话，生识之缘究竟从何处而有呢？识
之性有分别作用，属动；见之性无分别，属澄寂之性，体性各
异，二者非和非合；闻、听、觉、知等五根之性，也是这样。总
不能说识性之缘是无所从来、自然而出的吧。如果此识心本
无所从来，非和合而有，当知此了别之识与见、闻、觉、知之
性，都是圆满湛然，其性不是从因缘所生，故此识心连同虚
空、地、水、火、风及根大，统名七大；其体性真实圆融，都是
如来藏性妙真如性，本来没有生灭。阿难，你心粗浮，不悟
见、闻以及发明、了知之识，本来就是如来藏性的作用显现。
你应当观察眼、耳、鼻、舌、身、意六处识心是同是异？是空
是有？还是非同非异？或者是非空非有？你原本不知，如来藏

中,性具之识即是妙明真知,本觉之明即是真识。此如来藏本
然清净,周遍于法界,含吐包裹十方虚空,怎么会有一定的所
来处所呢?它只是随着众生的业感不同而显现。世间无知的
人,因迷惑而将其认作因缘和合而生,或当作无因自生的自然
之性,这些都是众生识心分别计度的结果,仅仅只是言说戏
论,并没有真实的意义。"

　　尔时,阿难及诸大众蒙佛如来微妙开示,身心荡
然,得无罣碍①。是诸大众各各自知,心遍十方,见十
方空如观手中所持叶物。一切世间诸所有物皆即菩
提妙明元心,心精遍圆,含裹十方。反观父母所生之
身犹彼十方虚空之中吹一微尘,若存若亡;如湛巨海,
流一浮沤,起灭无从。了然自知,获本妙心,常住不
灭。礼佛合掌,得未曾有。于如来前,说偈赞佛:
　　　　妙湛总持不动尊②,首楞严王世希有。
　　　　销我亿劫颠倒想,不历僧祇获法身③。
　　　　愿今得果成宝王,还度如是恒沙众。
　　　　将此深心奉尘刹,是则名为报佛恩。
　　　　伏请世尊为证明,五浊恶世誓先入。
　　　　如一众生未成佛,终不于此取泥洹④。
　　　　大雄大力大慈悲,希更审除微细惑。
　　　　令我早登无上觉,于十方界坐道场。
　　　　舜若多性可销亡⑤,烁迦罗心无动转⑥。

注释：

①罣（guà）碍：牵挂。因事或因他人罪案而受牵连。

②妙湛总持不动尊：妙湛，指佛之法身遍满一切处。总持，佛之报身具般若智，能总一切法，持无量义。不动尊，指佛之应身。

③僧祇："阿僧祇"之略称，意译"无数"。印度数目之一，指极大、不可数之数目。

④泥洹（huán）：即涅槃。

⑤舜若多性："舜若多"指虚空之实体，"舜若多性"即虚空性。

⑥烁迦罗心："烁迦罗"为金刚、坚固之意。"烁迦罗心"即坚固心。

译文：

这时，阿难及诸大众听了佛的微妙开示，身心空彻荡然，一点罣碍也没有。与会大众各都觉悟到真心遍满十方虚空，亲见十方虚空，如同观看手中所持贝叶一样。一切世间的所有物象都是此菩提妙明元心之所变现，此心体周遍圆满，含裹十方世界。反观父母所生的这个身体，犹如十方虚空之中吹起的一点微尘，若存若亡；又如澄澄湛湛、无边无际的大海之中所漂流的一个小小的水泡，沉浮起灭不定。大众如是觉悟，了然自知已证获本觉妙心，悟到其为常住的不生不灭之心。大众恭敬礼拜释迦牟尼佛，得以听闻前所未有的妙法。大众于是一同说偈赞叹佛德：

妙湛总持不动尊,首楞严王世希有。
销我亿劫颠倒想,不历僧祇获法身。
愿今得果成宝王,还度如是恒沙众。
将此深心奉尘刹,是则名为报佛恩。
伏请世尊为证明,五浊恶世誓先入。
如一众生未成佛,终不于此取泥洹。
大雄大力大慈悲,希更审除微细惑。
令我早登无上觉,于十方界坐道场。
舜若多性可销亡,烁迦罗心无动转。

卷 四

　　本卷接着讨论一切法与如来藏性之关系，并引出了更为精彩的正见抉择。首先由佛的十大弟子中说法第一的富楼那尊者提出了两个问题：一是，如果世间一切法都是如来藏，是本来清净的无为法，为何忽然生出山河大地等一切有为相，而且次第迁流，终而复始？二是，地水火风空"五大"皆周遍法界，然"五大"之性互相陵灭，如水火不容，为何二者都可以周遍？

　　第一个问题，是令初学者相当迷惑不解的问题，也是令哲学家困惑难解的问题，也是学修悟解必须参究的问题。经中佛陀解释了无明惑业之依真起妄，并详细讲说了世界、众生、业果三种相续生起的原因和过程。古来注家多以《大乘起信论》之"三细"（业相、转相、现相）、"六粗"（智相、相续相、执取相、计名字相、起业相、业系苦相）来解释，所谓"无明不觉生三细，境界为缘长六粗"。此问题，经中其后还要多次反复讲说，这是本经十分重要的义理内容。第二个问题中，佛陀由此开示了如来藏三义：非一切法之空如来藏，即一切法之不空如来藏，"离即离非，是即非即"之空不空如来藏。佛陀通过这两个问题的回答，为说三种相续之因，开示五大圆融之故，显明性相无碍之理，而又会归三如来藏于一心。对此，台家以一心三观性具义解释，贤首家以本具真如心解释，而楞严家则以本具楞严大定发挥。而富楼那又从佛和众生等不同角度对这两个问题继续提问，佛陀以种种比喻回答，并提出了本经关于修证的重要原则——"歇即菩提"。

至此，本经由抉择正见逐步转入修证法门。随后阿难尊者提问，佛陀宣说了发菩提心之初心二决定义：第一义是，因地发心须以不生不灭之真如性为本修因，由此说"五浊"义，所谓一决定以因同果，澄五浊方可入涅槃；第二义是，决定捐弃诸有为相，审知烦恼根本和根尘颠倒之处，所谓二决定从根解结，脱缠缚乃入圆通。生死根本是六识，然六识须依六根而起，故六根为烦恼根本。根尘颠倒之处在六根，故修楞严大定，依不生灭心为本修因，选择下手功夫就是从根起修，从根解结，这是本经所讲的圆修法门。

接着讲说六根功德优劣，选择耳根为圆通根，从耳根解结，一根若返源，六根成解脱。并详细分析六根生起由来，提倡只选择一根，一门深入，"随拔一根，脱黏内伏，伏归元真"，其他五根随之圆满解脱。

又本卷所讲的耳根、舌根、意根一千二百功德，眼根、鼻根、身根八百功德，在《法华经》、《大乘庄严经论》中也有类似讲法。

尔时，富楼那弥多罗尼子在大众中即从座起，偏袒右肩，右膝着地，合掌恭敬，而白佛言："大威德世尊，善为众生敷演如来第一义谛。世尊常推说法人中，我为第一。今闻如来微妙法音，犹如聋人逾百步外聆于蚊蚋，本所不见，何况得闻？佛虽宣明，令我除惑，今犹未详斯义究竟无疑惑地。世尊，如阿难辈虽则开悟，习漏未除；我等会中登无漏者，虽尽诸漏，今闻如来所说法音，尚纡疑悔。世尊，若复世间一切根、尘、阴、处、界等，皆如来藏清净本然，云何忽生山河大地诸有为相，次第迁流，终而复始？又如来说，地水火风，本性圆融，周遍法界，湛然常住。世尊，若地性遍，云何容水？水性周遍，火则不生。复云何明，水、火二性俱遍虚空，不相陵灭？世尊，地性障碍，空性虚通，云何二俱周遍法界？而我不知是义攸往，唯愿如来宣流大慈，开我迷云及诸大众。"作是语已，五体投地，钦渴如来无上慈诲。

译文：

这时，富楼那尊者即在大众中从座位上起来，偏袒右肩，右膝着地，合掌恭敬礼佛而对佛说："大威德世尊，您最善于为众生详细解说如来的第一义谛。世尊常推重我为说法人中的第一。但我现在听了您的微妙讲解法音，却犹如聋人在百步外听蚊虫的叫声，本来就不能见到，更何况能听得到呢？佛虽然宣明法义，令我等除去疑惑，但我现在仍未明白第一义谛的究竟道理，未达到无疑惑的境地。世尊，如阿难等辈虽然开悟，习气烦恼尚未除尽；就是大会中像我一样证得无漏果位的阿罗汉众，虽然有漏烦恼已尽，现在听了如来所说法音，还纡绕在疑悔之中。世尊，如果世间一切根、尘、阴、处、界等，都是如来藏妙真如性、清净本然，为何忽然生出山河大地等种种有为相？而且它们次第迁流，终而复始？又如佛所常说，地水火风四大的本性是圆融无碍，周遍法界，湛然常住。世尊，如果地性周遍法界,怎么可以容水呢? 水性周遍法界,火则不能产生。又如何明了水、火二性都遍满虚空,怎么不相互陵夺、消灭呢? 世尊,地性具障碍相,空性具虚通相,为何又说二性都遍满法界呢? 然而我实不知此义理的归属所在,唯愿佛以大慈悲教诲我及会中诸大众,拨开我们心中的迷云。"富楼那说完这些话后,五体投地,礼敬佛陀,渴望佛赐予无上慈悲的教诲。

尔时,世尊告富楼那及诸会中漏尽无学诸阿罗汉:"如来今日普为此会宣胜义中真胜义性,令汝会中定性声闻①,及诸一切未得二空、回向上乘阿罗汉等②,皆获一乘寂灭场地、真阿练若、正修行处③。汝今谛听,当为汝说。"富楼那等钦佛法音,默然承听。

注释:

①定性声闻:指沉空滞静、不肯回小向而趋止涅槃化城的钝根声闻乘人。

②二空:人空、法空。人空,又称"我空"、"生空",即人我空无之真理。凡夫之人妄计色、受、想、行、识等五蕴是我,强立主宰,引生烦恼,造种种业。佛为破除此一妄执,故说五蕴无我之理,谓我仅为五蕴之假和合,并无常一之主宰。声闻、缘觉等二乘之人闻之而证入无我之理,称为"人空"。法空,即诸法空无之真理。二乘之人未达法空之理时犹计五蕴之法为实有者,佛为破除此一妄执,故说般若深慧,令彼等彻见五蕴自性皆空。菩萨闻之而入诸法皆空之理,称为"法空"。

③一乘：即指佛乘。

译文：

这时，佛告诉富楼那以及会中已断除烦恼的无学阿罗汉说："如来今天普为此会大众宣说胜义法中的真胜义性，让你们会中的定性声闻，以及一切还未证得人、法二空却回心向上乘的阿罗汉们，都能获得一乘寂灭道场、真正的阿练若寂静处、正修行处。你们现在仔细听着，我将为你们宣说。"富楼那等钦仰佛陀的法音，都肃然恭敬地聆听。

佛言："富楼那，如汝所言，清净本然，云何忽生山河大地？汝常不闻如来宣说'性觉妙明，本觉明妙'？"富楼那言："唯然，世尊。我常闻佛宣说斯义。"佛言："汝称觉明，为复性明，称名为觉？为觉不明，称为明觉？"富楼那言："若此不明，名为觉者，则无所明。"

译文：

佛说："富楼那，如你所问的，如来藏性清净本然，为何忽然生出山河大地？你不是时常听到如来宣说'性觉妙明，本觉明妙'吗？"富楼那回答："是的，世尊。我常听佛宣说此理。"佛问："你说'觉明'，是其性本然自明而称之为'觉'呢？还是性不自明，而须觉其不明，而称之为'明觉'呢？"富楼那回答："若此真觉本无明相不用明之，没有能觉与所明就称名为'觉'，则没有因所明而觉了。"

佛言:"若无所明,则无明觉。有所非觉,无所非明,无明又非觉湛明性。性觉必明,妄为明觉。觉非所明,因明立所;所既妄立,生汝妄能。无同异中,炽然成异;异彼所异,因异立同;同异发明,因此复立无同无异。如是扰乱,相待生劳,劳久发尘,自相浑浊,由是引起尘劳烦恼。起为世界,静成虚空。虚空为同,世界为异,彼无同异,真有为法。

译文:

佛说:"如你说的,若无能觉与所明,则没有因明而觉之明觉,必有所明方可称为明觉。然而,真觉本无能所,若有所明则就不是真觉了;若无所明则就不是明觉了,没有明觉当然就不是本性真觉的觉湛明性。本性真觉本然自明,不须更以明明之,若必要有所觉明,则这'要有所明'的一念就是妄念,妄念动而转本然妙明为明觉,此真觉便被当作妄觉了。'真觉'并不是所明之境,因为'要有所明'的妄念作用而妄立了所明对象;所明对象既然妄立,就产生了虚妄能见功能。这样,在无有同异分别的本然清净之体中,突然显现出了种种差别异相的境界;异于这些差别异相,因对异相之境又妄立了同相;同相与异相互相显发彰明,因此又妄立了无同无异的有情含藏识。本然清净的如来藏性因为如此妄念一动的扰乱,便在同与异的相互对待中转生粗识劳虑,劳虑相续而引发尘相,由妄境引发妄心,妄心又分别妄境,分别计度,假立名言,以致自相心水浑浊不清,由此引起尘劳烦恼。这样,动起有相之处结为世界,静而无相之处结成虚空。虚空即是同相，世界便是异相，那无同无异相结成有情根识，乃是真有为法。

"觉明空昧，相待成摇，故有风轮执持世界[1]。因空生摇，坚明立碍。彼金宝者[2]，明觉立坚，故有金轮保持国土。坚觉宝成，摇明风出，风金相摩，故有火光，为变化性。宝明生润，火光上蒸，故有水轮含十方界。火腾水降，交发立坚。湿为巨海，干为洲潬[3]。以是义故，彼大海中火光常起，彼洲潬中江河常注。水势劣火，结为高山；是故山石击则成焰，融则成水。土势劣水，抽为草木；是故林薮遇烧成土[4]，因绞成水。交妄发生，递相为种，以是因缘，世界相续。

注释：

①风轮：为大地四轮之一，乃世界之最底部。世界之成必先立于虚空之上，称为"空轮"，依此空轮而上，生风轮、水轮、金轮，合称"四轮"。

②金宝：即金轮。

③潬（tān）：水中沙堆。

④薮（sǒu）：聚集。

译文：

"真觉之体起妄明，遂有晦昧顽空生起，妄明与晦昧之空相待，妄明动摇于内，风大生起于外，从微至著，积成风轮，执持世界，故世界初依风轮而得安立。又因空昧与妄明相待而生动摇，妄明坚执晦昧空体，遂结暗成色，凝成地大质碍之相。那些金宝，都是明觉体上一分坚执而凝结所立的坚碍之相，故有金轮形成，保持国土。坚执妄觉所立的金宝既成，摇动妄明所感的风大又出，风与金相互摩擦而有火光生起，成为变化性。金宝之体明净而生润泽之性，火光上升蒸发金轮，融结而有水轮，含受十方世界。火性上腾，水性下降，二者相交而生发成立坚碍之相。湿的成为巨海，干的成为洲滩。正因为这样，在大海中常有火光升起，洲滩上常有江河流注。水势劣于火，就结为高山；因此，山石相击会产生火花，融化则变成水。土势劣于水，就抽拔而为草木；因此，林木、草丛遇火烧即成土灰，因绞榨则有汁水。这样，妄心与妄境交互作用而发生种种境相，递相为因种，辗转而相生，因为这样的诸种因缘，便形成了世界的相续迁流，成住坏空，终而复始。

　　"复次，富楼那，明妄非他，觉明为咎，所妄既立，明理不逾。以是因缘，听不出声，见不超色。色、香、味、触，六妄成就，由是分开，见、觉、闻、知。同业相缠，合离成化。见明色发，明见想成，异见成憎，同想成爱，流爱为种，纳想为胎。交遘发生[1]，吸引同业，故有因缘，生羯罗蓝、遏蒲昙等[2]。胎卵湿化，随其所应。卵唯想生，胎因情有，湿以合感，化以离应。情、想、合、离，更相变易。所有受业，逐其飞沉，以是因缘，众生相续。

注释:

①遘（gòu）：合也。

②羯罗蓝：意译作"凝滑"、"和合"、"杂秽"、"胞胎"、"膜"。为胎内五位之一，托胎以后初七日间的状态，即父母两精初和合之凝结者，胚、胎之义。遏（è）蒲昙：意译作"疱"、"肿物"。指胎内五位之一，乃托胎后第二个七日之胎儿状，即于凝酪中生疱结之位，故称"疱"或"水泡"。

译文:

"其次，富楼那，须明了此妄起之因并非其他，而是在性觉本然自明之体上，却欲有所觉明，妄立所明与能觉，成为过咎所在，所明之妄相相分既已成立，能明之妄见见分于理上就不逾越所见的业相范围，而有所局限了。因为这样的因缘，听不出声尘范围，见不出色尘范围。于是，色、声、香、味、触、法等六种妄相相分得以成就；由此遂于一精明之体，区分出见、闻、嗅、尝、觉、知等六种妄见见分作用。胎生与卵生二类众生，因父母与自己三者业同，故互相缠缚而投胎托生。湿生与化生二类众生，因己业力，或合湿成形为湿生，或离旧赴新为化生。以胎生之人道来说，中阴身投胎之时，于同业有缘父母交合处见到一点微明的色境现出，中阴身乘光趋赴，刹那便至，明见妄境，便成欲爱妄想；男见父、女见母就生憎恨心，男见母、女见父就生爱心，流注此想爱于父精母血之中，为受生种子，父母方面纳受此想爱，得成为胎。父母交媾发生时，吸引同业有缘的中阴身来入胎，因此以想爱为亲因，以父母交合为助缘，而生羯罗蓝、遏蒲昙等胎相。胎卵湿化四生，都是随其业缘所感应而生。卵生唯因妄想多而受生，胎生是因情爱多而受生，湿生是因自己的情想与湿气相合而产生，化生是随其业缘所感应，离此托彼而产生。有情众生于累劫之中，情、想、合、离四种受生处于交互更易之中，并非一定。所有的受生业报，都是随逐众生的善恶业因而有，善业则飞升，恶业则沉堕，因为这样的诸种因缘，便形成了众生的相续受生，胎卵湿化，流转不息。

　　"富楼那，想爱同结，爱不能离，则诸世间父母子孙相生不断，是等则以欲贪为本。贪爱同滋，贪不能止，则诸世间卵、化、湿、胎，随力强弱，递相吞食，是等则以杀贪为本。以人食羊，羊死为人，人死为羊，如是乃至十生之类[①]，死死生生，互来相啖[②]，恶业俱生，穷未来际，是等则以盗贪为本。汝负我命，我还汝债，以是因缘，经百千劫，常在生死。汝爱我心，我怜汝色，以是因缘，经百千劫，常在缠缚。唯杀、盗、淫三为根本，以是因缘，业果相续。

注释：

　　①十生：即十类众生：卵、胎、湿、化、有想、无想、有色、无色、非有想、非无想。

　　②啖（dàn）：食也。

译文：

"富楼那，一切众生因过去世的想念恩爱因缘，以同想成爱欲，同为结缚，故受生时流爱为种，则深结生缘；爱欲之贪互相缠结，不能舍离，因而诸世间的父母子孙世世相生，延续不断，此类众生是以受生时的爱欲之贪为其生死的根本。由有贪爱而有身命，既有身命则同需滋养其命，因而贪求不止；为贪故杀，食其血肉，用来滋养己命，由此诸世间中的卵生、化生、湿生、胎生四类生物，随其力量的强弱，以强食弱，互相吞食，此类众生是以杀贪为其生死的根本。因为人食羊，羊死后转生为人，人死后又转生为羊，如此乃至十生之类都是这样，死死生生，互相吞食，恶业伴随而生，冤冤相对，尽未来际，此类众生是以盗贪为其生死的根本。你欠我命，我还你债，以此因缘，虽经百千劫数，常处在生死苦海之中。你爱我心，我怜你色，以此因缘，虽历百千劫数，常处在情爱缠缚中而不得解脱。所以，众生只是以杀、盗、淫三种贪习种子为其生死轮回的根本，以此因缘，业果相续不断。

"富楼那，如是三种，颠倒相续，皆是觉明，明了知性，因了发相；从妄见生，山河大地，诸有为相，次第迁流；因此虚妄，终而复始。"

译文：

"富楼那，如此的世界、众生、业果三种相续，乃是颠倒之相，都是由真觉妙明而起妄明，由妄明而起虚妄的了知性，因了知性而发生种种境界相;从此妄见生起山河大地等种种有为相的粗境,次第生灭,迁流不息;因为这样的颠倒虚妄,三种相续生灭流转,终而复始。"

富楼那言:"若此妙觉,本妙觉明,与如来心不增不减,无状忽生山河大地诸有为相;如来今得妙空明觉,山河大地有为习漏,何当复生?"佛告富楼那:"譬如迷人,于一聚落①,惑南为北,此迷为复因迷而有,因悟而出②?"富楼那言:"如是迷人,亦不因迷,又不因悟。何以故?迷本无根,云何因迷?悟非生迷,云何因悟?"佛言:"彼之迷人,正在迷时,倐有悟人指示令悟③。富楼那,于意云何?此人纵迷,于此聚落,更生迷不?""不也,世尊。""富楼那,十方如来亦复如是。此迷无本,性毕竟空。昔本无迷,似有迷觉;觉迷迷灭,觉不生迷。亦如翳人见空中华,翳病若除,华于空灭。忽有愚人,于彼空华所灭空地,待华更生。汝观是人为愚为慧?"富楼那言:"空元无华,妄见生灭。见华灭空,已是颠倒,敕令更出,斯实狂痴,云何更名如是狂人为愚为慧?"佛言:"如汝所解,云何问言:'诸佛如来妙觉明空,何当更出山河大地?'又如金矿杂于精金,其金一纯,更不成杂;如木成灰,不重为木。诸佛如来菩提涅槃,亦复如是。

注释：

①聚落：即村落。

②所出：有版本为"而出"。

③倏（shū）：疾行貌。

译文：

富楼那又问佛："如果此妙觉，是本然妙觉觉明之体，与如来的清净妙心一样不增不减，却无因无故忽然生出山河大地等有为法诸相；如来现在已经证得此妙性真空明觉，那么，山河大地等诸有为习漏，何时又当无状复生呢？"佛告诉富楼那："譬如一个迷失方向的人，在一村落误认南方为北方，这个迷是因迷而有的呢？还是因悟而产生的呢？"富楼那回答："这个迷人，既不是因迷而有了迷，也不是因悟而生出迷。为什么呢？迷本自无有根源，没有来由，怎么会因迷而有了迷呢？悟与迷相背，既然为悟就不会生迷，怎么会因悟而产生迷呢？"佛说："那个迷人正在迷的时候，忽然有一个悟了的人指示方向，令他悟知。富楼那，你的看法如何？此人纵然在此聚落迷失，经此指示，还再生迷吗？"富楼那回答："不会的，世尊。"佛说："富楼那，十方如来也是如此，悟后不复更生妄迷。这个迷实无本体根源，其性是毕竟空。从前本没有迷，忽起妄念而似有了迷觉；一旦觉悟所迷则迷觉即灭，觉悟后也不会再生出迷觉。又如眼睛患翳病的人看见空中幻花，翳病若除去，空中幻花自然谢失了。忽然有一个愚人，眼病好后，仍在空中花谢灭之处等待空花重新出现。你看此人是愚昧？还是智慧呢？"富楼那回答：

"空中本来就没有花，因翳病迷妄而看见有花生灭。看到花在空中谢灭，已属颠倒之见，还要让花再次出现，这实在是痴狂，怎么还要说这样的狂人是愚昧、还是智慧呢？"佛说："那你既然这样理解，为什么还要问：'诸佛如来已证妙觉明空，何时又当再出生山河大地呢？'又如金矿中杂有精金，将其炼成纯金之后，就不会再混同杂质了；又如将木烧成灰，就不会再恢复成木了。诸佛如来证得菩提涅槃果位，也是如此。

"富楼那，又汝问言：地水火风本性圆融，周遍法界，疑水火性不相陵灭；又征虚空及诸大地，俱遍法界，不合相容。富楼那，譬如虚空，体非群相，而不拒彼诸相发挥。所以者何？富楼那，彼太虚空，日照则明，云屯则暗，风摇则动，霁澄则清，气凝则浊，土积成霾①，水澄成映。于意云何？如是殊方诸有为相，为因彼生？为复空有？若彼所生，富楼那，且日照时，既是日明，十方世界同为日色，云何空中更见圆日？若是空明，空应自照，云何中宵云雾之时，不生光耀？当知是明，非日非空，不异空日。真妙觉明，亦复如是。汝以空明，则有空现；地水火风各各发明，则各各现；若俱发明，则有俱现。云何俱现？富楼那，如一水中现于日影，两人同观水中之日，东西各行，则各有日随二人去，一东一西，先无准的。不应难言：此日是一，云何各行？各日既双，云何现一？宛转虚妄，无可凭据。

注释：

①霾（mái）：飞沙蔽天、日色无光貌。

译文：

"富楼那，你又问我：地水火风四大的本性圆融无碍，性体周遍法界，你仍疑惑水火二性相克，为何不会相互陵灭；又征问虚空和大地一通一碍，都遍满法界，似乎不应当相容并存。富楼那，譬如虚空之体无相，非是万物诸相，但却不排斥万物诸相在其中发挥作用。原因是什么呢？富楼那，那太虚空有日照就显现光明相，乌云屯积就显现黑暗相，风吹时就有动相，雨后天晴就有清朗之相，地气凝聚就现出浊重之相，尘土飞扬就现出阴霾之相，水澄清就会映现诸相。你怎么看待这些呢？这些'明'等七种不同的有为相，是从'日'等七缘所生呢？还是虚空自有呢？如果是从'日'等七缘所生，富楼那，那么就以日照为例，既然显现的是日的光明相，则十方世界应当同是日的光明色，为何在虚空中又可以见到一个圆日呢？如果是虚空自有光明，虚空应恒常自照，为何半夜及云雾迷漫之时，不生出光明呢？由此应知，此明相不是定属于日，也不是定属于虚空，但却不离虚、日而有。真妙觉明之如来藏心与诸有为相的关系，也是如此。你若循感空之业而去觉明，则有空相显现；若循地、水、火、风各不同的业而去显发觉明，则有各不同的四大相显现；若诸业一起发明，则诸相一齐显现。怎样一齐显现呢？富楼那，如在一处水中映现出日影，两人同时观察水中日影，然后各自分别向东西两个方向行走，则各有一个日影随着二人而去，一随东行，一随西行，事先并没有确定的所行之处。你不应当问难说：此日影只是一个，为何各有一日影随二人同行？各自随行的日影是两个，为何水中只显现一个呢？这样宛转说一说二，其实都是虚妄计执，并没有真实的凭据。

"观相元妄，无可指陈，犹邀空华，结为空果，云何诘其相陵灭义？观性元真，惟妙觉明；妙觉明心，先非水火，云何复问不相容者？

译文：

"由此观七大相状本来虚妄，似有非实，无有实体可以指陈，犹如求其空花再结成空果，直是妄上加妄，怎么还诘问如来藏中所现诸大为何不相互陵灭的道理呢？观七大之本元真性，唯一妙觉圆明真心；此妙觉圆明如来藏心中，本来就没有地水火风空等诸大，但循业而发起显现诸大之相，怎么还要追问相互之间是否不相容呢？

"富楼那，汝以色空相倾相夺于如来藏，而如来藏随为色空，周遍法界；是故于中风动、空澄、日明、云暗。众生迷闷，背觉合尘，故发尘劳，有世间相。我以妙明不灭不生，合如来藏，而如来藏唯妙觉明，圆照法界；是故于中，一为无量，无量为一，小中现大，大中现小。不动道场，遍十方界，身含十方，无尽虚空；于一毛端，现宝王刹①，坐微尘里，转大法轮。灭尘合觉，故发真如妙觉明性。

注释：

①宝王刹：指佛的刹土，即三千大千一佛世界。

译文：

"富楼那，你以为色和空于如来藏中互不相容、互相倾夺，而如来藏则循业随缘显发为色、空等境相，并且周遍法界；因此在其中才有风的摇动、空的澄寂、日的光明、云的昏暗等诸相。众生迷昧于藏性、昏闷于无明，不通诸法虚妄不实之义，背离本有妙明真觉，而与虚妄尘相相合，故此循业显发尘劳之相，形成世间诸相。我以妙觉圆明不生不灭之体为始觉因，契合本觉如来藏性，而如来藏性唯是妙净本觉圆明真心，圆照一真法界；因此，在此如来藏性中，'一'即具足无量法，无量法即包容于'一'中，一多无碍；小者可以显现大者，大者容摄具足小者，小大无碍。此如来藏性如如不动道场，遍满十方世界，法身含藏十方无尽虚空；在一微小的毫毛端上，化现出广大的宝王刹土；坐于一介微尘里，转大法轮，教化无量众生。因为息灭了尘劳妄想而合于清净寂静的本觉，所以能够显发真如的妙觉明性，一切无碍。

"而如来藏本妙圆心，非心非空，非地非水，非风非火，非眼非耳、鼻、舌、身、意，非色非声、香、味、触、法，非眼识界，如是乃至非意识界。非明、无明、明无明尽，如是乃至非老非死，非老死尽。非苦非集，非

灭非道，非智非得。非檀那非尸罗①，非毗梨耶非羼
提②，非禅那非般剌若③，非波罗蜜多。如是乃至非怛
闼阿竭④，非阿罗诃、三耶三菩⑤，非大涅槃，非常非乐
非我非净⑥。

注释：

①檀那：即"布施"。尸罗：即"持戒"。

②毗梨耶：即"忍辱"。羼提：即"精进"。

③禅那：即"禅定"。般剌若：即"般若"。统称为"六度"。

④怛闼（dá tà）阿竭：即"如来"。

⑤阿罗诃：即"应供"，佛十号之一。三耶三菩：即"阿耨多
罗三藐三菩提"，意为"正遍知"，佛十号之一。

⑥常、乐、我、净：大乘涅槃与如来法身所具足之四德。又
称"涅槃四德"。

译文：

"而此如来藏本觉妙净圆明真心，非是识心，非是空，非是
地、水、风、火，非是眼、耳、鼻、舌、身、意，非是色、声、香、味、
触、法，非是眼识界乃至非是意识界等十八界。非是明，非是
无明，非是明、无明尽；如此乃至非是老，非是死，非是老、死尽
等十二因缘。非是苦、集、灭、道四谛，非是智，非是得。非是
布施、持戒、忍辱、精进、禅定、般若等六度。如此乃至非是如
来、应供、正遍知，非是大涅槃，非是常、乐、我、净。

"以是俱非世、出世故,即如来藏元明心妙,即心即空,即地即水即风即火,即眼即耳、鼻、舌、身、意,即色即声、香、味、触、法,即眼识界,如是乃至即意识界。即明、无明、明无明尽;如是乃至即老即死,即老死尽。即苦即集即灭即道,即智即得。即檀那即尸罗,即毗梨耶即羼提,即禅那即般剌若,即波罗蜜多。如是乃至即怛闼阿竭,即阿罗诃、三耶三菩,即大涅槃,即常即乐即我即净。以是俱即世、出世故,即如来藏妙明心元,离即离非,是即非即;如何世间三有众生及出世间声闻、缘觉①,以所知心测度如来无上菩提,用世语言入佛知见?譬如琴、瑟、箜篌、琵琶②,虽有妙音,若无妙指,终不能发。汝与众生,亦复如是。宝觉真心各各圆满,如我按指,海印发光③;汝暂举心,尘劳先起,由不勤求无上觉道,爱念小乘,得少为足。"

注释:

①声闻:为二乘之一、三乘之一。指听闻佛陀声教而证悟之出家弟子。缘觉:又作"独觉"、"缘一觉"、"因缘觉"。为二乘之一、三乘之一。指独自悟道之修行者。即于现在身中,不禀佛教,无师独悟,性乐寂静而不事说法教化之圣者。声闻与缘觉,称为二乘;若共菩萨,则为三乘。

②瑟(sè):拨弦乐器。箜篌(kōng hóu):古代拨弦乐器名。

③海印:佛所得之三昧。如于大海中印现一切之事物,湛

然于佛之智海中印现一切之法。

译文：

　　"因为全然不是世间、出世间之一切诸法的缘故，那么此如来藏本然元明真心妙觉，即是识心，即是空，即是地、水、风、火，即是眼、耳、鼻、舌、身、意，即是色、声、香、味、触、法，即是眼识界乃至即是意识界等十八界。即是明，即是无明，即是明、无明尽；如此乃至即是老，即是死，即是老、死尽等十二因缘。即是苦、集、灭、道四谛，即是智，即是得。即是布施、持戒、忍辱、精进、禅定、般若等六度。如此乃至即是如来、应供、正遍知，即是大涅槃，即是常、乐、我、净。因为全然即是世间、出世间之一切诸法的缘故，那么此如来藏妙明本元真心，离即离非即，是即、是非即；为何世间的三界众生以及出世间的声闻、缘觉，还要以所知的意识分别心来妄自测度如来无上正觉的境界，用世间的语言分别来悟入佛之知见呢？譬如琴、瑟、箜篌、琵琶等乐器，虽能发出美妙的声音，但若无妙指去弹，妙音终究不能发出。你与众生，也是如此。宝觉妙明真心，一切有情各圆满具足，唯佛有妙智，发其妙用，如世尊一按手指，即入海印三昧而发出定光，一切十方世界万象皆显现其中；而你们随举一念心，即落入意识分别之中，尘劳烦恼随之而起，这都是由于你们不勤求无上觉道，贪爱小乘果位，得少为足的缘故。"

　　富楼那言："我与如来宝觉圆明真妙净心，无二圆满，而我昔遭无始妄想，久在轮回，今得圣乘，犹未究竟。世尊诸妄一切圆灭,独妙真常;敢问如来:一切众生何因有妄,自蔽妙明,受此沦溺?"

译文:

富楼那说:"我与如来同样具有宝觉圆明真妙净心,圆满具足,无二无别;但我过去由于无始以来的无明妄想缠绕,故久在轮回生死之中,现在虽证得圣道,但犹未得究竟。世尊您已圆满灭除一切妄惑、妄业、妄报,独得妙觉真常净心;敢问如来:一切众生是什么原因而有了无始的无明妄惑,自己遮蔽了妙明真心,而枉受此轮回之苦呢?"

佛告富楼那:"汝虽除疑,余惑未尽。吾以世间现前诸事今复问汝:汝岂不闻室罗城中演若达多①?忽于晨朝以镜照面,爱镜中头,眉目可见,嗔责己头,不见面目,以为魑魅②,无状狂走。于意云何?此人何因无故狂走?"富楼那言:"是人心狂,更无他故。"

注释:

①演若达多:人名。

②魑魅(chī mèi):古谓能害人的山泽之神怪。亦泛指鬼怪。

译文:

佛告诉富楼那:"你虽破除了疑结,但仍有一些微细惑未能除尽。我再以世间现前的一些事例来问你：你难道没有听说过室罗筏城中演若达多的事情吗？有一日早晨，演若达多忽然用镜子自照其面，喜爱镜中的头面，眉目清晰可见，觉得非常可爱，因此怒责自己的头，为何看不见自己的面目，以为是魍魉作怪，惊吓得无故发狂乱跑。你看这事如何？此人是什么原因而无故发狂乱跑呢？"富楼那回答说："这人是自心发狂，再没什么其他原因。"

佛言："妙觉明圆，本圆明妙。既称为妄，云何有因？若有所因，云何名妄？自诸妄想，展转相因，从迷积迷，以历尘劫，虽佛发明，犹不能返。如是迷因，因迷自有；识迷无因，妄无所依，尚无有生，欲何为灭？得菩提者，如寤时人说梦中事，心纵精明，欲何因缘取梦中物？况复无因，本无所有。如彼城中演若达多，岂有因缘自怖头走？忽然狂歇，头非外得；纵未狂歇，亦何遗失？

译文：

佛说："妙觉圆明的真心，本自圆满明妙。既然称其为妄心，怎么会有生因呢？若有所生因，又怎么称其为妄呢？自无始来的无明妄想，辗转为因，从迷生迷，历经尘沙劫数，虽有佛的启发说明，仍不能返迷归悟。这个迷的原因，实因迷自身而有，乃是忽起无明而心迷，由生妄想，从迷生迷，妄认为有；如果识得迷本无生因，妄心也没有实体为所依，纯属如虚空花一样的幻现，则此迷尚且本来没有所生之处，又要灭除什么呢？得证菩提圣果的人，就如醒来的人讲说梦中的事，心中虽然清明，能说出梦中境相，但要用什么因缘方法才能把梦中所见之物取来示人呢？更何况妄心本来无因，妄体本无所有。正如那个城中的演若达多，难道有真实的因缘让他自己害怕自己的头而狂走吗？如果忽然狂心顿歇下来，方知自己的头仍在，并非从外而得，镜子里的头面非是真实；其实，即使在其狂心未歇之时，他的头也从来没有遗失过。

"富楼那，妄性如是，因何为在？汝但不随分别世间、业果、众生三种相续，三缘断故，三因不生，则汝心中演若达多狂性自歇，歇即菩提。胜净明心，本周法界，不从人得，何藉劬劳肯綮修证①！譬如有人于自衣中系如意珠，不自觉知，穷露他方，乞食驰走。虽实贫穷，珠不曾失。忽有智者指示其珠，所愿从心，致大饶富，方悟神珠非从外得。"

注释：

①劬（qú）：劳苦。肯綮（qìng）：筋骨结合处。比喻要害或关键。

译文：

"富楼那，无明妄想之性即是如此不可得，哪有什么生起的原因呢？你只要不随妄境而起分别之心，不去分别世间、业果、众生三种相续,三种能缘的心既断,三相续之因不再生起,则你心中的演若达多狂性自然停歇,歇即得菩提。殊胜清净的妙明真心,本然周遍法界,乃是自己本有家珍,不从外得,何须劳苦身心、苦苦追寻无明妄想之因而断除之修证! 譬如有人在自己衣服之中本来系着一颗如意宝珠,但自己却不知道,贫穷流落在他方,到处驰走乞讨。他虽然实在是贫穷,可衣中宝珠却未曾失掉。忽然有一位智者给他指示如意宝珠的所在和妙用,能够实现所有心中所愿,达于大富饶,这时,此人方才悟得宝珠本有而不是从外面得来的。"

即时,阿难在大众中顶礼佛足,起立白佛:"世尊现说杀、盗、淫业三缘断故,三因不生,心中达多狂性自歇,歇即菩提,不从人得;斯则因缘皎然明白,云何如来顿弃因缘? 我从因缘心得开悟。世尊,此义何独我等年少有学声闻,今此会中大目犍连及舍利弗、须菩提等,从老梵志,闻佛因缘,发心开悟,得成无漏。今说菩提不从因缘,则王舍城拘舍梨等所说自然,成第一义。惟垂大悲,开发迷闷。"

译文:
这时,阿难在大众中顶礼佛足,起立对佛说:"世尊现在说由于杀、盗、淫三种业缘断除,三相续之因不再生起,心中的演若达多狂性自然停歇,歇即自得菩提,不从他人而得;这就是显然明白地讲因缘法,为什么如来又忽然弃舍因缘呢? 我就是从听佛开示因缘才心得开悟。世尊，此义何独我等年轻的有学声闻为然，现在此会中的大目犍连及舍利弗、须菩提等，都是先从老梵志学道之后，得闻佛说的因缘法之理才发明心地而开悟，证得无漏圣果的。现在您说菩提不从因缘生，那王舍城的拘舍梨等外道所说的'自然'的道理，岂不成了第一义谛了。唯愿世尊垂示大悲，开启发明我心中的迷惑。"

佛告阿难："即如城中演若达多，狂性因缘若得除灭，则不狂性自然而出；因缘、自然，理穷于是。阿难，演若达多，头本自然，本自其然，无然非自，何因缘故怖头狂走？若自然头，因缘故狂，何不自然，因缘故失？本头不失，狂怖妄出，曾无变易，何藉因缘？本狂自然，本有狂怖，未狂之际，狂何所潜？不狂自然，头本无妄，何为狂走？若悟本头，识知狂走，因缘、自然俱为戏论。是故我言：三缘断故，即菩提心。

译文：

佛告诉阿难："就如城中的演若达多，狂性之无明因缘若得除灭，则不狂之觉性就自然而现出；你所谓的因缘、自然，其理穷究不过如此。阿难，演若达多的头本来自然就有，本身即是自然的样子，无时而不自然，是以什么因缘才怖畏自己无头而狂走呢？如果本是自然的头，由于照镜子的因缘怀疑头失去而发狂，那么为何自然本有的头，没有因照镜子的因缘而真的失去呢？本有的头并没有失去，不过是因狂怖而生出来的妄想；无论狂起狂歇，其头曾无丝毫变易，又何须凭借此因缘呢？如果说发狂本是自然，本来就有狂怖存在着，那他尚未发狂之时，狂性潜藏于何处呢？如果说不发狂本是自然，其头本来不是虚妄的存在，他为何又会发狂而狂走呢？如果领悟此头本来未失，识知狂走乃是虚幻妄想，与头实不相干，如此则知因缘、自然之说都是戏论。因此我说：三种能缘之心既断，三因不生，即得本具之菩提心。

　　"菩提心生，生灭心灭，此但生灭。灭、生俱尽，无功用道。若有自然，如是则明自然心生、生灭心灭，此亦生灭。无生灭者，名为自然。犹如世间诸相杂和成一体者，名和合性；非和合者，称本然性。本然非然，和合非合，合然俱离，离合俱非，此句方名无戏论法。

　　译文：
　　"菩提心生起，生灭心除灭，此还仅是凡情生灭之见，非是真菩提心的不生不灭境界。生灭心之'灭'与菩提心之'生'二者都无着，才是无功用道。但此时也不可作自然想，若仍有任运自然之心，这样则分明有自然心生、生灭心灭的对待分别，这仍属生灭境界，不是真的无功用道。灭、生俱尽的无生灭境界才叫作自然。犹如世间各种事相杂和构成一个整体，称名为和合性；而非和合性称名为本然性。本然与非本然、和合与非和合以及和合与本然都离而不执，乃至'离'与'合'之念也遣除不着，到此句言语道断、心行处灭，方得名为无戏论法。

"菩提涅槃，尚在遥远，非汝历劫辛勤修证。虽复忆持十方如来十二部经清净妙理，如恒河沙，只益戏论。汝虽谈说因缘、自然，决定明了，人间称汝多闻第一；以此积劫多闻熏习，不能免离摩登伽难。何须待我佛顶神咒，摩登伽心淫火顿歇，得阿那含[①]，于我法中，成精进林，爱河干枯，令汝解脱？是故阿难，汝虽历劫忆持如来秘密妙严，不如一日修无漏业，远离世间憎爱二苦。如摩登伽，宿为淫女，由神咒力，销其爱欲，法中今名性比丘尼。与罗睺罗母耶输陀罗同悟宿因[②]，知历世因，贪爱为苦，一念熏修无漏善故，或得出缠，或蒙授记。如何自欺，尚留观听？"

注释：

①阿那含：意译为"不来"，小乘四果中的第三果。

②罗睺（hóu）罗：佛陀出家前的儿子。后出家，在佛陀十大弟子中密行第一。耶输陀罗：佛陀出家前的妻子，罗睺罗的生母。佛陀成道五年后，与佛陀姨母摩诃波阇波提等五百名释迦族女，也出家受具足戒成为比丘尼。

译文：

"阿难，你细惑未除，距离菩提、涅槃还很遥远，这不是你历劫辛勤修行、但求多闻所能证得。你虽能忆持十方如来所说十二部经中如恒河沙数的清净妙理，但只不过是增益戏论而已。你虽然谈说因缘、自然之理，决定明了其义，人间称赞你多闻第一；然以此累劫的多闻熏习，不能免离摩登伽女的淫欲之难。若仅多闻即有功，何须依靠我的佛顶神咒来解救你，才使摩登伽女的淫念顿歇，并证得阿那含果，于我佛法中成为精进林，爱河干枯，不再缠缚你，使你得到解脱呢？因此，阿难，你虽历劫以来忆持如来秘密妙严的法义，不如用一日之功去勤修圆顿无漏法门，以远离世间的憎、爱二苦。如摩登伽女从前本是淫女，由于咒之神力，消除了其爱欲，于如来法中出家证道，现在名为性比丘尼。她与罗睺罗之母耶输陀罗同悟宿世之因，知晓历世受生之因，皆因贪、爱心重而成苦业。她们一念觉悟，熏修无漏善法，一个出离爱欲缠缚而解脱生死，一个蒙佛授记而当来作佛。阿难，你为何以戏论之法自欺，还留恋于见闻分别而不能超越呢？”

阿难及诸大众闻佛示诲，疑惑销除，心悟实相①，身意轻安，得未曾有。重复悲泪，顶礼佛足，长跪合掌而白佛言：“无上大悲清净宝王，善开我心，能以如是种种因缘方便提奖，引诸沉冥出于苦海。世尊，我今虽承如是法音，知如来藏妙觉明心遍十界，含育如来十方国土清净宝严妙觉王刹。如来复责多闻无功，不逮修习。我今犹如旅泊之人，忽蒙天王赐予华屋，虽获大宅，要因门入。惟愿如来不舍大悲，示我在会诸蒙暗者，捐舍小乘，毕获如来无余涅槃本发心路②；令有学者，从何摄伏畴昔攀缘③，得陀罗尼，入佛知见。”作是语已，五体投地，在会一心，伫佛慈旨。

注释：

①实相：一切事物真实、常住不变的本性，平等、最高的真理。

②无余涅槃：即"无余依涅槃"，身、智都灰灭的涅槃境界。

③畴昔：往日，从前。

译文：

阿难及会中大众听了佛的开示教诲，心中的疑惑消除，当即悟得实相，身心获得了从未曾有的轻安。阿难再次感极而泣，顶礼佛足，长跪合掌对佛说："无上大悲的清净宝王，善巧开启我心，能以如此种种因缘方便提携、奖诱，引导一切沉沦、暗冥的众生出离苦海。世尊，我今虽然承听了如此微妙的法音，知道了如来藏妙觉明心遍于十方世界，含藏孕育如来十方国土的清净宝严妙觉王刹。如来又呵责我仅是多闻无有破障之功，不如修习圆顿无漏道业。我今犹如漂泊的旅人，忽蒙天王赐予华丽的房屋，虽获大宅，仍要得门而入。唯愿如来不舍大悲，指示我及在会的迷昧之众，舍弃小乘，毕竟获得如来证得无余涅槃的发心修行之路；让有学之众明了从何处入手摄伏从往以来的攀缘意识心，证得陀罗尼总持法门，悟入佛之知见。"说完此语，阿难五体投地礼拜佛，在会中专心一致地等待佛的慈悲开示。

尔时，世尊哀愍会中缘觉、声闻于菩提心未自在者，及为当来佛灭度后末法众生发菩提心，开无上乘妙修行路，宣示阿难及诸大众："汝等决定发菩提心，于佛如来妙三摩提不生疲倦，应当先明发觉初心二决定义。云何初心二义决定？

译文：

　　这时，世尊哀悯会中那些对于菩提妙心仍未证得自在的缘觉、声闻，也为未来世、佛灭度后末法时代的众生发起菩提心，开显最上乘的圆妙修行之路，即对阿难及大众宣示说："你们决定不疑地发起菩提心，对于修习如来不可思议妙三摩提，立志勤求，不生疲倦，既然这样，就应当首先明了发菩提心之初心的两种决定义。什么是发菩提心之初心的两种决定义呢？

　　"阿难，第一义者：汝等若欲捐舍声闻，修菩萨乘，入佛知见，应当审观因地发心与果地觉，为同为异？阿难，若于因地以生灭心为本修因，而求佛乘不生不灭，无有是处。以是义故，汝当照明诸器世间，可作之法皆从变灭。阿难，汝观世间可作之法，谁为不坏？然终不闻烂坏虚空。何以故？空非可作，由是始终无坏灭故。则汝身中，坚相为地，润湿为水，暖触为火，动摇为风。由此四缠，分汝湛圆妙觉明心，为视为听为觉为察，从始入终，五叠浑浊。

译文：

"阿难，第一项决定义是：你们若想舍弃声闻小乘法而修大乘菩萨法，证入佛之知见，就应当审察因地所发之心与果地所证之觉是相同呢？还是相异呢？阿难，如果在因地以生灭心作为本修因，而企求证入佛境之不生不灭，那是不可能的。因为这个道理，你应当用智慧来观照明察一切有相世间，凡是可造作之法都要变迁灭坏。阿难，你观察世间可造作之法，哪一个是不变坏的呢？然而终究没有听说过虚空会变坏。为什么呢？因为虚空不是可造作变化的，由此从始至终都不会变坏。然则你身中，坚固之相属地大，润湿之相属水大，暖触之相属火大，摇动之相属风大。由此四大缠结组成身体，妄有六根，分开了你湛然圆遍的妙觉明心，不生不灭与生灭和合成阿赖耶识，识精元明，映在六根门头，在眼为视，在耳为听，在鼻、舌、身为觉，在意为察；这样，从一精明之始，入六和合之终，心、色和合而成五阴浑浊之体，五重浑浊而成浊相。

"云何为浊？阿难，譬如清水，清洁本然，即彼尘土灰沙之伦，本质留碍，二体法尔性不相循。有世间人，取彼土尘，投于净水，土失留碍，水亡清洁，容貌汩然①，名之为浊。汝浊五重，亦复如是。

注释：

①汩（gǔ）然：搅浑，引申为混浊。

译文：

"什么叫作'浊'呢？阿难，譬如清水，其性本然清洁，而尘土、灰沙之类本质上是质碍，这两种物体本来其性各不相同。世间有人若取一撮尘土投入净水中，土就失去了其质碍，水也失去了其清洁，相状浑浊扰动，称之为'浊'。你心中的五重浊相，也是如此。

"阿难，汝见虚空遍十方界，空、见不分。有空无体，有见无觉，相织妄成，是第一重，名为劫浊。汝身现抟四大为体，见闻觉知，壅令留碍，水火风土，旋令觉知，相织妄成，是第二重，名为见浊。又汝心中忆识诵习，性发知见，容现六尘，离尘无相，离觉无性，相织妄成，是第三重，名烦恼浊。又汝朝夕生灭不停，知见每欲留于世间，业运每常迁于国土，相织妄成，是第四重，名众生浊。汝等见闻元无异性，众尘隔越，无状异生，性中相知，用中相背，同、异失准，相织妄成，是第五重，名为命浊。

译文：

"阿难，你看见虚空遍满十方世界，虚空与见性交织不分。虚空未分为四大，故有虚空而无四大质体；见性未分为六根，故有见性而无六根的知觉作用，空、见二者相互交织，妄成劫初时分，即是五浊的第一重，名为劫浊。你这个身体现在抟取四大假合为体，由是分一精明而成见、闻、觉、知等六精，壅蔽觉性而成留碍，如眼只能见、耳只能听等，各有局碍；而水、火、风、地四大本无觉知，被此精明转以为境，令生觉受，知与无知二者相互交织，根尘相对而生六识，妄成身见等六十二见，扰乱真性，即是五浊的第二重，名为见浊。又你心中回忆过去、识别现在、诵习未来等境；六识之性托于六根发为见、闻、嗅、尝、觉、知等六种妄觉，容现六尘之境；六识若离六尘境界则识相不可得；六尘若离六识妄觉则尘性不可得；妄觉与妄尘相互交织，妄成缘尘想念，劳扰不休，即是五浊的第三重，名为烦恼浊。又你的生命从早到晚生灭不停，依我执的知见，每每想恒久留住于世间，无奈被业力运转，却常常迁移流转于六道不同的国土之间，妄身与妄心欲留而常迁，相互交织，妄成生死往来之相，即是五浊的第四重，名为众生浊。你们的见闻觉知等六精，原是同一性体，无差异性，然而因为揽尘结为六根而各开门户，无故将同一性体隔为六精知见，故有差异产生，以性体而论，性中六精的觉知相通相知，似同而非异；以用而论，一体既成六用，相互违背，则又异而非同；六精之同异失去定准，一同一异相互交织，妄成六根结滞的生命体，即是五浊的第五重，名为命浊。

"阿难，汝今欲令见闻觉知远契如来常乐我净，应当先择死生根本，依不生灭圆湛性成。以湛旋其虚妄灭生，伏还元觉；得元明觉无生灭性，为因地心，然后圆成果地修证。如澄浊水，贮于静器，静深不动，沙土自沉，清水现前，名为初伏客尘烦恼。去泥纯水，名为

永断根本无明。明相精纯，一切变现，不为烦恼，皆合
涅槃清净妙德。

译文：

"阿难，你现在欲令见、闻、觉、知等六根之性，将来证悟
契合如来常、乐、我、净之果德，应当先抉择生死根本，即虚妄
生灭的第六意识攀缘心，依不生灭的圆妙湛然真性作为修行初
因，才能证成。即依不生灭的湛然真性，以观照而旋伏其虚妄
生灭之识心，止伏向外攀缘的六识心，回光返照本源心性，还
归元明觉性；证得元明觉性之无生灭性作为因地修行之心印，
然后即可圆满成就果地的修证。比如要澄清浊水，须将水贮
存在静止的容器中，使其静止深沉不动，沙土自然沉淀，清水现
前，此名为初伏客尘烦恼。去掉沉淀的泥土而得到纯净之水，
此名为永断根本无明。如此修证，清净明相已达精纯，一切变
现大用，入生死苦海度化众生，都不会再起为烦恼，都契合于
涅槃的清净妙德。

"第二义者，汝等必欲发菩提心，于菩萨乘生大勇
猛，决定弃捐诸有为相，应当审详烦恼根本。此无始
来发业润生，谁作谁受？阿难，汝修菩提，若不审观烦
恼根本，则不能知虚妄根尘何处颠倒；处尚不知，云
何降伏，取如来位？阿难，汝观世间解结之人，不见所
结，云何知解？不闻虚空被汝隳裂，何以故？空无形
相，无结解故。则汝现前眼、耳、鼻、舌及与身、心，六

为贼媒，自劫家宝。由此无始众生世界生缠缚故，于器世间不能超越。

译文：

"第二项决定义是，你们决定要发菩提心，对于菩萨乘生起大勇猛心，决定弃舍一切的生灭有为相，就应当详细审察烦恼的根本所在。此烦恼根本无始以来发起现行的业用，滋润中阴受生，这其中，是谁在作业？谁在受报？阿难，你发心修证无上菩提，若不审察烦恼根本，就不能知道虚妄的六根、六尘是从何处生起颠倒；颠倒起处尚且不知，如何降伏烦恼，而取证如来果位呢？阿难，你观察世间解结之人，如果不见结的所在，怎么知道如何解开呢？从未听闻虚空被你毁破撕裂，为什么呢？因为虚空无形相，本来无结，也不需解。则你现前的眼、耳、鼻、舌、身、意六根为贼作媒介，自劫家宝。由此从无始以来于众生有情世界妄生缠缚的原因，而于器世间妄生罣碍，不能超越。

"阿难，云何名为众生世界？世为迁流，界为方位。汝今当知，东、西、南、北、东南、西南、东北、西北、上、下为界，过去、未来、现在为世。方位有十，流数有三。一切众生织妄相成，身中贸迁，世、界相涉。而此界性，设虽十方，定位可明，世间只目东西南北，上、下无位，中无定方。四数必明，与世相涉，三四四三，宛转十二。流变三叠，一十百千。总括始终，六根之中各各功德有千二百。

译文：

"阿难，什么叫众生世界呢？'世'是时间的迁流，'界'是空间的方位。你现在应当知道，东、西、南、北、东南、西南、东北、西北、上、下为'界'，过去、未来、现在为'世'，方位的数有'十'，迁流的数有'三'。一切众生都是由四大与六精相互交织虚妄而成，身中变化迁流，时间与空间相互涉入。而此空间方位'界'的性质，虽然设立十方以明确定位，但世间人只注意东、西、南、北四个方位，上、下及四隅没有固定的方位。四个正位之数明确界定，与三世相互涉入，三世涉四方，四方涉三世，宛转相乘，得'十二'之数。这样，演算流变三叠，乘数由十而百而千，依此推演。总括始终，六根之中各自功德应有一千二百。

"阿难，汝复于中克定优劣。如眼观见，后暗前明，前方全明，后方全暗，左右旁观三分之二。统论所作，功德不全，三分言功，一分无德，当知眼唯八百功德。如耳周听，十方无遗，动若迩遥，静无边际，当知耳根圆满一千二百功德。如鼻嗅闻，通出入息，有出有入，而阙中交。验于鼻根，三分阙一，当知鼻唯八百功德。如舌宣扬，尽诸世间、出世间智，言有方分，理无穷尽，当知舌根圆满一千二百功德。如身觉触，识于违顺，合时能觉，离中不知。离一合双，验于身根，三分阙一，当知身唯八百功德。如意默容十方三世一切世间、出世间法，唯圣与凡无不包容，尽其涯际，当知意根圆满一千二百功德。

译文：

"阿难，你再于六根中衡定优劣。如眼睛的观看，后面看不见为暗，前面看见为明，前方全部是明，后方全部是暗，左右旁观能看到三分之二。统论眼根所作的功德不全，三分说为功德，一分没有功德，当知眼根只有八百功德。耳根之闻，周遍听闻十方而无遗漏，动而有声则不论远近，静而无声则无有边际，当知耳根圆满具足一千二百功德。鼻根的功用是嗅闻和通出入息，虽然有出有入，但缺出入息交接转换的中间。勘验鼻根功用，三分缺一，当知鼻根只有八百功德。舌根具有语言宣扬的功用，能穷尽所有世间、出世间的智慧，其言辞虽有方域之分，所含义理却无穷无尽，当知舌根圆满具足一千二百功德。身根的功用是觉知触尘，能识知所触外境是相违、或相顺于己情，身根与触尘相合时才有觉知作用，相离时便不能觉知。根、尘相离时只有身根一种作用，相合时则有两种作用，勘验身根功用，三分缺一，当知身根只有八百功德。意根默观容现十方三世一切世间、出世间诸法，不论圣凡境界，无不包容，尽其边际，当知意根圆满具足一千二百功德。

"阿难，汝今欲逆生死欲流，返穷流根，至不生灭；当验此等六受用根，谁合谁离？谁深谁浅？谁为圆通？谁不圆满？若能于此悟圆通根，逆彼无始织妄业流，得循圆通，与不圆根，日劫相倍。我今备显六湛圆明本所功德，数量如是。随汝详择其可入者，吾当发明，令汝增进。十方如来于十八界一一修行，皆得圆满无上菩提，于其中间亦无优劣。但汝下劣，未能于中圆自在慧，故我宣扬，令汝但于一门深入；入一无妄，彼六知根一时清净。"

译文：

"阿难，你现在想要逆生死欲流，返溯穷究生死欲流的根源，达到不生灭的境地；那么，应当勘验此六受用根，哪个是与境相合而有知？哪个是与境相离而有知？再进而勘验，哪个深隐难测？哪个浅显易明？再最后抉择，哪个是圆通根？哪个是不圆满？如果你能于此悟得圆通根，依此圆通根做逆流功夫，逆彼无始以来妄心与妄境虚妄交织而成的生死业流，那么，若得依循圆通根修行，与循着不圆通根修行相比，迟速之别，几有一日与一劫相比的差距。我现在为你完全显示了六根湛然圆明之性本来所具功德的数量，随你详细选择其中可契入修行的一根作为门径，我当为你再作阐发，令你渐次深入，增进修行。十方如来于十八界都曾一一作为修行门径，都证得圆满了无上菩提，于其中的诸法门也无优劣之分。只是你根器下劣，未能于十八界中随举一法门中都能圆满证得自在智慧，故此我才宣扬选择圆通根，使你只于一门深入；若能深入一根而证得无妄真觉之地，则六知根即可一时皆得清净。"

阿难白佛言："世尊，云何逆流、深入一门，能令六根一时清净？"佛告阿难："汝今已得须陀洹果，已灭三界众生世间见所断惑，然犹未知根中积生无始虚习，彼习要因修所断得；何况此中，生住异灭分剂头数①！今汝且观现前六根，为一为六？阿难，若言一者，耳何不见？目何不闻？头奚不履？足奚无语？若此六根决定成六，如我今会与汝宣扬微妙法门，汝之六根谁来领受？"阿难言："我用耳闻。"

注释：

①分剂：有版本作"分齐"。

译文：

阿难对佛说："世尊，如何逆流，深入一根门，而能使六根一时皆得清净？"佛告诉阿难："你现今已证得须陀洹果，已灭除了三界众生世间中的见所断惑，入见道位，然而还不知诸根中历生积集的无始以来的虚妄习气，这些习气要在修道位中，才能断得；这些尚属我执无明，更何况在此菩提修证中，还有法执无明之生、住、异、灭四相，其分剂、头数还很多！现在你且观察现前的六根，究竟是一，还是六呢？阿难，若说六根是一，耳为什么不能见？眼为什么不能听？头为什么不能走？足为什么不能言呢？若此六根决定成六，那我现在于会中向你们宣扬微妙法门，你们的六根中是哪一根来领受呢？"阿难回答："我是用耳来听闻的。"

佛言:"汝耳自闻,何关身、口?口来问义,身起钦承。是故应知,非一终六,非六终一;终不汝根,元一元六。阿难,当知是根,非一非六,由无始来颠倒沦替,故于圆湛,一六义生。汝须陀洹,虽得六销,犹未亡一。如太虚空参合群器,由器形异,名之异空;除器观空,说空为一。彼太虚空云何为汝成同、不同?何况更名是一、非一?则汝了知六受用根,亦复如是。

译文:

佛说:"你的耳若自能听闻,则与你的身、口又有何关呢?可是在听闻的过程中,还有口来请问法义,身起钦承礼拜,身、口、耳诸根配合默契。所以应当知道,六根不是一,而终究有各别六用;也不是六,而终究有一体之性;终不能说你的六根,本来是一或本来是六。阿难,你应当知道这根,既不是一,也不是六,乃是由于无始以来妄起无明颠倒以及真妄交合沦替,故而在圆明湛然真性之体上,妄起一体与六根的对待分别义。阿难,你证得须陀洹果,虽然六根不取六尘,而得六消;犹迷六根为一体,故未亡一。譬如太虚空中放置各种器皿,由于器皿具有诸如方、圆等各种不同形状,虚空也就随不同形状器皿而称之为方空、圆空等异空之名;若除去器皿后再观察虚空,就说虚空乃是一相。而太虚空怎会因你放置或除去器皿而成不同或同?如此则见异见同已属妄见,何况更妄立名言,而说'虚空'与'异空'是一、还是非一,岂不是妄上加妄?则你应了知,六受用根也是如此。

"由明、暗等二种相形，于妙圆中黏湛发见，见精映色，结色成根。根元目为清净四大，因名眼体，如蒲萄朵，浮根四尘，流逸奔色。由动、静等二种相击，于妙圆中黏湛发听，听精映声，卷声成根。根元目为清净四大，因名耳体，如新卷叶，浮根四尘，流逸奔声。由通、塞等二种相发，于妙圆中黏湛发嗅，嗅精映香，纳香成根。根元目为清净四大，因名鼻体，如双垂爪，浮根四尘，流逸奔香。

译文：

"由明、暗等两种色尘互相形显，而于妙觉圆湛性中，'黏起'湛性，而发为妄觉见精，此见精对映色尘，能所交织，遂揽结色尘成胜义根。此根初成时原只为清净四大所成，因此胜义根所成的浮尘根名为眼体，形状如葡萄粒，此浮尘根由四大、四尘所成，于是众生聚见于眼，见精托根而出，循色流逸，终日奔逐于色尘之境。由动、静等两种声尘互相攻击，而于妙觉圆湛性中，'黏起'湛性，而发为妄觉听精，此听精对映色尘，能所交织，遂揽卷声尘成胜义根。此根初成时原只名为清净四大所成，因此胜义根所成的浮尘根名为耳体，形状如新卷荷叶，此浮尘根由四大、四尘所成，循声流逸，终日奔逐于声尘之境。由通、塞等两种香尘互相显发，而于妙觉圆湛性中，'黏起'湛性，而发为嗅精，此嗅精对映色尘，遂揽纳香尘成胜义根。此根初成时原只名为清净四大所成，因此胜义根所成的浮尘根名为鼻体，形状如双爪下垂，此浮尘根由四大、四尘所成，终日流逸奔逐于香尘之境。

　　"由恬、变等二种相参，于妙圆中黏湛发尝，尝精映味，绞味成根。根元目为清净四大，因名舌体，如初偃月，浮根四尘，流逸奔味。由离、合等二种相摩，于妙圆中黏湛发觉，觉精映触，抟触成根。根元目为清净四大，因名身体，如腰鼓颡，浮根四尘，流溢奔触。由生、灭等二种相续，于妙圆中黏湛发知，知精映法，揽法成根。根元目为清净四大，因名意思，如幽室见，浮根四尘，流逸奔法。

译文：

　　"由恬淡、变味等两种味尘互相参对，而于妙觉圆湛性中，'黏起'湛性，而发为尝精，此尝精对映色尘，遂揽纳味尘成胜义根。此根初成时原只名为清净四大所成，因此胜义根所成的浮尘根名为舌体，形状如初偃月，此浮尘根由四大、四尘所成，终日流逸奔逐于味尘之境。由离、合等两种触尘相摩相交，而于妙觉圆湛性中，'黏起'湛性，而发为觉精，此觉精对映色尘，遂抟取触尘成胜义根。此根初成时原只名为清净四大所成，因此胜义根所成的浮尘根名为身体，形状如腰鼓的鼓腔，此浮尘根由四大、四尘所成，终日流逸奔逐于触尘之境。由生、灭等两种法尘交互相续，而于妙觉圆湛性中，'黏起'湛性，而发为知精，此知精对映色尘，遂揽取法尘成胜义根。此根初成时原只名为清净四大所成，因此胜义根所成的浮尘根名为意思，如人在幽室见物，此浮尘根由四大、四尘所成，终日流逸奔逐于法尘之境。

"阿难，如是六根，由彼觉明，有明明觉，失彼精了，黏妄发光。是以汝今离明离暗，无有见体；离动离静，元无听质；无通无塞，嗅性不生；非变非恬，尝无所出；不离不合，觉触本无；无灭无生，了知安寄？汝但不循动、静、合、离、恬、变、通、塞、生、灭、明、暗，如是十二诸有为相；随拔一根，脱黏内伏，伏归元真，发本明耀。耀性发明，诸余五黏应拔圆脱。

译文：

"阿难，如此六根，本由妙觉圆明真心，一念妄觉欲有所明，遂转本觉为妄明妄觉，失去了本有的真精明了之性，真性黏妄尘而发见分之光；原是一精明，因揽尘结根，六根既成，分一精而为见等六用。因此，你现在若离于明、暗二尘，就没有能见之见性妄体聚结成根；离于动、静，就没有能听之听性妄体；离于通、塞，嗅性妄体就不会产生；离于变味、淡味，尝性妄体就无处生出；离于离、合，觉触性妄体就不存在；离于灭、生，知性妄体在何处寄存呢？只要你不依循动、静、合、离、恬、变、通、塞、生、灭、明、暗等十二种有为尘相，不顺流奔尘；随择一根而拔脱于外尘，脱离黏执妄尘，内伏反照自性，伏归本元真心，则本有智光显发明耀。明耀之本有性光一旦显发，其余五根黏尘之妄也随应着一根之拔解归元而都圆成解脱。

"不由前尘所起知见，明不循根，寄根明发，由是六根互相为用。阿难，汝岂不知今此会中，阿那律陀无目而见，跋难陀龙无耳而听，殑伽神女非鼻闻香，骄梵钵提异舌知味，舜若多神无身觉触，如来光中映令暂见，既为风质，其体元无；诸灭尽定得寂声闻，如此会中摩诃迦叶，久灭意根，圆明了知，不因心念。

译文：

"不随着现前的十二种外尘所起妄知妄见，真觉妙明的大用不依循根元，但只寄托于胜义、浮尘二根而显发出明觉的功能作用，由此六根可以互相为用，如眼也可听、耳也可见等。阿难，你难道不知，现在此会中阿那律陀眼虽盲却能看见，跋难陀龙虽无耳却能听见。殑伽神女不是用鼻闻香，骄梵钵提虽舌异于常人也能知常人之味，舜若多神虽无身体却能觉触，借助于如来放光的映现而暂时可见，其身体的性质像风一样，本来没有实在的存在；那些住灭尽定、证得灭谛涅槃、成阿罗汉的声闻乘人，譬如此会中的大迦叶，久已灭除了意根，而能圆明了知诸法，不必依凭意识之心念。

"阿难，今汝诸根若圆拔已，内莹发光，如是浮尘及器世间诸变化相，如汤销冰，应念化成无上知觉。阿难，如彼世人聚见于眼，若令急合，暗相现前，六根黯然，头足相类。彼人以手循体外绕，彼虽不见，头足一辨，知觉是同。缘见因明，暗成无见；不明自发，则诸暗相永不能昏。根、尘既销，云何觉明不成圆妙？"

译文：

"阿难，你现在六根若圆满拔脱了黏执妄尘，内心的莹明觉性显发智光，心光融镕，洞彻表里，如此则虚妄浮尘以及物质世间种种变化相悉皆消殒，就像热水融化冰雪一样，应念化成无上正知正觉。阿难，就如世间人聚集见性功能于眼根，若让他急合其眼，暗相显现，这时六根黯然浑沦，头、足像是类似。这人若以手顺着身体外绕摸触，他虽然看不见，但对于是头是足一摸即能分辨，能辨知是头是足的知觉与开眼看见而分辨头足的知觉是相同的。由于见性起作用必因有光明，黑暗时似乎成了没有见性作用了；然而若是在合眼不明时自有觉性展发知觉的功能，则所有的暗相永远也不能使见性昏暗无觉。世间根、尘未消之人，见性尚不因明暗外缘而暗昧，那么，根、尘既已消尽，真觉元明之心怎会不成其圆通妙用呢？"

阿难白佛言："世尊，如佛说言：'因地觉心欲求常住，要与果位名目相应。'世尊，如果位中，菩提、涅槃、真如、佛性、庵摩罗识、空如来藏、大圆镜智，是七种名；称谓虽别，清净圆满，体性坚凝，如金刚王常住不坏。若此见听离于明、暗、动、静、通、塞，毕竟无体，犹如念心离于前尘，本无所有；云何将此毕竟断灭以为修因，欲获如来七常住果？世尊，若离明、暗，见毕

竟空，如无前尘，念自性灭；进退循环，微细推求，本无
我心及我心所，将谁立因，求无上觉？如来先说湛精圆
常，违越诚言，终成戏论。云何如来真实语者？惟垂大
慈，开我蒙吝。"

译文：

阿难对佛说："世尊，如佛所说：'因地所发之觉心欲求达于
不生灭常住境地，要与果位所证之真觉心在名目意义上相应。'
世尊，就如果位中有菩提、涅槃、真如、佛性、庵摩罗识、空如来
藏、大圆镜智等七种名称；称谓虽然不同，其含义都是清净圆满、
体性坚固凝然，犹如金刚王宝一样常住不坏。如果六根之见性、
听性、嗅性、尝性、觉触性、知性等离开明、暗、动、静、通、塞等
十二尘相，毕竟无有自体，犹如识心，乃是前尘分别影事，离于现
前尘境，本来无有自体；为何将此毕竟断灭的见性、听性等作为
因地修因，想依此修行而获证如来七种名目的常住果位呢？世
尊，若离于明、暗二尘，见性毕竟空，若无前尘，识心之自性即灭；
如此进退循环，微细推求，本来就不存在我识心和我心处所，将
什么立为因地本修因以求无上正觉呢？如来先前宣说湛然不动、
精一不杂、圆满周遍、常住不灭之真性，与此处言性无自体不同，
好像是自语相违，违背诚实之言，终成戏论。怎么能相信如来是
真实语者呢？唯愿如来再赐大慈，开启我的蒙昧执着。"

佛告阿难："汝学多闻，未尽诸漏。心中徒知颠倒
所因，真倒现前，实未能识。恐汝诚心犹未信伏，吾

今试将尘俗诸事，当除汝疑。"即时，如来敕罗睺罗击钟一声，问阿难言："汝今闻不？"阿难、大众俱言："我闻。"钟歇无声，佛又问言："汝今闻不？"阿难、大众俱言："不闻。"时罗睺罗又击一声，佛又问言："汝今闻不？"阿难、大众又言："俱闻。"佛问阿难："汝云何闻？云何不闻？"阿难、大众俱白佛言："钟声若击，则我得闻。击久声销，音响双绝，则名无闻。"如来又敕罗睺击钟，问阿难言："汝今声不？"阿难、大众俱言："有声。"少选声销，佛又问言："尔今声不？"阿难、大众答言："无声。"有顷，罗睺更来撞钟。佛又问言："尔今声不？"阿难、大众俱言："有声。"佛问阿难："汝云何声？云何无声？"阿难、大众俱白佛言："钟声若击，则名有声，击久声销，音响双绝，则名无声。"

译文：

佛告诉阿难："你学偏于多闻，但未除尽一切习漏。心中只知迷真执妄为颠倒之因，而疑常为断的真颠倒现前，你实在未能识得。恐怕你还未能诚心信服，我现在试着以世间易懂的事作例子，当可断除你的疑惑。"这时，佛让罗睺罗击钟一声，问阿难说："你现在听到了吗？"阿难及大众回答："我听到了。"过了一会儿，声音消失了，佛又问："你现在听到钟声了吗？"阿难及大众都回答："没有听到。"这时罗睺罗又击钟一声，佛又问："你现在听到了吗？"阿难及大众又回答："都听到了。"佛问阿难："你怎样叫作听到？怎样叫作没听到？"阿难及大众一齐回答："钟敲起来，有声音，我们就听到了。敲过后，声音和回响消失，我们就听不到了。"佛又让罗睺罗击钟，问阿难："现在有声音吗？"阿难及大众回答："有声音。"过了一会儿，声音消散，佛又问："现在有声音吗？"阿难及大众回答："没有声音。"过了一会儿，罗睺罗又来撞钟。佛又问："现在有声音吗？"阿难及大众都回答："有声音。"佛问阿难："你怎样叫作有声？怎样叫作无声？"阿难及大众一齐对佛说："钟敲起来，有声音，就叫作有声，敲过后，声音和回响消失，就叫作无声。"

佛语阿难及诸大众："汝今云何自语矫乱？"大众、阿难俱时问佛："我今云何名为矫乱？"佛言："我问汝闻，汝则言闻。又问汝声，汝则言声。唯闻与声，报答无定，如是云何不名矫乱？阿难，声销无响，汝说无闻；若实无闻，闻性已灭，同于枯木，钟声更击，汝云何知？知有知无，自是声尘或无或有，岂彼闻性为汝有无？闻实云无，谁知无者？是故，阿难，声于闻中自有生灭，非为汝闻声生声灭，令汝闻性为有为无。汝尚颠倒，惑声为闻，何怪昏迷，以常为断？终不应言，离诸动、静、闭、塞、开、通，说闻无性。

译文：

佛对阿难及诸大众说："你们现在怎么自语颠倒错乱？"大

众及阿难同时问佛:"我们怎么颠倒错乱呢?"佛说:"我问你们'听到了吗',你们回答'听到了'。又问你们'有声音吗',你们回答'有声音'。究竟是'听'还是'声',回答无定,这样答话怎么不叫作颠倒错乱呢?阿难,声响消散,你说没有听到;如果确实没有听到,就连听闻之性也已消失了,应该如同枯木一样,那么再次击钟有声产生时,你怎么知道呢?知有或知无,当然是声尘的或有或无,难道那听闻之性也随着或有或无吗?如果听闻之性确实是随着声响消散而没有了,那么又是谁知道无声的呢?因此,阿难,声音在听闻过程中自然有生灭,但并不是你听到了声音生、声音灭,就使你的听闻之性也随着为有为无。你尚且颠倒迷惑而错认声尘的有无为听闻之性的有无,更何怪昏迷而误以常住之听闻性为断灭。终不能说,离开声尘之动、静、闭、塞、开、通等,就说听闻没有体性。

"如重睡人,眠熟床枕,其家有人于彼睡时捣练舂米。其人梦中闻舂捣声,别作他物,或为击鼓,或为撞钟。即于梦时自怪其钟为木石响。于时忽寤,遄知杵音,自告家人,我正梦时,惑此舂音将为鼓响。阿难,是人梦中岂忆静、摇、开、闭、通、塞?其形虽寐,闻性不昏。纵汝形销,命光迁谢,此性云何为汝销灭!

译文:

"譬如有一沉睡的人在床熟睡,其家有人在他睡着时捣布或舂米。此人于梦中听到舂米声或捣布声,将其当作别的事情,或者以为是敲鼓，或者以为是撞钟。就在梦中他还奇怪这钟声怎么像木石的声响。正在这时忽然醒了，马上知道原来是舂捣的声音，就告诉家人，我正在做梦的时候，误将舂米的声音认为是鼓响。阿难，此人梦中难道还忆想声尘之静、摇、开、闭、通、塞吗？其身虽然睡眠，听闻之性并不昏昧。实在说，纵然你的形体消灭，命光谢灭，此听闻之性怎么会随着你形体的消灭而消灭呢！

"以诸众生从无始来循诸色声，逐念流转，曾不开悟，性净妙常，不循所常，逐诸生灭。由是生生杂染流转。若弃生灭，守于真常，常光现前，根、尘、识心应时销落。想相为尘，识情为垢，二俱远离，则汝法眼应时清明，云何不成无上知觉？"

译文：

"因为一切众生从无始以来随顺色、声等尘境而念念流迁，从未开悟性明清净圆妙常住真心，不知随顺本有常住的妙明真性，随逐种种生灭之识心，因此生生世世在六道杂染法中流转轮回。若能离弃生灭之识心，内守真常清净之性，真常之心光便会显现，则六根、六尘、六识一时消融脱落。想之所缘妄相为尘境，识之分别执情为心垢，二者都远离，则你的法眼即得清明，怎能不成就无上正知正觉呢？"

卷　五

　　本卷继续讨论六根之结、解。首先由十方诸佛共同宣说：轮转生死结根，唯在六根；证得菩提涅槃，也在六根。也就是说，六根是令众生流转生死以及解脱证果之关键。为什么呢？佛陀开示阿难说：六根、六尘同一根源，结缚、解脱本源无二，故举根即摄尘、识。接着，佛陀以华巾依次绾成六个结为例，以六结比喻六根，向大众讲说了"解结因次第，六解一亦亡"之理。众生从真起妄，由同一根元而妄有六结，解结之时也须次第而解；初解三结证人空，次解二结证法空，最后解第一结而证无生法忍。同时，解结当从"结心"开始，比喻选择六根中最圆通之根，一门深入，随拔一根，六根解脱。对于六结次第，诸注疏又以"动结、静结、根结、觉结、空结、灭结"作了详细解释。

　　随后阿难又请问何根是圆通本根，佛陀即请会中的大菩萨和大阿罗汉们说说自己最初成道的方便因缘及所选择的圆通法门，于是有二十五位圣者宣说了初发心时依何方便法而获圆通，即是本经著名的二十五圆通法门。"二十五"由六根、六尘、六识等十八界再加七大组成，各有一位圣者因之悟道。二十五圆通法门的宣说次第，以"声尘圆通"居先，"耳根圆通"殿后，这暗示了本经二十五圆通法门中，以选择耳根圆通法门最为当机。

　　又第二十四大势至菩萨根大圆通所讲说的念佛法门，是宋代之后净土宗的普遍流行法门，这段经文也以《大势至菩萨念佛圆通章》为题而成为净土宗的重要经典。

　　阿难白佛言："世尊，如来虽说第二义门，今观世间解结之人，若不知其所结之元，我信是人终不能解。世尊，我及会中有学声闻亦复如是，从无始际与诸无明俱灭俱生，虽得如是多闻善根，名为出家，犹隔日疟①。唯愿大慈，哀愍沦溺，今日身心云何是结？从何名解？亦令未来苦难众生得免轮回，不落三有。"作是语已，普及大众五体投地，雨泪翘诚②，伫佛如来无上开示。

注释：
①疟（nüè）：病名，疟疾。
②翘诚：犹虔诚。

译文：
　　阿难对佛说："世尊，如来虽已宣说第二决定义门，但现在观察世间解结之人，如果不知道结的根源，我相信这人终不能解开此结。世尊，我及会中的有学声闻也是如此，从无始以来即与诸无明俱生俱灭，虽然有这个多闻的善根，名为出家，但如同隔日就复发的疟疾一样，暂似解脱，依然被缚，未得究竟解脱。唯愿佛以大慈悲心哀悯沉沦众生，为我们指示现在身心中何处是结？从何处下手解结？也使未来世的苦难众生得免生死轮回，不落三界六道。"说完这些话，阿难与大众五体投地，悲感垂泪,虔诚期待如来的无上开示。

　　尔时世尊,怜愍阿难及诸会中诸有学者,亦为未来一切众生为出世因,作将来眼;以阎浮檀紫金光手摩阿难顶。即时十方普佛世界六种震动,微尘如来住世界者,各有宝光从其顶出,其光同时于彼世界来祇陀林,灌如来顶。是诸大众,得未曾有。

　　译文:

　　这时世尊,怜悯阿难及会中的有学位弟子,也为未来世一切众生开示修证出世的因地心,作将来修行大乘的眼目;佛即用阎浮檀紫金光手摩阿难的头顶。就在这时,十方所有的佛世界都发生六种震动,微尘数的如来住于其佛国中,各有宝光从头顶发出,这些宝光从各佛国同时照射到祇陀林,灌释迦如来之顶。会中大众得见如此殊胜的景象,真是从未有过。

　　于是阿难及诸大众,俱闻十方微尘如来异口同音告阿难言:"善哉,阿难!汝欲识知俱生无明,使汝轮转,生死结根,唯汝六根,更无他物。汝复欲知无上菩提,令汝速证安乐解脱、寂静、妙常,亦汝六根,更非他物。"阿难虽闻如是法音,心犹未明,稽首白佛:"云何令我生死轮回、安乐妙常,同是六根,更非他物?"佛告阿难:"根、尘同源,缚、脱无二,识性虚妄,犹如空华。阿难,由尘发知,因根有相,相、见无性,同于交芦①。是故汝今知见立知，即无明本；知见无见，斯即涅槃、无漏真净，云何是中更容他物？"

注释：

①交芦：相交而立的束芦。芦是植物名，即芦苇。

译文：

这时，阿难及会中大众都听到十方微尘数的如来异口同声告诉阿难："善哉，阿难！你想识知俱生无明，使你轮回流转，生死结的根元，唯是你的六根，更无他物。你还想识知无上菩提，使你速证安乐、解脱、寂静、妙常之无余涅槃，也是你的六根，更不是他物。"阿难虽然听了如此法音，心中仍然未能明白，顶礼佛陀说："为什么令我生死轮回和安乐解脱的，同样是六根，更不是他物呢？"佛告诉阿难："六根、六尘同一根源，结缚、解脱本源无二，识性本来虚妄，犹如空中幻花。阿难，由于六尘而发起六根知见，因六根知见而显六尘之相，六尘相分与六根知见都没有独立的自体性，相互依存，就像相交而立的束芦一样。所以你现在，于本性本明的真知见上更立六根分别知见，此即是无明的根本；若了知六根知见虚妄不实、本来无见，此即是无上涅槃的无漏真净境界，怎么还能说在六根根源之中容有他物呢？"

尔时，世尊欲重宣此义而说偈言：
真性有为空，缘生故如幻；

无为无起灭，不实如空华。

言妄显诸真，妄真同二妄；

犹非真非真，云何见所见？

中间无实性，是故若交芦；

结解同所因，圣凡无二路。

汝观交中性，空有二俱非；

迷晦即无明，发明便解脱。

解结因次第，六解一亦亡；

根选择圆通，入流成正觉。

陀那微细识，习气成暴流；

真非真恐迷，我常不开演。

自心取自心，非幻成幻法；

不取无非幻，非幻尚不生，

幻法云何立？是名妙莲华，

金刚王宝觉；如幻三摩提，

弹指超无学。此阿毗达磨，

十方薄伽梵，一路涅槃门。

于是，阿难及诸大众闻佛如来无上慈诲，祇夜、伽陀①，杂糅精莹，妙理清彻，心目开明，叹未曾有。

注释：

①祇夜：十二部经之一。旧译为"重颂"、"重颂偈"。新译为"应颂"。伽陀：十二部经之一。意为偈颂。

译文：

这时，世尊为了重复解释此意而说偈颂：

真性有为空，缘生故如幻；

无为无起灭，不实如空华。

言妄显诸真，妄真同二妄；

犹非真非真，云何见所见？

中间无实性，是故若交芦；

结解同所因，圣凡无二路。

汝观交中性，空有二俱非；

迷晦即无明，发明便解脱。

解结因次第，六解一亦亡；

根选择圆通，入流成正觉。

陀那微细识，习气成暴流；

真非真恐迷，我常不开演。

自心取自心，非幻成幻法；

不取无非幻，非幻尚不生，

幻法云何立？是名妙莲华，

金刚王宝觉；如幻三摩提，

弹指超无学。此阿毗达磨，

十方薄伽梵，一路涅槃门。

于是，阿难及大众听闻了佛的无上慈悲教诲，以及糅合精义的重颂总结，都感到文句精彩而莹明，义理清楚透彻，大众心眼洞开，感叹得到未曾有的法音。

阿难合掌顶礼白佛："我今闻佛无遮大悲，性净妙常真实法句，心犹未达六解一亡舒结伦次。惟垂大慈，再愍斯会及与将来，施以法音，洗涤沉垢。"

译文：

阿难合掌向佛顶礼并对佛说："我今日听闻佛以无遮大悲心所演说的性净妙常真实法句，但心中仍未明了六解一亡的解结次第。唯愿如来普施大慈，再次悯念此会大众以及未来世的众生，施以甘露法音，以洗涤我们心中的沉垢。"

即时，如来于师子座，整涅槃僧[1]，敛僧伽梨[2]，揽七宝几，引手于几，取劫波罗天所奉华巾[3]，于大众前绾成一结，示阿难言："此名何等？"阿难、大众俱白佛言："此名为结。"于是如来绾叠华巾又成一结，重问阿难："此名何等？"阿难、大众又白佛言："此亦名结。"如是伦次绾叠华巾，总成六结。一一结成，皆取手中所成之结，持问阿难："此名何等？"阿难、大众亦复如是次第酬佛："此名为结。"佛告阿难："我初绾巾，汝名为结。此叠华巾先实一条，第二、第三，云何汝曹复名为结？"阿难白佛言："世尊，此宝叠华，缉绩成巾[4]，虽本一体，如我思惟：如来一绾，得一结名；若百绾成，终名百结；何况此巾只有六结，终不至七，亦不停五。云何如来只许初时，第二、第三，不名为结？"

注释：

①涅槃僧：意译作"裙"。十三资具衣之一。

②僧伽梨：为三衣之一，即九条以上之衣，为外出及其他庄严仪式时着之。

③劫波罗天：意为时分天。

④缉绩：缉，指析麻捻接成线。绩，指缉麻。

译文：

此时，如来在狮子座上整理好裙衣，敛了敛袈裟，把七宝几案拉至座前，伸手拿起放在几案上的劫波罗天所奉献的叠华巾，在大众中将华巾绾了一个结，拿给阿难看，问道："这个叫什么？"阿难及大众都回答说："这个叫结。"于是，佛接着绾叠华巾又成一结，又问阿难："这个叫什么？"阿难及大众又回答说："这个也叫结。"佛这样依次绾叠华巾，总共绾成六个结。每绾成一个结，佛都拿着手中绾好的结问阿难："这个叫什么？"阿难及大众也是这样依次回答佛："这个叫结。"佛告诉阿难："我第一次绾巾，你叫它结。这个叠华巾最初其实只是一条，第二次、第三次绾结后，为何你们仍然叫它结呢？"阿难回答说："世尊，这个宝叠华巾是织绩而成，虽然本是一条，但我这样想：如来绾一次，得名一个结；如果绾一百次，最后称为一百结；何况此巾现在只有六个结，没到七个，也没停在五个。为什么如来只许可初次所绾的叫作结，第二次、第三次等所绾的就不叫作结呢？"

佛告阿难："此宝华巾，汝知此巾元止一条，我六绾时，名有六结。汝审观察：巾体是同，因结有异？于意云何？初绾结成，名为第一；如是乃至第六结生，吾今欲将第六结名，成第一不？""不也，世尊。六结若存，斯第六名，终非第一。纵我历生尽其明辩，如何令是六结乱名？"佛言："如是！六结不同，循顾本因，一巾所造，令其杂乱，终不得成。则汝六根，亦复如是：毕竟同中，生毕竟异。"

译文：

佛告诉阿难："此宝花巾，如你所知，原本只是一条，我绾了六次，即名为有六个结。你仔细观察：巾体本是同一个，是否因绾了结而巾体有所差异呢？你的意思如何呢？初次绾成的结，称为第一结；这样依次绾结到第六结绾成，我现在想把第六结称为第一结，可以吗？"阿难说："不行，世尊。六结若都存在，这第六结的名称终不是第一结。纵然竭尽我历生的聪明辩才，怎么能使这六结的名称错乱呢？"佛说："是这样！六结虽然不同，追溯其本因，原是一巾所成，想使其名称杂乱，终究也不可能成立。你现在的六根，也是如此：于一相尚不得的毕竟同体性中，而生出毕竟异的六相根境。"

佛告阿难："汝必嫌此六结不成，愿乐一成，复云何得？"阿难言："此结若存，是非锋起①，于中自生，此结非彼，彼结非此。如来今日，若总解除，结若不生，则无彼此，尚不名一，六云何成？"佛言："六解一亡，亦复如是。由汝无始心性狂乱，知见妄发，发妄不息，劳见发尘。如劳目睛，则有狂华，于湛精明无因乱起。一切世间，山河大地、生死、涅槃，皆即狂劳颠倒华相。"

注释：

①锋起：指争论纷然，如兵戈竞斗。

译文：

佛接着说："你一定嫌此六结各异，不欲其成，而乐意依然成为一巾，又怎样才能得到呢？"阿难说："六结如果同时存在，则是非蜂起，其中自然就会产生此结不是彼结、彼结不是此结等争论。如来现在如果把所有的结都解除，结没有了，就没有彼此的区分，一结的名称尚且不可得，六结的名目又怎么能成立呢？"佛说："六解一亡，也是这样的道理。由于你无始以来心性狂乱，即真心妙性中横起无明狂惑扰乱，随起业识，转为见分，而产生虚妄的知见，妄执心外诸法，相续不断，知见妄执劳虑转深，妄生尘相。譬如瞪眼盯视空中，眼睛疲劳而在湛净清明的虚空中看见狂花幻相，无因乱起。一切世间诸相，无情之山河大地，有情之生死、涅槃，都是狂心劳病所见的虚妄颠倒的空花之相。"

阿难言："此劳同结，云何解除？"如来以手将所结巾偏掣其左①，问阿难言："如是解不？""不也，世尊。"

旋复以手偏牵右边，又问阿难："如是解不？""不也，世尊。"佛告阿难："吾今以手左右各牵，竟不能解。汝设方便，云何解成？"阿难白佛言："世尊，当于结心，解即分散。"

注释：

①掣（chè）：牵曳，牵引。

译文：

阿难说："此狂劳同根结，应怎么解除呢？"如来用手将所绾结的花巾偏掣左边，问阿难："这样能解开吗？"阿难说："不能，世尊。"随后佛又用手偏掣花巾的右边，问阿难："这样能解开吗？"阿难说："不能，世尊。"佛告诉阿难："我现在用手各从左右牵拉，竟然都不能解开。你想一个办法，怎样才能成功解开？"阿难回答佛说："世尊，应当从结的中心去解，这样结就散开了。"

佛告阿难："如是，如是。若欲除结，当于结心。阿难，我说佛法从因缘生，非取世间和合粗相；如来发明世、出世法，知其本因，随所缘出；如是乃至恒沙界外一滴之雨，亦知头数。现前种种，松直、棘曲，鹄白、乌玄①，皆了元由。是故，阿难，随汝心中选择六根，根结若除，尘相自灭，诸妄销亡，不真何待！"

注释:

①鹄(hú)白:鹄,通称天鹅,往往呈白色。乌玄:指乌鸦,往往呈黑色。

译文:

佛告诉阿难:"是这样,是这样。如想解结,当从结心入手。阿难,我说佛法从因缘生,不过,此因缘并不取世间四大和合而成种种境相的粗因缘,而是以不生灭性为因,次第解结修证,还归本源心地的出世间法的细因缘;如来阐明世间法、出世间法,了知其所依之如来藏妙真如心的究竟本因,随其所遇因缘而出生染净十界诸法;这样即便是恒河沙世界之外遥远的天空中所下一滴一滴的雨水,也能知道其数量。现前的种种境相,如松树为什么是直的,荆棘为什么是弯曲的,天鹅为什么是白的,乌鸦为什么是黑的等,如来都了知其本末缘由。所以,阿难,随你心中详察,选择六根中的圆通根而一门深入,根结若解开,尘相自然息灭,妄想也都消亡,妄尽真显,不证得真如妙心,更有何待!"

　　"阿难,吾今问汝,此劫波罗巾六结现前,同时解萦①,得同除不?""不也,世尊。是结本以次第绾生,今日当须次第而解。六结同体,结不同时,则结解时,云何同除?"佛言:"六根解除,亦复如是。此根初解,先得人空;空性圆明,成法解脱;解脱法已,俱空不生;是名菩萨从三摩地得无生忍。"

注释：

①萦（yíng）：回旋缠绕。

译文：

佛问阿难道："阿难，我现在问你，此劫波罗巾现有六结，同时去解结，可以一齐解开吗？"阿难回答："不可以，世尊。这些结本来是按照次第一一绾成，现在也应该按照次第一一解开。六结虽是同一巾体，但不是同时绾成，怎么解结时能一齐解开呢？"佛说："六根根结的解除，也是这样。六根初始解结，破除我执，先证得人我空；空性圆明，破除法执，证成法解脱；得法解脱后，进而人空、法空之二空亦空，解除最后的根结；这称为菩萨从三摩地证得无生法忍的解结次第。"

阿难及诸大众蒙佛开示，慧觉圆通，得无疑惑；一时合掌，顶礼双足，而白佛言："我等今日身心皎然，快得无碍，虽复悟知一六亡义，然犹未达圆通本根。世尊，我辈飘零，积劫孤露，何心何虑预佛天伦，如失乳儿，忽遇慈母。若复因此际会道成，所得密言，还同本悟，则与未闻无有差别。惟垂大悲，惠我秘严，成就如来最后开示。"作是语已，五体投地，退藏密机，冀佛冥授。

译文：

阿难及大众承蒙佛的开示，慧觉圆通，再无疑惑；于是，阿难合掌顶礼佛足，而对佛说："我们今日都身心清净，畅快通利，虽然已悟知'一门深入,六根齐脱'的道理,然而还未通达圆通本根的修行道理。世尊,我们历劫飘零在生死苦海之中,孤露无依,何曾想到能做佛的法眷弟子,得以随佛出家,犹如失去乳哺的孩儿忽然遇到了慈母。如果因此难遇的因缘际会而能证成菩提道果,则是大幸;所听闻的解结等密言,若还是同于悟知而未通达发起行证,则与未听闻没有差别。唯愿世尊垂示大悲,惠赐我等秘严妙法,成就如来的最后开示。"阿难说完此语,五体投地,退归本位,藏其密机,心中默默祈祷佛陀不必显说,愿能密授。

尔时,世尊普告众中诸大菩萨及诸漏尽大阿罗汉:"汝等菩萨及阿罗汉,生我法中,得成无学。吾今问汝:最初发心,悟十八界,谁为圆通?从何方便,入三摩地?"

译文:

这时,世尊普告会中所有的大菩萨以及诸漏已尽的阿罗汉说:"你们菩萨及阿罗汉们,于佛法中已经证得圣道无学果位。我现在问你们,最初发菩提心,悟知十八界,哪一个法门为圆通本根?从什么方便法门入手起修,证入三摩地?"

时憍陈那五比丘即从座起,顶礼佛足而白佛言:"我在鹿苑及于鸡园,观见如来,最初成道,于佛音声悟明四谛。佛问比丘,我初称解,如来印我名阿若多。

妙音密圆，我于音声得阿罗汉。佛问圆通，如我所证，音声为上。"

译文：

　　这时憍陈那等五比丘即从座而起，顶礼佛足而对佛说："我在鹿野苑、鸡园修行时，看见如来，最初成道后三次为我们讲说四圣谛法，我因听到了佛的音声而悟明四谛。当时佛问比丘谁已得解，唯我最先称解知，如来为我印证，并给我命名为阿若多。佛所说的微妙法音其体微密，其用周遍圆融，我于音声为本修因，证得阿罗汉果位。佛问什么法门最为圆通，如我所证，以音声为最上。"

　　优波尼沙陀即从座起，顶礼佛足而白佛言："我亦观佛，最初成道。观不净相，生大厌离，悟诸色性。以从不净、白骨、微尘，归于虚空，空、色二无，成无学道。如来印我名尼沙陀①。尘色既尽，妙色密圆，我从色相得阿罗汉。佛问圆通，如我所证，色因为上。"

注释：

　　①尼沙陀："优波尼沙陀"之略，译曰"近少"、"微细"等。古印度形容极少之数量名称。

译文：

　　优波尼沙陀即从座而起，顶礼佛足而对佛说："我也见佛，最初成道。佛陀教我修不净观，由观身之不净相而生起大厌离心，了悟诸色法的因缘性。从观身体不净开始，进而观皮肉瘀烂分散留下白骨，进而观白骨化为微尘，归于虚空，进而观空、色二法皆空无自性，由此证得无学圣道。如来为我印证，并给我命名为优波尼沙陀。观中外尘色法既已空尽，真性妙色其体微密，其用周遍圆融，我从观色相为本修因，证得阿罗汉果位。佛问什么法门最为圆通，如我所证，以色尘为最上。"

香严童子即从座起，顶礼佛足而白佛言："我闻如来教我谛观诸有为相。我时辞佛，宴晦清斋，见诸比丘烧沉水香，香气寂然来入鼻中。我观此气，非木、非空、非烟、非火，去无所著，来无所从，由是意销，发明无漏。如来印我得香严号。尘气倏灭，妙香密圆。我从香严得阿罗汉。佛问圆通，如我所证，香严为上。"

译文：

香严童子即从座而起，顶礼佛足而对佛说："我闻听佛的慈诲，教我如实观察一切有为相之因缘性。我那时就辞别佛陀，隐迹宴居于清净斋室，见比丘们烧沉水香，无形无象的香气悄然飘来，入我鼻中。我观察此香气，非从木发，非从空出，非从烟有，非从火生；去无所着，来无所从，缘起如幻，一切不可得，由此因缘当下心意消泯，发明无漏之智，得证圣果。如来印可我，得香严名号。香尘之气倏灭，真性妙香妙密圆通。我从观香尘而证得阿罗汉果位。佛问什么法门最为圆通，如我所证，以香尘为最上。"

　　药王、药上二法王子，并在会中五百梵天，即从座起，顶礼佛足而白佛言："我无始劫为世良医，口中尝此娑婆世界草、木、金、石，名数凡有十万八千，如是悉知苦、酢、咸、淡、甘、辛等味，并诸和合、俱生、变异，是冷是热，有毒无毒，悉能遍知。承事如来，了知味性非空非有，非即身心、非离身心，分别味因，从是开悟。蒙佛如来印我昆季药王、药上二菩萨名，今于会中为法王子，因味觉明，位登菩萨。佛问圆通，如我所证，味因为上。"

　　译文：
　　药王、药上菩萨二位法王子以及在会中的同行眷属五百梵天即从座而起，顶礼佛足而对佛说："我从无始劫以来皆为世间的良医，亲口尝此娑婆世界的草、木、金、石等类药物，名称数目达十万八千之多。这样我尽知所有药物的苦、酸、咸、淡、甘、辛等味，以及众味共成、直接采用、炼制炮制等药物调制方法，以及寒性热性、有毒无毒等药性，我全部熟知。后来我们承事如来修习佛法，了知味性非空非有，既不属于身心，也未离开身心，由此反观分别味尘之本因，豁然开悟。承蒙如来印可，赐以我们兄弟药王、药上二菩萨名号，在此会中，为法王子。我们以味尘为本修因而心地妙觉圆明，证得菩萨果。佛问什么法门最为圆通，如我所证，以味尘为最上。"

跋陀婆罗并其同伴十六开士即从座起①,顶礼佛足而白佛言:"我等先于威音王佛闻法出家,于浴僧时随例入室,忽悟水因;既不洗尘,亦不洗体,中间安然,得无所有。宿习无忘,乃至今时从佛出家,令得无学。彼佛名我跋陀婆罗,妙触宣明,成佛子住。佛问圆通,如我所证,触因为上。"

注释:

①跋陀婆罗:贤护菩萨之梵名,十六大菩萨之一,系在家菩萨。

译文:

跋陀婆罗及其同伴十六位开士即从座而起,顶礼佛足而对佛说:"我们从前在威音王佛时,闻法出家,值僧众沐浴日,随例入于浴室,就在入水触身之际,忽然悟知水触身觉之因缘;水性既不洗尘垢,也不洗身体,于根尘中间,水性安然,了不可得;触觉之性也是如此,得无所有。我因为微妙的感触而开悟,至今未忘,我们现今从佛出家,得为无学果位。当时威音王佛为我取名跋陀婆罗,我因微妙触觉发悟觉明,证得佛子住的菩萨位。佛问什么法门最为圆通,入我所证,以触尘为最上。"

摩诃迦叶及紫金光比丘尼等,即从座起,顶礼佛足而白佛言:"我于往劫,于此界中,有佛出世,名日月灯,我得亲近,闻法修学。佛灭度后,供养舍利,然灯续

明，以紫光金涂佛形像①；自尔已来，世世生生，身常
圆满紫金光聚。此紫金光比丘尼等即我眷属，同时发
心。我观世间六尘变坏，唯以空寂，修于灭尽，身心乃
能度百千劫，犹如弹指。我以空法成阿罗汉，世尊说
我头陀为最，妙法开明，销灭诸漏。佛问圆通，如我所
证，法因为上。"

注释：

①按，"以紫光金涂佛形像"，或作"紫金光"，误也。

译文：

大迦叶及紫金光比丘尼等，即从座而起，顶礼佛足而对佛
说："我在过去劫的时候，当时在此娑婆世界中有一位佛出世，
名号为日月灯佛，我得以亲近，闻法修学。日月灯佛灭度后，我
就供养舍利，于佛像和舍利前，燃灯续明不绝，并用紫光金涂
佛形像；自那时以来，生生世世，我的身体常常充满紫金光芒。
此紫金光比丘尼等就是我的眷属，与我同时发心。我观察世间
六尘的迁变坏灭，终归寂灭；唯以观六尘当体空寂而修灭尽定，
正入定时，身心乃能度过百千劫，犹如一弹指间。我以修空观
灭尽法尘而证得阿罗汉果位，世尊称赞我修头陀行最为第一，
因此得以微妙法性开显明现，息灭了一切有漏烦恼。佛问什么
法门最为圆通，如我所证，以法尘为最上。"

阿那律陀即从座起，顶礼佛足而白佛言："我初出

家，常乐睡眠，如来诃我为畜生类。我闻佛诃，啼泣自责，七日不眠，失其双目。世尊示我乐见照明金刚三昧。我不因眼，观见十方，精真洞然，如观掌果。如来印我成阿罗汉。佛问圆通，如我所证，旋见循元，斯为第一。"

译文：

阿那律陀即从座而起，顶礼佛足而对佛说："我最初出家时，常乐睡眠，如来呵责我就如畜生类一样。我听了佛的呵责后，涕泣自责，七日七夜没有睡眠，双目因而失明。世尊于是教我修行乐见照明金刚三昧。我不依眼根，而依见精真性心光，洞达无碍，故观见十方世界，如观掌中果。如来印可我，得成阿罗汉果位。佛问什么法门最为圆通，如我所证，旋转出流黏尘的妄见而返归见性，依循元明之真见，此为第一。"

周利槃特迦即从座起①，顶礼佛足而白佛言："我阙诵持，无多闻性。最初值佛，闻法出家，忆持如来一句伽陀，于一百日，得前遗后，得后遗前。佛愍我愚，教我安居，调出入息。我时观息，微细穷尽，生住异灭，诸行刹那；其心豁然，得大无碍，乃至漏尽，成阿罗汉，住佛座下，印成无学。佛问圆通，如我所证，反息循空，斯为第一。"

注释:

①周利槃特迦:为十六罗汉中第十六尊。又作"注茶半托迦"等,意译为"小路"。与兄同为佛陀弟子,禀性鲁钝愚笨,凡学习之教法,诵过即忘,故时人称之为"愚路"。其后,佛陀教示简短之"拂尘除垢"一语,令其于拂拭诸比丘之鞋履时反复念诵,遂渐除业障,某日忽然开悟而证得阿罗汉果。

译文:

周利槃特迦即从座而起,顶礼佛足而对佛说:"我生来就缺乏读诵记忆的能力,没有广学多闻的习性。最初遇到佛陀,听闻佛法后就出家了,背诵如来的一句偈颂,在一百天内,忆前忘后,忆后忘前。佛陀怜悯我的愚钝,教我安居静处,观察调顺鼻中的出入息。我在那时依教观息,功夫纯熟,对于出入息的最微细之处,诸如息的生、住、异、灭以及四相迁行的刹那变化等相,穷尽无余;心地豁然明通,得证大无碍,乃至诸漏断尽,成阿罗汉果位,在佛座下,蒙佛印可成就无学圣位。佛问什么法门最为圆通,如我所证,反观息相,循顺心空,此为第一。"

憍梵钵提即从座起,顶礼佛足而白佛言:"我有口业,于过去劫轻弄沙门,世世生生有牛呞病①。如来示我一味清净心地法门,我得灭心,入三摩地。观味之知,非体非物,应念得超世间诸漏;内脱身心,外遗世界,远离三有,如鸟出笼;离垢销尘,法眼清净,成阿罗汉。如来亲印,登无学道。佛问圆通,如我所证,还味旋知，斯为第一。"

注释：

①牛呞（shī）病：指人把食物吃进胃里又吐了出来，犹如牛反刍一样的病症。呞，即牛反刍。

译文：

憍梵钵提即从座而起，顶礼佛足而对佛说："我有口业，在过去劫的时候，见一位年老比丘没有牙齿吃饭，轻慢嘲笑他如牛吃草，由此口业，生生世世感得牛舌之报，患有牛呞病，即有如同牛一样反刍的毛病。如来教我修习一味清净心地法门，我得灭除分别识心，进入正定。我于定中正观尝味的觉知，非从舌根自体中生出，非从具有甜苦等味的外物中生出，在此当下一念间顿时悟入，得以超越世间诸有漏；内而脱落身心，外而遗弃世界，能所双亡，远离三界，解脱缠缚，如鸟出笼；脱离能取之心垢，消灭所取之尘相，得法眼净而见道，成就阿罗汉果。如来亲自印可我，登无学道位。佛问什么法门最为圆通，如我所证，还观味尘，旋转觉知，此为第一。"

毕陵伽婆蹉即从座起①，顶礼佛足而白佛言："我初发心从佛入道，数闻如来说诸世间不可乐事。乞食城中，心思法门，不觉路中毒刺伤足，举身疼痛。我念有知，知此深痛；虽觉觉痛，觉清净心无痛痛觉。我又思惟，如是一身，宁有双觉？摄念未久，身心忽空，三七日中诸漏虚尽，成阿罗汉，得亲印记，发明无学。佛问圆通，如我所证，纯觉遗身，斯为第一。"

注释：

①毕陵伽婆蹉：比丘，舍卫城人、婆罗门种。

译文：

毕陵伽婆蹉即从座而起，顶礼佛足而对佛说："我初发心，随佛落发出家学道，常听佛说世间无常苦空等诸不可乐事，即依教修观。一日进城乞食途中，心里观思法义，不小心路上脚被毒刺刺伤，毒入身中，全身疼痛起来。我念身中有觉知，能感觉到这个剧痛；虽然能觉知者感觉到疼痛，但我本觉清净心却不因为身体疼痛感觉而疼痛。我进而思维，这一个身中难道有两个觉知吗？这样，我就收摄痛念归于无痛之本觉清净心而观修，观修不久，身心忽然脱落，觉得内外完全空掉了；于是我继续观修二十一日，一切烦恼习漏销镕空尽，成就阿罗汉果位，佛陀亲自印可我，证得无学圣位。佛问什么法门最为圆通，如我所证，纯观本觉，遗弃身觉，此为第一。"

须菩提即从座起，顶礼佛足而白佛言："我旷劫来，心得无碍，自忆受生如恒河沙。初在母胎，即知空寂，如是乃至十方成空，亦令众生证得空性。蒙如来发性觉真空，空性圆明，得阿罗汉，顿入如来宝明空海，同佛知见，印成无学；解脱性空，我为无上。佛问圆通，如我所证，诸相入非，非所非尽，旋法归无，斯为第一。"

译文：

须菩提即从座而起，顶礼佛足而对佛说："我从久远劫以来，就已意根解空，心得无碍，自能忆知舍生受生如恒河沙数之多。今生初在母胎时，即能了知身心本自空寂，这样乃至出胎之后，由人空而悟法空，十方世界皆成空相，随佛出家，也宣说空义，令众生证得空性。承蒙如来显发性觉真空，性空真觉，空觉之性圆满明澈，皆归如来藏圆明妙真如心，得证阿罗汉果位，顿入如来宝明觉性，真空性海，同于佛之知见，如来印可我，证得无学圣位；得真解脱而妙证性空，我为无上。佛问什么法门最为圆通，如我所证，诸有为相皆入于空，能空与所空亦皆空尽，旋转有为诸法，复归第一义空，此为第一。"

舍利弗即从座起，顶礼佛足而白佛言："我旷劫来，心见清净，如是受生如恒河沙，世、出世间种种变化，一见则通，获无障碍。我于中路逢迦叶波兄弟相逐[①]，宣说因缘，悟心无际，从佛出家，见觉明圆，得大无畏，成阿罗汉，为佛长子。从佛口生，从法化生。佛问圆通，如我所证，心见发光，光极知见，斯为第一。"

注释：

①迦叶波：又作"迦摄波"，佛弟子名。

译文：

舍利弗即从座而起，顶礼佛足而对佛说："我从久远劫以来，就已清净，这以后舍生受生如恒河沙数之多，世间、出世间无量差别诸法的种种变化，我一见就通达，眼识明利，获无障碍。一日，我于路途遇到迦叶波三兄弟相随，宣说佛所讲的因缘法义，我一闻便悟明心之无边，随即从佛出家，心见觉性得以明澈圆满，获得大无畏智慧，成就阿罗汉果位，成为佛的首座弟子。我因听闻佛说而悟心，是从佛口生，依佛教法长养慧命，是从法化生。佛问什么法门最为圆通，如我所证，心见清净而显发本有智光，智光极处而悟得见觉明圆，此为第一。"

普贤菩萨即从座起①，顶礼佛足而白佛言："我已曾与恒沙如来为法王子，十方如来教其弟子菩萨根者修普贤行，从我立名。世尊，我用心闻，分别众生所有知见；若于他方恒沙界外有一众生心中发明普贤行者，我于尔时乘六牙象，分身百千，皆至其处，纵彼障深，未得见我，我与其人暗中摩顶，拥护安慰，令其成就。佛问圆通，我说本因，心闻发明，分别自在，斯为第一。"

注释：

①普贤菩萨：又曰"普贤萨埵"、"普贤大士"。普贤是具足无量行愿、普现于一切佛刹的大乘圣者。在娑婆世界，他与文殊菩萨并为释迦牟尼的两大胁侍。在我国，则是四大菩萨（观音、文殊、地藏、普贤）之一。

译文：

普贤菩萨即从座而起，顶礼佛足而对佛说："我已曾给恒河沙数如来做法王子，十方如来教其弟子中具有菩萨根器者所修的普贤行，即是从我立名。世尊，我用心闻，去分别众生的所有知见；如果在恒河沙数世界之外，有一众生显明妙真如心而入普贤行门，我这时就乘六牙白象，分出百千化身，到各发心者的面前，纵使那人业障深重，未能见到我，我也给他暗中摩顶，消其惑业，拥护安慰，使他成就普贤胜行。佛问什么法门最为圆通，我说本修因，心闻发明本有智光，随念分别、普应群机而得大自在，此为第一。"

孙陀罗难陀即从座起①，顶礼佛足而白佛言："我初出家，从佛入道，虽具戒律，于三摩地心常散动，未获无漏。世尊教我及拘绨罗②，观鼻端白。我初谛观，经三七日，见鼻中气出入如烟，身心内明，圆洞世界，遍成虚净，犹如琉璃；烟相渐销，鼻息成白，心开漏尽，诸出入息化为光明，照十方界，得阿罗汉，世尊记我当得菩提。佛问圆通，我以销息，息久发明，明圆灭漏，斯为第一。"

注释：

①孙陀罗难陀：即难陀，佛之小弟。译曰"艳喜"，容姿端正，具三十相，与佛相比，唯缺白毫相及耳垂肩相。佛成道后度其出家，证阿罗汉果。

②拘绨（chī）罗：佛陀的弟子之一。又作"摩诃俱绨罗"，随

佛陀出家后，得阿罗汉果，证得五蕴皆空之理，故称"悟空"。

译文：

孙陀罗难陀即从座而起，顶礼佛足而对佛说："我最初出家跟佛入道时，虽然具足戒律无所缺犯，而于禅定观修，心常散动，因此未能以定力断除惑业而获得无漏。世尊教我和拘缔罗观想鼻端气息之白相。我初时谛观，经过了二十一天，观见鼻中气息出入如烟一样；身心内明，圆满洞彻世界，遍成虚明清净，犹如琉璃一样；进而，烟相渐渐消散，鼻中出入息成为纯白光相，于是，如来藏心开显，诸漏尽除，所有出入息都化为光明，遍照十方世界，证得阿罗汉果位，世尊印可授记我当会证得菩提正觉。佛问什么法门最为圆通，我以观鼻端白而消泯出入息相，消息既久而发明如来藏妙明圆觉心，灭尽诸漏，此为第一。"

富楼那弥多罗尼子即从座起，顶礼佛足而白佛言："我旷劫来，辩才无碍，宣说苦、空，深达实相；如是乃至恒沙如来秘密法门，我于众中微妙开示，得无所畏。世尊知我有大辩才，以音声轮教我发扬。我于佛前助佛转轮，因师子吼成阿罗汉，世尊印我说法无上。佛问圆通，我以法音降伏魔怨，销灭诸漏，斯为第一。"

译文：

富楼那弥多罗尼子即从座而起，顶礼佛足而对佛说："我从久远劫以来，就已辩才无碍，宣说苦、空妙理，深达诸法实相；

这样乃至于恒河沙数如来的秘密法门，我都能于大众中作微妙开示，无所畏惧。世尊知我有大辩才，教我以言语音声发扬佛法。我于佛前代佛说法宣化，辅助佛陀转正法轮，因说法如狮子吼而成就阿罗汉果位，世尊印可我说法无上。佛问什么法门最为圆满，我以舌识法音降伏一切魔怨，消灭诸漏，入于圆通，此为第一。"

优波离即从座起①，顶礼佛足而白佛言："我亲随佛逾城出家，亲观如来六年勤苦，亲见如来降伏诸魔，制诸外道，解脱世间贪欲诸漏。承佛教戒，如是乃至三千威仪、八万微细，性业、遮业②，悉皆清净，身心寂灭，成阿罗汉。我是如来众中纲纪，亲印我心，持戒修身，众推为上。佛问圆通，我以执身，身得自在；次第执心，心得通达，然后身心一切通利，斯为第一。"

注释：

①优波离：佛陀十大弟子之一。出身首陀罗种，实为佛陀广开门户，四姓平等摄化之第一步，修持严谨，被誉为"持律第一"。

②性业、遮业：有些业其体性本身就是恶的，如杀、盗、淫、妄等，称为"性业"，制止不作称为"性戒"。有些业，其本身并不一定是恶，如饮酒、荤食、垦土等，但会成为造恶或犯戒的因缘，故佛制戒"遮止"，这些业称为"遮业"，制止勿犯称为"遮戒"。

译文：

优波离即从座而起，顶礼佛足而对佛说："我亲随佛半夜越城出家，亲观如来苦行六年，亲见如来降伏诸魔，制服外道，解脱世间的贪欲烦恼等诸漏。承蒙佛教授我小乘众戒律，如是渐次增进，至大乘菩萨戒法的三千威仪、八万细行，大小乘戒的性业和遮业，我都受持清净无缺，身心诸漏寂灭，成就阿罗汉果位。我是如来弟子众中的律法纲纪，蒙佛亲自印可我心戒清净，持戒修身，众中推为最上。佛问什么法门最为圆通，我以身识执持戒律制身，令身离染，身得自在；其次以身识执持心戒，心得通达，然后身心一切通利，入于圆通，此为第一。"

大目犍连即从座起①，顶礼佛足而白佛言："我初于路乞食，逢遇优楼频螺、伽耶、那提三迦叶波，宣说如来因缘深义，我顿发心，得大通达。如来惠我袈裟著身，须发自落。我游十方，得无罣碍；神通发明，推为无上，成阿罗汉。宁唯世尊，十方如来叹我神力，圆明清净，自在无畏。佛问圆通，我以旋湛，心光发宣，如澄浊流，久成清莹，斯为第一。"

注释：

①大目犍（jiān）连：常作"摩诃目犍连"，佛十大弟子之一，以"神通第一"著称。

译文:

大目犍连即从座而起,顶礼佛足而对佛说:"我当初未出家时,在路上乞食,遇到优楼频螺、伽耶、那提三迦叶波兄弟,正在宣说佛因缘法的深义,我一闻偈顿时发明本心,意识圆通,神通引发,得大通达。即投佛出家,佛予慈惠,呼'善来比丘',我即袈裟着身,须发自落,成为比丘。我以神通游于十方世界,毫无罣碍;神通展发自在无碍,大众中推为无上,成就阿罗汉果位。不仅是世尊,十方世界的如来都赞叹我的神通力,圆明清净,自在无畏。佛问什么法门最为圆通,我以旋转虚妄分别之意识,还归湛然圆明的常住真心,心光显发周遍,如澄清浊流,久之而成清净莹明的如来藏性,入于圆通,此为第一。"

乌刍瑟摩于如来前[1],合掌顶礼佛之双足,而白佛言:"我常先忆久远劫前,性多贪欲。有佛出世名曰空王,说多淫人成猛火聚,教我遍观百骸四肢诸冷暖气,神光内凝,化多淫心成智慧火。从是诸佛皆呼召我名为火头。我以火光三昧力故,成阿罗汉,心发大愿,诸佛成道,我为力士,亲伏魔怨。佛问圆通,我以谛观身心暖触,无碍流通,诸漏既销,生大宝焰,登无上觉,斯为第一。"

注释:

①乌刍瑟摩:明王名。译曰"不净洁"、"秽迹"、"火头"

等,有转不净为清净之德。

译文:

乌刍瑟摩在佛前,合掌顶礼佛的双足而对佛说:"我常回忆,久远劫以前身为凡夫时,习性贪爱淫欲。那时有佛出世名叫空王如来,说多淫欲的人,生时炽然欲火,死后业火,故成猛火聚,于是教我遍观全身百骸四肢的冷暖气息,神光反观内照,凝合身内暖触火大,工夫精纯则得火光三昧,转化多淫心成为智慧火。从此诸佛皆称呼我名为火头。我以火光三昧之力,成就阿罗汉果位,心中即发大愿,诸佛成道之时,我做金刚力士,拥护佛法,亲自降伏各种魔怨。佛问什么法门最为圆通,我以谛观身心暖触火大,使得火大气息在身内无碍流通,证入三昧,消除诸漏,生起智慧大宝焰,登无上正觉,此为第一。"

持地菩萨即从座起[1],顶礼佛足而白佛言:"我念往昔普光如来出现于世,我为比丘,常于一切要路、津口、田地险隘,有不如法,妨损车马,我皆平填,或作桥梁,或负沙土。如是勤苦,经无量佛出现于世。或有众生于阛阓处要人擎物[2],我先为擎,至其所诣,放物即行,不取其直。毗舍浮佛现在世时,世多饥荒,我为负人,无问远近,惟取一钱。或有车牛被于泥溺,我有神力为其推轮,拔其苦恼。时国大王延佛设斋,我于尔时,平地待佛。毗舍如来摩顶谓我:'当平心地,则世界地一切皆平。'我即心开,见身微尘与造世界所有微尘，等无差别，微尘自性，不相触摩，乃至刀兵，亦无所触。我于法性，悟无生忍，成阿罗汉，回心今入菩萨位中。闻诸如来宣妙莲花，佛知见地，我先证明，而为上首。佛问圆通，我以谛观身界二尘，等无差别，本如来藏，虚妄发尘，尘销智圆，成无上道，斯为第一。"

注释：

①持地菩萨：佛为母说法，上忉利天时，此菩萨为作三道之宝阶。

②阛阓（huán huì）：街市。

译文：

持地菩萨即从座而起，顶礼佛足而对佛说："我忆念过去世普光如来出现于世的时候，我为比丘，常于一切往来重要道路、水陆交通之津口、田地之险隘处等地方，若有不合法度、可能妨碍和损害车马之处，我都给填平，或者架造桥梁，或者背来沙土对其修补。这样勤苦劳作，修桥补路，历经了无量佛出现于世，常行不退。或有众生在街市处要别人搬运东西，我就先给他搬运，送到要去的地方，放下东西就走，不取任何报酬。毗舍浮佛出现在世的时候，世间多有饥荒，乞食为难，我便做荷负之人，给人背东西，无论远近，只取一钱的报酬，聊以活命。如有车和牛马陷于泥淖，我就用神力为他推车轮，拔除他们的苦恼。有一天国王设斋请佛应供，我在那时就预先平整地面等待佛。毗舍浮如来摩顶对我说：'当平治心地，则世界大地一切皆平。'我一听后，即刻心开悟解，见自身中地大之微尘与所造世界的所有微尘，无有差别；内外地大微尘的自性皆为如来藏性心法，性色真空，不相接触和摩擦，乃至外地大之刀兵加于内地大之身体，也不会触伤。我从地大法性本无自性而悟得无生法忍，成就阿罗汉果位，又回小乘心，今入大乘菩萨位中。听闻诸如来所共宣说的妙莲花如来藏心地法门，乃是佛之知见地，我先已证悟明了，成为会中的上首。佛问什么法门最为圆通，我以谛观内身、外界二尘自性平等而无有差别，本是如来藏性而循业虚妄显发为外尘，尘相若消则本有智光圆明，成就无上圣道，此为第一。"

月光童子即从座起①，顶礼佛足而白佛言："我忆往昔恒河沙劫，有佛出世，名为水天，教诸菩萨修习水观，入三摩地。观于身中，水性无夺。初从涕唾，如是穷尽津液精血，大小便利，身中旋复，水性一同。见水身中与世界外，浮幢王刹，诸香水海，等无差别。我于是时初成此观，但见其水，未得无身。当为比丘，室中安禅。我有弟子窥窗观室，唯见清水，遍在室中，了无所见。童稚无知，取一瓦砾，投于水内，激水作声，顾盼而去。我出定后，顿觉心痛，如舍利弗遭违害鬼。我自思惟，今我已得阿罗汉道，久离病缘，云何今日忽生心痛，将无退失？尔时，童子捷来我前，说如上事。我则告言：汝更见水，可即开门，入此水中，除去瓦砾。童子奉教。后入定时，还复见水，瓦砾宛然，开门除

出。我后出定，身质如初。逢无量佛，如是至于山海
自在通王如来，方得亡身，与十方界诸香水海，性合真
空，无二无别。今于如来得童真名，预菩萨会。佛问
圆通，我以水性，一味流通，得无生忍，圆满菩提，斯
为第一。"

注释：

①月光童子：又作"月光菩萨"，为佛陀时代王舍城长者申日
之子。

译文：

月光童子即从座而起，顶礼佛足而对佛说："我忆念过去恒
沙数劫以前，有佛出世名叫水天佛，他教授诸菩萨修习水观，入
三摩地。观想自身中的水大自性相同并不相倾夺。最初从涕
唾开始，这样渐次观察，乃至穷尽津液精血、大小便利等，身中
水大循环往复，流通不息，其相不一，水性则一同。观见在身
中的水与在世界外诸如华藏世界海中浮幢王刹等所有香水海
的水，无有差别。我在那时初步成就此观，定中但见其水为身，
而未证得无身。当时我为比丘，在室中安住禅修水观。我有个
小弟子从窗中偷看，只见室内遍满清水，并无其他。童子幼稚
无知，就拿了一块瓦砾投于水中，激起水响声，左右看了看就走
了。我出定后，顿时觉得心痛，如同舍利弗遭遇违害鬼所击，出
定感觉头痛一样。我自己想，现在我已证得阿罗汉果，很久就
已离开了病缘，为何今日忽然有了心痛呢？莫非要退失道果吗？

这时，那个童子跑来我跟前，说了刚才的事。我就告诉他：你再看见水的时候，可立即开门进入水中，拿出那块瓦砾。童子遵守我的话。我又入定后，那个童子仍旧看见满室的水，瓦砾依然在那，他开门入水取走了瓦砾。我出定后，身体恢复如初。这样值遇无量的佛，跟随修学，直至山海自在通王如来时，我方证得无自身相，与十方世界香水海的水，皆是性合真空，同一藏性，性水真空，性空真水，无二无别。现今在世尊的座下，我得到童真的名字，预列于菩萨之会。佛问什么法门最为圆通，我以观察水性一味流通，证得无生法忍，圆满无上菩提，此为第一。"

琉璃光法王子即从座起，顶礼佛足而白佛言："我忆往昔经恒沙劫，有佛出世，名无量声，开示菩萨本觉妙明，观此世界及众生身，皆是妄缘风力所转。我于尔时观界安立，观世动时，观身动止，观心动念，诸动无二，等无差别。我时觉了此群动性，来无所从，去无所至，十方微尘，颠倒众生，同一虚妄；如是乃至三千大千一世界内所有众生，如一器中贮百蚊蚋①，啾啾乱鸣，于分寸中鼓发狂闹。逢佛未几，得无生忍，尔时心开，乃见东方不动佛国，为法王子，事十方佛，身心发光，洞彻无碍。佛问圆通，我以观察风力无依，悟菩提心，入三摩地，合十方佛，传一妙心，斯为第一。"

注释：

①蚋（ruì）：蚊类虫，体形似蝇而小。

译文：

琉璃光法王子即从座而起，顶礼佛足而对佛说："我忆念过去恒河沙数劫以前，有佛出世，名叫无量声佛，开示菩萨众如来藏本觉妙明法门，观照此世界及众生身体，都是妙明性体上一念无明妄动之妄缘，而有无明风力所转而起世界众生。我那时就观察十方世界的安立，皆由风力执持，观察三世时间的流动，观察身体的动止，观察心动念起之时，皆是风动作用所推，这些动相虽多，从自性而言，唯是风性，因此诸动相的自性无二无别，没有差别。我当时觉察明了，这诸动相之自性，来无所从，去无所至，当体全空，无有实性，十方微尘世界以及一切颠倒众生，同一虚妄；这样乃至三千大千世界每一世界内的所有众生，如同装在一个容器里的百只蚊子，啾啾乱叫，在很小的方寸空间里鼓发狂闹。值逢无量声佛不久，我证得无生法忍，即时本觉真心开显，乃得亲见东方不动佛国，在不动佛会下为法王子，遍事十方诸佛，身心发光，内外洞彻无碍，如净琉璃。佛问什么法门最为圆通，我以观察风力无依无体而悟入菩提心，得入正定，契合十方诸佛所传微妙心印，此为第一。"

虚空藏菩萨即从座起，顶礼佛足而白佛言："我与如来定光佛所①，得无边身。尔时，手执四大宝珠，照明十方微尘佛刹，化成虚空。又于自心现大圆镜，内放十种微妙宝光,流灌十方尽虚空际。诸幢王刹,来入镜内,涉入我身,身同虚空,不相妨碍。身能善入微尘国土,广行佛事,得大随顺。此大神力,由我谛观:四大无依,妄想生灭,虚空无二,佛国本同,于同发明,得无生忍。佛问圆通,我以观察虚空无边,入三摩地,妙力圆明,斯为第一。"

注释:

①定光佛:即燃灯佛。在过去世为释迦菩萨授记的佛陀。

译文:

虚空藏菩萨即从座而起,顶礼佛足而对佛说:"我与世尊您,往昔曾同在定光佛所,供养承事,证得无边虚空身。那时,我手执四大智慧宝珠,照明十方微尘数的佛刹,一一化为虚空。又于自己本觉真心现出大圆镜智,内放十种微妙宝光,流灌十方法界,尽虚空边际。华藏世界海中诸浮幢王刹,都被摄入此智,无一不在大圆镜智照耀中,由此涉入我身,而我身同于虚空,彼此不相妨碍。我身化身无量,善于进入微尘数的国土,广行佛事,得恒顺众生的大自在。我有这样的大神通力,是由谛观地、水、火、风四大无体,随众生妄想而有生灭,当体击空,与虚空无二,佛国以四大为能依,所以佛国也空,即于空性,发明如来藏性,悟明性觉真空,性空真觉,证得无生法忍。佛问什么法门最为圆通,我以观察虚空无边而得入正定,种种微妙神力圆满明澈,自在展发,此为第一。"

弥勒菩萨即从座起①，顶礼佛足而白佛言："我忆往昔经微尘劫，有佛出世，名日月灯明。我从彼佛而得出家，心重世名，好游族姓。尔时，世尊教我修习唯心识定，入三摩地。历劫已来，以此三昧事恒沙佛，求世名心歇灭无有。至然灯佛出现于世②，我乃得成无上妙圆识心三昧，乃至尽空，如来国土，净秽有无，皆是我心变化所现。世尊，我了如是唯心识故，识性流出无量如来，今得授记，次补佛处。佛问圆通，我以谛观十方唯识，识心圆明，入圆成实③，远离依他及遍计执④，得无生忍，斯为第一。"

注释：

①弥勒菩萨：意译作"慈氏"。在未来世降生阎浮提世界，继释尊之后将会成佛的菩萨，现住兜率天。

②然灯佛：即燃灯佛。见前注。

③圆成实：即"圆成实性"。于人空、法空上所显现的圆满成就的诸法实性，名为"圆成实性"。

④依他：即"依他起性"，指一切存在都是因缘和合而生，依赖他缘而生起。遍计执：即"遍计所执性"，指对种种由因缘而生起的存在周遍计度，从而妄执其为实体的存在。

译文：

弥勒菩萨即从座而起，顶礼佛足而对佛说："我忆念过去微尘数劫以前，有佛出世，名叫日月灯明佛，我跟从彼佛而出家，心好世间名闻利养，喜欢游走豪族大姓之家。那时，日月灯明佛教我修习唯心识定，得入三摩地。从那时起的历劫以来，以此三昧，奉事恒河沙数佛，追求世间名闻之心渐渐停歇息灭。直到燃灯佛出现于世，我才证得无上妙圆的识心三昧，彻悟万法唯识所现，乃至尽虚空的如来国土，有的国土有净有秽，有的无净无秽，有的有净无秽，都是我的识心变化所现。世尊，我因为了知这些国土净秽唯是心识所现的缘故，故由识性流出无量如来，现在得到世尊授记，次补佛位。佛问什么法门最为圆通，我以谛观十方世界一切依正染净都是唯识所现，了知三界唯心，万法唯识，识心不二，一体圆明，即证入圆成实性，远离依他起性和遍计所执性，证得无生法忍，此为第一。”

大势至法王子与其同伦五十二菩萨即从座起[①]，顶礼佛足而白佛言：“我忆往昔恒河沙劫，有佛出世，名无量光。十二如来相继一劫，其最后佛名超日月光，彼佛教我念佛三昧。譬如有人，一专为忆，一人专忘，如是二人，若逢不逢，或见非见。二人相忆，二忆念深，如是乃至从生至生，同于形影，不相乖异。十方如来怜念众生，如母忆子，若子逃逝，虽忆何为？子若忆母，如母忆时，母子历生，不相违远。若众生心，忆佛念佛，现前当来，必定见佛。去佛不远，不假方便，自得心开。如染香人，身有香气，此则名曰香光庄严。我本因地，以念佛心入无生忍；今于此界，摄念佛人归于净土。佛问圆通，我无选择，都摄六根，净念相继，得三摩地，斯为第一。"

注释：

①大势至：此菩萨以智慧光普照一切，令众生离三涂，得无上力；又彼行时，十方世界一切地皆震动，故称"大势至"。与观世音菩萨同为西方极乐世界阿弥陀佛之胁侍，世称"西方三圣"。

译文：

大势至法王子与其同伴五十二位菩萨即从座而起，顶礼佛足而对佛说："我忆念过去恒河沙数劫以前，有佛出世，名叫无量光佛。此劫中先后有十二位佛相继出世，最后一位佛名叫超日月光佛，彼佛教我修习念佛三昧。譬如有亲友二人，一人专心忆念此亲友，另一人则专于世务而忘却此亲友，这样两人即使相逢，也同于未逢，即使相见，也同于未见。如果二人互相忆念，二人的忆念就转深，这样乃至生生世世，都会形影相依，不相背离。十方如来怜念众生，就如母亲忆念儿子，如果儿子逃走不回家，母亲虽日夜忆念又有何用？儿子忆念母亲，如果能像母亲想念儿子一样恳切，则母子生生世世不会远离。众生若心中，常忆佛念佛，现在或将来，必定见到佛。如果众生能够恳切地忆佛念佛，命终之后蒙佛接引而往生极乐，则去佛不远，这样就不须假借其他方便，既得往生极乐，自得心地开悟。如同染香的人，身上自然就染有香气，忆佛念佛虽然还未成佛，但也染有佛的气分，这就叫香光庄严。我在本修因地，以念佛心而证入无生法忍；现在于此娑婆世界，摄受念佛的人同归净土。佛问什么法门最为圆通，我无其他选择，都摄六根，净念相继，得入正定，此为第一。"

卷 六

　　本卷接着讲说第二十五观音菩萨耳根圆通法门。二十五圆通法门中，前二十四圆通都是略说，而对于第二十五观音菩萨耳根圆通法门，则给予详细叙说，显示了本经对于耳根圆通法门以及观音法门的重视。首先由观音菩萨讲述了证入耳根圆通的修行过程："从闻思修，入三摩地。初于闻中，入流亡所，所入既寂，动、静二相了然不生。如是渐增，闻、所闻尽，尽闻不住，觉、所觉空，空觉极圆，空、所空灭，生灭既灭，寂灭现前。忽然超越世、出世间，十方圆明。"这段经文所述的禅观方法，对于悟道证果极为重要，受到了禅宗的高度重视。历代注家多配合六结来解释，所谓解六结，明三空。首先从耳根的闻性入手起修，做入流照性、回光返照功夫，渐次解除"动、静、根、觉、空、灭"六结，六结尽解，一根拔除，六根解脱，入一真无妄之地，证得金刚三昧；由此与十方佛如来同一慈力，成就三十二应身、十四种无畏功德、四种不可思议无作妙德，兴起利他妙行。又本经所举三十二应身，与《法华经·普门品》所举三十三应身意趣不同，《普门品》是佛说，机在持名拔苦；本经是观音菩萨自说，机在妙应圆通之理。

　　对此二十五圆通法门，佛陀在之前和之后都说法门平等，无有优劣之差别，所谓"最上"是指对机而言。针对阿难及未来众生的根机，文殊菩萨奉佛之命，说偈评判二十五圆通，独选观音菩萨的耳根圆通法门于此界众生最为当机。至此,本经二十五圆通法门圆满。

随后阿难又请问"安立道场,远诸魔事","救护众生末劫"之事,佛陀即宣说"修行三决定义",即戒定慧"三学",从闻、思、修,入三摩地,严持四重戒为基,建立坛场专修楞严咒为正行,以证如来藏心楞严大定。并首先详细讲解了其心不淫、不杀、不偷、不妄语之四种"决定清净明诲"。

  尔时,观世音菩萨即从座起①,顶礼佛足而白佛言:"世尊,忆念我昔无数恒河沙劫,于时有佛出现于世,名观世音。我于彼佛发菩提心,彼佛教我,从闻思修,入三摩地。

注释:

①观世音菩萨:以慈悲救济众生为本愿之菩萨。又作"观自在菩萨"、"观音菩萨",与大势至菩萨同为西方极乐世界阿弥陀佛之胁侍,世称"西方三圣"。

译文:

这时,观世音菩萨即从座而起,顶礼佛足而对佛说:"世尊,忆念我往昔于无数恒河沙劫以前,那时有一位佛出现于世,名叫观世音如来。我跟从这位尊佛发菩提心,彼佛教导我,从闻、思、修,入三摩地。

"初于闻中①，入流亡所，所入既寂，动、静二相了然不生。如是渐增，闻、所闻尽，尽闻不住，觉、所觉空，空觉极圆，空、所空灭，生灭既灭，寂灭现前。忽然超越世、出世间，十方圆明，获二殊胜：一者，上合十方诸佛本妙觉心，与佛如来同一慈力；二者，下合十方一切六道众生，与诸众生同一悲仰。

注释：

①按，"闻"者，意在"闻性"，返闻闻自性，这是本经的特别教授。闻性非耳识，更非意识，乃在前所抉择之根性，六根之根元性，亦称"觉性"、"圆觉性"。若以"闻、思、修"三慧而论，此属于"思慧"。

译文：

"最初于耳根闻性中，返闻照性而入闻性之流，亡失所闻的声尘；所入的声尘既寂止，能闻的耳根也寂静，动、静两种声尘相完全寂止不生。这样渐修增进，能闻之根和所闻之声尘皆灭尽不生；能闻所闻皆灭尽，根尘脱落，解根结，证我空，湛一无边之境现前，但也于此不住不着，则能觉之智与所觉之湛一境皆归空寂；智境息灭，空觉究竟圆满，能空之空也空，能空所空皆归寂灭，一切生灭法皆灭尽，则本有寂灭妙常觉性自然现前。刹那之间，忽然超越一切世间、出世间，十方世界周遍圆满，无非本有自性光明，获得两种殊胜妙用：一者，上合十方诸佛的本觉妙心，与如来同一慈悲心和神通力；二者，下合十方一切六道众生的心性，与诸众生同一悲苦和渴仰。

"世尊，由我供养观音如来①，蒙彼如来授我如幻闻熏闻修金刚三昧②，与佛如来同慈力故，令我身成三十二应，入诸国土。

注释：

①观音如来：观世音菩萨因地中的本师。

②如幻闻熏闻修金刚三昧：如幻，指依本起因地之如来藏因而修，故能观与所观皆如幻如化，不假功用。闻熏闻修，指由本觉闻性入流内熏而熏起始觉修智。金刚三昧，即金刚喻定，等觉菩萨于等觉后心所起之大定，此处亦特指楞严大定，以其究竟坚固，不可摧坏，犹如金刚，故称"金刚三昧"。

译文：

"世尊，由于我供养观音如来，承蒙观音如来传授我如幻闻熏闻修金刚三昧，证得与如来同一慈悲心和神通力的缘故，令我成就三十二种应化身，随机赴感，遍入一切世界国土。

"世尊，若诸菩萨入三摩地，进修无漏，胜解现圆，我现佛身而为说法，令其解脱。若诸有学，寂静妙明，胜妙现圆，我于彼前现独觉身而为说法，令其解脱。若诸有学，断十二缘，缘断胜性，胜妙现圆，我于彼前现缘觉身而为说法，令其解脱。若诸有学，得四谛空，修道入灭，胜性现圆，我于彼前现声闻身而为说法，令其解脱。若诸众生欲心明悟，不犯欲尘，欲身清净，我于彼前现梵王身而为说法，令其解脱。

译文：

"世尊，如果有菩萨已入正定，进修无漏道业，胜解将现圆满之时，我就现佛身而为说法，令他得到解脱。如果有二乘有学，志求独觉者，身心寂静，妙慧明通，殊胜妙慧将现圆满之时，我就在他面前现独觉身而为说法，令他得到解脱。如果有缘觉有学，志求缘觉道，观修断除了十二因缘之流转，流转因缘断除而胜性显现，殊胜妙性将现圆满之时，我就在他面前示现缘觉身而为说法，令他得到解脱。如果有声闻有学在见道位中，证得断四谛下惑之见惑空，进而入修道位证择灭无为，灭谛无生之性将现圆满之时，我就在他面前示现声闻身而为说法，令他得到解脱。如果有众生希望心明开悟，持守戒律，不犯淫欲，使得贪欲之身得以离欲清净，我就在他面前示现梵王身而为说法，令他得到解脱。

"若诸众生欲为天主，统领诸天，我于彼前现帝释身而为说法[①]，令其成就。若诸众生欲身自在，游行十方，我于彼前现自在天身而为说法[②]，令其成就。若诸众生欲身自在，飞行虚空，我于彼前现大自在天身而为说法[③]，令其成就。若诸众生爱统鬼神，救护国土，我于彼前现天大将军身而为说法[④]，令其成就。若诸众生爱统世界，保护众生，我于彼前现四天王身而为说法⑤，令其成就。若诸众生爱生天宫，驱使鬼神，我于彼前现四天王国太子身而为说法，令其成就。

注释：

①帝释：即忉利天天主，名"释提桓因"，居须弥山之顶善见城。

②自在天：指欲界最高之第六天，他化自在天之天主。

③大自在天：指色界之最高天天主，又称"摩醯首罗天"。

④天大将军：指欲界天之天将。

⑤四天王：欲界四大天王，即东方持国天王、南方增长天王、西方广目天王、北方多闻天王。

译文：

"如果有众生想当天主以统领诸天，我就在他面前现帝释身而为说法，使他如愿成就。如果有众生希望此身自在，能够游行十方国土，我就在他面前现自在天身而为说法，使他如愿成就。如果有众生希望此身自在，能够在虚空中飞行，我就在他面前现大自在天身而为说法，使他如愿成就。如果有众生喜欢统领鬼神以救护世间国土，我就在他面前现天大将军身而为说法，使他如愿成就。如果有众生喜欢统领世界，保护众生，我就在他面前现四天王身而为说法，使他如愿成就。如果有众生喜欢生在天宫中，并能驱使鬼神，我就在他面前现四天王国太子身而为说法，使他如愿成就。

"若诸众生乐为人王，我于彼前现人王身而为说法，令其成就。若诸众生爱主族姓，世间推让，我于彼前现长者身而为说法，令其成就。若诸众生爱谈名言，清净自居，我于彼前现居士身而为说法，令其成就。若诸众生爱治国土，剖断邦邑①，我于彼前现宰官身而为说法，令其成就。若诸众生爱诸数术，摄卫自居②，我于彼前现婆罗门身而为说法，令其成就。若有男子好学出家，持诸戒律，我于彼前现比丘身而为说法，令其成就。若有女人好学出家，持诸禁戒，我于彼前现比丘尼身而为说法，令其成就。

注释：

①剖断邦邑：于大邦或小邑，剖析决断种种讼案。

②摄卫：调摄卫生，行气养生。

译文：

"如果有众生喜欢成为人间的国王治理国家，我就在他面前现国王身而为说法，使他如愿成就。如果有众生喜欢做一家族之主，以得到人们的尊重，我就在他面前现长者身而为说法，使他如愿成就。如果有众生喜欢讨论道理，身常清净，以道自居，我就在他面前现居士身而为说法，使他如愿成就。如果有众生喜欢治理国家，剖断各级政务，我就在他面前现宰官身而为说法，使他如愿成就。如果有众生喜欢诸种数术，调理身心，摄卫自居，我就在他面前现婆罗门身而为说法，使他如愿成就。如果有男子好学出家，持守戒律，我就在他面前现比丘身而为说法，使他如愿成就。如果有女人好学出家，持守戒律，我就在她面前现比丘尼身而为说法，使她如愿成就。

"若有男子乐持五戒，我于彼前现优婆塞身而为说法[1]，令其成就。若有女子五戒自居，我于彼前现优婆夷身而为说法[2]，令其成就。若有女人内政立身，以修家国，我于彼前现女主身及国夫人、命妇大家而为说法，令其成就。若有众生不坏男根，我于彼前现童男身而为说法，令其成就。若有处女爱乐处身，不求侵暴，我于彼前现童女身而为说法，令其成就。若有诸天乐出天伦，我现天身而为说法，令其成就。

注释：

①优婆塞：意为近事男，能发菩提心，受持佛教在家五戒的男子。

②优婆夷：意为近事女，发菩提心，受持佛教在家五戒的女子。

译文：

"如果有男子乐意受持五戒，我就在他面前现优婆塞身而为说法，使他如愿成就。如果有女子乐意受持五戒，我就在她面前现优婆夷身而为说法，使她如愿成就。如果有女人内主家政立其身，以修家国之基，我就在她面前现女主身及国夫人身、命妇大家身而为说法，使她如愿成就。如果有众生不近女色，保守童贞，我就在他面前现童男身而为说法，使他如愿成就。如果有处女爱乐处女之身，不希望受异性的侵犯，我就在她面前现童女身而为说法，使她如愿成就。如果有诸天人乐意出离天趣，我就现天身而为说法，使他们如愿成就。

"若有诸龙乐出龙伦，我现龙身而为说法，令其成就。若有药叉乐度本伦①，我于彼前现药叉身而为说法，令其成就。若乾闼婆乐脱其伦②，我于彼前现乾闼婆身而为说法，令其成就。若阿修罗乐脱其伦③，我于彼前现阿修罗身而为说法，令其成就。若紧那罗乐脱其伦④，我于彼前现紧那罗身而为说法，令其成就。若摩呼罗伽乐脱其伦⑤，我于彼前现摩呼罗伽身而为说法，令其成就。若诸众生乐人修人，我现人身而为说法，令其成就。若诸非人，有形、无形，有想、无想，乐度其伦，我于彼前皆现其身而为说法，令其成就。

注释：

①药叉：梵语 yaksa，又译作"夜叉"，天龙八部众之一，通常与"罗刹"并称。意译"轻捷"、"勇健"，指住于地上或空中，以威势恼害人，或守护正法之鬼类。

②乾闼婆：又作"健达缚"等，八部众之一，意译为"食香"、

"寻香行"，指与紧那罗同奉侍帝释天而司奏雅乐之神，又作"寻香神"、"乐神"、"执乐天"。

③阿修罗：略称"修罗"，为六道之一，八部众之一，十界之一。意译为"非天"、"不端正"。此神性好斗，有天福而无天德，常与帝释战。

④紧那罗：又名"紧捺洛"，八部众之一。似人而有角，故又名"人非人"，乃是天伎神、歌神。新译曰"歌神"，即乐神名。

⑤摩呼罗伽：又名"莫呼落伽"，八部之一，即大蟒神。

译文：

"如果有诸龙乐意出离龙趣，我就现龙身而为说法，使他们如愿成就。如果有药叉乐意脱离药叉类，我就在他面前现药叉身而为说法，使他如愿成就。如果有乾闼婆乐意脱离其本类，我就在他面前现乾闼婆身而为说法，使他如愿成就。如果有阿修罗乐意脱离其本类，我就在他面前现阿修罗身而为说法，使他如愿成就。如果有紧那罗乐意脱离其本类，我就在他面前现紧那罗身而为说法，使他如愿成就。如果有摩呼罗伽乐意脱离其本类，我就在他面前现摩呼罗伽身而为说法，使他如愿成就。如果诸众生乐意保持人身并修行人道，我就现人身而为说法，使他们如愿成就。如果一切非人之类——有形与无形、有想与无想，乐意脱离其本类，我就在他们面前现相应之身而为说法，使他们如愿成就。

"是名妙净三十二应①，入国土身，皆以三昧闻熏闻修无作妙力，自在成就。

注释：

①妙净：随类各应曰"妙"，所现身相不着于相曰净。又妙者不可思议，净者无所染着。

译文：

"这就是妙净三十二应化身，能入十方一切国土，随类各应，无刹不现，都是以金刚三昧，本觉闻熏、始觉闻修，所成就的无作妙用神力，自在得以成就。

"世尊，我复以此闻熏闻修金刚三昧无作妙力，与诸十方三世六道一切众生同悲仰故，令诸众生于我身心获十四种无畏功德。一者，由我不自观音，以观观者，令彼十方苦恼众生，观其音声，即得解脱。二者，知见旋复①，令诸众生设入大火，火不能烧。三者，观听旋复，令诸众生大水所漂，水不能溺。

注释：

①旋复：回转，回还。

译文：

"世尊，我又以此闻熏闻修金刚三昧无作妙力，与十方三世六道一切众生同一悲仰的缘故，故而能令一切众生于我身心中，获得十四种无畏功德。第一，由我不自去观世间的声音，却返观能观者，返观闻性而起无作妙力大用，故令十方世界的苦恼众生，若一心称念我名号，我观其称名声音，妙应感通，寻声救苦，使其即刻获得解脱。第二，我既已旋复缘尘妄见，返观闻性而起无作妙力，故令十方众生即使入于大火，若一心称念我名号，火就不能烧害他们。第三，我既已旋复缘尘观听妄闻，返观闻性而起无作妙力，故令十方众生即使被大水所漂，若一心称念我名号，水就不能淹溺他们。

"四者，断灭妄想，心无杀害，令诸众生入诸鬼国，鬼不能害。五者，熏闻成闻，六根销复，同于声听，能令众生临当被害，刀段段坏，使其兵戈，犹如割水，亦如吹光，性无摇动。六者，闻熏精明，明遍法界，则诸幽暗，性不能全，能令众生，药叉、罗刹、鸠槃荼鬼①，及毗舍遮、富单那等②，虽近其旁，目不能视。七者，音性圆销，观听返入，离诸尘妄，能令众生，禁系枷锁，所不能著。

注释：

①鸠槃荼鬼：即厌魅鬼。

②毗舍遮：啖精气鬼，谓其啖人精气及五谷之精气。富单那：主热病鬼。

译文：

"第四，我既已旋复缘尘妄想，返观闻性而起无作妙力，心无杀害之念，全超鬼神心行，故令十方众生即使误入罗刹鬼国，若一心称念我名号，鬼就不能加害他们。第五，我因返闻照性，熏彼妄闻而成就真闻性，六根同时消妄复真，全身泯于无形，同于声听之无形，以此所证金刚三昧之力，能令众生临当被杀害之时，若一心称念我名号，刀杖触身，忽然折断为一段一段，不能伤身；纵使刀兵不自折断，使其如同割水、砍光一样，不能伤及身体丝毫，本性则毫无摇动。第六，我以返闻熏修，得复本精妙明，发本明耀，遍照法界，则诸幽隐暗昧之性不能自全，这样，能令众生，若一心称念我名号，使药叉、罗刹、鸠槃茶鬼，以及毗舍遮、富单那等，虽近在身旁，尚不能目视。第七，音声之动静二性悉皆消灭，观照能闻之性，返入本觉闻性，脱离妄尘，根尘双泯，内无系缚，外绝拘束，我以此妙力加被众生，能令众生，若一心称念我名号，任何禁系枷锁，不能着身。

"八者，灭音圆闻，遍生慈力，能令众生，经过险路，贼不能劫。九者，熏闻离尘，色所不劫，能令一切多淫众生，远离贪欲。十者，纯音无尘，根境圆融，无对、所对，能令一切忿恨众生，离诸嗔恚。十一者，销尘旋明，法界身心，犹如琉璃，朗彻无碍，能令一切昏钝性障，诸阿颠迦，永离痴暗。十二者，融形复闻，不动道场，涉入世间，不坏世界，能遍十方供养微尘诸佛如来，各各佛边为法王子，能令法界无子众生，欲求男者,诞生福德智慧之男。

译文:

"第八,声音寂灭而解脱根尘,圆满证得闻性,外无敌对,咸归一心,故能遍生慈力,我以此妙力加被众生,能令众生,经过危险之路时,若一心称念我名号,盗贼就不敢劫夺他们。第九,返熏闻性,脱离尘染,色尘所不能劫夺,我以此妙力加被众生,能令一切淫欲心重的众生,若一心称念我名号,就可远离贪欲。第十,纯一妙音闻性,绝离所对声尘,根境圆融,没有了能对与所对的对立差别,内外清净一如,息灭差别纷争,我以此妙力加被众生,能令一切忿怒、嗔恨心重的众生,若一心称念我名号,就可脱离所有嗔恨和忿怒。第十一,消除所缘妄尘,旋复妙明真性,自性光明便显现出来,外之法界、内之身心,犹如琉璃一样,内外明彻,无有障碍,我以此妙力加被众生,能令一切生性昏昧愚钝的众生,乃至诸阿颠伽,若一心称念我名号,永远脱离愚痴暗昧。第十二,消融四大幻形,旋复一真闻性,证入妙明真心之本有寂灭不动道场,成一圆融清净宝觉,身相圆融,称体起用,而能涉入世间,随类现身,不坏世界之因果等相,并能遍至十方供养如微尘数的诸佛,于各佛座下做法王子,我以此妙力加被众生,能令法界中没有子嗣的众生,欲求生男者,若一心称念我名号,便诞生有福德智慧的男孩。

"十三者,六根圆通,明照无二,含十方界,立大圆镜、空如来藏,承顺十方微尘如来秘密法门,受领无失。能令法界无子众生，欲求女者，诞生端正、福德、柔顺、众人爱敬、有相之女。十四者，此三千大千世界百亿日月，现住世间诸法王子有六十二恒河沙数，修法垂范，教化众生，随顺众生，方便智慧，各各不同。由我所得圆通本根，发妙耳门，然后身心微妙含容，周遍法界。能令众生，持我名号，与彼共持六十二恒河沙诸法王子，二人福德正等无异。世尊，我一名号，与彼众多名号无异，由我修习得真圆通。是名十四施无畏力，福备众生。

译文：

"第十三，六根圆通，互用无碍，成一清净妙明宝觉，因其明觉与照用无二，立大圆镜，因其含容十方世界，立空如来藏，能够承顺十方世界微尘数如来的一切秘密法门，受领无失。我以此妙力加被众生，能令法界中没有子嗣的众生，欲求生女者，若一心称念我名号，便诞生端正、福德、柔顺、众人爱敬、妙相具足的女孩。第十四，此三千大千世界、百亿日月世界的范围中，现在住于世间的法王子大菩萨有六十二恒河沙数之多，他们修行佛法，亲作模范，教化众生，随顺众生，方便智慧各不同。由于我证得圆通本根，发明耳门自在妙用，能令一身应无量身，一心应无量心，微妙含容，周遍法界，自在无碍，具足万圣法门。我以此妙力加被众生，能令众生，若持我名号，与另外一人同时持念六十二恒河沙数诸法王子大菩萨的名号，二人所得福德，完全等同，无二无别。世尊，单单持念我一名号，与同时持念众多菩萨的名号，毫无差异，这是由于我修习耳根圆通法门，证得了真圆通。这就是十四种施无畏力，福德荫庇周备普及一切众生。

　　"世尊，我又获是圆通，修证无上道故，又能善获四不思议无作妙德。一者，由我初获妙妙闻心，心精遗闻，见闻觉知不能分隔，成一圆融清净宝觉，故我能现众多妙容，能说无边秘密神咒。其中，或现一首、三首、五首、七首、九首、十一首，如是乃至一百八首、千首、万首、八万四千烁迦罗首①；二臂、四臂、六臂、八臂、十臂、十二臂、十四、十六、十八、二十至二十四，如是乃至一百八臂、千臂、万臂、八万四千母陀罗臂②；二目、三目、四目、九目，如是乃至一百八目、千目、万目、八万四千清净宝目。或慈，或威，或定，或慧，救护众生，得大自在。二者，由我闻思脱出六尘，如声度垣③，不能为碍，故我妙能现一一形，诵一一咒，其形其咒能以无畏施诸众生，是故十方微尘国土皆名我为施无畏者。三者，由我修习本妙圆通，清净本根，所游世界皆令众生舍身珍宝，求我哀愍④。四者，我得佛心，证于究竟，能以珍宝种种供养十方如来，傍及法界六道众生，求妻得妻，求子得子，求三昧得三昧，求长寿得长寿，如是乃至求大涅槃得大涅槃。佛问圆通，我从耳门圆照三昧，缘心自在，因入流相，得三摩地，成就菩提，斯为第一。世尊，彼佛如来叹我善得圆通法门，于大会中授记我为观世音号。由我观听，十方圆明，故观音名遍十方界。"

注释：

①烁迦罗：即金刚，坚固不坏。

②母陀罗臂：以手显示法印，因臂各有手，手各有印，故名之。

③垣（yuán）：指墙、城墙。

④愍（mǐn）：悯也，怜悯，哀怜。

译文：

"世尊，我因获得此真实圆通，修证无上圣道，故而又自然获得四种不可思议、无功用行的神妙德用。第一，我因当初获得妙妙闻性真如心，心精妙觉脱离了能闻所闻，见、闻、觉、知等功能不再被六根分隔，成为一圆融无碍的清净宝觉，神通妙用不可思议，故我能示现无数的妙相容貌，能说无边的秘密神咒。其中，或者示现一首、三首、五首、七首、九首、十一首，乃至一百零八首、千首、万首、八万四千金刚首；二臂、四臂、六臂、八臂、十臂、十二臂、十四臂、十六臂、十八臂、二十臂，至二十四臂，乃至一百零八臂、千臂、万臂、八万四千手印臂；二目、三目、四目、九目，乃至一百零八目、千目、万目、八万四千清净宝目。这些化身妙相，或现慈悲，或现威武，或现禅定，或现智慧，为救护众生，任运示现，得大自在。第二，由于我此闻、思、

修入三摩地，而得脱出六尘，就如声音能穿越垣墙而不被其所
阻碍一样，因此，我能现妙用，任运随缘，能显现种种不同的身
形，能诵种种不同的神咒，所现身形、所说咒语能以无畏力将所
有无畏施予众生，因此，十方微尘数国土的众生都称我为施无
畏者。第三，由于我修习本妙圆通，已得清净本根，于六尘境，
无有染着，悉能舍施，故于所游化的世界，皆能令众生破除悭
贪无明，乐意施舍自身所有的珍宝，求我哀悯摄受度脱。第四，
我得诸佛因地本心如来藏，依之修行，证于究竟，因而能以种
种珍宝供养十方如来，并旁及法界中的六道众生，求妻者得妻，
求子者得子，求三昧者得三昧，求长寿者得长寿，这样乃至求
大涅槃者得大涅槃。佛问什么法门最为圆通，我是从耳根法门
返闻自性，圆照一心本源而得正定，并能发起妙力度生，随缘应
化，心得自在；因耳根入流照性，证得三摩地，成就菩提果，此
为第一。世尊，当时观世音如来赞叹我善得圆通法门，并在大
会中为我授记，号为观世音。由我本觉妙心之不可思议的观听
妙用，于十方世界都圆明自在，循声救苦，普施无畏，因此，观世
音的名号遍闻于十方世界。"

尔时世尊，于师子座，从其五体同放宝光，远灌十
方微尘如来及法王子诸菩萨顶；彼诸如来亦于五体同
放宝光，从微尘方来灌佛顶，并灌会中诸大菩萨及阿
罗汉。林木池沼皆演法音，交光相罗，如宝丝网。是
诸大众，得未曾有，一切普获金刚三昧。即时天雨百
宝莲华，青黄赤白，间错纷糅[①]，十方虚空成七宝色。

此娑婆界大地山河俱时不现，唯见十方微尘国土合成一界，梵呗咏歌[2]，自然敷奏[3]。

注释：

①糅（róu）：混杂，混和。

②梵呗（bài）：指佛教歌赞或诵经声。

③敷（fū）：布也。

译文：

这时世尊，即于狮子座上，五体同时放出宝光，远灌十方微尘数如来及法王子诸菩萨的头顶；十方如来也于五体同放宝光，从微尘数方向来灌世尊的头顶，同时也灌会中诸大菩萨及阿罗汉的头顶。同时，林中的树木、泉池皆演法音，光芒相互交织，如同宝丝网一般。此会中的大众，感叹惊喜，得未曾有，并于此时都得到了金刚三昧。就在这时，又有无数量的青、黄、赤、白等色的百宝莲花，从天而降，缤纷间错，一瞬间，十方虚空变成金、银、琉璃、砗磲、赤珠、玛瑙、琥珀七宝的颜色。此娑婆世界的山河大地忽然同时看不见了，唯见十方微尘数的国土合成一个世界，梵呗歌咏，自然敷奏。

于是如来告文殊师利法王子："汝今观此二十五无学、诸大菩萨及阿罗汉，各说最初成道方便，皆言修习真实圆通。彼等修行，实无优劣、前后差别。我今欲令阿难开悟，二十五行，谁当其根；兼我灭后，此界众生入菩萨乘，求无上道，何方便门得易成就？"

译文：

于是，佛告诉文殊师利法王子说："你现在看这二十五位无学、诸大菩萨及阿罗汉，各自叙说了最初成道的方便法门，都言依此修习可获真实圆通。他们的修行方法，实在没有优劣之分或前后差别。我现在欲令阿难开悟，请你说一说在此二十五种修行方便中，哪一种最适合阿难的根机；同时，我灭度之后，此世界的众生，欲入菩萨乘，发心求无上佛道，哪一个方便法门最容易成就？"

文殊师利法王子奉佛慈旨，即从座起，顶礼佛足，承佛威神，说偈对佛：

觉海性澄圆，圆澄觉元妙；
元明照生所①，所立照性亡。
迷妄有虚空，依空立世界；
想澄成国土，知觉乃众生。
空生大觉中，如海一沤发；
有漏微尘国，皆依空所生。
沤灭空本无，况复诸三有？
归元性无二，方便有多门；
圣性无不通，顺逆皆方便；
初心入三昧，迟速不同伦。

色想结成尘，精了不能彻；
如何不明彻，于是获圆通。
音声杂语言，但伊名句味；
一非含一切，云何获圆通？
香以合中知，离则元无有；
不恒其所觉，云何获圆通？
味性非本然，要以味时有；
其觉不恒一，云何获圆通？
触以所触明，无所不明触；
合离性非定，云何获圆通？
法称为内尘，凭尘必有所；
能所非遍涉，云何获圆通？
见性虽洞然，明前不明后；
四维亏一半，云何获圆通？
鼻息出入通，现前无交气；
支离匪涉入，云何获圆通？
舌非入无端，因味生觉了，
味亡了无有，云何获圆通？
身与所触同，各非圆觉观；
涯量不冥会，云何获圆通？
知根杂乱思，湛了终无见；
想念不可脱，云何获圆通？
识见杂三和，诘本称非相；

自体先无定，云何获圆通？
心闻洞十方，生于大因力；
初心不能入，云何获圆通？
鼻想本权机，只令摄心住；
住成心所住，云何获圆通？
说法弄音文，开悟先成者；
名句非无漏，云何获圆通？
持犯但束身，非身无所束；
元非遍一切，云何获圆通？
神通本宿因，何关法分别？
念缘非离物，云何获圆通？
若以地性观，坚碍非通达；
有为非圣性，云何获圆通？
若以水性观，想念非真实，
如如非觉观，云何获圆通？
若以火性观，厌有非真离；
非初心方便，云何获圆通？
若以风性观，动寂非无对；
对非无上觉，云何获圆通？
若以空性观，昏钝先非觉；
无觉异菩提，云何获圆通？
若以识性观，观识非常住；
存心乃虚妄，云何获圆通？

诸行是无常，念性元生灭；
因果今殊感，云何获圆通？
我今白世尊，佛出娑婆界，
此方真教体，清净在音闻。
欲取三摩提，实以闻中入。
离苦得解脱，良哉观世音！
于恒沙劫中，入微尘佛国，
得大自在力，无畏施众生。
妙音观世音，梵音海潮音，
救世悉安宁，出世获常住。
我今启如来，如观音所说，
譬如人静居，十方俱击鼓，
十处一时闻，此则圆真实。
目非观障外，口鼻亦复然，
身以合方知，心念纷无绪。
隔垣听音响，遐迩俱可闻。
五根所不齐，是则通真实。
音声性动静，闻中为有无；
无声号无闻，非实闻无性。
声无既无灭，声有亦非生；
生灭二圆离，是则常真实。
纵令在梦想，不为不思无；
觉观出思惟，身心不能及。

今此娑婆国，声论得宣明。

众生迷本闻，循声故流转。

阿难纵强记，不免落邪思。

岂非随所沦，旋流获无妄？

阿难汝谛听，我承佛威力，

宣说金刚王，如幻不思议，佛母真三昧。

汝闻微尘佛，一切秘密门，

欲漏不先除，畜闻成过误。

将闻持佛佛，何不自闻闻？

闻非自然生，因声有名字，

旋闻与声脱，能脱欲谁名？

一根既返源，六根成解脱。

见闻如幻翳，三界若空华。

闻复翳根除，尘销觉圆净。

净极光通达，寂照含虚空。

却来观世间，犹如梦中事。

摩登伽在梦，谁能留汝形？

如世巧幻师，幻作诸男女；

虽见诸根动，要以一机抽，

息机归寂然，诸幻成无性。

六根亦如是，元依一精明，

分成六和合，一处成休复，

六用皆不成，尘垢应念销，成圆明净妙。

余尘尚诸学，明极即如来。
大众及阿难，旋汝倒闻机，
反闻闻自性，性成无上道，圆通实如是。
此是微尘佛，一路涅槃门，
过去诸如来，斯门已成就。
现在诸菩萨，今各入圆明。
未来修学人，当依如是法。
我亦从中证，非唯观世音。
诚如佛世尊，询我诸方便，
以救诸末劫，求出世间人。
成就涅槃心，观世音为最。
自余诸方便，皆是佛威神。
即事舍尘劳，非是长修学，浅深同说法。
顶礼如来藏，无漏不思议。
愿加被未来，于此门无惑，方便易成就。
堪以教阿难，及末劫沉沦，
但以此根修，圆通超余者。
真实心如是。

注释：

①所："能、所"二法对待之时，主动之法谓为"能"，被动之法谓为"所"；又某一动作之主体称为"能"，其动作之客体（对象），称为"所"。

译文：

文殊师利法王子奉佛慈命，即从座而起，顶礼佛足，承佛的威神加持，说偈回答佛：（偈略。）

于是，阿难及诸大众，身心了然，得大开示，观佛菩提及大涅槃，犹如有人因事远游，未得归还，明了其家所归道路。普会大众，天龙八部、有学二乘、及诸一切新发心菩萨，其数凡有十恒河沙，皆得本心，远尘离垢，获法眼净。性比丘尼闻说偈已，成阿罗汉。无量众生皆发无等等阿耨多罗三藐三菩提心。

译文：

于是，听了文殊师利菩萨的精妙开示，阿难及大众身心了然明朗，再来观察佛菩提及大涅槃的修证之路，犹如有人因事远游他乡，虽然还未回家，可是已经明了回家的道路。会中所有大众，天龙八部、有学的二乘人，以及一切初发心菩萨，其数量有十恒河沙之多，都悟得本有真心，远尘离垢，获得法眼净。性比丘尼听了偈语之后，证得阿罗汉果位。此外，无量的众生同时皆发无等等的阿耨多罗三藐三菩提心。

阿难整衣服，于大众中合掌顶礼，心迹圆明，悲欣交集，欲益未来诸众生故，稽首白佛："大悲世尊，我今已悟成佛法门，是中修行得无疑惑。常闻如来说如是言：'自未得度，先度人者，菩萨发心；自觉已圆，能觉他者，如来应世。'我虽未度，愿度末劫一切众生。世尊，此诸众生去佛渐远，邪师说法如恒河沙。欲摄其心，入三摩地，云何令其安立道场，远诸魔事，于菩提心得无退屈？"

译文：

阿难整理好衣服，于大众中合掌顶礼佛足，心迹圆明，悲喜交集，为了利益未来世的诸众生，又稽首禀告佛："大悲世尊，我今已悟成佛的修行法门，依此法门修行已无疑惑，决定信解。常听如来说过这样的话：'自己未得度，先度他人者，是菩萨发心；自觉悟已圆，能觉他人者，是如来应世。'我虽然还未得度，但愿度脱末劫的一切众生。世尊，末法中的众生，距离佛在世的时间渐渐久远，那时邪师说法，如恒河沙一样多。如果末法时有修行人想要收摄身心，得入正定，怎样让他们如法安立道场，才能远离各种魔障之事，而于菩提心不会退转呢？"

尔时，世尊于大众中称赞阿难："善哉！善哉！如汝所问，安立道场，救护众生末劫沉溺。汝今谛听，当为汝说。"阿难、大众唯然奉教。

译文：

这时，世尊在大众称赞阿难："善哉！善哉！如你所问，怎样安立道场，以救护众生末劫之时不沉溺苦海。你现在仔细听，我即为你解说。"阿难及大众，唯然应诺，恭敬地准备聆听教言。

佛告阿难："汝常闻我毗奈耶中^①，宣说修行三决定义，所谓：摄心为戒，因戒生定，因定发慧，是则名为三无漏学。

注释：

①毗奈耶：梵文 Vinaya 之音译，又译"毗尼"，佛所说之戒律，意为"灭"、"调伏"。

译文：

佛于是对阿难说："你常听我在律中，宣说修行的三种决定义，所谓：摄心为戒，因戒生定，因定发慧，这称为三无漏学。

"阿难，云何摄心，我名为戒？若诸世界六道众生，其心不淫，则不随其生死相续。汝修三昧，本出尘劳，淫心不除，尘不可出；纵有多智，禅定现前，如不断淫，必落魔道，上品魔王，中品魔民，下品魔女。彼等诸魔亦有徒众，各各自谓成无上道。我灭度后末法之中，多此魔民，炽盛世间，广行贪淫，为善知识，令诸众生落爱见坑，失菩提路。汝教世人，修三摩地，先断心淫，是名如来先佛世尊第一决定清净明诲。

译文：

"阿难，如何摄心，我称之为戒呢？如果一切世界的六道
众生，其心没有淫念，则不会随着生死之流相续轮转。你修习
正定，本为出离尘劳烦恼，淫心不除，尘劳就不能出；纵然多有
智慧，或者是禅定现前，若不断除淫心，必定堕落于魔道，上品
成为魔王，中品成为魔民，下品成为魔女。这些众魔也有许多
徒众，各都说自己已成就无上道果。我灭度后的末法之中，这
类魔民非常多，盛行世间，广作淫欲之邪法而冒充善知识，宣扬
其邪说而使众生落入爱欲邪见的深坑之中，失掉了菩提正路。
你将来教导世人，修学三摩地，必须先断除淫心，这是现前如
来及过去诸佛世尊所共说的第一决定清净明诲。

"是故，阿难，若不断淫，修禅定者，如蒸砂石欲其
成饭，经百千劫只名热砂。何以故？此非饭本，砂石成
故。汝以淫身，求佛妙果，纵得妙悟，皆是淫根；根本
成淫，轮转三涂，必不能出，如来涅槃，何路修证？必
使淫机，身心俱断，断性亦无，于佛菩提斯可希冀。如
我此说，名为佛说；不如此说，即波旬说。

译文：

"因此，阿难，如果不断除淫念而去修禅定，就如蒸砂石
想成为饭，即使经过百千劫，也只是热砂而已，并不能成为饭。

为什么呢？因为砂石不是蒸饭的原料。你以淫欲之身，想求佛所证的妙果，纵然得到一些奇妙解悟，也都是以淫心为根本所发的解悟；修行本因之根本成为淫欲染污心，则轮转于畜生、饿鬼、地狱三途中，必定不能出离，更何况是如来涅槃佛果，什么道路才能修证呢？必要使淫行发动在身之因缘、心之动机都断除了，乃至最终能断之念也断除，断性也无，求证佛果菩提才有希望。如我此说，称为佛说；不如此说，即是魔说。

"阿难，又诸世界六道众生，其心不杀，则不随其生死相续。汝修三昧，本出尘劳，杀心不除，尘不可出；纵有多智，禅定现前，如不断杀，必落神道，上品之人为大力鬼，中品则为飞行夜叉、诸鬼帅等，下品当为地行罗刹。彼诸鬼神亦有徒众，各各自谓成无上道。我灭度后末法之中，多此鬼神，炽盛世间，自言食肉得菩提路。阿难，我令比丘食五净肉，此肉皆我神力化生，本无命根。汝婆罗门，地多蒸湿，加以砂石，草菜不生；我以大悲神力所加，因大慈悲，假名为肉，汝得其味。奈何如来灭度之后，食众生肉，名为释子！汝等当知，是食肉人纵得心开，似三摩地，皆大罗刹，报终必沉生死苦海，非佛弟子。如是之人，相杀相吞，相食未已，云何是人得出三界？汝教世人修三摩地，次断杀生，是名如来先佛世尊第二决定清净明诲。

译文：

"阿难，又一切世界的六道众生，其心没有杀念，则不会随着生死之流相续轮转。你修习正定，本为出离尘劳烦恼，杀心不除，尘劳就不能出；纵然多有智慧，或者是禅定现前，若不断除杀心，必定堕落于神道，上品之人成为大力鬼，中品则为飞行夜叉及各种鬼帅等，下品当为地行罗刹鬼。这些鬼神也有许多徒众，各都说自己已成就无上道果。我灭度后的末法之中，这类鬼神非常多，盛行世间，自称吃肉可得菩提正路。阿难，我许可比丘吃五净肉，此肉都是我神力化生，本来没有命根。由于你们婆罗门所居之地天气潮湿，地多砂石，草木蔬菜不能生长；我以大悲神力加持、以大慈悲幻化，假名为肉，让你们暂得滋味，滋养身命。奈何如来灭度之后，你们竟然食众生肉而仍称为释子！你们应当知道，这些食肉的人，纵然得到一些心开意解，也不过是相似三摩地，其实都成为大罗刹鬼，福报享尽后必定还沉沦于生死苦海之中，不是佛弟子。这些人互相杀害，互相吞食，没有尽期，怎么能说这些人得以解脱出离三界呢？你将来教导世人，修学三摩地，其次要断除杀生，这是现前如来及过去诸佛世尊所共说的第二决定清净明诲。

"是故，阿难，若不断杀，修禅定者，譬如有人自塞其耳，高声大叫，求人不闻，此等名为欲隐弥露。清净比丘及诸菩萨，于歧路行，不踏生草，况以手拔？云何大悲，取诸众生血肉充食？若诸比丘不服东方丝棉绢帛，及是此土靴履裘毳、乳酪醍醐[①]，如是比丘于世真脱，酬还宿债，不游三界。何以故？服其身分，皆为彼缘，如人食其地中百谷，足不离地。必使身心于诸众生若身、身分，身心二涂，不服不食，我说是人真解脱者。如我此说，名为佛说；不如此说，即波旬说。

注释：

①裘（qiú）：皮毛衣。毳（cuì）：毛皮或毛织品所制衣服。

译文：

"因此，阿难，如果不断除杀生而去修禅定，就如有人自己将耳朵塞起来，高声大叫却想让别人听不到，这叫作欲盖弥彰。持戒清净的比丘及诸菩萨在小路上行走时，脚尚不踏生草，何况用手拔除呢？为何自称心怀大悲，却还要吃众生的血肉呢？如果有比丘不穿东方的丝棉绢帛，以及此国土中的皮靴、狐裘、鸟兽细毛织就之衣和乳酪醍醐等，这样的比丘在世间才能真得解脱，偿还宿债，不再流转三界。为什么呢？因为穿着其身分，便与它们有了不解之缘，正如劫初的人吃了地中所生的百谷，足就不能离地了。因此，修行人必定要从身心两方面对于众生的身体和身分都不穿不吃，我说这样的人是真正的解脱者。如我此说，称为佛说；不如此说，即是魔说。

"阿难，又复世界六道众生，其心不偷，则不随其生死相续。汝修三昧，本出尘劳，偷心不除，尘不可出；纵有多智，禅定现前，如不断偷，必落邪道，上品精灵，中品妖魅，下品邪人，诸魅所著。彼等群邪亦有徒众，各各自谓成无上道。我灭度后，末法之中，多此妖邪，炽盛世间，潜匿奸欺，称善知识，各自谓己，得上人法，诙惑无识，恐令失心，所过之处，其家耗散。

译文：

"阿难，又一切世界的六道众生，其心没有偷念，则不会随着生死之流相续轮转。你修习正定，本为出离尘劳烦恼，偷心不除，尘劳就不能出；纵然多有智慧，或者是禅定现前，若不断除偷心，必定堕落于邪道，上品成为精灵，中品成为妖魅，下品成为邪人，心性邪僻，故被妖魅所附着。这些众邪也有许多徒众，各都说自己已成就无上道果。我灭度后的末法之中，这类妖邪非常多，盛行世间，居心险恶，潜藏奸诈欺骗，自称为善知识，各自都说自己得到了无上大法，诱惑无知之人，故作恐慌妄言令人失去理智，所经过之处，使人家财耗散。

"我教比丘，循方乞食，令其舍贪，成菩提道。诸比丘等不自熟食，寄于残生，旅泊三界，示一往还，去已无返。云何贼人，假我衣服，裨贩如来，造种种业，皆言佛法，却非出家具戒比丘为小乘道，由是疑误无量众生堕无间狱。若我灭后，其有比丘发心决定修三摩提，能于如来形像之前，身然一灯，烧一指节，及于身上爇一香炷，我说是人无始宿债一时酬毕，长揖世间，

永脱诸漏，虽未即明无上觉路，是人于法已决定心。若
不为此舍身微因，纵成无为，必还生人，酬其宿债，如
我马麦正等无异①。汝教世人，修三摩地，后断偷盗，
是名如来先佛世尊第三决定清净明诲。

注释：

①马麦：据《兴起经》记载，释迦于过去毗婆尸佛时，曾为
一外道。当时，有国王宴请毗婆尸佛及其僧众，佛及僧食后回归
时，替一有病未出席的比丘带一份饭菜。佛及僧众经过此外道
所居住的山林时，外道闻见香味而生嫉妒心，便说道："秃头沙
门应吃马料，不必吃香喷喷的饭菜。"释迦成佛后，舍卫国的阿
耆达王请佛及五百比丘至其住所供斋三月。佛及众僧抵达王宅
后，魔鬼当即入宫迷惑国王，国王于是忘却了供斋的事情。又适
逢此城饥荒，无从乞食，恰有马师将一半的马料供养佛及众僧。
九十日后，王方才醒悟，向佛忏悔。舍利弗请问因缘，释迦佛便
讲述了这一因果。

译文：

"我教导比丘，随方乞食，令他们舍弃贪心，成菩提道。诸
比丘们不自己烧煮食物，以此知身是幻，悟世无常，不过聊寄此
残生旅行漂泊在三界之中而已，此生往还一次，犹如在旅舍停
泊一下，若出离三界就不再返回。为何有些贼人，身着如来所制
出家人的衣服，却为了谋取利益而贩卖佛法，造种种恶业，皆言
这是最上一乘佛法；反过来却毁谤真正出家受具足戒的比丘是

小乘道，由此疑惑、误导了无量众生造作恶业，堕入无间地狱。我灭度后，如有比丘发心，决定要修三摩提，能在如来形像前，身中燃一灯，烧一手指节，以及在身上燃一炷香，我说此人无始劫来的宿债一时间酬还完毕，永辞世间，脱离有漏，而出生死，虽然未能即时明了无上觉路，但是此人对于佛法已具有决定信心。如果不做这一点点舍身的微小因，纵然证得一些无漏无为，必定还来生于人间，偿还宿债，就如我在毗兰邑中食马麦的果报一样。你将来教导世人，修学三摩地，后须断除偷盗心，这是现前如来及过去诸佛世尊所共说的第三决定清净明诲。

"是故阿难，若不断偷，修禅定者，譬如有人水灌漏卮①，欲求其满，纵经尘劫，终无平复。若诸比丘，衣钵之余，分寸不蓄，乞食余分，施饿众生；于大集会合掌礼众，有人捶詈②，同于称赞；必使身心二俱捐舍，身肉骨血与众生共；不将如来不了义说回为己解，以误初学，佛印是人得真三昧。如我所说，名为佛说；不如此说，即波旬说。

注释：

①漏卮（zhī）：底上有孔的酒器。

②詈（lì）：骂，责备。

译文：

"因此，阿难，如果不断除偷盗心而去修禅定，就如有人将水灌入一个漏瓶却想让瓶灌满,纵然经过尘沙劫,终究没有灌满之时。如果诸比丘们,除了自己的三衣一体之外,分毫不蓄,乞食所剩余也布施给饥饿的众生;于大众集会中,合掌礼拜大众;有人打骂自己,看作等同于称赞;必定要使自己的身心二者都能捐舍,身体的血肉、骨髓都可以与众生共用;不以佛的不了义说来回护自己的错误见解,以免贻误初学,如果有比丘这样断尽偷心,直心诚实,佛印可这人能得真三昧。如我所说,称为佛说;不如此说,即是魔说。

"阿难,如是世界六道众生,虽则身心无杀、盗、淫,三行已圆,若大妄语,即三摩提不得清净,成爱见魔,失如来种。所谓未得谓得,未证言证。或求世间尊胜第一,谓前人言:我今已得须陀洹果、斯陀含果、阿那含果、阿罗汉道、辟支佛乘、十地地前诸位菩萨,求彼礼忏,贪其供养。是一颠迦①,销灭佛种,如人以刀断多罗木②,佛记是人永殒善根,无复知见,沉三苦海,不成三昧。

注释:

①一颠迦:见前"一阐提"。

②多罗木:贝多罗树,其叶可用来写经,称为"贝叶"。

译文:

"阿难,如此一切世界的六道众生,虽然身心都没有杀、盗、淫三业，慈行、舍行、梵行三行都已圆满，但若是犯大妄语，则于三摩地仍不得清净，必定成为贪爱名利、妄生邪见的爱见魔，失掉如来种性。所谓大妄语是指：未得道而说已得道；未证果而说已证果。或者为了贪求世间的名闻，使众生尊崇他为世间殊胜第一，对面前人说：我现在已证得须陀洹果、斯陀含果、阿那含果、阿罗汉道，辟支佛乘，十地及其地前诸位菩萨，以此求取别人向他礼拜、忏悔，贪图别人供养。这类人乃是一颠迦，消灭了成佛之种，就如有人用刀砍断了多罗木一样，永不会再活，佛说这种人永远断除了善根，不会再有正知正见，要堕落三途苦海，决对不能成就真实三昧。

"我灭度后，敕诸菩萨及阿罗汉，应身生彼末法之中，作种种形，度诸轮转。或作沙门、白衣居士、人王、宰官、童男、童女，如是乃至淫女、寡妇、奸偷、屠贩，与其同事，称赞佛乘，令其身心入三摩地。终不自言'我真菩萨、真阿罗汉'，泄佛密因，轻言未学；唯除命终，阴有遗付。云何是人惑乱众生，成大妄语？汝教世人，修三摩地，后复断除诸大妄语，是名如来先佛世尊第四决定清净明诲。

译文：

"我灭度后，命诸菩萨和阿罗汉以应化身而生于末法之中，现作种种身形，救度众生出离轮回流转。他们随类化作沙门、白衣居士、国王、宰官、童男，童女，如此乃至淫女、寡妇、奸偷、屠夫、小贩等，与众生同事，称赞佛法，令众生身心觉悟，入于正定。他们终不会自己说'我是真菩萨，我是真阿罗汉'，泄露佛之密因，轻易泄露密言于晚学之人；除非命终时，方才暗中有所遗嘱。这些爱见魔人为何妖言惑众而成大妄语呢？你将来教导世人，修学三摩地，又还要断除各种大妄语，这是现前如来及过去诸佛世尊所共说的第四决定清净明诲。

"是故，阿难，若不断其大妄语者，如刻人粪为旃檀形，欲求香气，无有是处。我教比丘直心道场，于四威仪一切行中，尚无虚假，云何自称得上人法？譬如穷人妄号帝王，自取诛灭，况复法王，如何妄窃？因地不真，果招纡曲①，求佛菩提，如噬脐人②，欲谁成就？若诸比丘心如直弦，一切真实，入三摩提，永无魔事，我印是人成就菩萨无上知觉。如我所说，名为佛说；不如此说，即波旬说。

注释：

①纡(yū)：屈曲，曲折。

②噬(shì)：咬。

译文：

"因此，阿难，如果不断除大妄语而去修禅定，就如用人粪刻成檀香形状，想求得香气，无有是处。我常教比丘直心是道场，于行、住、坐、卧四种威仪等一切行为中，尚不能有丝毫虚假，怎么能够妄自尊大，说自己已得上人法呢？譬如穷人妄称自己为帝王，自招诛族灭门的灾祸，何况法王至尊，怎么可以妄自窃居呢？因地不真，果招迂曲，以此因地不真之心而求证佛果菩提，如人用嘴来咬自己的肚脐一样，谁能够成就呢？如果有比丘心如弓弦之直，一切行为悉皆真实，这样证入三摩地，永无魔事障碍，我印可此人成就菩萨道的无上正觉。如我所说，称为佛说；不如此说，即是魔说。"

卷 七

"楞严咒"是《楞严经》最重要的内容之一,是本经的正修法门。其宣说因缘在卷一就出现了,是为了解救阿难脱离魔难而由佛顶化佛宣说的。本卷则因阿难为了救度末世一切众生能够深入禅定,远离魔事,于菩提心不退转,而请问佛陀如何安立道场,修习"楞严咒"。佛特别指出如果持四种清净律仪而仍有宿习未能灭除,可持诵"楞严咒",并详细讲解了末世时期如何建立符合清净轨则之专修道场以及行持仪轨。随后,阿难又请佛重新宣说"楞严咒",于是佛从顶髻涌出百宝光,光中涌出千叶宝莲,有化身佛坐于其中,宣说了"楞严神咒"。又为会众宣示了此神咒的持诵功德,以及对诸佛和诸众生分别所具有的十种无上法力。会中无数金刚、梵王、天帝释、四大天王、天龙八部、天神地祇以及金刚藏王菩萨等听了佛的讲述,纷纷表示愿意护持诵持此咒的无量众生。

"楞严咒"全称"佛顶光明摩诃萨怛多般怛啰无上神咒"、"佛顶光聚悉怛多般怛啰秘密伽陀微妙章句",简称"佛顶光聚般怛啰咒"、"楞严咒",其中"摩诃萨怛多般怛啰"意为"大白伞盖"。此咒长达四百三十九句,三千六百二十字,分为五会,在汉传佛教中被称为咒中之王。"楞严咒"历来被认为对于除魔、护戒、禅定证果以及增益功德、种种成就等具有不可思议的功德利益。自唐末《楞严经》译出之后,以持诵"楞严咒"为内容的楞严法会即开始流行，宋代之后尤盛。后来"楞严咒"被列入汉传佛教日课，成为丛林早课的首要内容，其对汉传佛教的重要性不言而喻。

本卷后部分中，阿难又请问从凡夫开始到大涅槃的菩萨行修证阶位，佛讲说了修此真三摩地应当先认识众生和世界二种颠倒生起之因，颠倒灭除，即是真三摩地。由此二颠倒有十二类众生（胎、卵、湿、化、有色、无色、有想、无想、非有色、非无色、非有想、非无想）颠倒之相。

"阿难，汝问摄心，我今先说入三摩地修学妙门。求菩萨道，要先持此四种律仪，皎如冰霜，自不能生一切枝叶，心三口四①，生必无因。阿难，如是四事，若不遗失，心尚不缘色香味触，一切魔事，云何发生？若有宿习，不能灭除，汝教是人一心诵我佛顶光明摩诃萨怛多般怛啰无上神咒。斯是如来无见顶相，无为心佛，从顶发辉，坐宝莲华，所说心咒。且汝宿世与摩登伽历劫因缘，恩爱习气，非是一生及与一劫，我一宣扬，爱心永脱，成阿罗汉。彼尚淫女，无心修行，神力冥资，速证无学。云何汝等在会声闻，求最上乘，决定成佛？譬如以尘，扬于顺风，有何艰险？

注释：

①心三口四：心之贪、嗔、痴三恶业，口之妄语、绮语、两舌、恶口四恶业。

译文：

"阿难，你问如何摄心，我现在先说入三摩地的修学妙门。求菩提道的人，要先持此四种律仪为根本，使身心皎洁如冰霜，自然就不会生出一切枝叶，诸如心三之贪嗔痴、口四之妄语、绮语、两舌、恶口，就一定没有生起之因了。阿难，此四种律仪若能持守，心尚不攀缘色、香、味、触等尘境，一切魔事怎么会发生呢？如果有宿世的习气惑业种子不能一时灭除，你教这人一心诵念我所说的佛顶光明摩诃萨怛多般怛啰无上神咒。这是如来无见顶相、无为心佛从顶上发光，坐宝莲花上所说的心咒。且如你在过去世与摩登伽女有历劫的因缘，恩爱习气不是一生一世及一劫的积累，即使这样，我此神咒一宣扬，摩登伽女的爱心习气永远解脱，成就阿罗汉果位。摩登伽尚且是一个淫女，无心修行，但依神咒之力的暗中加持，速证无学果位。怎么你们会中的声闻，求最上乘佛法，依此神咒之力，难道还不能决心成佛吗？宿世习气遇到神咒，就如将微尘在顺风中扬撒一样，应时散尽，还有什么艰险呢？

"若有末世，欲坐道场，先持比丘清净禁戒，要当选择戒清净者第一沙门，以为其师。若其不遇真清净僧，汝戒律仪必不成就。戒成已后，著新净衣，然香闲居，诵此心佛所说神咒一百八遍，然后结界，建立道场，求于十方现住国土无上如来，放大悲光，来灌其顶。阿难，如是末世清净比丘，若比丘尼、白衣檀越①，心灭贪淫，持佛净戒，于道场中，发菩萨愿，出入澡浴，六时行道。如是不寐，经三七日，我自现身，至其人前，摩顶安慰，令其开悟。"

注释：

①檀越：梵语音译，施主。

译文：

"若有末世的修行者，欲坐道场修行大定，首先应当受持比丘清净禁戒，并且要选择持戒清净的第一沙门作为授戒师。如果没遇到真清净僧，你所受戒律必定不能成就真实戒体。无漏戒体成就以后，穿上新净衣服，燃香闲居静坐，诵此心佛所说的神咒一百零八遍，然后结界，建立修道的坛场，祈求十方世界现住国土的无上如来都放大悲光，来灌他的顶。阿难，在末法之世，这样的持戒清净比丘以及比丘尼、白衣施主，心灭贪淫等念，持守佛制一切净戒，于道场中发菩萨大愿，出入道场必须沐浴洁身，昼夜六时行持道法。这样不眠不休精进修行，经过三个七日，我自会现身，到其人面前，为其摩顶安慰，令他开悟。"

阿难白佛言："世尊，我蒙如来无上悲诲，心已开悟，自知修证无学道成。末法修行，建立道场，云何结界，合佛世尊清净轨则？"佛告阿难："若末世人愿立道场，先取雪山大力白牛，食其山中肥腻香草，此牛唯饮雪山清水，其粪微细。可取其粪和合旃檀，以泥其地。若非雪山，其牛臭秽，不堪涂地。别于平原，穿去地皮，五尺以下取其黄土，和上旃檀、沉水、苏合、熏陆、郁金、白胶、青木、零陵、甘松及鸡舌香①，以此十种，细罗为粉，合土成泥，以涂场地。

注释：

①沉水：即沉香。苏合：即苏合香。熏陆：即熏陆香。郁金：即郁金香。白胶：即枫香脂。青木：即青木香。甘松：能和合众香。鸡舌：即丁香。

译文：

阿难对佛说："世尊，我蒙如来无上慈悲教诲，心已开悟，自知如此修证，无学道果定可成就。然而末法时期修行，如何结界以建立道场才符合世尊的清净轨则？"佛告诉阿难："如果末世之修行人，愿意建立道场，先找雪山的大力白牛，此牛只吃山中的肥腻香草，只饮雪山的清水，其粪微细而无臭秽。可取此大力白牛的粪与旃檀和合成泥，以此涂抹地面。若不是雪山白牛，其粪臭秽，不能用来涂地。因在别处平原上，挖掘地面至五尺深，然后取五尺以下的黄土，把旃檀、沉水、苏合、熏陆、郁金、白胶、青木、零陵、甘松及鸡舌香等十种香，合在一起细磨并细罗为粉，和上黄土合成泥，以涂抹地面。

"方圆丈六，为八角坛。坛心置一金、银、铜、木所造莲华，华中安钵，钵中先盛八月露水，水中随安所有华叶。取八圆镜，各安其方，围绕华钵。镜外建立十六莲华，十六香炉。间华铺设，庄严香炉。纯烧沉水，无令见火。取白牛乳，置十六器，乳为煎饼，并诸砂糖、油饼、乳糜、苏合、蜜姜、纯酥、纯蜜，于莲华外各各十六，围绕华外，以奉诸佛及大菩萨。每以食时，若在中夜，取蜜半升，用酥三合，坛前别安一小火炉，以兜楼婆香煎取香水①，沐浴其炭，然令猛炽，投是酥蜜于炎炉内，烧令烟尽，享佛菩萨。

注释：
①兜楼婆香：一种香名。或译为"香草"、"白茅香"。

译文：
"坛方圆一丈六尺，呈八角形。坛心放置一个用金、银、铜、木所造的莲花，在莲花中安置一钵，钵中先盛上八月的露水，水中随意安放所有花叶。再取八面圆镜，安放在八角坛的八方，镜子围绕着花钵。圆镜之外，再放置十六个莲花和十六个香炉，香炉与花交错安置，庄严香炉。香炉内纯烧沉水香，勿使见到火光。再取雪山白牛乳，安放十六个器皿，然后煎牛乳做成饼，并将饼和砂糖、油饼、乳糜、苏合、蜜姜、纯酥、纯蜜等，各分盛于十六个器皿中，使其围绕在莲花外面，以供养诸佛及大菩萨。每日日中受食之时，以上述供品供养佛菩萨。如果受食在中夜，则取蜜半升，再加酥三合，坛前另外安置一个小火炉，以兜楼婆香煎成香水来洗所用木炭，待炭干后，投于炉内使其猛烈燃烧，此时将酥和蜜也投入炉火中，烧至烟尽，用烟来供养佛、菩萨。

"令其四外，遍悬幡华，于坛室中四壁，敷设十方如来及诸菩萨所有形像。应于当阳张卢舍那、释迦、弥勒、阿閦、弥陀^①，诸大变化观音形像，兼金刚藏，安其左右；帝释、梵王、乌刍瑟摩并蓝地迦、诸军茶利与毗俱胝、四天王等^②，频那夜迦^③，张于门侧，左右安置。又取八镜覆悬虚空，与坛场中所安之镜方面相对，使其形影重重相涉。

注释：

①阿閦（chù）：即东方阿閦佛，译义为"无动"或"不动佛"。《维摩经·阿閦佛品》中说"国名妙喜，佛号无动"。

②梵王：即大梵天王。乌刍瑟摩：明王名，即火头金刚。蓝地迦：即青面金刚。军茶利：即解怨结金刚。毗俱胝：即毗俱胝菩萨，准提观音。

③频那夜迦：又译"毗那夜迦"，即大圣欢喜天，象头人身。或以频那、夜迦为猪头、象鼻二使。

译文：

"八角坛外面的四周，悬挂满各色幡、花，于坛室内四壁上，敷设十方如来及诸菩萨的圣像。在壁面的向阳正位处悬挂卢舍那佛、释迦牟尼佛、弥勒佛、阿閦佛、阿弥陀佛，观世音菩萨的诸多变化形像以及金刚藏菩萨，安置于左右两边；将帝释天、大梵天王、乌刍瑟摩、蓝地迦、诸军茶利、毗俱胝、四大天王等像，以及频那、夜迦，张贴于门两侧，左右分置。又取八面镜子覆悬在虚空中，与坛中八面圆镜彼此相对，使镜中影形交相互照，重重无尽。

"于初七中，至诚顶礼十方如来、诸大菩萨、阿罗汉号，恒于六时，诵咒围坛，至心行道。一时常行一百八遍。第二七中，一向专心发菩萨愿，心无间断。我毗奈耶先有愿教。第三七中，于十二时，一向持佛般怛啰咒。至第七日，十方如来一时出现，镜交光处，承佛摩顶，即于道场，修三摩地；能令如是末世修学，身心明净，犹如琉璃。阿难，若此比丘本受戒师，及同会中十比丘等，其中有一不清净者，如是道场，多不成就。从三七后，端坐安居，经一百日。有利根者，不起于座得须陀洹；纵其身心圣果未成，决定自知成佛不谬。汝问道场，建立如是。"

译文：

"在第一个七日中，至诚顶礼十方如来、诸大菩萨、阿罗汉的名号，六时之中，不间断地诵咒绕坛，以至诚心经行诵咒。一个时辰持诵楞严心咒一百零八遍。第二个七日中，一意专心发菩萨愿，心无间断。我在毗奈耶中已先有关于发愿的教言。第三个七日中，昼夜十二时一心持诵佛顶般怛啰神咒。至第七日，

十方如来就会于镜光交映处同时出现,此修行人亲承佛摩顶,
即在道场中修习三摩地;能使那些末法中的修行者,身心明净,
如同琉璃一样。阿难,如果这位比丘原本的受戒师,或同入坛
行道的十位比丘中,其中有一人持戒不清净,这样的道场就不能
成就。从第三个七日之后,修行者端坐安居,经过一百日,如果
是利根,不起座位就证得须陀洹果;纵然此人身心尚未证成圣
果,但是其心明净,自己知道决定能够成佛,绝无错谬。你问建
立道场之事,如此就是。"

阿难顶礼佛足而白佛言:"自我出家,恃佛恃爱,求
多闻故,未证无为。遭彼梵天邪术所禁,心虽明了,力
不自由,赖遇文殊,令我解脱。虽蒙如来佛顶神咒,冥
获其力,尚未亲闻。惟愿大慈,重为宣说,悲救此会诸
修行辈,末及当来在轮回者,承佛密音,身意解脱。"于
时会中一切大众普皆作礼,伫闻如来秘密章句。

译文:

阿难顶礼佛足而对佛说:"自我出家以来,仗佛骄爱,只求
多闻而未能实证无为圣果,因而道力微薄。遭受梵天邪术的控
制后,心里虽然明了清醒,但道力不全,不能自由,幸赖文殊密
诵神咒,使我解脱魔难。我虽蒙如来佛顶神咒的解救,暗中获
其加持力,但尚未亲耳闻听。唯愿大慈世尊,再为宣说此咒,大
悲救拔此会的诸修行者,以及将来末法时在轮回苦海中的众
生,承佛密咒音声的加持,身心俱得解脱。"这时,会中的一切大

众,一齐向佛顶礼,恭听佛陀宣说秘密章句。

　　尔时,世尊从肉髻中涌百宝光,光中涌出千叶宝莲,有化如来坐宝华中,顶放十道百宝光明,一一光明皆遍示现十恒河沙,金刚密迹,擎山持杵,遍虚空界。大众仰观,畏爱兼抱,求佛哀佑,一心听佛无见顶相,放光如来,宣说神咒:

　　　　南无萨怛他苏伽多耶阿啰诃帝三藐三菩陀写一萨怛他佛陀俱胝瑟尼钐二南无萨婆勃陀勃地萨跢鞞弊三南无萨多南三藐三菩陀俱知喃四娑舍啰婆迦僧伽喃五南无卢鸡阿罗汉跢喃六南无苏卢多波那喃七南无娑羯唎陀伽弥喃八南无卢鸡三藐伽跢喃九三藐伽波啰底波多那喃十南无提婆离瑟赧十一南无悉陀耶毗地耶陀啰离瑟赧十二舍波奴揭啰诃娑诃娑啰摩他喃十三南无跋啰诃摩泥十四南无因陀啰耶十五南无婆伽婆帝十六嚧陀啰耶十七乌摩般帝十八娑醯夜耶十九南无婆伽婆帝二十那啰野拏耶二十一槃遮摩诃三慕陀啰二十二南无悉羯唎多耶二十三南无婆伽婆帝二十四摩诃迦啰耶二十五地唎般剌那迦啰二十六毗陀啰波拏迦啰耶二十七阿地目帝二十八尸摩舍那泥婆悉泥二十九摩怛唎伽拏三十南无悉羯唎多耶三十一南无婆伽婆帝三十二多他伽跢俱啰耶三十三南无般头

摩俱啰耶三十四南无跋阇啰俱啰耶三十五南无摩
尼俱啰耶三十六南无伽阇俱啰耶三十七南无婆伽
婆帝三十八帝唎茶输啰西那三十九波啰诃啰拏啰
阇耶四十跢他伽多耶四十一南无婆伽婆帝四十二南
无阿弥多婆耶四十三哆他伽多耶四十四阿啰诃帝
四十五三藐三菩陀耶四十六南无婆伽婆帝四十七阿
刍鞞耶四十八跢他伽多耶四十九阿啰诃帝五十三
藐三菩陀耶五十一南无婆伽婆帝五十二鞞沙阇耶
俱卢吠柱唎耶五十三般啰婆啰阇耶五十四跢他伽
多耶五十五南无婆伽婆帝五十六三补师毖多五十七
萨怜捺啰剌阇耶五十八跢他伽多耶五十九阿啰诃
帝六十三藐三菩陀耶六十一南无婆伽婆帝六十二舍
鸡野母那曳六十三跢他伽多耶六十四阿啰诃帝六十
五三藐三菩陀耶六十六南无婆伽婆帝六十七刺怛
那鸡都啰阇耶六十八跢他伽多耶六十九阿啰诃帝
七十三藐三菩陀耶七十一帝瓢南无萨羯唎多七十
二翳昙婆伽婆多七十三萨怛他伽都瑟尼钐七十四
萨怛多般怛嚂七十五南无阿婆啰视耽七十六般啰
帝扬歧啰七十七萨啰婆部多揭啰诃七十八尼揭啰
诃羯迦啰诃尼七十九跋啰瑟地耶叱陀你八十阿迦
啰蜜唎柱八十一般唎怛啰耶儜揭唎八十二萨啰婆
槃陀那目叉尼八十三萨啰婆突瑟吒八十四突悉乏
般那你伐啰尼八十五赭都啰失帝南八十六羯啰诃

娑诃萨啰若阇八十七毗多崩娑那羯唎八十八阿瑟
吒冰舍帝南八十九那又刹怛啰若阇九十波啰萨陀
那羯唎九十一阿瑟吒南九十二摩诃揭啰诃若阇九十
三毗多崩萨那羯唎九十四萨婆舍都嚧你婆啰若阇
九十五呼蓝突悉乏难遮那舍尼九十六毖沙舍悉怛
啰九十七阿吉尼乌陀迦啰若阇九十八阿般啰视多
具啰九十九摩诃般啰战持一百摩诃叠多一百一摩诃
帝阇二摩诃税多阇婆啰三摩诃跋啰槃陀啰婆悉
你四阿唎耶多啰五毗唎俱知六誓婆毗阇耶七跋阇
啰摩礼底八毗舍嚧多九勃腾罔迦十跋阇啰制喝那
阿遮一百十一摩啰制婆般啰质多十二跋阇啰擅持十
三毗舍啰遮十四扇多舍鞞提婆补视多十五苏摩嚧
波十六摩诃税多十七阿唎耶多啰十八摩诃婆啰阿
般啰十九跋阇啰商羯啰制婆二十跋阇啰俱摩唎一
百二十一俱蓝陀唎二十二跋阇啰喝萨多遮二十三毗
地耶乾遮那摩唎迦二十四啒苏母婆羯啰跢那二十
五鞞嚧遮那俱唎耶二十六夜啰菟瑟尼钐二十七毗
折蓝婆摩尼遮二十八跋阇啰迦那迦波啰婆二十九
嚧阇那跋阇啰顿稚遮三十税多遮迦摩啰一百三十
一刹奢尸波啰婆三十二翳帝夷帝三十三母陀啰羯拏
三十四娑鞞啰忏三十五掘梵都三十六印兔那么么写
三十七诵咒者至此句称弟子某甲受持

　　乌𤙖三十八唎瑟揭拏三十九般刺舍悉多四十萨

怛他伽都瑟尼钐一百四十一虎𤙔四十二都嚧雍四十三瞻婆那四十四虎𤙔四十五都嚧雍四十六悉耽婆那四十七虎𤙔四十八都嚧雍四十九波罗瑟地耶三般叉拏羯啰五十虎𤙔一百五十一都嚧雍五十二萨婆药叉喝啰刹娑五十三揭啰诃若阇五十四毗腾崩萨那羯啰五十五虎𤙔五十六都嚧雍五十七者都啰尸底南五十八揭啰诃娑诃萨啰南五十九毗腾崩萨那啰六十虎𤙔一百六十一都嚧雍六十二啰叉六十三婆伽梵六十四萨怛他伽都瑟尼钐六十五波啰点阇吉唎六十六摩诃娑诃萨啰六十七勃树娑诃萨啰室唎沙六十八俱知娑诃萨泥帝隶六十九阿弊提视婆唎多七十咤咤罂迦一百七十一摩诃跋阇嚧陀啰七十二帝唎菩婆那七十三曼茶啰七十四乌𤙔七十五莎悉帝薄婆都七十六么么七十七印兔那么么写七十八至此句准前称名，若俗人称弟子某甲

啰阇婆夜七十九主啰跋夜八十阿祇尼婆夜一百八十一乌陀迦婆夜八十二毗沙婆夜八十三舍萨多啰婆夜八十四婆啰斫羯啰婆夜八十五突瑟叉婆夜八十六阿舍你婆夜八十七阿迦啰蜜唎柱婆夜八十八陀啰尼部弥剑波伽波陀婆夜八十九乌啰迦婆多婆夜九十刺阇坛茶婆夜一百九十一那伽婆夜九十二毗条怛婆夜九十三苏波啰拏婆夜九十四药叉揭啰诃九十五啰叉私揭啰诃九十六毕唎多揭啰诃九

十七毗舍遮揭啰诃九十八部多揭啰诃九十九鸠槃
茶揭啰诃二百补单那揭啰诃二百一迦吒补单那揭
啰诃二悉乾度揭啰诃三阿播悉摩啰揭啰诃四乌
檀摩陀揭啰诃五车夜揭啰诃六醯唎婆帝揭啰诃
七社多诃唎南八揭婆诃唎南九嚧地啰诃唎南十
忙娑诃唎南二百十一谜陀诃唎南十二摩阇诃唎南
十三阇多诃唎女十四视比多诃唎南十五毗多诃唎
南十六婆多诃唎南十七阿输遮诃唎女十八质多诃
唎女十九帝钐萨鞞钐二十萨婆揭啰诃南二百二十一
毗陀夜阇瞋陀夜弥二十二鸡啰夜弥二十三波唎跋
啰者迦讫唎担二十四毗陀夜阇瞋陀夜弥二十五鸡
啰夜弥二十六茶演尼讫唎担二十七毗陀夜阇瞋陀
夜弥二十八鸡啰夜弥二十九摩诃般输般怛夜三十
嚧陀啰讫唎担二百三十一毗陀夜阇瞋陀夜弥三十
二鸡啰夜弥三十三那啰夜拏讫唎担三十四毗陀夜
阇瞋陀夜弥三十五鸡啰夜弥三十六怛埵伽嚧茶西
讫唎担三十七毗陀夜阇瞋陀夜弥三十八鸡啰夜弥
三十九摩诃迦啰摩怛唎伽拏讫唎担四十毗陀夜阇
瞋陀夜弥二百四十一鸡啰夜弥四十二迦波唎迦讫
唎担四十三毗陀夜阇瞋陀夜弥四十四鸡啰夜弥四
十五阇耶羯啰摩度羯啰四十六萨婆啰他娑达那讫
唎担四十七毗陀夜阇瞋陀夜弥四十八鸡啰夜弥四
十九赭咄啰婆耆你讫唎担五十毗陀夜阇瞋陀夜

弥二百五十一鸡啰夜弥五十二毗唎羊讫唎知五十三
难陀鸡沙啰伽拏般帝五十四索醯夜讫唎担五十五
毗陀夜阇瞋陀夜弥五十六鸡啰夜弥五十七那揭那
舍啰婆拏讫唎担五十八毗陀夜阇瞋陀夜弥五十九
鸡啰夜弥六十阿罗汉讫唎担毗陀夜阇瞋陀夜弥
二百六十一鸡啰夜弥六十二毗多啰伽讫唎担六十三
毗陀夜阇瞋陀夜弥六十四鸡啰夜弥跋阇啰波你六
十五具醯夜具醯夜六十六迦地般帝讫唎担六十七
毗陀夜阇瞋陀夜弥六十八鸡啰夜弥六十九啰叉罔
七十婆伽梵二百七十一印兔那么么写七十二至此依
前称弟子名

　婆伽梵七十三萨怛多般怛啰七十四南无粹都
帝七十五阿悉多那啰剌迦七十六波啰婆悉普吒七
十七毗迦萨怛多钵帝唎七十八什佛啰什佛啰七十
九陀啰陀啰八十频陀啰频陀啰瞋陀瞋陀二百八十
一虎𤙲八十二虎𤙲八十三泮吒八十四泮吒泮吒泮吒
泮吒八十五娑诃八十六醯醯泮八十七阿牟迦耶泮八
十八阿波啰提诃多泮八十九婆啰波啰陀泮九十阿
素啰毗陀啰波迦泮二百九十一萨婆提鞞弊泮九十
二萨婆那伽弊泮九十三萨婆药叉弊泮九十四萨婆
乾闼婆弊泮九十五萨婆补丹那弊泮九十六迦吒补
丹那弊泮九十七萨婆突狼枳帝弊泮九十八萨婆突
涩比唎讫瑟帝弊泮九十九萨婆什婆唎弊泮三百萨

婆阿播悉摩喱弊泮三百一萨婆舍啰婆挐弊泮二萨
婆地帝鸡弊泮三萨婆怛摩陀继弊泮四萨婆毗陀
耶啰誓遮喱弊泮五阇夜羯啰摩度羯啰六萨婆啰
他娑陀鸡弊泮七毗地夜遮唎弊泮八者都啰缚耆
你弊泮九跋阇啰俱摩唎十毗陀夜啰誓弊泮三百十
一摩诃波啰丁羊乂耆唎弊泮十二跋阇啰商羯啰夜
十三波啰丈耆啰阇耶泮十四摩诃迦啰夜十五摩诃
末怛唎迦挐十六南无娑羯唎多夜泮十七毖瑟挐婢
曳泮十八勃啰诃牟尼曳泮十九阿耆尼曳泮二十摩
诃羯唎曳泮三百二十一羯啰檀迟曳泮二十二蔑怛唎
曳泮二十三唠怛唎曳泮二十四遮文茶曳泮二十五羯
逻啰怛唎曳泮二十六迦般唎曳泮二十七阿地目质
多迦尸摩舍那二十八婆私你曳泮二十九演吉质三十
萨埵婆写三百三十一么么印兔那么么写三十二至此
句依前称弟子某人

　　突瑟吒质多三十三阿末怛唎质多三十四乌阇诃
啰三十五伽婆诃啰三十六嚧地啰诃啰三十七婆娑诃
啰三十八摩阇诃啰三十九阇多诃啰四十视毖多诃啰
三百四十一跋略夜诃啰四十二乾陀诃啰四十三布史
波诃啰四十四颇啰诃啰四十五婆写诃啰四十六般
波质多四十七突瑟吒质多四十八唠陀啰质多四十九
药叉揭啰诃五十啰刹娑揭啰诃三百五十一闭隶多
揭啰诃五十二毗舍遮揭啰诃五十三部多揭啰诃五

十四鸠槃茶揭啰诃五十五悉乾陀揭啰诃五十六乌
怛摩陀揭啰诃五十七车夜揭啰诃五十八阿播萨摩
啰揭啰诃五十九宅祛革茶耆尼揭啰诃六十唎佛帝
揭啰诃三百六十一阇弥迦揭啰诃六十二舍俱尼揭
啰诃六十三姥陀啰难地迦揭啰诃六十四阿蓝婆揭
啰诃六十五乾度波尼揭啰诃六十六什伐啰堙迦醯
迦六十七坠帝药迦六十八怛隶帝药迦六十九者突
托迦七十尼提什伐啰瑟钑摩什伐啰三百七十一薄
底迦七十二鼻底迦七十三室隶瑟蜜迦七十四娑你
般帝迦七十五萨婆什伐啰七十六室嚧吉帝七十七
末陀鞞达嚧制剑七十八阿绮嚧钳七十九目佉嚧钳
八十羯唎突嚧钳三百八十一羯啰诃揭蓝八十二羯拏
输蓝八十三惮多输蓝八十四迄唎夜输蓝八十五末么
输蓝八十六跋唎室婆输蓝八十七毖栗瑟吒输蓝八
十八乌陀啰输蓝八十九羯知输蓝九十跋悉帝输蓝
三百九十一邬嚧输蓝九十二常伽输蓝九十三喝悉多
输蓝九十四跋陀输蓝九十五娑房盎伽般啰丈伽输
蓝九十六部多毖跢茶九十七茶耆尼什婆啰九十八陀
突嚧迦建咄嚧吉知婆路多毗九十九萨般嚧诃凌
伽四百输沙怛啰娑那羯啰四百一毗沙喻迦二阿耆
尼乌陀迦三末啰鞞啰建跢啰四阿迦啰蜜唎咄怛
敛部迦五地栗刺吒六毖唎瑟质迦七萨婆那俱啰
八肆引伽弊揭啰唎药叉怛啰刍九末啰视吠帝钐

娑鞞钐十悉怛多钵怛啰四百十一摩诃跋阇嚧瑟尼
钐十二摩诃般赖丈耆蓝十三夜波突陀舍喻阇那十
四辫怛隶拏十五毗陀耶槃昙迦嚧弥十六帝殊槃昙
迦嚧弥十七般啰毗陀槃昙迦嚧弥十八跢侄他十九
唵二十阿那隶四百二十一毗舍提二十二鞞啰跋阇啰
陀唎二十三槃陀槃陀你二十四跋阇啰谤尼泮二十五
虎𤙲都嚧瓮泮二十六莎婆诃二十七

译文：

这时，世尊从肉髻中涌出百宝光，光中又涌出千叶宝莲，有
化身如来坐于宝莲花中，顶上放出十道百宝光明，一一光中皆普
遍示现十恒河沙数的金刚密迹，擎山持杵，遍布于虚空界。大
众仰观此景，既惊畏又欢爱，求佛哀怜护佑，一心恭听佛无见顶
相中放光如来宣说神咒：（咒语略。）

"阿难，是佛顶光聚悉怛多般怛啰秘密伽陀微妙
章句，出生十方一切诸佛。十方如来因此咒心，得成
无上正遍知觉。十方如来执此咒心，降伏诸魔，制诸
外道。十方如来乘此咒心，坐宝莲华，应微尘国。十
方如来含此咒心，于微尘国转大法轮。十方如来持此
咒心，能于十方摩顶授记；自果未成，亦于十方蒙佛
授记。

译文：

"阿难，这个佛顶光聚悉怛多般怛啰秘密伽陀微妙章句，能出生十方一切诸佛。十方如来因此咒心而成就无上正遍知正等觉。十方如来持此咒心，降伏一切魔，制伏一切外道。十方如来依此咒心，坐宝莲花中，应化微尘数国土，随类现身，救度众生。十方如来含此咒心，能于微尘数国土转大法轮，宣说佛法，教化众生。十方如来持此咒心，能于十方国土，为菩萨及其他众生摩顶授记，必定成佛；即使众生自己未能成就果位，持此咒心，也会蒙十方如来为其授记，圆成佛果。

"十方如来依此咒心，能于十方拔济群苦：所谓地狱、饿鬼、畜生、盲聋喑哑，怨憎会苦、爱别离苦、求不得苦、五阴炽盛，大小诸横，同时解脱；贼难、兵难、王难、狱难，风、火、水难，饥渴、贫穷，应念销散。十方如来随此咒心，能于十方事善知识，四威仪中供养如意，恒沙如来会中推为大法王子。十方如来行此咒心，能于十方摄受亲因，令诸小乘闻秘密藏不生惊怖。十方如来诵此咒心，成无上觉，坐菩提树，入大涅槃。十方如来传此咒心，于灭度后，付佛法事，究竟住持，严净戒律，悉得清净。若我说是佛顶光聚般怛啰咒，从旦至暮，音声相联，字句中间亦不重叠，经恒沙劫终不能尽。亦说此咒名如来顶。

译文：

"十方如来依此咒心，能于十方世界拔济各种苦难：所谓地狱、饿鬼、畜生、盲聋喑哑等，怨憎会苦、爱别离苦、求不得苦、五阴炽盛苦等八苦，大、小一切横灾，都同时解脱；众生所遇到的贼难、兵难、王法难、牢狱难，以及风、火、水难，饥渴无食、贫穷等，都应其所念咒心皆得消散。十方如来随此咒心威力，能于十方世界承事诸善知识，并于行、住、坐、卧四威仪中能够随愿供养善知识，于恒河沙数诸佛法会中被推为大法王子。十方如来行此咒心，能于十方世界摄受历劫以来的同行眷属，使诸小乘学人听闻如来的秘密藏，不生惊怖。十方如来诵此咒心，得成无上正觉，从始坐菩提树下成道，到终入大涅槃。十方如来传此咒心，于灭度之后，所付嘱佛法之事，得以究竟住持，严持戒律，悉得清净。如果我完整地叙说此佛顶光聚般怛啰咒的密义及其功用威力，即使从早到晚声音相续，字字句句皆不重复，经恒河沙劫，仍然不能穷尽。因此，此咒也可称为至尊至胜的'如来顶咒'。

"汝等有学，未尽轮回，发心至诚，取阿罗汉，不持此咒而坐道场，令其身心远诸魔事，无有是处。阿难，若诸世界随所国土所有众生，随国所生桦皮、贝叶、纸素、白氎书写此咒①，贮于香囊，是人心昏未能诵忆，或带身上，或书宅中，当知是人尽其生年，一切诸毒所不能害。

注释:

①贝叶: 即贝多罗叶, 印度人用来以写经文。白氍(dié): 细毛布, 色白。

译文:

"你们有学声闻弟子, 轮回未尽, 若发至诚心求证阿罗汉果位, 如不诵持此咒而坐于道场修行, 欲使身心远离诸魔的扰乱, 是不可能的。阿难, 如果一切世界中, 随所在国土中的所有众生, 以其国中所生的桦树皮、贝叶、白纸、白氍等书写此咒, 藏于香囊, 即使这人心中昏昧, 不能诵记此咒, 只要将此咒带在身上, 或者书写置于住宅中, 当知此人尽有生之年, 一切诸毒都不能加害于他。

"阿难, 我今为汝更说此咒, 救护世间, 得大无畏, 成就众生出世间智。若我灭后, 末世众生有能自诵, 若教他诵, 当知如是诵持众生, 火不能烧, 水不能溺, 大毒、小毒所不能害。如是乃至龙天、鬼神、精祇、魔魅所有恶咒皆不能著, 心得正受。一切咒诅、厌蛊、毒药①, 金毒、银毒, 草木虫蛇, 万物毒气, 入此人口成甘露味。一切恶星并诸鬼神、磣心毒人②, 于如是人不能起恶; 频那夜迦、诸恶鬼王并其眷属, 皆领深恩, 常加守护。

注释：

①厌盅（gǔ）：以巫术致灾祸于人。厌，厌魅，以咒术驱使死尸去杀害怨敌，梵文为"毗陀罗"，其义为起尸鬼。盅，传说一种人工培育的毒虫。

②磣（chěn）：指混入异物。

译文：

"阿难，我现在再为你说此咒，能够救护世间一切众生，使其于厄难或魔扰时得大无畏，并使其断尽迷惑，得到出世间智。若我灭度后，末世中的众生若能自己诵持，或者教他人诵持此咒，当知这些诵持的人，火不能烧，水不能溺，一切大毒如瘟疫、小毒如毒蛇等，都不能侵害。这样乃至龙天、鬼神、精祇、魔魅的所有恶咒都不能近其身，心得三昧正受。一切咒诅、厌盅、毒药，金毒、银毒，以及草、木、虫、蛇等万物的一切毒气，入此人口反而变为甘露妙味。一切恶星以及恶鬼恶神、狠毒的人，对这个诵咒的人不能生起恶念；频那夜迦、诸恶鬼王及其眷属，皆因领受佛化深恩，时常守护这些诵持此咒的众生。

"阿难，当知，是咒常有八万四千那由他恒河沙俱胝金刚藏王菩萨种族①，一一皆有诸金刚众而为眷属，昼夜随侍。设有众生于散乱心，非三摩地，心忆口持，是金刚王常随从彼诸善男子，何况决定菩提心者！此诸金刚菩萨藏王，精心阴速，发彼神识，是人应时心能记忆八万四千恒河沙劫，周遍了知，得无疑惑。从第一劫乃至后身，生生不生药叉、罗刹及富单那、迦吒富单那、鸠槃荼、毗舍遮等②，并诸饿鬼，有形、无形、有想、无想，如是恶处。是善男子，若读若诵，若书若写，若带若藏，诸色供养，劫劫不生，贫穷下贱，不可乐处。此诸众生，纵其自身不作福业，十方如来所有功德，悉与此人。由是得于恒河沙阿僧祇、不可说不可说劫，常与诸佛同生一处，无量功德，如恶叉聚，同处熏修，永无分散。

注释：

①那由他：万亿。俱胝：百亿。

②富单那：臭恶鬼。迦吒富单那：奇臭恶鬼。鸠槃荼：啖精气鬼。毗舍遮：食血肉鬼。

译文：

"阿难，你应当知道，此咒常有八万四千那由他的恒河沙数俱胝的金刚藏王菩萨种族，其一一菩萨都有许多金刚众眷属，昼夜跟随侍卫诵持此咒的众生。假如有众生，于散乱心而不是入于正定，心忆此咒，口念此咒，此金刚藏王菩萨就会常常跟随护卫这些善男子，更何况那些发决定不疑菩提心的人呢！这些金刚藏王菩萨以同体如来藏精心，暗中加持行者，速疾开发众生的神识慧根，使得这人应时心开，能记忆八万四千恒河沙劫以来的事情，周遍了知，没有任何疑惑。从初发心持咒的第一劫起，直至成佛之前的最后身，生生世世都不会生于药叉、罗刹及富单那、迦吒富单那、鸠槃茶、毗舍遮等，以及所有的饿鬼，有形无形、有想无想之类，等等这些恶处。这些善男子，若能读、能诵此咒，若能书、能写此咒，或者佩带身上，或者藏于家中，并用诸妙色香花灯等供养，则任何劫数时间都不会生于贫穷下贱等不可乐之处。这些诵持此咒的众生，即使自己未修福业，十方如来的所有功德都会给予此人。因此，他们得以在恒河沙阿僧祇不可说不可说劫的时间之中，常与诸佛同生一处，无量功德也如恶叉聚果一样不分离，常与诸佛同处熏修，永无分散。

"是故能令破戒之人，戒根清净；未得戒者，令其得戒；未精进者，令得精进；无智慧者，令得智慧；不清净者，速得清净；不持斋戒，自成斋戒。阿难，是善男子持此咒时，设犯禁戒于未受时，持咒之后，众破戒罪无问轻重，一时销灭；纵经饮酒，食啖五辛种种不净，一切诸佛、菩萨、金刚、天仙、鬼神不将为过。设著不净破弊衣服，一行一住悉同清净。纵不作坛，不入道场，亦不行道，诵持此咒，还同入坛行道功德，无有异也。若造五逆无间重罪①，及诸比丘、比丘尼四弃、八弃②，诵此咒已，如是重业，犹如猛风吹散沙聚，悉皆灭除，更无毫发。阿难，若有众生，从无量无数劫来，所有一切轻重罪障，从前世来未及忏悔，若能读诵、书写此咒，身上带持，若安住处、庄宅、园馆，如是积业，犹汤销雪；不久皆得悟无生忍。

注释：

①五逆：指五种极恶之行为，即杀父、杀母、杀阿罗汉、出佛身血、破和合僧。

②四弃：即杀、盗、淫、妄四重罪，若犯此即永弃于佛法外，故名为"弃罪"。八弃：为比丘尼八重罪，即于四弃外再加"触弃、八弃、覆弃、随弃"四者。

译文：

"所以，诵持此咒，能使破戒之人戒根恢复清净；未得戒之人，使其得戒；未精进之人，使其精进；无有智慧之人，使得智慧；身心不清净之人，速得清净；不持斋戒之人，自然成就斋戒。阿难，这些善男子持此咒时，未受持之前所犯的一切破戒之罪，无论轻重，持咒之后，一时消灭；纵然曾经饮酒，吃过五辛等种种不净的东西，因诵此咒，一切诸佛、菩萨、金刚、天仙、鬼神等都不以为过。假如他穿着不干净的破烂衣服，但他的一行一住皆同清净。纵然他不作坛，不入道场，也没有入坛场行道，诵持此咒后，所得功德仍与入坛行道相同，没有任何差别。若诵持此咒以前造下了五逆无间重罪，以及比丘四弃、比丘尼八弃罪，诵此咒后，如此重罪业就如狂风吹散沙堆一样，全部灭除，更无毫发得留。阿难，若有众生从无量无数劫以来所有一切轻重罪障，从前世以来还未能忏悔，若能读诵、书写此咒，将其带在身上，或安放在住所、庄宅、园馆之中，以此神咒之力，这些前世积业就如热汤消融冰雪一样，皆得消灭；不久，此持咒之人皆可得悟无生法忍。

"复次，阿难，若有女人未生男女欲求孕者，若能至心忆念斯咒，或能身上带此悉怛多般怛啰者，便生福德智慧男女；求长命者，即得长命；欲求果报速圆满者，速得圆满；身命色力，亦复如是。命终之后，随愿往生十方国土，必定不生边地、下贱①，何况杂形②？

注释：

①边地：指不能见闻佛法的边隅之地。

②杂形：指地狱、恶鬼、畜生三恶道。

译文：

"其次，阿难，若有女人未生男女而欲求怀孕，若能以至诚心记诵此咒，或者能将此悉怛多般怛啰神咒带在身上，便能生出福德、智慧双全的男女；求长寿者，即得长寿；欲求果报速疾圆满者，快速得到圆满；若求身体健康、精力充沛者，也是如此。其人命终之后，随自己的愿力往生十方任何国土，必定不会转生在边地及下贱之处，更何况生于三恶道之杂形众生呢？

"阿难，若诸国土州县、聚落，饥荒、疫疠，或复刀兵、贼难、斗诤，兼余一切厄难之地，写此神咒安城四门、并诸支提，或脱阇上，令其国土所有众生奉迎斯咒，礼拜恭敬，一心供养；令其人民各各身佩，或各各安所居宅地，一切灾厄悉皆销灭。阿难，在在处处国土众生，随有此咒，天龙欢喜，风雨顺时，五谷丰殷，兆庶安乐；亦复能镇一切恶星随方变怪，灾障不起，人无横夭，杻械枷锁不著其身，昼夜安眠，常无恶梦。

译文：

"阿难，若诸国土的州、县、村落，遭遇饥荒或瘟疫，或起战争刀兵灾难、暴乱贼寇之难、相互斗争之难，以及其余一切有厄难之地，只要书写此咒安放在城的四门以及各支提上，或悬于幢幡上，让国土中的所有众生都迎奉此咒，恭敬礼拜，一心供养；让每一个市民都佩带此咒，或将其各自安放在所居的住宅中，所有一切灾祸厄难就会全部消除。阿难，在在处处的所有国土及一切众生，随有此神咒之处，天龙八部便会欢喜，风雨顺时，五谷丰殷，百姓安乐；同时，此咒也能镇压一切随方变怪的恶星，使灾害、障碍不起，人们没有横祸夭亡，杻械枷锁不加于身，昼夜安睡，常无恶梦。

"阿难，是娑婆界有八万四千灾变恶星，二十八大恶星而为上首；复有八大恶星以为其主，作种种形，出现世时能生众生种种灾异；有此咒地，悉皆销灭，十二由旬成结界地，诸恶灾祥，永不能入。是故如来宣示此咒，于未来世保护初学诸修行者入三摩提，身心泰然，得大安稳；更无一切诸魔、鬼神，及无始来冤横宿殃，旧业陈债，来相恼害。汝及众中诸有学人及未来世诸修行者，依我坛场，如法持戒，所受戒主逢清净僧，持此咒心，不生疑悔，是善男子于此父母所生之身，不得心通，十方如来，便为妄语。"

译文：

"阿难，这个婆婆世界有八万四千灾变恶星，其中以二十八大恶星而为上首统领；又有八大恶星为众灾星之主，能化作种种形状，出现于世时给众生带来种种灾异；若有此咒之地，一切灾异悉皆消灭，十二由旬以内成为结界之地，所有恶象、灾祸、妖祥永远不能侵入。因此，如来宣示此咒，于未来世末法时代保护初学佛法的诸修行人能够入三摩提，身心泰安，得大安稳；更不会有一切诸魔、鬼神，以及无始以来的冤家、横祸、宿业、灾殃等旧债陈债来恼害，使得三摩地不能成就。你和会中诸有学人及未来世诸修行人，若能依我所说建立坛场，如法持戒清净，所受戒的戒师遇到了真实的清净僧，一心诵持此咒心，于此法不生半点疑悔，这样的善男子依其父母所生之身，若不能证得心地圆通，十方如来便是以妄语欺诳众生。"

说是语已，会中无量百千金刚，一时佛前合掌顶礼而白佛言："如佛所说，我当诚心保护如是修菩提者。"尔时，梵王并天帝释、四天大王①，亦于佛前同时顶礼而白佛言："审有如是修学善人，我当尽心至诚保护，令其一生所作如愿。"复有无量药叉大将、诸罗刹王、富单那王、鸠槃茶王、毗舍遮王、频那夜迦、诸大鬼王及诸鬼帅,亦于佛前合掌顶礼:"我亦誓愿护持是人,令菩提心速得圆满。"复有无量日月天子、风师、雨师、云师、雷师并电伯等,年岁巡官、诸星眷属,亦于会中顶礼佛足而白佛言:"我亦保护是修行人,安立道场,得无所畏。"复有无量山神、海神、一切土地,水、陆、空行,万物精祇并风神王、无色界天,于如来前同时稽首而白佛言:"我亦保护是修行人,得成菩提,永无魔事。"

注释:

①四天大王:有版本作"四大天王"。

译文:

佛说完这段开示后,会中有无量百千金刚,同时在佛前合掌顶礼,然后对佛说:"如佛所说,我等当诚心保护这些修行菩提道的众生。"这时,大梵天王和帝释天、四大天王也在佛前同时顶礼,对佛说:"果然有这样的修学善人,我等会尽心至诚保护,使他们一生中凡有所作都能如愿。"又有无数药叉大将、诸罗刹王、富单那王、鸠槃茶王、毗舍遮王、频那夜迦、诸大鬼王及诸鬼帅等,也在佛前合掌顶礼,对佛说:"我等也发愿护持这样的修学人,使其菩提心速得圆满。"又有无数日月天子、风师、雨师、云师、雷师及电伯,以及年岁巡官、诸星眷属等,也在会中顶礼佛足而对佛说:"我等也发愿保护这样的修学人,使其安置道场,得无所畏。"又有无数山神、海神、一切土地神,以及一切水居、陆居、空居之神,万物精祇及风神王、无色界天等,也在佛前同时稽首而对佛说:"我等也发愿保护这样的修学人,使其得成菩提,永不遭受魔事。"

尔时,八万四千那由他恒河沙俱胝金刚藏王菩萨,在大会中即从座起,顶礼佛足而白佛言:"世尊,如我等辈所修功业,久成菩提,不取涅槃,常随此咒,救护末世修三摩提正修行者。世尊,如是修心求正定人,若在道场及余经行,乃至散心游戏聚落,我等徒众常当随从,侍卫此人;纵令魔王、大自在天求其方便,终不可得;诸小鬼神去此善人十由旬外,除彼发心乐修禅者。世尊,如是恶魔、若魔眷属,欲来侵扰是善人者,我以宝杵殒碎其首,犹如微尘,恒令此人所作如愿。"

译文:

这时,八万四千那由他恒河沙俱胝的金刚藏王菩萨,在大会中即从座而起,顶礼佛足而对佛说:"世尊,如我等所修得的功业,久已成就菩提,然而不入涅槃,常跟随此咒,救护末世之中修三摩地、诵持此咒的正修行人。世尊,这样诵持此咒而修心求证正定的人,若在道场专修或在别处经行,乃至以散乱心游化村落,我及徒众都会时常跟随保护这人;即使魔王、大自在天想伺察这些修行人的漏洞而破坏修行,也终究不能得手;那些小鬼神远离此修行善人十由旬之外,除非他也愿意发心修习禅定。世尊,这些恶魔及其眷属,若有敢来侵扰这些修行善人的,我就用宝杵打碎其头颅,使成微尘,常使这些修行人所做如愿成就。"

阿难即从座起，顶礼佛足而白佛言："我辈愚钝，好为多闻，于诸漏心未求出离；蒙佛慈诲，得正熏修，身心快然，获大饶益。世尊，如是修证佛三摩提，未到涅槃，云何名为干慧之地？四十四心，至何渐次，得修行目？诣何方所，名入地中？云何名为等觉菩萨？"作是语已，五体投地，大众一心，伫佛慈音，瞪瞢瞻仰。尔时，世尊赞阿难言："善哉！善哉！汝等乃能普为大众及诸末世一切众生，修三摩提、求大乘者，从于凡夫，终大涅槃，悬示无上正修行路。汝今谛听，当为汝说。"阿难、大众合掌刳心[1]，默然受教。

注释：

①刳（kū）心：指摒弃杂念。刳，挖空。

译文：

阿难即从座而起，顶礼佛足而对佛说："我辈愚钝，喜好多闻广学，对于诸微细烦恼有漏心未求出离；承蒙佛慈悲教诲，得熏修三摩地的正法，身心快然，得大利益。世尊，如此修证佛法三摩地，未到达涅槃果地之前，为什么称为干慧地？四十四心，须经过怎样的次第，才得到修行悟道的眼目？到什么境地才叫作证入十地中？什么境界叫作等觉菩萨？"说完这些话后，阿难五体投地礼佛，会中大众一心期盼佛的慈音开示，眼睛瞻仰凝视着佛陀。这时，世尊称赞阿难："善哉！善哉！你等乃能普为大众及末世时的一切修三摩地、求大乘佛法的众生，指示始从凡夫发心，终至大涅槃果地的无上正修行路。你现在仔细听，我将为你宣说。"阿难、大众合掌净心，静听教诲。

佛言："阿难，当知妙性圆明，离诸名相，本来无有世界、众生；因妄有生，因生有灭，生灭名妄，灭妄名真，是称如来无上菩提及大涅槃二转依号。阿难，汝今欲修真三摩地，直诣如来大涅槃者，先当识此众生、世界二颠倒因；颠倒不生，斯则如来真三摩地。

译文：

佛说："阿难，你应当知道，妙性圆明，离一切名相，本来无有世界、众生；因无明妄动而有世界、众生的生起，因生而有灭，生、灭二相称为虚妄，灭除虚妄就称为真，这又称作如来无上菩提和大涅槃二转依果之名号。阿难，你现在想要修习真三摩地，直达如来大涅槃果位，首先应当识知这众生和世界两种颠倒生起的原因；颠倒不生起，这即是如来的真三摩地。

"阿难，云何名为众生颠倒？阿难，由性明心，性明圆故，因明发性，性妄见生，从毕竟无，成究竟有。此有所有，非因所因；住所住相，了无根本。本此无住，建立世界及诸众生。迷本圆明，是生虚妄；妄性无体，

非有所依。将欲复真，欲真已非真真如性。非真求
复，宛成非相。非生非住，非心非法，展转发生，生力
发明，熏以成业，同业相感；因有感业，相灭相生，由
是故有众生颠倒。

译文：

"阿难，什么叫作众生颠倒？阿难，由于性觉妙明之真心，
其性明觉圆照之故，因为要在本明的觉体上妄有所明，于是发
生了业识之性，识性妄动而能见之妄见发生，就这样，从毕竟
无相之真，转成究竟有相之妄。此能有之妄识与所有之妄境，
既非能因，也非所因；能住相与所住相，了无根本之自体，二皆
虚妄。本于此虚妄无住的无明业识，而建立了世界以及各类众
生。众生无始以来迷失了本然圆满妙真如心，因此生起了虚妄
的惑业；惑业之妄性本是虚妄而无自体，没有所依之初始因。
将欲离妄复真，但此舍妄复真之念本身就是妄想，而不是真实
的真如性。以非真实的生灭妄心去求回复不生不灭的真如心，
是妄上加妄，宛然成为非真实的、无常生灭的尘劳妄相。此非
相中，无明非真有生相，业识非真有住相，见分非真心之相，相
分非实法之相，本来皆是虚妄，因为无明力而辗转发生，生力渐
渐显著，由惑以起业，相互熏习而成业相，同业相感润生；因有
相感之业，相灭相生，由此故有众生颠倒。

"阿难，云何名为世界颠倒？是有所有，分段妄
生[1]，因此界立；非因所因，无住所住，迁流不住，因此

世成。三世、四方和合相涉,变化众生成十二类。是故世界因动有声,因声有色,因色有香,因香有触,因触有味,因味知法。六乱妄想成业性故,十二区分,由此轮转。是故世间声、香、味、触,穷十二变,为一旋复。乘此轮转颠倒相故,是有世界卵生、胎生、湿生、化生、有色、无色、有想、无想、若非有色、若非无色、若非有想、若非无想。

注释:

①分段:即分段生死,指凡夫轮回六道,受分分段段果报之身。

译文:

"阿难,什么叫作世界颠倒呢?能有之无明与所有之众生根身,由无明妄力揽尘结根,故有分段受生之妄身产生,因此内外之界相成立;无始无明本是虚妄,非是始因,却执为妄有之所因,妄有本来虚妄无有能住之体,却宛若有所住之相,迁流不住,因此虚妄之三世成就。因而有了过去、现在、未来三世与东、南、西、北四方的分别,三世与四方和合相涉,变化出十二类不同的众生。因此,世界因无明风动而有声尘生,因声尘黏着湛明之体而有色尘生,因色尘而有香尘起,因香尘而有触尘生,因触尘而有味着生,因味着而有知觉生,于是诸识转生。六乱妄想熏成业性之故,而有十二类众生的区分,由此六道轮转,无有停息。所以,世间众生依于对于声、色、香、味、触、法六尘颠倒执着之轻重及其惑业成熟之先后，而次第感报，穷尽了十二类众生之变迁，成为一个轮转旋复。乘此轮转的颠倒行相而有世界的十二类众生：卵生、胎生、湿生、化生、有色、无色、有想、无想、若非有色、若非无色、若非有想、若非无想。

"阿难，由因世界虚妄轮回，动颠倒故，和合气成八万四千飞沉乱想，如是故有卵羯逻蓝①，流转国土，鱼鸟龟蛇，其类充塞。

注释：

①羯逻蓝：义为"凝滑"，为胎之初位，处胎初七日。

译文：

"阿难，由于世界中有虚妄之想辗转不息而成轮回性，以想动为颠倒惑因故，和合业气而成八万四千飞沉乱想，由此便有卵羯逻蓝生成，流转各处国土，形成如鱼、鸟、龟、蛇等类生命，充塞世间。

"由因世界杂染轮回，欲颠倒故，和合滋成八万四千横竖乱想，如是故有胎遏蒲昙①，流转国土，人畜龙仙，其类充塞。

注释：

①遏蒲昙：胎胞，在胎第二个七日之相。

译文：

　　"由于世间中有情爱杂染辗转不息而成轮回性，以爱欲为颠倒惑因故，和合精血滋润而成八万四千横竖乱想，由此便有胎遏蒲昙生成，流转各处国土，形成如人、畜、龙、仙等类生命，充塞世间。

　　"由因世界执著轮回，趣颠倒故，和合暖成八万四千翻覆乱想，如是故有湿相蔽尸①，流转国土，含蠢蠕动，其类充塞。

注释：

　　①蔽尸：软骨、肉团等，原指为胎内五位之第三位，此指为湿生之初相。

译文：

　　"由于世间中有执着辗转不息而成轮回性，以趣奔尘境为颠倒惑因故，和合暖湿之气而成八万四千翻覆乱想，由此便有湿相蔽尸生成，流转各处国土，形成含蠢蠕动等类生命，充塞世间。

　　"由因世界变易轮回，假颠倒故，和合触成八万四千新故乱想，如是故有化相羯南①，流转国土，转蜕飞行，其类充塞。

注释:

①羯南:硬肉,又为"众"、"类"之义。

译文:

"由于世间中有变易辗转不息而成轮回性,以假托因依为颠倒惑因故,和合触业而成八万四千种新旧乱想,由此便有化相羯蓝生成,流转各处国土,形成转变蜕化身形而后飞行等类生命,充塞世间。

"由因世界留碍轮回,障颠倒故,和合著成八万四千精耀乱想,如是故有色相羯南,流转国土,休咎精明①,其类充塞。

注释:

①休:吉。咎(jiù):凶。

译文:

"由于世间中的有色类众生有超越色法质碍、求取光明色相之妄想,辗转不息而成轮回性,以障蔽妄想为颠倒惑因故,和合种种求明着之业而成八万四千精耀乱想,由此便有色相羯南生成,流转各处国土,形成如星辰吉凶形相以及日月之精、星辰之明形相等类生命,充塞世间。

"由因世界销散轮回,惑颠倒故,和合暗成八万四千阴隐乱想，如是故有无色羯南，流转国土，空散销沉，其类充塞。

译文：

"由于世间中的无色类众生有灭色归空、消散其形之妄想，辗转不息而成轮回性，以迷惑妄想为惑因故，和合暗相而成八万四千阴隐乱想，由此便有无色羯南生成，流转各处国土，形成空、散、消、沉等类生命，充塞世间。

"由因世界罔相轮回，影颠倒故，和合忆成八万四千潜结乱想，如是故有想相羯南，流转国土，神鬼精灵，其类充塞。

译文：

"由于世间的有想类众生贪求灵通，妄执若有若无、仿佛不实之影像，缘想不息而成轮回性，以谬执法尘之影妄想为惑因故，和合忆想而成八万四千潜结乱想，由此便有想相羯南生成，流转各处国土，形成神鬼精灵等类生命，充塞世间。

"由因世界愚钝轮回，痴颠倒故，和合顽成八万四千枯槁乱想，如是故有无想羯南，流转国土，精神化为土、木、金、石，其类充塞。

译文：

"由于世间的无想类众生摒除知识，贪求无想的愚昧暗钝妄想，辗转不息而成轮回性，以痴昧颠倒为惑因故，和合冥顽而成八万四千枯槁乱想，由此便有无想相羯南生成，流转各处国土，其精神化为土、木、金、石等类，充塞世间。

"由因世界相待轮回，伪颠倒故，和合染成八万四千因依乱想，如是故有非有色相成色羯南，流转国土，诸水母等以虾为目，其类充塞。

译文：

"由于世间的非有色众生，本非有色故须借物以成色，色与无色相待假借，辗转不休而成轮回性，以伪假为颠倒惑因故，和合耽染之业而成八万四千因依乱想，由此便有非有色相而成色羯南生成，流转各处国土，如水母等以水沫成身、以虾为眼目，互相依托而生存，种种寄生物类，其类繁多，充塞世间。

"由因世界相引轮回，性颠倒故，和合咒成八万四千呼召乱想，由是故有非无色相无色羯南，流转国土，咒诅厌生，其类充塞。

译文：

"由于世间的非无色类众生，系以音声呼召引发神识，引之不已而成轮回性，以迷失自性为颠倒惑因故，和合咒术之业而有八万四千呼召乱想,由此便有非无色相无色羯南生成,流转各处国土,随咒诅、厌祷而显灵作祟等类,充塞世间。

"由因世界合妄轮回,罔颠倒故,和合异成八万四千回互乱想,如是故有非有想相成想羯南,流转国土,彼蒲卢等异质相成①,其类充塞。

注释:

①蒲卢:一种细腰的土蜂,又称为"果蠃"。螺蠃(土蜂)作巢,将桑虫(螟蛉)背进它的巢中,然后祝祷说"类我! 类我!"七天之后,这桑虫真化成它的子女。

译文:

"由于世间的非有想众生将想与非想二种虚妄和合,辗转不息而成轮回性,以罔昧为颠倒惑因故,和合取异为同妄想之业而成八万四千回互乱想,由此便有非有想相成想羯南生成,流转各处国土,如细腰土蜂取异类形质之桑虫而化为己命等生类,充塞世间。

"由因世界怨害轮回,杀颠倒故,和合怪成八万四千食父母想,如是故有非无想相无想羯南,流转国土,如土枭等附块为儿①,及破镜鸟以毒树果抱为其子②,子成,父母皆遭其食,其类充塞。

"是名众生十二种类。"

注释：

①土枭（xiāo）：本义作"不孝鸟"，以此鸟食母而后能飞。

②破镜鸟：为破镜兽。镜，又作"獍"，是一种兽。与枭相对，枭食其母，而獍食其父。

译文：

"由于世间的非无想众生怀怨图害，怨结不释，辗转相续而成轮回性，以杀心为颠倒惑因故，和合怪诞之业而成八万四千食父母的怪异乱想，由此便有非无想相无想羯南生成，流转各处国土，如土枭鸟等抱土块以为子，破镜鸟抱毒树果以为子，待子长成，父母却皆遭吞食，诸如此类生命，充塞世间。

"这就是众生的十二种类。"

卷 八

真如不变之体，依之而有染净差别。随染缘起则有二种颠倒十二类众生，随净缘起则历成修证解脱次第。本卷先立三种渐次，再历五十七位修断，共成六十位菩萨行修证阶位。三种渐次为：一修习，除去助因，五辛为助恶之因，必先除去；二真修，刳其正性，杀盗淫妄是性业之罪，必要刳而空之，故要严持清净戒律；三增进，违其现业，即心不外驰，返流照性。五十七位为：干慧地、十信、十住、十行、十回向、四加行、十地、等觉、妙觉。关于菩提道修证位次的名目及顺序，诸经说法略有差别。本经所列菩萨行修证阶位较通常所说更为细致，十信位前的"三渐次"及"干慧地"，以及地前的"四加行"，此为本经所特有，而五十七位的名称义解，本经多从禅观境界讲说，故与别经颇有不同。

随后，文殊菩萨请问经题，佛宣说了本经的五个经题名称。至此，按照古德科判，本经正讲修行妙定义理已经完备；经中后面部分则是"助道别讲护定要法"，包括"谈七趣报"和"辨五阴魔"两部分内容。

因阿难问，佛陀详细叙述了"七趣"的生因及其生存相状。通常佛教言"六趣"，即地狱、饿鬼、畜生、人、天、阿修罗，本经又加"仙趣"而成"七趣"，涵盖了欲界、色界、无色界三界共二十五类有情众生。七趣因果，乃由不识妙明真心而随妄想情想以受生,随杀盗淫三恶业则成三恶道,修十善业则成四善道,七趣轮转,随业受报,不出因果轮回理论。经中详细叙述了十种习气因(淫、贪、慢、嗔、诈、诳、怨、见、枉、讼),六交报(见报、闻报、嗅报、味报、触报、思报),六识造业,所招恶报从六根出。又讲述了鬼趣、畜生趣、人趣、仙趣每一趣各有十种因习果报,最后则是天趣之业报差别。

"阿难,如是众生,一一类中亦各各具十二颠倒。犹如捏目,乱花发生;颠倒妙圆真净明心,具足如斯虚妄乱想。汝今修证佛三摩提,于是本因元所乱想,立三渐次,方得除灭。如净器中除去毒蜜,以诸汤水并杂灰香洗涤其器,后贮甘露。

译文:

"阿难,如此十二类众生,每一类中又各具有十二种颠倒。犹如以手捏目,眼见虚空乱花狂飞;因颠倒迷失妙圆真净明心,也会具有这样的虚妄乱想。你现在修证佛法三摩地,应从这颠倒产生之根本因、虚妄乱想之发生处,建立修行的三种渐进,方得除灭这样的颠倒乱想。就如于本来清净的容器中除去所放置的毒蜜,要以滚沸的汤水加香灰洗涤此器之后,然后贮存甘露。

"云何名为三种渐次?一者修习,除其助因;二者真修,刳其正性;三者增进,违其现业。

译文：

"什么是三种渐次呢？第一，修习位，除其障定之助因；第二，决定真修，刳空其正性罪之业；第三，增进圣位，违离其根尘偶对、流逸奔趣之现业。

"云何助因？阿难，如是世界十二类生不能自全，依四食住。所谓段食、触食、思食、识食①。是故佛说一切众生皆依食住。阿难，一切众生食甘故生，食毒故死。是诸众生求三摩地，当断世间五种辛菜②。是五种辛，熟食发淫，生啖增恚。如是世界食辛之人，纵能宣说十二部经，十方天仙嫌其臭秽，咸皆远离；诸饿鬼等因彼食次，舐其唇吻，常与鬼住，福德日销，长无利益。是食辛人修三摩地，菩萨、天仙、十方善神不来守护。大力魔王得其方便，现作佛身来为说法，非毁禁戒，赞淫、怒、痴；命终自为魔王眷属，受魔福尽，堕无间狱。阿难，修菩提者永断五辛，是则名为第一增进修行渐次。

注释：

①段食：又作"抟食"、"揣食"，指用口鼻分段饮啖，以滋养有情之身，故称"段食"。触食：指感觉对所取之境产生喜乐等觉受，而摄益心、心所，由之长养诸根大种，故称之为食。思食：又作"念食"、"意食"、"意思食"、"意念食"、"业食"，指意业

或意念。即此有漏的意业与欲望俱转,而生希望之念,能招引当有之果,使有情滋长相续。识食:指六识。六识由段、触、思三食之势力而能起当有之果,执持身命而不坏,故称为食。

②五种辛菜:即葱、蒜、韭、薤(xiè)、兴渠(中土无)五种辛菜。

译文:

"什么叫助因呢? 阿难,这个世界的十二类众生都不能自身保全形命,而依靠四食得以住世存在。所谓四食是:段食、触食、思食、识食。所以佛说一切众生都依食而住在。阿难,一切众生食用甘美的食物而生存,食用有毒的东西就死亡。因此,这些众生求证三摩地,应当断绝食用世间五种辛菜。这五种辛菜,熟食会助发淫欲,生吃会增加嗔恚。这个世间食辛的人,即使能宣说十二部经,十方天仙嫌其臭秽也都远离他;那些饿鬼则在其人食用辛菜后,暗中来舐其嘴唇,因而他常与鬼同住,福德日日消减,增长无利益之事。这食辛之人欲修三摩地,菩萨、天仙及十方善神不会来守护他。而大力魔王就乘此机会化作佛身来为其说法,毁谤严持禁戒是小乘道,赞叹淫、怒、痴等是染净不二的大乘法;命终之后,自然成为魔王的眷属,魔福享尽之后,堕无间地狱。阿难,修证菩提者应当永断五辛,这就是第一增进修行渐次。

"云何正性? 阿难,如是众生入三摩地,要先严持清净戒律,永断淫心,不餐酒肉[1],以火净食,无啖生气。阿难，是修行人若不断淫及与杀生，出三界者，无有是处。当观淫欲犹如毒蛇，如见怨贼。先持声闻四弃、八弃，执身不动；后行菩萨清净律仪，执心不起。禁戒成就，则于世间永无相生相杀之业；偷劫不行，无相负累，亦于世间不还宿债。是清净人修三摩地，父母肉身，不须天眼，自然观见十方世界，睹佛闻法，亲奉圣旨，得大神通，游十方界，宿命清净，得无艰险。是则名为第二增进修行渐次。

注释：

①餐：有版本作"飡"、"飱"，皆同"餐"。

译文：

"什么叫正性呢？阿难，这些众生欲证入三摩地，要先严持清净戒律，永断淫心，不食酒肉，以火蒸煮过的熟食方为净食，不吃生气之属的生菜等。阿难，这些修行人如果不断除淫心和杀生，想出离三界是不可能的。应当视淫欲如同毒蛇，也如同见了怨贼一样。因此，修行人应当首先严持声闻戒律的比丘四弃、比丘尼八弃等，执持身口不动不犯；进而行持菩萨清净律仪，执持其心令恶念不起。禁戒成就，则于世间永远不会再有因淫欲而相生、因嗔恚而相杀的业行；偷盗、劫夺之业不作，没有互相负欠的负累，在这世间也就不用偿还宿债了。这个持戒清净之人若进而修行三摩地，便能发相似五通，仅以父母所生的肉身，不须借助天眼，自然可以观见十方世界，亲睹十方诸佛，亲耳闻听佛说法，亲奉如来旨意，得到大神通，游历十方世界，宿命清净，不得再堕入三恶道艰险之处。这就是第二增进修行渐次。

"云何现业？阿难，如是清净持禁戒人，心无贪淫，于外六尘不多流逸。因不流逸，旋元自归；尘既不缘，根无所偶，反流全一，六用不行。十方国土皎然清净，譬如琉璃，内悬明月，身心快然，妙圆平等，获大安隐；一切如来密、圆、净、妙皆现其中；是人即获无生法忍。从是渐修，随所发行，安立圣位。是则名为第三增进修行渐次。

译文：

"什么叫现业呢？阿难，如上清净严持禁戒的人，心中没有贪淫之念，对于外六尘也不多随境奔流纵逸。因为不流逸外尘，即可返观自性，旋复本元，自归元明；既然不与外六尘相缘，内六根就没有所缘对象与其相对，六根反流照性，全归一闻性，六根的各自作用不复现行，达到入一亡六之境。这时，修行者得见十方国土皎然清净，就像琉璃中内悬明月一样，身心快然，妙应圆通，平等无碍，获得大安稳；一切如来的秘密、圆满、清净、微妙的境界都呈现其中；此人即时获证了无生法忍。由此证悟之境渐进修行，随其所发起的行持，安立相应的修行圣位。这就是第三增进修行渐次。

"阿难，是善男子欲爱干枯，根境不偶[1]，现前残质不复续生；执心虚明，纯是智慧，慧性明圆，莹十方界，干有其慧，名干慧地。欲习初干，未与如来法流水接。

注释：

[1]偶：相合。

译文：

"阿难，此善男子欲爱的习气已经干枯，内根与外尘不相对待，现前的最后身永不再相续受生；其人持心虚明，纯是智慧，慧性明圆，光照十方世界，此但观慧圆明，因而名为干慧地。欲爱的习气刚刚干枯，但俱生无明仍未完全断除，还未能与如来的法性智流水相接。

"即以此心，中中流入，圆妙开敷，从真妙圆，重发真妙，妙信常住，一切妄想灭尽无余，中道纯真，名信心住。

译文：

"即以此干慧之心，以中道妙智观中道妙理，流入本元心地，圆明妙性开敷，从真妙圆明之境，重发更进一层次的真妙圆明。这样因亲证真妙圆明之心而妙信生发，常住不退，一切我执、法执、空执之妄想灭尽无余，中道纯真之理彰显，名为信心住。

"真信明了，一切圆通，阴、处、界三，不能为碍。如是乃至过去、未来无数劫中，舍身、受身，一切习气皆现在前，是善男子皆能忆念，得无遗忘，名念心住。

译文：

"真信得证，智慧明了，一切圆通无碍，阴、处、界三者都不能成为障碍。这样，乃至过去、未来无数劫中，轮回中舍身、受身的一切习气因由都显现在前，这个善男子都能忆念，永不遗忘，名为念心住。

"妙圆纯真，真精发化，无始习气通一精明，唯以精明进趣真净，名精进心。

译文：

"已得妙圆纯真之真信，真实觉性发起镕化妄习之大用，故将无始以来的习气都销镕为一精明智体，进而以此精明之如如智体去契合真净之如如理体，名为精进心。

"心精现前，纯以智慧，名慧心住。

译文：

"因为契入真净理体，本心真觉得以现前，纯以智慧用事，名为慧心住。

"执持智明,周遍寂湛,寂妙常凝,名定心住。

译文:

"慧既纯明,以定执持,智体凝明,身心内外周遍明湛,寂而常照,照而常寂,寂妙常凝,名为定心住。

"定光发明,明性深入,唯进无退,名不退心。

译文:

"定力既深,慧光发明,慧性明而定力愈深,定慧等持,唯进无退,名为不退心住。

"心进安然,保持不失,十方如来气分交接,名护法心。

译文:

"由于定慧均等,觉心安然,保持不失,任运前进,不假用力,能与十方如来法身之气分相交相接,内护心法,外护佛法,名为护法心住。

"觉明保持,能以妙力回佛慈光,向佛安住,犹如双镜光明相对,其中妙影重重相入,名回向心。

译文：

"觉慧定明保持不失，所以能以慧光妙力回转诸佛慈光，回向自己心佛光中安住，他佛、心佛，心光、佛光，互相回向，犹如两镜相对，其光相互映照，其中妙影，相摄相入，重重无尽，名为回向心住。

"心光密回，获佛常凝无上妙净，安住无为，得无遗失，名戒心住。

译文：

"心光绵密回照，获得佛之常凝无上妙净戒体之力，安住于无作无为之境，得无一念遗失，而不落于有为，名为戒心住。

"住戒自在，能游十方，所去随愿，名愿心住。

译文：

"安住妙净戒体，自在成就，能游化十方世界，所去随愿，名为愿心住。

"阿难，是善男子以真方便发此十心，心精发辉①，十用涉入，圆成一心，名发心住。

注释：

①辉：有版本作"晖"。

译文:

"阿难,修满十信位的善男子,以真实方便法门发起信位十心,心精觉明发挥,十心妙用互相涉入,十心圆成一心,名为发心住。

"心中发明,如净琉璃内现精金,以前妙心,履以成地,名治地住。

译文:

"依此圆成一心发明妙智,就如净琉璃内现出精金,清净洁明;以前十用涉入之妙心,履治为地,智契于理,令理精明,出生无量德用,名为治地住。

"心地涉知,俱得明了,游履十方,得无留碍,名修行住。

译文:

"由内外精莹,治成心地,智照于境,境亦照智,所涉所知,俱得明了,境智互照,妙行普周,故能游化十方世界,普遍修行,皆无留难障碍,名为修行住。

"行与佛同,受佛气分,如中阴身自求父母,阴信冥通,入如来种,名生贵住。

译文：

"所修妙行与佛相同，领受佛之真如气分，就好像中阴身寻找具有同业的父母投胎一样；既然与佛行业相同，智行微妙，冥通果德，阴信暗通，自然入于如来种姓，名为生贵住。

"既游道胎，亲奉觉胤①，如胎已成，人相不缺，名方便具足住。

注释：

①胤（yìn）：嫡嗣，指得佛权实二智的亲传。

译文：

"既然入于佛法正道之胎藏，亲揽佛权实二智，则为大觉法王的真嗣，犹如胎已育成，人相不缺，名为方便具足住。

"容貌如佛，心相亦同，名正心住。

译文：

"权智外现，方便具足，容貌与佛相同；以权资实，内照真如，心相也与佛相同，成就正知见，名为正心住。

"身心合成，日益增长，名不退住。

译文：

"外之容貌，内之心相，权实不二，身心合成，道胎日益增长，名为不退住。

"十身灵相，一时具足，名童真住。

译文：

"佛之十身灵相，一时全部具足，名为童真住。

"形成出胎，亲为佛子，名法王子住。

译文：

"身形长成，出胎现世，亲为佛子，名为法王子住。

"表以成人，如国大王以诸国事分委太子，彼刹利王世子长成，陈列灌顶，名灌顶住。

译文：

"德相渐成，表以成人，如同世间的国王分出一些国事委任太子负责，那些刹帝利王世子长大成人以后，举行灌顶仪式，以受王职位，名为灌顶住。

"阿难，是善男子成佛子已，具足无量如来妙德，十方随顺，名欢喜行。善能利益一切众生，名饶益行。

自觉、觉他，得无违拒，名无嗔恨行。种类出生，穷未
来际，三世平等，十方通达，名无尽行。一切合同，种
种法门，得无差误，名离痴乱行。则于同中显现群异，
一一异相，各各见同，名善现行。如是乃至十方虚空满
足微尘，一一尘中现十方界，现尘、现界不相留碍，名
无著行。种种现前，咸是第一波罗蜜多，名尊重行。如
是圆融，能成十方诸佛轨则，名善法行。一一皆是，清
净无漏，一真无为，性本然故，名真实行。

译文：

"阿难，此善男子既然已经成为佛子，就具足无量如来的
妙德，于十方世界随顺众生而利益教化，令众生悉皆欢喜，名
为欢喜行。善能以戒德善法感化而利益一切众生，名为饶益
行。自己觉悟，并使一切众生觉悟，常行忍辱而于顺逆因缘皆能
忍受而不违拒，名为无嗔恨行。在十二类众生中随类受生，以
行教化，过去、现在乃至尽未来际，三世平等普入，十方通达无
碍，菩萨行愿，精进无尽，名为无尽行。以定心持一切法，悉皆
会合，同为一体，以种种法门随类说法，得无差误，名为离痴乱
行。进而于同一法性理体中，显现各种不同的差别事相；于一
一差别事相上，各见全理，理事无碍，随应互显，名为善现行。
这样乃至十方世界所有虚空都普遍显现微尘，一一微尘中都显
现十方世界，显现微尘与显现世界不相妨碍，小大自在，不着事
理，名为无着行。种种现同现异现尘现界等妙行现前，都是第
一波罗蜜多般若观照之力，最为尊重，名为尊重行。如此圆融

无碍之智慧妙行，一一皆能成立十方诸佛的利生轨则，善巧说法，随成模范法则，名为善法行。如此所有诸妙行，一一都是清净无漏、一真无为的真如体性的本然妙用，全修即性，名为真实行。

"阿难，是善男子，满足神通，成佛事已，纯洁精真，远诸留患。当度众生，灭除度相，回无为心向涅槃路，名救护一切众生离众生相回向①。坏其可坏，远离诸离，名不坏回向。本觉湛然，觉齐佛觉，名等一切佛回向。精真发明，地如佛地，名至一切处回向。世界、如来互相涉入，得无罣碍，名无尽功德藏回向。于同佛地，地中各各生清净因，依因发挥取涅槃道，名随顺平等善根回向。真根既成，十方众生皆我本性，性圆成就，不失众生，名随顺等观一切众生回向。即一切法，离一切相，唯即与离二无所著，名真如相回向。真得所如，十方无碍，名无缚解脱回向。性德圆成，法界量灭，名法界无量回向。

注释：

①回向：指以自己所修之善根功德，回转给众生，并使自己趋入菩提涅槃。

译文：

"阿难，此修满十行的善男子，圆满具足神通，成就诸佛利生事业轨则，达于纯洁精真的清净无为真如体性，远离了一切着有滞空的过患。愿当救度众生而灭除能度所度之相，回一真无为心向无上涅槃之路，如此救护一切众生，永无休息，名为救护一切众生离众生相回向。坏灭其可坏灭之相，而不见有所坏之境；远离一切能离与所离，能离之相也离，而不见有能离之智，善获中道，名为不坏回向。本觉湛然明现，其觉智等同于佛之妙觉，名为等一切佛回向。因地心之始觉精真发明，本觉理地如同佛地，能含藏无边境界，能现无量国土，名为至一切处回向。此菩萨得世界身与如来身，互相涉入，无有里碍，功德无尽，名为无尽功德藏回向。在同于佛地的本觉理体之中，各生起清净真因，依此真因发挥六度万行，以取得究竟涅槃，名为随顺平等善根回向。真根既已成就，则知十方众生皆我本性所具，我的本性圆满成就，也当使众生同样成就，而不遗失任一众生，名为随顺等观一切众生回向。即一切法而离一切相，并连'即'和'离'的念头都不存在，空、有不着，二边双亡，名为真如相回向。真实证得真如实际理地，体遍十方，一切无碍，名为无缚解脱回向。本有自性妙德圆成，体用周遍，法界的边际和数量的观念也已灭除了，名为法界无量回向。

"阿难，是善男子尽是清净四十一心，次成四种妙圆加行①。即以佛觉用为己心，若出未出，犹如钻火，欲然其木，名为暖地。又以己心成佛所履，若依非依，如登高山，身入虚空，下有微碍，名为顶地。心佛二同，善得中道，如忍事人，非怀非出，名为忍地。数量销灭，迷觉中道，二无所目，名世第一地。

注释：

①加行：即加功用行的意思，乃针对正行的预备行。

译文：

"阿难，此善男子圆满成就了四十一清净妙心，其次还要成就四种妙圆加行。即以如佛之本觉当作自己加行的因心，本觉智火欲出而未出，加行至此，犹如钻木取火，火虽未燃，暖相已现，将要燃烧其木，名为暖地。又以自己加行的因心成为佛觉的所履之地，此时，心相未能全尽，尚有微细执碍，似乎完全依循本觉，又似未完全依循本觉，就如登上高山峰顶，身体已入虚空，脚下还着地，还有微小障碍，名为顶地。心、佛相同，善得中道妙义，心中自知却倾吐不出，如同忍事之人，非欲怀之于心，又非能出之于口，名为忍地。不见自心，不见佛智，一切境界、数量完全消灭，迷觉与中道二者的对待也没有了，高超世表，名为世第一地。

"阿难，是善男子于大菩提善得通达，觉通如来，尽佛境界，名欢喜地。异性入同，同性亦灭，名离垢地。净极明生，名发光地。明极觉满，名焰慧地。一切同异所不能至，名难胜地。无为真如，性净明露，名现前地。尽真如际，名远行地。一真如心，名不动地。发真如用，名善慧地。阿难，是诸菩萨从此已往，修习毕功，功德圆满，亦目此地名修习位。慈阴妙云①，覆涅槃海，名法云地。

注释：

①阴：通"荫"，对偶"云"。或云"覆盖"，引申义。

译文：

"阿难，此善男子对于无上大菩提善得通达，己心本觉贯通如来妙觉，悟入佛所行境界，得大欢喜，名为欢喜地。地前诸位，总名异生性，初地证真如，与佛同体，名同生性。异性灭除得入同性，然对异说同，同性亦是垢，同性异性诸垢一齐灭除，名为离垢地。清净至极，无边妙慧光明生发，名为发光地。明净至极，慧觉圆满，名为焰慧地。地前智名异，地上智名同，理极圆融，无复同异之可见，非同非异，一切世、出世间智皆不能及，更无胜者，名为难胜地。有为功用至极，无为真如，性本清净，照明显露，名为现前地。极尽真如自体边际，名为远行地。纯一真如，湛寂一心，名为不动地。发起真如的无碍妙用，名为善慧地。阿难，这些菩萨从此以后，修行之功已完毕，出世功德已圆满，因而也称此地为修习位。慈悲之云普荫众生，妙智之云覆盖涅槃果海，此名为法云地。

"如来逆流，如是菩萨顺行而至，觉际入交，名为等觉。阿难，从干慧心至等觉已，是觉始获金刚心中初干慧地。如是重重，单复十二，方尽妙觉，成无上道。

是种种地，皆以金刚观察如幻十种深喻^①，奢摩他中^②，用诸如来毗婆舍那清净修证^③，渐次深入。阿难，如是皆以三增进故，善能成就五十五位真菩提路。作是观者，名为正观；若他观者，名为邪观。"

注释：

①十种深喻：即指如幻、阳炎、梦、影、乾闼婆城、响、水月、浮泡、虚空华、旋火轮等十喻。

②奢摩他：译为"止"，指对法义的专注思维，连续不断，身起轻安乃至心起轻安。

③毗婆舍那：译为"观"，是指在止即奢摩他基础上，对由止所缘的法义影像进行观察、思维、抉择等深层的意识活动。

译文：

"如来因圆果满，证得涅槃而不舍众生，倒驾慈航，逆涅槃流而出，而菩萨从初发心，入于金刚干慧地，经过五十四位至十地菩萨，顺法性流顺行而至于无上菩提，佛与十地菩萨于'觉际'互相涉入相交，所证等同于佛之正觉，名为等觉。阿难，从初信位前的干慧心，至等觉位，此时觉境才获得金刚心中的初干慧地。这样，从初干慧地金刚初心到妙觉位，经过重重阶位，其中单数位有七个，复数位有五个，共十二位，方得究竟妙觉果位，成就无上佛道。这种种菩提道阶位，菩萨都要以金刚三昧力去观察一切法如幻的十种甚深比喻，于奢摩他禅定修持之中，依诸佛所教授的毗婆舍那慧观而清净修证，渐次深入。阿难，这样的修证次第，皆以三种增进修行渐次而为初因方便，善能成就五十五阶位的真菩提路。依照如此观行，名为正观；若依其他观法，名为邪观。"

尔时，文殊师利法王子在大众中，即从座起，顶礼佛足而白佛言："当何名是经？我及众生云何奉持？"佛告文殊师利："是经名《大佛顶悉怛多般怛啰无上宝印十方如来清净海眼》，亦名《救护亲因度脱阿难及此会中性比丘尼得菩提心入遍知海》，亦名《如来密因修证了义》，亦名《大方广妙莲华王十方佛母陀罗尼咒》，亦名《灌顶章句诸菩萨万行首楞严》。汝当奉持。"

译文：

这时，文殊师利法王子在大众中，即从座而起，顶礼佛足而对佛说："应当如何命名此经？我及众生如何奉持？"佛告诉文殊师利菩萨："此经名为《大佛顶、悉怛多般怛啰、无上宝印，十方如来清净海眼》，也名为《救护亲因、度脱阿难及此会中性比丘尼，得菩提心，入遍知海》，也名为《如来密因、修证了义》，也名为《大方广妙莲花王、十方佛母陀罗尼咒》，也名为《灌顶章句，诸菩萨万行，首楞严》。你应当如此奉持。"

说是语已，即时阿难及诸大众，得蒙如来开示密印、般怛啰义，兼闻此经了义名目，顿悟禅那，修进圣位，增上妙理，心虑虚凝，断除三界修心六品微细烦恼[①]。

注释：

①六品微细烦恼：即六品思惑。因思惑微细，非凡夫所能见，所以称为"微细烦恼"。

译文：

佛宣说这些教言后，这时阿难及会中诸大众，得蒙如来开示秘密心印、悉怛多般怛啰神咒等深义，并且听闻了此经的了义经题，顿悟禅那之法，修证上增进圣道位次，开解增上了玄妙之理，心念达于虚明凝定之境，断除了三界中欲界的前六品思惑微细烦恼而证得了斯陀含果位。

即从座起，顶礼佛足，合掌恭敬而白佛言："大威德世尊，慈音无遮，善开众生微细沉惑，令我今日身心快然，得大饶益。世尊，若此妙明真净妙心，本来遍圆，如是乃至大地、草木、蠕动含灵，本元真如，即是如来成佛真体；佛体真实，云何复有地狱、饿鬼、畜生、修罗、人、天等道？世尊，此道为复本来自有？为是众生妄习生起？世尊，如宝莲香比丘尼，持菩萨戒，私行淫欲，妄言'行淫非杀非偷，无有业报'。发是语已，先于女根生大猛火，后于节节猛火烧然[①]，堕无间狱[②]。琉璃大王、善星比丘[③]，琉璃为诛瞿昙族姓[④]，善星妄说一切法空，生身陷入阿鼻地狱。此诸地狱，为有定处？为复自然，彼彼发业，各各私受？惟垂大慈，发开童蒙，令诸一切持戒众生闻决定义，欢喜顶戴，谨洁无犯。"

注释：

①然：同"燃"。

②无间狱：即无间地狱，为八热地狱之第八。

③琉璃大王：灭亡迦毗罗卫国释种的恶王名。善星比丘：佛的堂弟之子，随佛出家，曾为佛侍者，获证四禅，后亲近恶友，退失道行而生恶邪见。

④瞿昙：印度刹帝利种，是释迦牟尼佛所属的本姓。

译文：

阿难此时即从座而起，顶礼佛足，合掌恭敬而对佛说："大威德世尊，您的慈音广宣，不分亲疏，善巧开解众生无始以来的微细、沉隐之思惑及无始无明，使我们身心喜悦快然，得到大利益。世尊，如果此妙明真净妙心，本来圆满周遍，这样乃至山河大地草木，一切蠕动含灵有情众生，本元皆是真如，也即是如来成佛之真体；佛体既然真实净妙，为何又有地狱、饿鬼、畜生、修罗、人、天等道呢？世尊，此六道是真如体中本来自有的呢？还是众生心中的虚妄习气生起的呢？世尊，如宝莲香比丘尼，受持菩萨大戒，却与人偷偷行淫，并且妄说'行淫不是杀生，也不是偷盗，没有业报'。她说完这话，首先即于女根生起大猛火，随后全身骨节大火燃烧，堕入至无间地狱。又如琉璃大王和善星比丘，琉璃王兴兵诛灭释迦族姓，善星比丘妄说'一切法空'，堕断灭空，二人以此恶见邪见因缘而生身堕入阿鼻地狱。这些地狱是有一确定处所呢？还是自然如此，由各自所造的业，各自去受报呢？唯愿世尊垂示大慈，开导我等童蒙无知之人，使一切持戒众生能听闻到这些决定义理，欢喜顶戴，谨慎持守，洁身不犯。"

佛告阿难："快哉此问！令诸众生不入邪见。汝今谛听，当为汝说。阿难，一切众生实本真净，因彼妄见，有妄习生，因此分开内分、外分。阿难，内分即是众生分内，因诸爱染，发起妄情，情积不休，能生爱水。是故众生心忆珍羞①，口中水出；心忆前人，或怜或恨，目中泪盈；贪求财宝，心发爱涎②，举体光润；心著行淫，男女二根自然流液。阿难，诸爱虽别，流结是同，润湿不升，自然从坠，此名内分。阿难，外分即是众生分外，因诸渴仰，发明虚想，想积不休，能生胜气。是故众生心持禁戒，举身轻清；心持咒印，顾盼雄毅；心欲生天，梦想飞举；心存佛国，圣境冥现；事善知识，自轻身命。阿难，诸想虽别，轻举是同，飞动不沉，自然超越，此名外分。

注释：
①珍羞：指美味。
②涎（xián）：贪羡，贪图。

译文：

佛告诉阿难："你此问真是快利啊！能够使一切众生不入邪见。你们现在仔细听，我当为你们解说。阿难，一切众生确实是本来真实清净，只因一念无明妄动而成妄见，因妄见而有妄业习气，因此分开为内分和外分。阿难，内分就是众生身分之内，因六根觉受执着而有种种爱染，因为种种爱染而发起妄情，妄情积聚不休而能产生身内的爱水。所以，众生心里忆想珍馐妙味，就会流出口水；心中忆念已故之人，或怜爱或恨恼，眼中就会热泪盈眶；贪求财宝，心中发生爱涎，甚至全身也变得更光润；心里贪着行淫，男女二根就会自然流出液体。阿难，种种爱染虽有差别，但流泄液体和业习缚结则是相同，因润湿之性不能上升，自然就下坠，这称为内分。阿难，外分就是众生身分之外，因为对外境的种种渴望仰慕而发起清虚妄想念，想念积聚不休而能产生浮胜之气。所以，众生心中严持禁戒，全身就会轻快清净；心中持念诸佛咒印，顾盼之间自然流露出雄毅气概，无所畏惧；心中欲想生于诸天，梦里就会觉得自己在飞升远举；心里存念佛国，圣境就会暗中显现；心中若想奉事善知识，就会不惜身命。阿难，种种想念虽有不同，但轻举则是相同，因飞动性不会下沉，自然就超越，这称为外分。

"阿难，一切世间生死相续，生从顺习，死从变流。临命终时，未舍暖触，一生善恶俱时顿现，死逆生顺，二习相交。纯想即飞，必生天上。若飞心中，兼福兼慧及与净愿，自然心开，见十方佛，一切净土随愿往生。情少想多，轻举非远，即为飞仙、大力鬼王、飞行夜叉、地行罗刹，游于四天，所去无碍。其中，若有善愿善心，护持我法，或护禁戒，随持戒人，或护神咒，随持咒者，或护禅定，保绥法忍^①，是等亲住如来座下。情想均等，不飞不坠，生于人间，想明斯聪，情幽斯钝。情多想少，流入横生，重为毛群，轻为羽族。七情三想，沉下水轮，生于火际，受气猛火，身为饿鬼，常被焚烧。水能害己，无食无饮，经百千劫。九情一想，下洞火轮，身入风火二交过地，轻生有间、重生无间二种地狱。纯情即沉，入阿鼻狱。若沉心中，有谤大乘，毁佛禁戒，诳妄说法，虚贪信施，滥膺恭敬^②，五逆、十重^③，更生十方阿鼻地狱。循造恶业，虽则自招，众同分中，兼有元地。

注释：

①绥（suí）：安。

②膺（yīng）：承当，承受。

③十重：即十重戒。

译文：

"阿难，一切有情世间的生死相续，生则随顺习气而造善恶等业，死则从其业力而变迁流转、受报为同类或异类之身。临命终时，第八识尚未离体而暖相尚存之际，一生所造善恶之业会一齐显现出来，以死乃逆其习气、生乃顺其习气，二种习气此时相交并发，故有种种变迁受报之相。此时心识若纯为观想而没有情执，神识即得飞升，必生于天上。如果纯想即飞的心中，还兼有平日修福、修慧以及发清净誓愿之善业，临命终时自然心地开通，得见十方佛，一切净土可以随愿往生。若是胜想不纯，掺杂微情，虽可轻举，但不会太远，即成为飞仙、大力鬼王、飞行夜叉、地行罗刹，游于四天王天下，来去无有阻碍。这其中，若有发善愿或存善心来护持佛法，或是护持禁戒，跟随保护持戒人；或是护持神咒，跟随保护持咒人；或是护持禅定，保安修习无生法忍的人，这些护法善神即得亲住于如来座下。情、想均等的，不飞升，也不下坠，而生于人间；想念清明的，受生为聪明的人；情意幽郁的，受生为愚钝的人。情多想少的，则流入横生的畜生道；情又较重的，受生为走兽毛群；情稍轻的，受生为飞禽羽族。七分情三分想的，就沉到水轮之下，生于火轮之际，受猛火气分以成身，身为饿鬼，常被焚烧。因为业力的缘故，见水却变成火，水反而能伤害自己，故无食无饮，经百千劫，常在饥饿之中。九分情一分想的，则向下洞穿透过火轮，身子坠入风轮火轮二者的交界处；情稍轻的，生于有间地狱；情较重的，生于无间地狱。纯情而无想的众生，命终即沉入阿鼻地狱。如果纯情者的心中又兼有毁谤大乘，或毁谤佛所制禁戒，或诳妄说法，或虚贪信众所施财物，或无实德而滥受他人恭敬，乃至犯了五逆、十重罪，都沉入阿鼻地狱，此方世界劫坏之后，转生他方世界阿鼻地狱，这样转生于十方阿鼻地狱，求出无期。这些都是循着自己所造的恶业而所招感的苦报，虽然是自业所招感，然而众生同业所招感的同分地狱中，仍兼有各自本元因地别业所成之地的差别。

"阿难，此等皆是彼诸众生自业所感，造十习因，受六交报。云何十因？

"阿难，一者，淫习交接，发于相磨，研磨不休，如是故有大猛火光于中发动。如人以手自相摩触，暖相现前。二习相然，故有铁床、铜柱诸事。是故十方一切如来，色目行淫，同名欲火；菩萨见欲，如避火坑。

译文：

"阿难，此等果报都是这些众生自业所招感，以所造的十种业习为因，而受六交之果报。什么是地狱果报的十因呢？

"阿难，第一种是淫欲习气，男女交接，发于互相摩擦以求欢乐，摩擦不休，这样就会有大猛火光于其心中发动。犹如有人以手自相摩触，自然就有暖热产生。宿生的淫习与现行的淫欲相互作用、相互燃烧，故临命终时有铁床、铜柱等地狱果报诸相。因此，十方一切如来观察称呼行淫，同名为欲火；菩萨见淫欲，如同躲避大火坑。

"二者，贪习交计，发于相吸，吸揽不止，如是故有积寒坚冰，于中冻冽。如人以口吸缩风气，有冷触生。二习相陵，故有吒吒、波波、罗罗、青、赤、白莲寒冰等事①。是故十方一切如来，色目多求，同名贪水；菩萨见贪，如避瘴海。

注释：

①吒吒、波波、罗罗：都是寒冰地狱之名字。为拟声字，比喻这些地狱中寒逼罪人的苦声。吒吒，有版本作"咤咤"。青、赤、白莲：为这些地狱中的冻冽罪人的形色。

译文：

"第二种是贪婪习气，互相营计，发于互相吸取以济私欲，吸取收揽据为己有不止，这样就有积寒坚冰之境，于其心中预现冻冽之相。犹如有人以口吸缩风气，就有冷触感觉产生。宿生的贪习与现行的贪欲相互凌驾，故临命终时有咤咤、波波、罗罗、青、赤、白莲地狱等八处寒冰地狱果报诸相。因此，十方一切如来观察称呼贪婪多求，同名为贪水；菩萨见贪求，如同躲避瘴疠之海。

"三者，慢习交陵①，发于相恃，驰流不息，如是故有腾逸奔波，积波为水。如人口舌自相绵味，因而水发。二习相鼓，故有血河、灰河、热砂、毒海、融铜、灌吞诸事。是故十方一切如来，色目我慢，名饮痴水；菩萨见慢，如避巨溺。

注释：

①陵：凌越。

译文：

"第三种是我慢习气，交相凌越，发于倚恃己势而凌慢他人，趾高气扬而其心驰流不息，这样就有腾逸奔波的情势，其心中就有积波成水之相。犹如有人以舌自绞上颚、连绵品味，自然会有口水产生。宿世的慢习与现行的傲慢相互鼓动，故临命终时有血河、灰河、热砂、毒海、融铜、灌口等地狱果报诸相。因此，十方一切如来观察称呼我慢，同名为饮痴水；菩萨见我慢，如同躲避巨海洪涛之溺。

"四者，嗔习交冲，发于相忤，忤结不息，心热发火，铸气为金，如是故有刀山、铁橛、剑树、剑轮、斧钺、枪锯①；如人衔冤，杀气飞动。二习相击，故有宫割、斩斫、剉刺、搥击诸事②。是故十方一切如来，色目嗔恚，名利刀剑；菩萨见嗔，如避诛戮。

注释：

①铁橛（jué）：铁棍。

②宫割：断男根。斩斫（zhuó）：指砍头。斫，用刀斧等砍。剉（cuò）：铡切，斩剁。搥（chuí）：捶打。

译文：

"第四种是嗔恚习气，互相冲突，发于忤逆侵犯，嗔恨郁结不息，心中热恼而发火，火铸肺气而成金相愍坚的情势，如此便于其心中预现刀山、铁橛、剑树、剑轮、斧钺、枪锯等杀相；犹如有人含怨莫解，面目便有腾腾杀气飞动。宿世的嗔习与现行的嗔恨相互冲击，故临命终时有宫刑阉割男女根、斩首、斫骨、剉折身体、刺胸、槌打杖击等地狱果报诸相。因此，十方一切如来观察称呼嗔恚，同名为利刀剑；菩萨见嗔恚，如同躲避诛戮。

"五者，诈习交诱，发于相调，引起不住，如是故有绳木绞校；如水浸田，草木生长。二习相延，故有杻械、枷锁、鞭杖、树棒诸事①。是故十方一切如来，色目奸伪，同名谗贼；菩萨见诈，如畏豺狼。

注释：

① 杻（chǒu）：手铐。械：枷杻、镣铐之类的刑具。枷（jiā）：加在犯人颈上的木制刑具。锁：铁链刑具。树（zhuā）：马杖，又说骨朵状的兵器。

译文：

"第五种是奸诈习气，互相诡诱，发于相互调弄引诱，伪诈引起而不肯休止，如此故心中预有绳绾、木枷、绞索、杻械等地狱初萌相；如同以水浸田，草木于不知不觉间就生长起来。宿世的诈习与现行的欺诈相互延引，故临命终时有杻械、枷锁、鞭杖、树棒等地狱果报诸相。因此，十方一切如来观察称呼奸伪，同名为谗贼；菩萨见奸诈，如同畏惧豺狼。

"六者，诳习交欺，发于相罔①，诬罔不止，飞心造奸，如是故有尘土、屎尿秽污不净；如尘随风，各无所见。二习相加，故有没溺、腾掷、飞坠、漂沦诸事，是故十方一切如来，色目欺诳，同名劫杀；菩萨见诳，如践蛇虺②。

注释：

①罔（wǎng）：蒙蔽，欺骗。以非道欺人謂之"罔"。

②虺（huǐ）：一种毒蛇。

译文：

"第六种是欺诳习气，相互欺瞒诳伪，发于相互诬罔欺诳，指无为有，以虚为实，诬罔不休，心念飞驰，造作奸谋，使人堕入奸计；如此其心中便有尘土、屎尿秽污不净等地狱初萌之相；如同尘土随风飞扬，搅乱虚空，令人对面各无所见。宿世的诳习与现行的诬罔相互迭加，故临命终时就有没溺于沸屎地狱、腾掷于黑砂地狱、飞坠漂沦诸地狱等果报诸事，因此，十方一切如来观察称呼欺诳，同名为劫杀；菩萨见欺诳，如同踩踏到蛇虺，要尽快避开。

"七者，怨习交嫌，发于衔恨，如是故有飞石投砾、匣贮车槛、瓮盛囊扑①；如阴毒人，怀抱畜恶。二习相吞，故有投掷、擒捉、击射、抛撮诸事②。是故十方一切如来，色目怨家，名违害鬼；菩萨见怨，如饮鸩酒。

注释：

①匣：同"柙"（xiá），关犯人的笼子。车槛：车内有栏栅以囚禁。瓮盛：将人装在瓮中，而以火炙。囊扑：将人装在囊中，举而扑打。

②撮（cuō）：抓取。

译文：

"第七种是怨恨习气，互相嫌怨，发于相互嫌憎，含怨不舍，怀恨在心，如此累积不已，故心中便有飞石投砾、匣贮车槛、瓮盛囊扑等地狱初萌之相；犹如阴毒之人，心怀奸谋，包藏祸心，蓄恶报复。宿世的怨习与现行的怨憎相互增进吞并习气，故临命终时就有石砾投掷、受人擒捉、遭受击射、抛扑撮折身体等地狱果报诸事。因此，十方一切如来观察称呼怨家，同名为违害鬼；菩萨见怨恨，如同饮毒酒，须尽早避开。

"八者，见习交明，如萨迦耶、见、戒禁取，邪悟诸业，发于违拒，出生相反。如是故有王使主吏，证执文籍；如行路人，来往相见。二习相交，故有勘问，权诈考讯，推鞫察访①，披究照明，善恶童子手执文簿辞辩诸事。是故十方一切如来，色目恶见，同名见坑；菩萨见诸虚妄遍执，如临毒壑②。

注释：

①鞫（jū）：同"鞠"（jū），审讯。

②如临毒壑（hè）：有版本作"如入毒壑"。壑，深沟。

译文：

"第八种是恶见习气，交相立破，欲明己见，如身见、边见、邪见、见取见、禁戒取见，都是邪悟诸业，发于违背拒斥正理，而且生出自相违反之谬见，因此希望有人裁决。如此心中便有琰魔王之使者、主掌簿书之冥吏、考证其所执邪见之文籍等地狱初萌相出现；犹如行路人，来往相见，不能避免。宿生的见习与现行的恶见相互交对，故临命终时就会有勘对审问、权诈考讯，进而推究察访，乃至披究照明其所执邪见，善恶童子手执文簿，言辞辩别，使其业相无所逃遁，乃甘心领受地狱罪报。因此，十方一切如来观察称呼恶见，同名为见坑；菩萨见这些虚妄偏执邪见，如身临有毒沟壑，会远远避开。

"九者，枉习交加，发于诬谤，如是故有合山合石、碾硙耕磨①；如谗贼人，逼枉良善。二习相排，故有押、捺、槌、按、蹙漉、衡度诸事②。是故十方一切如来，色目怨谤，同名谗虎；菩萨见枉，如遭霹雳。

注释：

①碾（niǎn）：碾压，碾轧。硙（wèi）：切磨，磨碎。

②蹙（cù）：逼迫，蹙压。漉（lù）：使干涸，挤干，吸干。

译文：

"第九种是枉谗习气，交相加逼，发于诬陷诽谤，枉害不止，如此心中便有合山合石、碾硙耕磨等地狱初萌之相；如同谗枉贼害他人的奸人，压迫良善，冤枉无辜。宿世的枉习与现行的诬陷相互增进排挤习气，故临命终时神识即感到有押、捺、槌、按、蹙压其身而漉干其血、拉长衡度其身等诸地狱果报诸相。因此，十方一切如来观察称呼怨谤，同名为谗虎；菩萨见枉谗，如遭霹雳，避而远之。

"十者，讼习交谊①，发于藏覆，如是故有鉴见照烛；如于日中，不能藏影。二习相陈，故有恶友、业镜、火珠，披露宿业，对验诸事。是故十方一切如来，色目覆藏，同名阴贼；菩萨观覆，如戴高山履于巨海。

注释：

①谊（xuān）：声音大而嘈杂，喧嚷，吵闹。

译文：

"第十种是诉讼习气，交相喧诤，发于隐藏己罪，覆盖阴私，有此宿习者，喜欢遮掩其过错，所以就有鉴镜、烛明，使其不能覆藏遮盖；如同于光天化日之下，不能掩藏任何影子。宿世的讼习与现行的诤讼相互增进陈诉气，故临命终时就会见有昔日同造罪业的恶友指证罪行，业镜显现其所做罪业，火珠照穿心中覆藏的阴私，都显明披露其宿业，对验其所造的诸恶事，分

卷 八

毫不得隐藏，伏首受诸苦报。因此，十方一切如来观察称呼覆藏，同名为阴贼；菩萨观覆藏罪业，如同头顶高山而踏入巨海，只会愈陷愈深。

"云何六报？阿难，一切众生六识造业，所招恶报，从六根出。云何恶报从六根出？

"一者见报，招引恶果：此见业交，则临终时，先见猛火满十方界，亡者神识飞坠乘烟，入无间狱。发明二相：一者明见，则能遍见种种恶物，生无量畏。二者暗见，寂然不见，生无量恐。如是见火，烧听，能为镬汤、洋铜[1]；烧息，能为黑烟、紫焰；烧味，能为焦丸、铁糜[2]；烧触，能为热灰、炉炭；烧心，能生星火、迸洒，煽鼓空界。

注释：

[1] 镬（huò）：无足鼎，古时煮肉及鱼、腊之器。洋铜：即烊铜，铜汁也。有版本作"烊铜"。

[2] 糜（mí）：粥。铁糜即铁汁。

译文：

"什么叫六报呢？阿难，一切众生由六识造业所招感的恶报，都从六根产生。为什么说恶报是从六根产生的呢？

"第一，见报，这是眼识与五俱意识造业，所招引的恶果从眼根出,余根为从:此见业与余业交互作用,故临命终时,首先看见猛火遍满十方世界,亡者的神识即飞坠烟火之中,乘此烟火坠入无间地狱。坠入地狱后,依其见业而发生两种果报境相:一是明见,则能遍见种种凶恶之物,如铁蛇、火狗、剑树等,心中生起无量畏惧。二是暗见,这时天昏地暗,寂然不见一物,心中生起无量恐惧。如此见报之火,烧及见业,则为铁床、铜柱之业报境;烧及听业所感之交报,耳根能听见镬汤、洋铜的沸腾声;烧及气息,鼻根能嗅见黑烟、紫焰之气;烧及味觉,舌根能感觉到焦丸、铁糜之味;烧及触觉,身根能感受到热灰、炉炭之触;烧及心,意根能感得星火四处迸散,布满空间。

"二者闻报,招引恶果:此闻业交,则临终时,先见波涛没溺天地,亡者神识降注乘流,入无间狱。发明二相:一者开听,听种种闹,精神愁乱①。二者闭听,寂无所闻,幽魄沉没。如是闻波,注闻,则能为责,为诘②;注见,则能为雷,为吼,为恶毒气;注息,则能为雨,为雾,洒诸毒虫,周满身体;注味,则能为脓,为血、种种杂秽;注触,则能为畜,为鬼,为粪,为尿;注意,则能为电,为雹,摧碎心魄。

注释:

①愁(mào):通"瞀",昏昧迷乱。

②诘(jié):追问,询问。

译文：

"第二，闻报，这是耳识与五俱意识造业，所招引的恶果从耳根出，余根为从：此闻业与余业交互作用，故临命终时，首先看见波涛淹没了天地，亡者的神识坠入洪水之中，乘流降下，坠入无间地狱。坠入地狱后，依其闻业而发生两种报相：一是开听，听到种种愦闹的声音，使精神迷昧昏乱。二是闭听，寂静无声，一无所闻，幽隐的魂魄如同沉没在海底深渊，不知所依。如此闻报波涛，流注耳根闻觉则能听见指责、诘罪之吼声；流注于眼根见觉则能看见雷震、风吼、恶毒气翻涌等；流注于鼻息，则能为雨、雾，飘洒毒虫，周满身体；流注于舌味，则能为脓、血及种种污秽之物；流注于身触，则能显现畜生、鬼怪及粪、尿等不净之相；流注于意根思觉，则能化为雷电、雹，摧碎心魄。

"三者嗅报，招引恶果：此嗅业交，则临终时，先见毒气充塞远近，亡者神识从地涌出，入无间狱。发明二相：一者通闻，被诸恶气，熏极心扰。二者塞闻，气掩不通，闷绝于地。如是嗅气，冲息，则能为质①，为履②；冲见，则能为火，为炬；冲听，则能为没，为溺，为洋，为沸；冲味，则能为馁③，为爽④；冲触，则能为绽，为烂，为大肉山，有百千眼，无量咂食；冲思，则能为灰，为瘴，为飞沙砾，击碎身体。

注释：

①质：质证其罪。

②履：履践其形。

③馁（něi）：鱼烂为"馁"。

④爽：羹败为"爽"。

译文：

"第三，嗅报，鼻根嗅业所招引的恶果：此嗅业与余业交互作用，故临命终时，首先看见远近充满了毒气，亡者的神识从地下涌出，堕入无间地狱。堕入地狱后，依其嗅业而发生两种报相：一是通闻，被这些恶毒之气熏得心神扰乱，难以忍受。二是塞闻，气塞不通，闷极晕绝于地。如此嗅报之气，冲于鼻息，则能感报为质证其罪，为履践其形；冲于眼见，则感为火炬、猛火；冲于耳闻，则感为沉没，为陷溺于汪洋、沸尿之中；冲于舌味，则感为烂鱼、臭汤；冲于身触，则感为皮肉绽裂、烂坏，为全身成为一大肉山，有成百上千只眼睛，受无数的蛆虫咀食；冲于意根思觉，则能感为扬灰、泼瘴，被飞沙掷石击碎身体。

"四者味报，招引恶果：此味业交，则临终时，先见铁网猛焰炽烈，周覆世界，亡者神识下透挂网，倒悬其头，入无间狱。发明二相：一者吸气，结成寒冰，冻裂身肉。二者吐气，飞为猛火，焦烂骨髓。如是尝味，历尝，则能为承，为忍；历见，则能为然金石；历听，则能为利兵刃；历息，则能为大铁笼弥覆国土；历触，则能为弓，为箭，为弩，为射；历思，则能为飞热铁，从空雨下。

译文：

"第四，味报，舌根味业所招引的恶果：此味业与余业交互作用，故临命终时，首先看见一个火焰炽然的大铁网覆盖了整个世界，亡者的神识下透火焰，被挂在铁网上，倒悬其头，直堕无间地狱。依其味业而发生两种报相：一是吸气，所吸之气都结成寒冰，冻裂全身骨肉。二是吐气，所吐之气化为猛火，烧焦骨髓。如此味报之尝，经历舌根尝觉时，则能感为承受忍耐、含冤莫诉之苦；经历眼见，能感为看到燃烧着的金、石；经历耳闻，能听见锋利兵刃的声响；经历鼻息，则感为大铁笼，满盖国土；经历身触，则感为被弓弩矢箭所射击穿身；经历意根思觉，则感为空中飞驰的热铁像雨一样落下。

"五者触报，招引恶果：此触业交，则临终时，先见大山四面来合，无复出路，亡者神识见大铁城，火蛇、火狗、虎、狼、师子，牛头狱卒、马头罗刹，手执枪矟^①，驱入城门，向无间狱。发明二相：一者合触，合山逼体，骨肉血溃。二者离触，刀剑触身，心肝屠裂。如是合触，历触，则能为道，为观，为听，为案^②；历见，则能为烧，为爇^③；历听，则能为撞，为击，为傶^④，为射；历息，则能为括^⑤，为袋，为考，为缚；历尝，则能为耕，为钳，为斩，为截；历思，则能为坠，为飞，为煎，为炙。

注释：

①矟（shuò）：古代兵器。长矛，槊。

②案：为判罪之据。

③爇（ruò）：烧，焚烧。

④傳（zì）：插入，刺入。

⑤括：以布缠之。

译文：

"第五，触报，身根触业所招引的恶果：此触业与余业交互作用，故临命终时，首先看见大山从四面来合，无有逃逸出路，亡者的神识又看见一座大铁城，城里面有火蛇、火狗、火虎、火狼、火狮子等而不敢进入，又有牛头狱卒、马面罗刹手执枪矛，将罪人驱赶入城，由此进入无间地狱。依其触业而发生两种报相：一是合触，合山夹迫身体，粉身碎骨，血肉溃烂。二是离触，刀剑刺身，心肝碎裂。如此触报之合，经历身触，则能感为身在地狱路上、在狱主宫观、在理狱公厅、在判罪案前等治罪之处；经历眼见，能感为火烧、为焚烤；经历耳闻，能听到遭受杵撞、杖击、刀插、戟射等痛苦之声；经历鼻息，则感为布缠、囊闭、拷打、捆绑等；经历舌尝，则感为以犁耕舌，以钳拔舌，斫断舌根，截舌成半等；经历意根思觉，则感为或下坠，或上升，或受煎熬，或受炙烤等苦罚。

"六者思报，招引恶果：此思业交，则临终时，先见恶风吹坏国土，亡者神识被吹上空，旋落乘风，堕无间狱。发明二相：一者不觉，迷极则荒，奔赴不息。二者不迷，觉知则苦，无量煎烧，痛深难忍。如是邪思，结思，则能为方，为所；结见，则能为鉴，为证；结听，则能为大合石，为冰，为霜，为土，为雾；结息，则能为大火车，火船，火槛；结尝，则能为大叫唤，为悔，为泣；结触，则能为大，为小，为一日中万生万死，为偃①，为仰。

注释：

①偃（yǎn）：面俯于地而卧。

译文：

"第六，思报，意根思业所招引的恶果：此思业与余业交互作用，故临命终时，首先看见恶风吹坏国土，亡者的神识被大风吹上高空，旋转落下，乘风直堕无间地狱。依其思业而发生两种报相：一是不觉，迷闷至极则心神慌乱，四处奔走不停。二是不迷，觉知苦境，无量的煎烧，极度痛苦，难于忍受。如此思报之邪，结缠于意根思觉，则能感为受罪受苦之方域、处所；结缚于眼见，能感为业镜鉴照其所造恶业，恶伴指证其所做恶业；结缚于耳闻，能感为大合石，为冰霜土雾之惨声；结缚于鼻息，则能感为大火车、火船、火门坎等狱中苦具；结缚于舌尝，则能感为发出大叫唤，为悔恨、哭泣之叹语；结缚于身触，则能感为被恶风吹胀吹小，一日之间万死万生，或面俯地，或面仰天，苦不堪受。

"阿难，是名地狱十因、六果，皆是众生迷妄所造。若诸众生恶业同造，入阿鼻狱，受无量苦，经无量劫。六根各造，及彼所作兼境兼根，是人则入八无间狱。身、口、意三，作杀、盗、淫，是人则入十八地狱。三业不兼，中间或为一杀一盗，是人则入三十六地狱。见见一根，单犯一业，是人则入一百八地狱。由是众生别作别造，于世界中入同分地；妄想发生，非本来有。

译文：

"阿难，这就是地狱的十种业习之因和六交果报，都是由于众生不了自心，迷于妄见而起妄情所造。若有众生以六根对十因同时俱造恶业，即入阿鼻地狱，受无量苦，经无量劫，不得出离。若有众生六根各自造有十因之业，但不同时；以及他所造之业但于十因中兼有几境、或六根中兼有几根，此类人则堕入八无间地狱。若有众生身、口、意三者都作了杀、盗、淫三业，此类人即堕入十八地狱。若有众生身、口、意三业没有一齐造罪，但有身口、身意、口意中之二业，三者中间或为一杀一盗，或一盗一淫，或一杀一淫，都是具二缺一，此类人即堕入三十六地狱。若有众生以能见、所见之一根，且只单犯十因之一业，此类人则堕入一百零八地狱。因此，众生六根各别作业、于十因各别造业，于世界中各自入同分地中受报；然此等诸业报，都由众生的妄想而发生，不是本来就有。

"复次，阿难，是诸众生非破律仪，犯菩萨戒，毁佛涅槃，诸余杂业，历劫烧然，后还罪毕，受诸鬼形。若于本因，贪物为罪，是人罪毕，遇物成形，名为怪鬼。贪色为罪，是人罪毕，遇风成形，名为魃鬼[①]。贪惑为罪，是人罪毕，遇畜成形，名为魅鬼[②]。贪恨为罪，是人罪毕，遇虫成形，名蛊毒鬼。贪忆为罪，是人罪毕，遇衰成形，名为疠鬼。贪傲为罪，是人罪毕，遇气成形，名为饿鬼。贪罔为罪，是人罪毕，遇幽为形，名为魇鬼[③]。贪明为罪，是人罪毕，遇精为形，名魍魉鬼[④]。贪成为罪，是人罪毕，遇明为形，名役使鬼。贪党为罪，是人罪毕，遇人为形，名传送鬼。阿难，是人皆以纯情坠落，业火烧干，上出为鬼。此等皆是自妄想业之所招引，若悟菩提，则妙圆明，本无所有。

注释：

①魃（bá）：魃鬼长二三尺，其行如风，所现之处必大旱，故又称"旱魃"。

②魅（mèi）：指精魅。

③魇（yǎn）：鬼名。

④魍魉（wǎng liǎng）：山川精怪。

译文：

"其次，阿难，这些地狱众生诽谤违犯律仪，毁犯菩萨戒，毁谤佛所说涅槃至理，以及造了十习因、六交报等杂业，堕入地狱，历经多劫燃烧，最后偿还重罪完毕，还要受生各种鬼形。若于本来原因，以何种业习造罪，今依余习，成为何种鬼形。若其本因是贪求财物而造罪，此人受罪报完毕，依其贪物习气，遇到贪物依附成形，故有依草附木、成精作怪之类，名为怪鬼。若其本因是贪求美色而造罪，此人受罪报完毕，依其贪色好淫习气，心爱游荡，遇风成形，名为魃鬼。若其本因是贪着诳惑而造罪，此人受罪报完毕，依其诳惑习气，遇畜生而成形，名为魅鬼。若其本因是贪着嗔恨而造罪，此人受罪报完毕，依其嗔恨习气，遇虫成形，名为蛊毒鬼。若其本因是贪忆宿怨而造罪，此人受罪报完毕，依其忆怨习气，遇阴阳衰败之气而成形，名为疠鬼。若其本因是贪怀傲慢而造罪，此人受罪报完毕，依其傲慢习气，常怀高举，附气成形，名为饿鬼。若其本因是贪执诬罔而造罪，此人受罪报完毕，依其诬罔习气，遇幽昧阴阳不分之气而成形，名为魇鬼。若其本因是贪执聪明而造罪，此人受罪报完毕，依其邪见聪明习气，附日月山川的精华而成形，名为魍魉鬼。若其本因是贪成己私、谄诈为罪，此人受罪报完毕，依其谄诈习气，遇明咒而成形，名为役使鬼。若其本因是贪求朋党而造罪，此人受罪报完毕，依其贪求结党兴讼习气，遇巫祝之人附之成形，名为传送鬼。阿难，这些众生都是以纯情而堕落地狱，罪业之火烧干之后，方得上出成为鬼类。这些都是自心妄想颠倒、循业发现之所招引，如果了悟菩提，则本妙圆明之如来藏性中，本来就是空无所有。

"复次，阿难，鬼业既尽，则情与想二俱成空，方于世间与元负人怨对相值①，身为畜生，酬其宿债。物怪之鬼，物销报尽，生于世间，多为枭类。风魃之鬼，风销报尽，生于世间，多为咎征一切异类。畜魅之鬼，畜死报尽，生于世间，多为狐类。虫蛊之鬼，蛊灭报尽，生于世间，多为毒类。衰疠之鬼，衰穷报尽，生于世间，多为蛔类。受气之鬼，气销报尽，生于世间，多为食类。绵幽之鬼，幽销报尽，生于世间，多为服类。和精之鬼，和销报尽，生于世间，多为应类。明灵之鬼，明灭报尽，生于世间，多为休征一切诸类。依人之鬼，人亡报尽，生于世间，多为循类。阿难，是等皆以业火干枯，酬其宿债，旁为畜生。此等亦皆自虚妄业之所招引。若悟菩提，则此妄缘，本无所有。

注释：

① 怨对：有版本作"冤对"。

译文：

"其次，阿难，鬼的业报受完之后，则从前的纯情与妄想所发业报二者都成空，方才在世间与原来负欠财物的冤家对头相遇，受生为畜生以酬还其宿债。依附草木的怪鬼，所附之物消亡后，所受报已尽，转生于世间，以其贪物余习之故，多为枭类。遇风成形的魃鬼，所附之风消亡而报尽之后，转生于世间，以其贪淫余习之故，多为表凶咎征兆的一切特异之类，或为贪色贪淫之禽兽。遇畜成形的魅鬼，畜生死后而报尽，转生于世间，以其贪诳余习之故，多为狐狸类。遇虫成形的蛊毒鬼，虫死后而报尽，转生于世间，以其贪嗔余习之故，多为含毒之类。遇衰败之气而成形的疬鬼，所附衰气尽散而报尽，转生于世间，以其忆怨余习之故，多为蛔虫类。遇气而依附成形的饿鬼，气消散而报尽，转生于世间，以其贪慢余习之故，多为可被食用之食类。遇绵幽之气而成形的魇鬼，幽昧之气尽消而报尽，转生于世间，以其贪枉余习之故，多为替人乘服之服类。和合日月山川之精华而成形的魍魉鬼，精气消散而报尽，转生于世间，以其贪明余习之故，多为能感应节气的鸟兽之应类。依附明咒而显灵的役使鬼，明咒力灭后而报尽，转生于世间，以其贪诈余习之故，多为表吉祥征兆的一切诸类。依巫祝之人以成形的传送鬼，所附之人死亡而报尽，转生于世间，以其贪党传送余习之故，多为循顺传送的鸟兽之循类。阿难，这些十类畜生都是因为业火干枯，地狱、鬼趣业报受尽之后，转生世间，酬偿宿债，而为旁生。这些也都是自心虚妄颠倒、循业发现之所招引。如果了悟菩提，则本妙圆明之如来藏性中，如此业报的虚妄因缘本来就是空无所有。

"如汝所言，宝莲香等及琉璃王、善星比丘，如是恶业，本自发明，非从天降，亦非地出，亦非人与，自妄所招，还自来受。菩提心中，皆为浮虚妄想凝结。

译文：

"如你所说的，宝莲香比丘尼、琉璃王以及善星比丘等生陷地狱,如此恶业本来都是自心妄业发起所造的,并非从天而降,也非从地而出,也非他人所加,全是自心妄惑妄业之所招感,果报还是自己来受。然而在本然清净的菩提心中,如此业果之相不过都是浮虚妄想凝结而感招的妄境。

"复次,阿难,从是畜生酬偿先债,若彼酬者分越所酬,此等众生还复为人,反征其剩。如彼有力,兼有福德,则于人中不舍人身,酬还彼力。若无福者,还为畜生,偿彼余直。阿难当知,若用钱物,或役其力,偿足自停;如其中间杀彼身命,或食其肉,如是乃至经微尘劫,相食相诛,犹如转轮,互为高下,无有休息。除奢摩他及佛出世,不可停寝。汝今应知:彼枭伦者,酬足复形,生人道中,参合顽类。彼咎征者,酬足复形,生人道中,参合异类①。彼狐伦者,酬足复形,生人道中,参于庸类②。彼毒伦者,酬足复形,生人道中,参合狠类③。彼蛔伦者,酬足复形,生人道中,参合微类。彼食伦者,酬足复形,生人道中,参合柔类。彼服伦者④,酬足复形,生人道中,参合劳类。彼应伦者⑤,酬足复形,生人道中,参于文类⑥。彼休征者⑦,酬足复形,生人道中,参合明类。彼诸循伦⑧,酬足复形,生人道中,参于达类⑨。阿难,是等皆以宿债酬毕,复形人道,皆无始来业计颠倒,相生相杀,不遇如来,不闻正法,于尘劳中,法尔轮转。此辈名为可怜愍者。

注释:

①异类:有版本作"愚类"。

②参于庸类:有版本作"参合狠类"。

③狠类:有版本作"庸类"。

④服:为人服饰之类。

⑤应:应于时节,来去迁徙之类。

⑥参于文类:有版本作"参合文类"。

⑦休:吉祥。征:征兆。

⑧循:循顺传送。

⑨参于达类:有版本作"参合达类"。

译文:

"其次,阿难,由做畜生来偿还宿债,如果那个偿债的畜生超过了所应偿还的份额,此类众生又会转生人道,反过来讨回其剩余的偿付。如果债主有善业之力,又有福德,就可在人道中不舍人身来偿还多用的劳力。如果债主是无福之人,还要再转生为畜生,以偿还前世所超收的部分。阿难,你应当知道,如果多用了对方的钱物,或者多役使了对方的劳力,偿还够了之后,果报自然停止;但如果于偿债期间杀害身命,或食其肉,这样就会经无数劫仍然相杀相吞,犹如车轮旋转,互有高下,无有停息的时候。除非修习奢摩他正定或者逢诸佛出世闻法悟解之外,否则相杀相食的业报不能停息。你现在应该知道,那些因贪习怪鬼转作枭类的众生,当其偿清业债后恢复本形,虽得生于人道中,犹有贪物余习尚存,所以掺杂混合于愚恶冥顽之人中。那些因淫习魅鬼转作咎征类的畜生,当其偿清业债后恢复本形,虽得生于人道中,犹有贪淫余习尚存,所以掺杂混合于愚昧之人中。那些因诳习魅鬼转作狐类的众生,当其偿清业债后恢复本形,虽得生于人道中,犹有贪诳余习尚存,所以掺杂混合于庸俗之人中。那些因嗔习蛊毒鬼转作毒类畜生,当其偿清业债后恢复本形,虽得生于人道中,犹有嗔习尚存,所以掺杂混合于凶狠、野蛮之人中。那些因怨习疠鬼转作蛔虫类的众生,当其偿清业债后恢复本形,虽得生于人道中,犹有忆怨余习尚存,所以掺杂混合于卑微下贱之人中。那些因慢习饿鬼转作食类的畜生,当其偿清业债后恢复本形,虽得生于人道中,犹有我慢余习尚存,所以掺杂混合于柔弱无能之人中。那些因枉习魇鬼转作服类的畜生,当其偿清业债后恢复本形,虽得生于人道中,犹有诬枉余习尚存,所以掺杂混合于劳作辛苦之人中。那些因见习魍魉鬼转作应类的鸟兽,当其偿清业债后恢复本形,虽得生于人道中,犹有邪见余习尚存,所以掺杂混合于文人之中。那些因诈习役使鬼转作休征类的畜生,当其偿清业债后恢复本形,虽得生于人道中,犹有贪诈余习尚存,所以掺杂混合于世智辩聪之中。那些因讼习传送鬼转作循类的畜生,当其偿清业债后恢复本形,虽得生于人道中,犹有贪党余习尚存,所以掺杂混合于明达人情世故之人中。阿难,这十类人都是以偿清宿世的业债而复生人道,都是因无始以来恶业妄计的种种颠倒而相生相杀,未能遇到如来,也没有听闻佛法,因此于烦恼尘劳之中起惑造业受苦,轮转不止。此辈人,实在是最可怜的人。

"阿难，复有从人^①，不依正觉修三摩地，别修妄念，存想固形，游于山林人不及处，有十种仙。阿难，彼诸众生坚固服饵而不休息，食道圆成，名地行仙。坚固草木而不休息，药道圆成，名飞行仙。坚固金石而不休息，化道圆成，名游行仙。坚固动止而不休息，气精圆成，名空行仙。坚固津液而不休息，润德圆成，名天行仙。坚固精色而不休息，吸粹圆成，名通行仙。坚固咒禁而不休息，术法圆成，名道行仙。坚固思念而不休息，思忆圆成，名照行仙。坚固交遘而不休息，感应圆成，名精行仙。坚固变化而不休息，觉悟圆成，名绝行仙。阿难，是等皆于人中炼心，不修正觉，别得生理，寿千万岁。休止深山或大海岛，绝于人境。斯亦轮回，妄想流转，不修三昧，报尽还来散入诸趣。

注释：

①从人：久在人道中，不同于上述十种人之从他道中来，初得人身，犹带十习之余习。

译文：

"阿难，还有一类本从人趣来，虽好修行，但不依正觉修三摩地，而别修以妄念存想炼精而希求坚固身形、长生久视之法，游住于山林中人踪不到之处，如此则有十种仙道。阿难，这些人依服食饵药而坚固身形，坚志恒行而不休息，食道圆成，名为地行仙。坚固草木而不休息，药道圆成，名飞行仙。坚固金石而不休息，化道圆成，名游行仙。坚固动止而不休息，气精圆成，名空行仙。坚固津液而不休息，润德圆成，名天行仙。坚固精色而不休息，吸粹圆成，名通行仙。坚固咒禁而不休息，术法圆成，名道行仙。坚固思念而不休息，思忆圆成，名照行仙。坚固交遘而不休息，感应圆成，名精行仙。坚固变化而不休息，觉悟圆成，名绝行仙。阿难，这些人都是于人道中炼心，畏惧无常生死而希求长生不死，妄心存想，不修正觉，另外寻得长生之理，可使其寿命维持上千、上万岁。他们栖息于深山茂林，或者大海岛中，与人境隔绝。这依然在轮回之中，随着妄想而流转，由于不修三昧正定，仙报享尽之后，还各循其业而来散落入诸趣之中。

"阿难，诸世间人，不求常住，未能舍诸妻妾恩爱，于邪淫中，心不流逸，澄莹生明，命终之后，邻于日月；如是一类，名四天王天。于己妻房，淫爱微薄，于净居时，不得全味，命终之后，超日月明，居人间顶；如是一类，名忉利天。逢欲暂交，去无思忆，于人间世动少静多，命终之后，于虚空中，朗然安住，日月光明，上照不及，是诸人等自有光明；如是一类，名须焰摩天。一切时静，有应触来，未能违戾[①]，命终之后，上升精微，不接下界诸人天境，乃至劫坏，三灾不及；如是一类，名兜率陀天。我无欲心，应汝行事，于横陈时，味如嚼蜡，命终之后，生越化地；如是一类，名乐变化天。无

世间心，同世行事，于行事交，了然超越，命终之后，遍
能出超化无化境；如是一类，名他化自在天。阿难，如
是六天，形虽出动，心迹尚交。自此已还，名为欲界。"

注释：

①违戾(lì)：抗拒，不顺从。

译文：

"阿难，诸世间人，不希求证得常住真性，未能舍弃妻妾恩
爱，但如果对于邪淫之事，身心谨守，心不纵逸，澄莹欲心，发
生明性，则命终之后生于天界须弥山山腰，邻近日月宫；这一类
众生，名为四天王天。如果对于自己妻室的淫欲爱念也十分微
薄，但于清净独居时，偶有欲念生起，身心尚不能完全清净，则
命终之后，就感得超过日月光明之身，居于人间之顶，即须弥山
顶；这一类众生，名为忉利天。如果在夫妻欲爱境现前之时，
只是暂时相交，事后毫不思念忆恋，在人世间动少静多，没有深
染，则命终之后，就超过地居，而朗然安住于虚空中日月光明照
不到的地方，因为这些人自身就有光明；这一类众生，名为须焰
摩天。如果一切时中常安住于清静之中，没有淫念，只是有时
遇到应行欲触之境，还不能严加拒绝而曲为顺从，则命终之
后，就上升至精细微妙之天境，不与下界的人天境界相接，乃
至于劫之时，火、水、风三灾也不能波及；这一类众生，名为兜
率陀天。如果有众生已完全没有欲心，但应妻妾之求而勉行
房事，当玉体横陈之时仍味同嚼蜡，全无兴致，则命终之后，超

越前四天，生于能随愿变化欲乐之化地，这一类众生，名为乐变化天。如果已经没有世俗的男女心念，虽权同世间而行夫妇之事，然行事之际，了然超越，则命终之后，就能超越一切能变化境及无变化境；这一类众生，名为他化自在天。阿难，如上所说的六天，于身形方面虽然出离了爱欲之动，但在心迹上还有少许染念，并未完全清净。自第六天以下，至阿鼻地狱，总名为欲界。"

卷　九

　　本卷继上卷讲述"欲界六天"之后，接着讲述了色界十八天（初禅三天、二禅三天、三禅三天、四禅四天、五不还天）、无色界四天的形成原因和相状。又讲述了三界中的四种阿修罗，因其造业不同而分别堕生鬼趣、人趣、天趣和畜生趣。最后总结"七趣"皆因众生不识本心，只因妄想发生而随业受生，流转生死，其根源总在杀盗淫三业，若断三业，除三惑，悟真心，则七趣皆如空花，本无所有。

　　就在法会将罢之时，佛无问自说，预为说明修习禅定中将会出现的种种微细魔事，并详论五十种禅定中的魔境及其破除之法，这就是《楞严经》著名的"五十阴魔"。"无问自说"喻示着这是本经极为重要的内容。《楞严经》的宣说次第，可以说是"从破魔始，至破魔终"。最初阿难遭魔难而文殊持咒解救，此即破魔之始，阿难因而请问禅定之道，佛陀首先辨析正见以摧破邪见，然后抉择禅修的圆通方便法门，开示四种清净明诲，重说"楞严咒"及建立坛场轨则，讲说菩提道六十阶位及七趣，最后佛在没有请问的情况下，主动为大众详细说了五阴禅定境界的各种魔境，此即破魔之终。所谓"魔事"，即是破坏修行、扰乱正定之事，以种种伪装诱使修行者毁戒、破见，使修行者不知不觉为魔所牵，偏离正道，走入魔境。然而，所谓"魔"，其实不完全是什么外在的天魔、鬼神、精魅等，而恰恰是修行者自己内心的种种贪嗔痴习气、不正见，因此招感外在的魔境，故"魔"的实质还是人的内心，此谓之"心魔"，而"心魔"之实质也不出妄想、分别、贪着；故本经所说的"五十阴魔"，其实代表了修行者的种种妄想、贪着和不正见，尤其对于末法时代的种种贪着之事，刻画无余。"五十阴魔"对于末法时代的修禅者来说极其重要，故有注家以为"五十阴魔"是《楞严经》最为稀有、最为宝贵的内容，此说不无道理。

"五十阴魔"，即禅定中破除五阴的过程中，于色、受、想、行、识五阴的每一个禅定境界中都举出十种微细魔事。此卷中，佛宣说了色阴、受阴、想阴之禅定中易于出现的各十种魔境。

"阿难，世间一切所修心人，不假禅那，无有智慧，但能执身，不行淫欲。若行若坐，想念俱无，爱染不生，无留欲界，是人应念，身为梵侣；如是一类，名梵众天。欲习既除，离欲心现，于诸律仪，爱乐随顺，是人应时，能行梵德；如是一类，名梵辅天。身心妙圆，威仪不缺，清净禁戒，加以明悟，是人应时，能统梵众，为大梵王；如是一类，名大梵天。阿难，此三胜流，一切苦恼所不能逼，虽非正修真三摩地，清净心中诸漏不动，名为初禅。

译文：

"阿难，世间一切能修心的人，如果不通过禅定修习，就无有真实智慧，仅仅只能执守身仪，不行淫欲之事，而不能做到心中无淫欲之念。现在如果有人，不论在行住坐卧中，对于淫欲的忆想、念头都没有，身心清净，爱染不生，这样来世就不会再留住欲界，此人命终后，应念化生于色界初禅天中，身为梵天之侣；这一类众生，名为梵众天。淫欲习气既然伏除，离欲的清净心显现，因此对于一切律仪都爱乐遵守，随顺不犯，此人命终后，应时生于色界初禅天中，自然能行梵天之德；这一类众生，名为梵辅天。身心清净，妙德圆满，威仪不缺，不但禁戒清净，而且智慧明达，此人命终后，应时生于色界初禅天中，自然能统领梵众，做大梵王；这一类众生，名为大梵天。阿难，此三种殊胜的天众，一切欲界的苦恼都不能逼迫，虽然尚不是正修真实三摩地所证得的境界，但清净心中已不为欲界诸烦恼所动摇，此名为初禅。

"阿难，其次梵天，统摄梵人，圆满梵行，澄心不动，寂湛生光；如是一类，名少光天。光光相然，照耀无尽，映十方界遍成琉璃；如是一类，名无量光天。吸持圆光，成就教体，发化清净，应用无尽；如是一类，名光音天。阿难，此三胜流，一切忧悬所不能逼，虽非正修真三摩地，清净心中粗漏已伏，名为二禅。

译文：

"阿难，其次高于初禅的梵天，统摄梵众，具戒定慧，梵行圆满，定力加深，心净不动，湛然生光；这一类众生，名为少光天。定力转深，光明增盛，心光与身光，光光相燃，照耀无尽，映照十方小千世界遍成琉璃；这一类众生，名为无量光天。吸取执持圆满光明而成就教体，以此圆光代替声音宣扬梵行教化，所发教化清净，应用无有穷尽；这一类众生，名为光音天。阿难，此三种殊胜的天众，一切初禅天众对于还会退堕欲界的忧悬悬挂都不能逼迫，虽然尚不是正修真实三摩地所证得的境界，但清净心中寻和伺的粗漏已伏，能以定力压伏前五识不起现行，此名为二禅。

"阿难，如是天人，圆光成音，披音露妙，发成精行，通寂灭乐；如是一类，名少净天。净空现前，引发无际身心轻安，成寂灭乐；如是一类，名无量净天。世界、身心一切圆净，净德成就，胜托现前，归寂灭乐；如是一类，名遍净天。阿难，此三胜流，具大随顺，身心安隐①，得无量乐，虽非正得真三摩地，安隐心中欢喜毕具，名为三禅。

注释：
①安隐：即安稳。隐，即"稳"，通假字。

译文：
"阿难，如此光音天天人的圆妙光体已成教化之音，发出音声，显示妙理，进而发成精纯妙行，通于喜心消灭、正念寂静的妙乐之境；这一类众生，名为少净天。离于喜动而净空妙乐现前，引发无边际的身心轻安，成就喜心消灭、至极静妙的妙乐之境；这一类众生，名为无量净天。世界和身心一切圆妙净乐，净德成就，殊胜依托现前，归于至极静妙的妙乐之境；这一类众生，名为遍净天。阿难，此三种殊胜的天众，妙乐随心，周遍无量，具有大随顺自在，身心至极寂静安稳，得无量妙乐，虽然尚不是正修真实三摩地所证得的境界，但安稳心中妙乐欢喜圆满具足，此名为三禅。

"阿难，复次天人，不逼身心，苦因已尽，乐非常住，久必坏生，苦、乐二心，俱时顿舍，粗重相灭，净福性生；如是一类，名福生天。舍心圆融，胜解清净，福无遮中得妙随顺，穷未来际；如是一类，名福爱天。阿难，从是天中，有二歧路：若于先心无量净光，福德圆明，修证而住；如是一类，名广果天。若于先心双厌苦乐，精研舍心，相续不断，圆穷舍道，身心俱灭，心虑灰凝，经五百劫；是人既以生灭为因，不能发明不生灭性，初半劫灭，后半劫生；如是一类，名无想天。阿难，此四胜流，一切世间诸苦乐境所不能动，虽非无为真不动地，有所得心功用纯熟，名为四禅。

译文：

"阿难，其次的天人，因为初禅、二禅离于苦恼和忧愁而身心不为逼迫，三禅妙乐无苦而苦因已尽，然三禅妙乐并非常住，久必坏灭，由此苦、乐二心一齐顿舍，苦、乐二受的粗重心念之相灭除，不苦不乐的舍受之心不动，净福性产生；这一类众生，名为福生天。唯一舍受，与定心圆融，了知舍定的胜解清净，于福无遮限中得妙随顺舍定之心，穷未来际都能随顺舍定；这一类众生，名为福爱天。阿难，从福爱天中分化出两条路：如果从福爱天妙随顺舍定之心进修而得无量净光，并以慈悲喜舍四无量心熏习禅定，福德智慧圆满明净，依此修证而住，以广大福德而感果：这一类众生，名为广果天。如果于福爱天妙随顺舍定之心，同时厌弃苦、乐二受，精研舍定之心，连续不断修习，圆满穷究舍定之道，伏六识之现行不起，因而以为自己已证阿罗汉涅槃道，心思缘虑像寒灰般凝然不动，得无想定，持续达五百劫；这些人既然以六识起伏之生灭心为本修因，因而不能发明真如本有之不生灭性，在生于此天的初半劫中因习舍定而灭六识想，得无想定，接着住此定中四百九十九劫，于最后半劫时，六识又生起现行而出定；这一类众生，名为无想天。阿难，此四种殊胜天众，一切世间诸种苦乐境所不能动摇，虽然并非真正的无为不动地，希望能得涅槃果位，仍有所得心存在，所以只是有为功用纯熟，此名为四禅。

　　"阿难，此中复有五不还天①。于下界中九品习气俱时灭尽②，苦、乐双亡，下无卜居，故于舍心众同分中安立居处。阿难，苦、乐两灭，斗心不交，如是一类，名无烦天。机括独行，研交无地，如是一类，名无热天。十方世界妙见圆澄，更无尘象，一切沉垢，如是一类，名善见天。精见现前，陶铸无碍，如是一类，名善现天。究竟群几，穷色性性，入无边际，如是一类，名色究竟天。阿难，此不还天，彼诸四禅四位天王独有钦闻，不能知见，如今世间，旷野深山圣道场地，皆阿罗汉所住持故，世间粗人所不能见。阿难，是十八天独行无交，未尽形累，自此以还，名为色界。

注释：

①五不还天：即"五净居天"，小乘三果圣人证得阿那含果后，托生于此天，在此天中证阿罗汉道。

②下界中九品习气：指欲界九品思惑。

译文：

"阿难，此四禅天中还有五种不还天，乃不还果圣者所暂居之处。此五天之天人于下界中的所有九品思惑习气同时灭尽，苦、乐之受双亡，于下界已无安居之地，因此，在四禅舍念清净地的众同分中安立居处。阿难，苦、乐两种觉受都已灭除，没有欣乐上界与厌离下界的两种争斗之心交横于胸，这一类圣者，名为无烦天。唯一舍念，收放独行，更无余念间杂，无有第二念可作研求交对，心地清凉，这一类圣者，名为无热天。唯一舍心，照了微妙，故能观见一大千世界之十方世界周遍澄寂，更没有外境尘象，也没有内心的一切沉垢，这一类圣者，名为善见天。精妙之见现前，能以定慧力任运成就种种神通变化，如同陶铸种种器像，变现自在，这一类圣者，名为善现天。究竟一切色法的微几变化，穷究色法之性至于空性，入于空无边处之中，这一类圣者，名为色究竟天。阿难，此圣者所居的五不还天，即使是四禅天中的四位天王也只是钦闻其事，而不能亲知亲见；就如同人世间旷野深山中圣道场地，都是阿罗汉所住持，而世间凡夫粗人则不能知见。阿难，此十八天之天人，都是离爱独行，清净无侣，与五欲无交涉，然尚有化生色质，没有完全脱离身形的负累，自此五不还天以下，至梵众天，总名为色界。

"复次，阿难，从是有顶、色边际中，其间复有二种歧路：若于舍心发明智慧，慧光圆通，便出尘界，成阿罗汉，入菩萨乘；如是一类，名为回心大阿罗汉。若在舍心，舍厌成就，觉身为碍，销碍入空；如是一类，名为空处。诸碍既销，无碍无灭，其中唯留阿赖耶识，全于末那半分微细①；如是一类，名为识处。空色既亡，识心都灭，十方寂然，迥无攸往；如是一类，名无所有处。识性不动，以灭穷研，于无尽中发宣尽性，如存不存，若尽非尽；如是一类，名为非想非非想处。此等穷空，不尽空理。从不还天圣道穷者，如是一类，名不回心钝阿罗汉。若从无想诸外道天穷空不归，迷漏无闻，便入轮转。阿难，是诸天上各各天人，则是凡夫业果酬答，答尽入轮。彼之天王即是菩萨，游三摩地渐次增进，回向圣伦所修行路。阿难，是四空天身心灭尽，定性现前，无业果色从此逮终，名无色界。

注释：

①末那：即八识中之第七识末那识；其恒审思量，执持第八阿赖耶识为我。

译文：

"其次，阿难，从色界之顶的有顶天与无色界相邻的色界边际处，其间又有两条不同的路：如果修行者于第四禅舍定心中发明无漏人空智慧，断尽思惑，慧光圆满，便超越尘世境界，成就阿罗汉果，入菩萨乘；这一类圣者，名为回心大阿罗汉。如果修行者在此舍定心中，舍弃厌离色界质碍身成就，觉得色身仍为障碍，于是修习空观而入空处定，以消泯色碍之身而入于空境；这一类众生，名为空处天。诸色碍既已消除，所依之无质碍之空也灭，其心中唯留阿赖耶识以及末那识中向内缘之半分微细犹存；这一类众生，名为识处天。色与空既然都已消亡，进而将末那识半分识心也伏灭，唯有阿赖耶识独存，十方世界寂然不动，再无所往；这一类众生，名为无所有处天。阿赖耶识识性不动，修行者欲以定力穷究研求，于本来无尽之性中，以定力发宣而欲尽其性，虽见在而不起，故如存不存，虽见尽而识在，故若尽非尽；这一类众生，名为非想非非想处天。此四天强以世间定欲令心境俱空，但并没有穷尽如实空理。若从五不还天而转生此天者，以修习圣道而穷究空理，在此天证人我空理，成阿罗汉，这一类圣者，名为不回心钝阿罗汉。若从无想天及四空处之诸外道天而转生非想非非想处天者，穷究空理而不返归于无漏正道之行，迷于有漏天而无有正闻无漏法，于其八万大劫报尽之后，便会又堕入生死轮回之中。阿难，以上除五不还天为圣者所居外，其他诸天的各位天人则是依于凡夫有漏善业的酬答果报而已，其所获得的诸天胜福，不过是酬答其因地中所修善业之果报而已，酬答果报享尽，还入轮回。然而各天的天王都是大乘菩萨，寄位修行，游戏三摩地，渐次增进功德，回向圣者所修行的成佛之路。阿难，此四空天，以其定力压伏故得身心相似灭尽，定境现前时，已无四大质碍之业果色，唯有清净四大之定果色，始从空处，终至非想非非想处，名为无色界。

"此皆不了妙觉明心，积妄发生。妄有三界，中间妄随七趣沉溺，补特伽罗各从其类。

译文：

"此三界诸天，都是由于不明了妙觉圆明真心，一念妄动后积聚妄业而发生诸依正苦报，妄有三界之相，众生依其业报，各从其类，在三界中间随虚妄之业沉沦、流转于地狱、饿鬼、畜生、阿修罗、人、仙、天等七趣之中。

"复次，阿难，是三界中复有四种阿修罗类。若于鬼道，以护法力，乘通入空，此阿修罗从卵而生，鬼趣所摄。若于天中，降德贬坠，其所卜居，邻于日月，此阿修罗从胎而出，人趣所摄。有修罗王执持世界，力洞无畏，能与梵王及天帝释、四天争权，此阿修罗因变化

有，天趣所摄。阿难，别有一分下劣修罗，生大海心，
沉水穴口，且游虚空，暮归水宿。此阿修罗因湿气有，
畜生趣摄。

译文：

"其次，阿难，此三界中又有四种阿修罗类众生。若于鬼道
中，以护持佛法所得的功德力，乘神通入空界而居，此类阿修罗
是从卵生，属于鬼趣所摄。若于天道中，梵行稍亏而被贬离天
道，坠落阿修罗道，其所居处与日月为邻，此类阿修罗是从胎生，
属于人趣所摄。还有一类阿修罗王能执持世界，以神通力洞彻
诸天，无所畏惧，能与梵王、天帝释、四大天王争夺权利，此类
阿修罗福德力大，变化而生，属于天趣所摄。阿难，此外另有一
类下劣的阿修罗，出生于大海的中心，潜藏于水穴口，白天于虚空
中游行，晚上又返归于水中。此类阿修罗是因湿气而有的，属于
畜生趣所摄。

"阿难，如是地狱、饿鬼、畜生、人及神仙、天洎修
罗，精研七趣，皆是昏沉诸有为相，妄想受生，妄想随
业；于妙圆明，无作本心，皆如空华，元无所著，但一虚
妄，更无根绪。阿难，此等众生不识本心，受此轮回，
经无量劫不得真净，皆由随顺杀、盗、淫故；反此三种，
又则出生无杀、盗、淫。有名鬼伦，无名天趣，有无相
倾，起轮回性。若得妙发三摩提者，则妙常寂，有、无
二无，无二亦灭，尚无不杀、不偷、不淫，云何更随杀、

盗、淫事？阿难，不断三业，各各有私，因各各私，众私同分非无定处；自妄发生，生妄无因，无可寻究。汝勖修行①，欲得菩提，要除三惑，不尽三惑，纵得神通，皆是世间有为功用；习气不灭，落于魔道；虽欲除妄，倍加虚伪，如来说为可哀怜者。汝妄自造，非菩提咎。

"作是说者，名为正说；若他说者，即魔王说。"

注释：

①勖（xù）：勉励。

译文：

"阿难，这就是地狱、饿鬼、畜生、人、仙、天及阿修罗七趣，精研此七趣，都是因自心昏沉之无明惑而生起的诸有为相，因妄想而受生，随妄业而受报；对于妙觉圆明的无作本心来说，七趣就如同空中幻花一样，原本无实体可以去执着，彻头彻尾只是一个虚妄幻化之相，实在是没有根本可依，没有头绪可寻。阿难，这些众生因为不识妙明本心而受此轮回之苦，经无量劫仍不得真净，这都是他们随顺杀、盗、淫三恶行的原故，则成三恶道；若与此三种相反，也就是能行不杀、不盗、不淫，则可受生善道。有三恶行则称为鬼趣，无三恶行则称为天趣，有无互相对待，善恶倾夺相代，便有了轮回流转。如果依妙理、修妙行而得三摩地妙定，妙明常寂之境现前，则有三恶行与无三恶行二者双亡，即此'无二'之念也灭除，此时尚没有不杀、不盗、不淫三善行，怎么还会做杀、盗、淫三恶行之事呢？阿难，若不

断除杀、盗、淫三业，则众生各有私造之别业，因为各私造别业
中有相同之处，众多私造别业之同分合成共业，而有众同分地
的受报之处，并非没有因众同分而共同受报的定处；然而，七趣
果报都是因妄念而发生，而妄念之生实无所因，无可追究其根
源。你勉力修行，要想证得无上菩提，首先要断除杀、盗、淫三
惑，不尽除此三惑，纵然获得神通力，也不过是世间的有为功
用；虚妄习气不灭除，最终只会落入魔道；落入天魔，即使想消
除虚妄，不过是以妄逐妄，倍加虚伪而已，所以，如来说他们是
最可哀怜的人。这种种虚妄都是你自心妄造，并不是菩提自性
中本来自有。

"如此说者，名为正说；若作别说，即魔王说。"

即时如来，将罢法座，于师子床，揽七宝几，回紫
金山，再来凭倚，普告大众及阿难言："汝等有学缘觉、
声闻，今日回心趣大菩提无上妙觉，我今已说真修行
法，汝犹未识修奢摩他、毗婆舍那微细魔事，魔境现
前，汝不能识，洗心非正，落于邪见。或汝阴魔，或复
天魔，或著鬼神，或遭魑魅，心中不明，认贼为子。又
复于中，得少为足，如第四禅无闻比丘妄言证圣，天报
已毕，衰相现前，谤阿罗汉身遭后有，堕阿鼻狱。汝应
谛听，吾今为汝子细分别。"阿难起立，并其会中同有
学者，欢喜顶礼，伏听慈诲。

译文：

这时，如来将要离开法座，又于狮子座上，揽七宝桌几，回转如紫金山一般的佛身，再坐法席，不待请问而普告大众及阿难说："你们有学缘觉、声闻众，今日回心趋向大菩提无上妙觉，我已宣说了真实的修行方法，但你们还未能识得修习奢摩他、修习毗婆舍那中的许多微细魔事，倘若魔境现前，你们不能认识，则以定洗心而不得其正，难免落入邪见。或者落入自身的五阴魔，或者落入天魔，或者附着于鬼神，或者遭遇魑魅，心中不明，认贼为子。又有于禅修中，得少为足，无有闻慧，例如已修得第四禅的无闻比丘，便妄言已经证得圣果阿罗汉，待其天报享尽之后，衰相现前将要堕落时，无闻比丘反而诽谤佛所说的阿罗汉不受后有是妄言，因此堕入阿鼻地狱。你们仔细听，我现在为你们详细解说禅定中的种种魔事。"阿难即从座位起立，与法会中的诸有学大众一起向佛欢喜顶礼，专心倾听佛陀的慈悲教诲。

佛告阿难及诸大众："汝等当知，有漏世界十二类生本觉妙明觉圆心体与十方佛无二无别。由汝妄想迷理为咎，痴爱发生，生发遍迷，故有空性；化迷不息，有世界生，则此十方微尘国土非无漏者，皆是迷顽妄想安立。当知虚空生汝心内，犹如片云点太清里，况诸世界在虚空耶！

译文：

佛告诉阿难及诸位大众："你们应当知道，有漏世界十二类众生所具有的本觉妙明觉圆之心体，与十方诸佛无二无别。由于你们瞥然一念的无明妄想，迷此觉圆之理体而为过咎，致使无明痴昧、爱染发生，生发能所的分别而遍迷觉体，使得本觉真心完全迷为晦昧顽空；变化迷妄不息而有世界生成，则此十方微尘数国土都不是清净无漏的真实世界，而是由迷顽妄想所安立的。应当知道，虚空生于你们的心内，就如同一片云飘在无边的太虚空中，是如此渺小不住，而何况十方世界还只是依住于太虚空中呢！

"汝等一人发真归元，此十方空皆悉销殒，云何空中所有国土而不振裂？汝辈修禅，饰三摩地，十方菩萨及诸无漏大阿罗汉，心精通吻，当处湛然；一切魔王及与鬼神、诸凡夫天见其宫殿无故崩裂，大地振坼，水陆飞腾，无不惊慑①，凡夫昏暗，不觉迁讹②。彼等咸得五种神通，唯除漏尽，恋此尘劳，如何令汝摧裂其处？是故鬼神及诸天魔、魑魅妖精，于三昧时，佥来恼汝③。

注释：

①慑（shè）：恐惧。

②迁讹（é）：谓辗转流传而失真。

③佥（qiān）：都，皆。

译文：

"你们若有一人发明本有真心，返本归元，则此十方虚空都将消泯，何况依空而立的所有国土，怎么不会振裂呢？你们修习禅定，庄严三摩地，就能与十方菩萨及诸无漏的大阿罗汉，本心相通相合，不离当处而一心湛然；一切魔王、鬼神以及诸凡夫天，见到他们的宫殿无故崩裂，大地振开裂纹，水陆空三居的众生，无不惊恐，只有凡夫昏昧不明，不能觉察这些变化，讹言此是天地阴阳失调所现的异象。那些魔王、鬼神等都已得五种神通，只是未得漏尽通，还留恋这个烦恼尘劳世界，怎么能让你们摧毁他们的住所呢？因此，鬼神及各种天魔、魑魅妖精等，在你们修习禅定三昧时，都会来恼乱你们。

"然彼诸魔虽有大怒，彼尘劳内，汝妙觉中，如风吹光，如刀断水，了不相触。汝如沸汤，彼如坚冰，暖气渐邻，不日销殒，徒恃神力，但为其客。成就破乱，由汝心中五阴主人，主人若迷，客得其便。当处禅那，觉悟无惑，则彼魔事，无奈汝何！阴销入明，则彼群邪咸受幽气，明能破暗，近自销殒，如何敢留扰乱禅定！若不明悟，被阴所迷，则汝阿难必为魔子，成就魔人。如摩登伽，殊为眇劣，彼唯咒汝破佛律仪，八万行中只毁一戒，心清净故，尚未沦溺。此乃隳汝宝觉全身①，如宰臣家忽逢籍没②，宛转零落，无可哀救。

注释：

①隳（huī）：毁坏，废弃。

②籍没：谓登记所有的财产，加以没收。籍，谓登记家财，予以没收。

译文：

"然而这些诸魔鬼神虽然心中大怒而来扰害，但不过是处在尘劳生灭法中的邪妄行为，而你们所修习的是妙觉真常心中的本具正定，故他们若以生灭想来恼乱正定心，就如以风吹光、用刀断水一样，了不能害。你们的正定观智如同沸汤，他们的嗔恼邪执如同坚冰，热气逐渐逼近，坚冰不时消融，他们徒恃神通力，但终为过路客而不能久留。诸魔鬼神之所以能破乱你的定心，完全由于你们心中的五阴主人，主人若迷昧失去正念，恼乱之客便会有机可乘。如果你们常处于正定之中，慧觉明悟，无有迷惑，那么，那些魔事能奈汝何！你们修禅定达于五阴境消泯而证入大光明藏，明能破暗，则那些秉受幽暗之气的诸邪魔，一经接近自然就消亡，又怎么还敢停留下来扰乱你们的禅定呢！如果你们心中不能明悟，被五阴魔境所迷惑，则你阿难必然沦为魔子，成为魔人，堕入魔类。就如摩登伽女，实在是渺小卑劣，她仅用梵天咒语要使你毁破佛制律仪，在八万细行中只是为了毁破你的一条戒行，因你心清净的缘故，尚未毁戒而沦入魔境。但这些阴魔现前，却乃是为了毁坏你们的宝觉圆明的全体法身，断你们的慧命，如同宰相大臣之家忽然被削职没收全部家产，辗转飘零，无可哀怜挽救。

"阿难当知：汝坐道场，销落诸念，其念若尽，则诸离念一切精明，动静不移，忆忘如一；当住此处，入三摩提，如明目人处大幽暗，精性妙净，心未发光，此则名为色阴区宇①。若目明朗，十方洞开，无复幽暗，名色阴尽。是人则能超越劫浊。观其所由，坚固妄想以为其本。

注释：

①区宇：区，别也；宇，本义屋檐，引申为覆蔽、庇荫。区宇，范围、境域之义，即此定境尚处于为色法所遮蔽的一个范围、境域之中。或以"覆蔽"解释"宇"，当是别解，因为"阴"本身即是覆蔽之义。

译文：

"阿难，你应当知道：你坐于道场修习禅定，脱离所缘尘象而消落妄念，若妄念消尽，则离诸妄念后之觉心于一切时处精而不杂、明而不昧，外境的若动若静而精明不移，识心的若忆若忘而明觉如一；当安住此离念明觉处时，便进入正定，然初入理境，定力不深，如同明眼人处于一大幽暗之中，觉性极其清净而定心显露，然初入正定而慧光未发，此种定境名为色阴区宇。若定力加深而破除阴覆，则心光发明，慧目明朗，十方世界洞开明澈，再也没有幽暗之相，这称为色阴消尽。这时修行者就能超越劫浊。回观色阴生起的因由，众生的坚固妄想是其根本。

"阿难，当在此中，精研妙明，四大不织，少选之间，身能出碍。此名精明流溢前境，斯但功用，暂得如是，非为圣证。不作圣心，名善境界；若作圣解，即受群邪。

译文：

"阿难，当在此禅定心中，精细研参妙明觉性，观照功深则四大虚融，互不相织，顷刻之间，身体出于一切障碍，如行虚空，所谓穿墙透壁，了无所碍。此名为心精妙明虚融至极而流溢于现前根尘之境，这只是精研功夫逼拶之极而显现的功用，暂得如此境界，不久退失，非是圣者所证境界，一得永得，不再退失。如果不作已得圣证之心想，名为善境，可增信心，可导胜进；若作已得圣证理解，就会遭受群邪之惑害，魔得其便，渐成大害。

"阿难，复以此心，精研妙明，其身内彻，是人忽然于其身内拾出蛲蛔，身相宛然，亦无伤毁。此名精明流溢形体，斯但精行，暂得如是，非为圣证。不作圣心，名善境界；若作圣解，即受群邪。

译文：

"阿难，又于此禅定心中，精研妙明觉性，自见其身光明内彻，身形虚融，此人忽然看到身内的蛔虫，并伸手入身捡出，而身体依然如故，也无任何损伤。此名为心精妙明流溢于身形，这只是定功行持精严而显现，暂得如此境界，非是圣者所证境界。如果不作已得圣证之心想，名为善境界；若作已得圣证理解，就会遭受群邪之惑害。

"又以此心，内外精研，其时魂、魄、意、志、精、神，除执受身，余皆涉入，互为宾主。忽于空中，闻说法声，或闻十方同敷密义。此名精魄递相离合，成就善种，暂得如是，非为圣证。不作圣心，名善境界；若作圣解，即受群邪。

译文：

"又于此禅定心中，对身心内外境都精细研参，观照功深则内外根境虚融如一，这时身内的魂、魄、意、志、精、神等，除了能执受的身根之外，其余都互出其位，互相涉入，互为宾主。又忽然听到空中传来说法的声音，或者听到十方虚空中同时演说微密妙义。此名为身内精魂等递相离于本位、合于他位，此为往世修习成就的闻慧善种为定力激发而所现的境相，暂得如此境界，非是圣者所证境界。如果不作已得圣证之心想，名为善境界；若作已得圣证理解，就会遭受群邪之惑害。

"又以此心，澄露皎彻，内光发明，十方遍作阎浮檀色，一切种类化为如来；于时忽见毗卢遮那踞天光台①，千佛围绕，百亿国土及与莲华俱时出现。此名心魂灵悟所染，心光研明，照诸世界，暂得如是，非为圣证。不作圣心，名善境界；若作圣解，即受群邪。

注释：

①踞：坐。

译文：

"又以此禅定心，精研功深，清澄显露于内，内光发明，皎洁洞彻于外，外现其相，十方世界遍成阎浮檀紫金色，一切有情种都化为如来；这时，忽见毗卢遮那佛高坐于天光台上，四周千佛围绕，百亿国土与莲花同时出现。此名为心魂灵悟所熏染影像之显现，如宿世曾闻《华严》、《梵网》、《维摩》等经，今于妙定之中，心光精研发明，照诸实报庄严世界之胜妙，暂得如此境界，非是圣者所证境界。如果不作已得圣证之心想，名为善境界；若作已得圣证理解，就会遭受群邪之惑害。

"又以此心，精研妙明，观察不停，抑按降伏，制止超越，于时忽然十方虚空成七宝色，或百宝色，同时遍满，不相留碍，青黄赤白，各各纯现。此名抑按功力逾分，暂得如是，非为圣证。不作圣心，名善境界；若作圣解，即受群邪。

译文：

"又以此禅定心，精细研参妙明元体，观照绵密不停，抑按妄念，降伏自心，然制止之定力作用过大，超越常分，这时，十方虚空忽然变成七宝色或百宝色，同时遍满虚空界，相涉相入，不相留滞隔碍，青、黄、赤、白各正色都各纯一无杂地显现。此名为抑按功力过分，致使定力作用胜于慧力作用而所现的境相，暂得如此境界，非是圣者所证境界。如果不作已得圣证之心想，名为善境界；若作已得圣证理解，就会遭受群邪之惑害。

"又以此心，研究澄彻，精光不乱，忽于夜半，在暗室内见种种物，不殊白昼，而暗室物亦不除灭。此名心细，密澄其见，所视洞幽，暂得如是，非为圣证。不作圣心，名善境界；若作圣解，即受群邪。

译文：
"又以此禅定心，精研参究妙明元体，其心清澄洞彻，精光凝定不乱，忽然于夜半在暗室内看见种种有情无情等物，了然分明，与白昼所见无异，而暗室内的物品也不消失，依然如故。此名为心光精细、密得澄清其见性功能，故所见洞察幽微，暂得如此境界，非是圣者所证境界。如果不作已得圣证之心想，名为善境界；若作已得圣证理解，就会遭受群邪之惑害。

"又以此心，圆入虚融，四体忽然同于草木，火烧刀斫，曾无所觉；又则火光不能烧爇，纵割其肉，犹如削木。此名尘并①，排四大性，一向入纯，暂得如是，非为圣证。不作圣心，名善境界；若作圣解，即受群邪。

注释：
①并：销。

译文:

"又以此禅定心,观照功深,内身外境遍入虚融,四肢忽然如同草木,火烧、刀斫都无感觉;而且火光不能烧燃,纵使刀割其肉,也同削木一般。此名为诸尘并消,排遣了四大性,执受不行,得入纯一觉性而忘身,暂得如此境界,非是圣者所证境界。如果不作已得圣证之心想,名为善境界;若作已得圣证理解,就会遭受群邪之惑害。

"又以此心,成就清净,净心功极,忽见大地十方山河皆成佛国,具足七宝,光明遍满;又见恒沙诸佛如来遍满空界,楼殿华丽,下见地狱,上观天宫,得无障碍。此名欣厌凝想日深,想久化成,非为圣证。不作圣心,名善境界;若作圣解,即受群邪。

译文:

"又以此禅定心,精研妙明元体,成就清净之心,净心观照功深至极,忽大地及十方山河都变成了佛国净土,具足七宝,光明遍满;又看见如恒沙数的诸佛遍满虚空界,楼阁殿堂华丽,此时,下能观见地狱,上可观见天宫,无有障碍。此名为欣上界净土、厌下界秽土的凝想日久结深,想久了幻化而成,非是圣者所证境界。如果不作已得圣证之心想,名为善境界;若作已得圣证理解,就会遭受群邪之惑害。

"又以此心,研究深远,忽于中夜遥见远方市井街巷、亲族眷属，或闻其语。此名迫心，逼极飞出，故多隔见，非为圣证。不作圣心，名善境界；若作圣解，即受群邪。

译文：

"又以此禅定心，研参穷究至极深远之处，忽然于中夜遥见远方的市井街巷以及亲族眷属，或者听到他们说话。此名为迫心，定心逼迫识心，逼极而心光飞出，故多能于遥远隔碍之处也能见能闻，非是圣者所证境界。如果不作已得圣证之心想，名为善境界；若作已得圣证理解，就会遭受群邪之惑害。

"又以此心，研究精极，见善知识形体变移，少选无端种种迁改。此名邪心，含受魑魅，或遭天魔入其心腹，无端说法，通达妙义，非为圣证。不作圣心，魔事销歇；若作圣解，即受群邪。

译文：

"又以此禅定心，研参穷究至精至极，正与诸圣心精通合之时，色阴将破，魔心慌怒而来扰乱，所以修行者忽见自身成善知识，形体变化迁移，须臾之间无端作种种形貌上的改变，或变为佛身，或变为菩萨身，或变为天龙鬼神等身。此名为邪心，因为修习者防心不密，故含藏领受了魑魅精怪于心，或遭天魔暗中入其心腹，发其狂慧，使他无端说法，似为通达无上妙义，但这不是圣者所证境界。如果不作已得圣证之心想，则魔事自然消歇；若作已得圣证理解，就会遭受群邪之惑害。

"阿难，如是十种禅那现境，皆是色阴用心交互，故现斯事。众生顽迷，不自忖量，逢此因缘，迷不自识，谓言登圣，大妄语成，堕无间狱。汝等当依，如来灭后，于末法中宣示斯义，无令天魔得其方便，保持覆护，成无上道。

译文：

"阿难，以上所说的十种禅定中所出现的境界，都是色阴将破而未破之时，正定禅观与习气妄想两种用心交互陵替，故显现如此境界。众生顽迷无知，不自思量，逢此暂现的境界因缘，迷昧不能自识，便妄言已证得圣位，于是成为大妄语，堕入无间地狱。你们当依我教言，在如来灭度后的末法时期，宣说如此义理，不能让天魔得其机会，乘虚而入，恼害行人，以保持禅心、覆护修行人得成无上道果。

"阿难，彼善男子修三摩提，奢摩他中色阴尽者，见诸佛心，如明镜中显现其像；若有所得而未能用。犹如魇人，手足宛然，见闻不惑，心触客邪而不能动，此则名为受阴区宇。若魇咎歇，其心离身，返观其面，去住自由，无复留碍，名受阴尽。是人则能超越见浊①。观其所由，虚明妄想以为其本②。

注释：

①按，四大性相织，揽色成根。大性不织，根见亦亡。

②虚明妄想：即根大领受前境，生起虚妄觉受，发明诸颠倒相。

译文：

"阿难，那些善男子修习三摩提，在奢摩他中色阴消尽之后，得见与诸佛同具的妙明觉心，就如明镜中显现影像一样，清晰明白；然而还只是似有所得，而未能发起自在大用。如同睡中身被魇住的人，手足宛然存在，见闻也清楚而不迷惑，心中明明白白，但心受客邪附着而力不从心，动弹不得，此种定境名为受阴区宇。若魇魅停歇，其心便得离身，且能反观自己的面貌，去住自由，不再有所留滞和障碍，这称为受阴消尽。这时修行者就能超越见浊。回观受阴生起的因由，众生的虚明妄想是其根本。

"阿难，彼善男子当在此中，得大光耀，其心发明，内抑过分，忽于其处发无穷悲，如是乃至观见蚊虻，犹如赤子，心生怜愍，不觉流泪。此名功用抑摧过越，悟则无咎，非为圣证；觉了不迷，久自销歇。若作圣解，则有悲魔入其心腑，见人则悲，啼泣无限，失于正受，当从沦坠。

译文：

"阿难，那些善男子在色阴已尽、受阴未破的禅观中，已得大光明，其心显发明了，知一切众生本具妙心，内心抑责过分，责己不早发度众生之心，忽然在心中发起无穷的悲心，这样乃至看见蚊虻也如同看到赤子一样，心生怜悯，不觉流泪。此名为有功用心抑制、摧责过分，若能速悟则无过咎，并不是圣者所证境界；如果觉了而不迷执，久之此境自然便消歇。若作已得圣证理解，就会有悲魔进入此修行者的心腑之中，使他见人就生悲而啼泣不止，失去三昧正受，当因此又沉沦坠落。

"阿难，又彼定中，诸善男子见色阴销，受阴明白，胜相现前，感激过分，忽于其中生无限勇，其心猛利，志齐诸佛，谓三僧祇一念能越。此名功用陵率过越，悟则无咎，非为圣证；觉了不迷，久自销歇。若作圣解，则有狂魔入其心腑，见人则夸，我慢无比，其心乃至上不见佛，下不见人，失于正受，当从沦坠。

译文：

"阿难，又在此禅定中，诸善男子见色阴消尽，受阴显露，现出一种虚明的境界，殊胜境相现前，一时感激过分，忽于心中生起无限的勇猛，其心非常猛利，志于顿齐诸佛，以为三大阿僧祇劫之修行在一念之间就能超越。此名为有功用心凌跨佛乘、轻率自任过分，若能速悟则无过咎，并不是圣者所证境界；如果觉了而不迷执，久之此境自然便消歇。若作已得圣证理解，就会有狂魔进入此修行者的心腑之中，使他见人就矜夸己德，我慢无比，以至其心中上不见佛，下不见人，失去三昧正受，当因此又沉沦坠落。

"又彼定中，诸善男子见色阴销，受阴明白，前无新证，归失故居，智力衰微，入中隳地，迥无所见[1]，心中忽然生大枯渴，于一切时沉忆不散，将此以为勤精进相。此名修心无慧自失，悟则无咎，非为圣证。若作圣解，则有忆魔入其心腑，旦夕撮心悬在一处，失于正受，当从沦坠。

注释：

[1]迥（jiǒng）：原义遥远、僻远，此义为"全"、"都"。

译文：

"又在此禅定中，诸善男子见色阴消尽，受阴显露，现出一种虚明的境界，向前修习没有新的证境，退归则又失去原来安住之境，此时修行者定力强而智力衰微，入于色、受二阴之间、进退二念俱坏的两难境地，全无所见，其心中忽然生出大枯渴，于一切时中都沉静其心、忆念中隳之境而不散乱，以为如此必有所得，将此当作勤勇精进之相。此名为修心没有智慧相资而自失方便，若能速悟则无过咎，并不是圣者所证境界。若作已得圣证理解，就会有忆魔进入此修行者的心腑之中，日夜撮集心念悬止于一个观境处，失去三昧正受，当因此又沉沦坠落。

"又彼定中，诸善男子见色阴销，受阴明白，慧力过定，失于猛利，以诸胜性怀于心中，自心已疑是卢舍那，得少为足。此名用心亡失恒审，溺于知见，悟则无咎，非为圣证。若作圣解，则有下劣易知足魔入其心腑，见人自言'我得无上第一义谛'，失于正受，当从沦坠。

译文：

"又在此禅定中，诸善男子见色阴消尽，受阴显露，现出一种虚明的境界，慧力胜过定力，因而失于观智过于猛利，以诸殊胜性之法怀于心中，如谓心即是佛，或谓佛性本来具足等，自己怀疑己身已是卢舍那佛，不假修成，得少为足。此名为用心偏差而失掉了恒常平等的审观觉照力，陷溺于知见慧解一边，若能速悟则无过咎，并不是圣者所证境界。若作已得圣证理解，就会有下劣的易知足魔进入此修行者的心腑之中，见人自说'我已证得无上第一义谛'，失去三昧正受，当因此又沉沦坠落。

"又彼定中，诸善男子见色阴销，受阴明白，新证未获，故心已亡，历览二际，自生艰险，于心忽然生无尽忧，如坐铁床，如饮毒药，心不欲活，常求于人令害其命，早取解脱。此名修行失于方便，悟则无咎，非为圣证。若作圣解，则有一分常忧愁魔入其心腑，手执刀剑自割其肉，欣其舍寿；或常忧愁走入山林，不耐见人，失于正受，当从沦坠。

译文:

"又在此禅定中,诸善男子见色阴消尽,受阴显露,现出一种虚明的境界,破受阴之新证未获得,破色阴之原有心境又亡失,遍观前后二际,自生前路艰险怖畏之感,于心中忽然生起了无尽忧愁,睡则如坐铁床,食则如饮毒药,心中不想活命,常求他人帮助结束自己的生命,希望早得解脱。此名为修行失于智慧观照的方便,若能速悟则无过咎,并不是圣者所证境界。若作已得圣证理解,就会有一分常忧愁魔进入此修行者的心腑之中,手执刀剑自割身肉,希望舍寿速死;或者常怀忧愁走入山林,不愿见人,失去三昧正受,当因此又沉沦坠落。

"又彼定中,诸善男子见色阴销,受阴明白,处清净中,心安隐后,忽然自有无限喜生,心中欢悦,不能自止。此名轻安无慧自禁,悟则无咎,非为圣证。若作圣解,则有一分好喜乐魔入其心腑,见人则笑,于衢路傍自歌自舞,自谓已得无碍解脱,失于正受,当从沦坠。

译文:

"又在此禅定中,诸善男子见色阴消尽,受阴显露,现出一种虚明的境界,处于清净境界中,心安稳后,忽然自有无限的喜心生起,心中欢悦,不能自止。此名为轻安而没有智慧自我控制,若能速悟则无过咎,并不是圣者所证境界。若作已得圣证理解,就会有一分好喜乐魔进入此修行者的心腑之中,见人则笑,于大街路旁自歌自舞,自称已得无碍解脱,失去三昧正受,当因此又沉沦坠落。

"又彼定中,诸善男子见色阴销,受阴明白,自谓已足,忽有无端大我慢起,如是乃至慢与过慢及慢过慢,或增上慢,或卑劣慢,一时俱发;心中尚轻十方如来,何况下位声闻、缘觉。此名见胜无慧自救,悟则无咎,非为圣证。若作圣解,则有一分大我慢魔入其心腑,不礼塔庙,摧毁经像,谓檀越言'此是金铜,或是土木,经是树叶,或是氎华,肉身真常,不自恭敬,却崇土木,实为颠倒';其深信者,从其毁碎,埋弃地中,疑误众生,入无间狱。失于正受,当从沦坠。

译文:

"又在此禅定中,诸善男子见色阴消尽,受阴显露,现出一种虚明的境界,自我满足,忽然无端生起大我慢心,乃至慢、过慢、慢过慢、增上慢及卑劣慢等同时生起;心中尚轻视十方如来,何况处于下位的声闻、缘觉。此名为见己为胜而无智慧以自救,若能速悟则无过咎,并不是圣者所证境界。若作已得圣证理解,就会有一分大我慢魔进入此修行者的心腑之中,不礼塔庙,摧毁经书佛像,并对檀越说'佛像是金铜或是土木所制作,经只是树叶或棉花所成,肉身才是真常佛体,而不去崇敬,却去崇拜土木所成的佛像,实在是颠倒';深信其语的人就跟着他毁坏经像,将经像遗弃埋于地下,如此疑误众生,落入无间地狱。这样,失去三昧正受,当因此又沉沦坠落。

"又彼定中，诸善男子见色阴销，受阴明白，于精明中，圆悟精理，得大随顺；其心忽生无量轻安，已言成圣，得大自在。此名因慧获诸轻清，悟则无咎，非为圣证。若作圣解，则有一分好轻清魔入其心腑，自谓满足，更不求进。此等多作无闻比丘疑误众生，堕阿鼻狱。失于正受，当从沦坠。

译文：

"又在此禅定中，诸善男子见色阴消尽，受阴显露，现出一种虚明的境界，于自心识精元明之中，圆悟如来藏妙真如性精理，身心得大随顺自在；此时，其心忽然生起无量轻安，自称已成圣果，得大自在。此名为因慧悟而获得轻安清净的境界，若能速悟则无过咎，并不是圣者所证境界。若作已得圣证理解，就会有一分轻清魔进入此修行者的心腑之中，自谓功行圆满具足，更不求胜进。这类人多作无闻比丘而疑惑误导众生，必然落入阿鼻地狱。这样，失去三昧正受，当因此又沉沦坠落。

"又彼定中，诸善男子见色阴销，受阴明白，于明悟中得虚明性，其中忽然归向永灭，拨无因果，一向入空，空心现前，乃至心生，长断灭解。悟则无咎，非为圣证。若作圣解，则有空魔入其心腑，乃谤持戒名为小乘，菩萨悟空，有何持犯？其人常于信心檀越饮酒啖肉，广行淫秽，因魔力故，摄其前人不生疑谤。鬼心久

入，或食屎尿与酒肉等，一种俱空；破佛律仪，误入人
罪。失于正受，当从沦坠。

译文：

"又在此禅定中，诸善男子见色阴消尽，受阴显露，现出一
种虚明的境界，于明悟境界之中悟得虚明性空之理，其心中忽
然归向沉空永灭之境，妄言无因无果，一心归向于空，断空之心
现前，乃至心中生出长远断灭的见解。若能速悟则无过咎，并
不是圣者所证境界。若作已得圣证理解，就会有空魔进入此
修行者的心腑之中，于是毁谤持戒是小乘法，菩萨悟一切法皆
空，有何持犯之相可得？其人常于对三宝具有信心的檀越面前
饮酒、吃肉，广行淫秽之事，因魔力所加的缘故，能摄服跟随他
的人对其邪秽之行不生起疑谤之念。鬼心久入其心腑，又或食
屎尿，与食酒肉看作等同，现出一种净秽俱空之相；其人破坏
佛制律仪，误导他人陷入罪行之事。这样，失去三昧正受，当
因此又沉沦坠落。

"又彼定中，诸善男子见色阴销，受阴明白，味其虚
明，深入心骨，其心忽有无限爱生，爱极发狂，便为贪
欲。此名定境安顺入心，无慧自持，误入诸欲。悟则
无咎，非为圣证。若作圣解，则有欲魔入其心腑，一向
说欲为菩提道，化诸白衣平等行欲，其行淫者，名持法
子；神鬼力故，于末世中摄其凡愚，其数至百，如是乃
至一百、二百或五、六百，多满千万。魔心生厌，离其

身体，威德既无，陷于王难，疑误众生，入无间狱。失于正受，当从沦坠。

译文：

"又在此禅定中，诸善男子见色阴消尽，受阴显露，现出一种虚明的境界，耽着爱乐虚明之境，以至深入心骨，其心中忽然有无限的爱念产生，爱极情动，引发狂乱，便成为贪欲。此名为定境轻安顺适深入心骨，却无智慧以自摄持，因而误入诸贪欲。若能速悟则无过咎，并不是圣者所证境界。若作已得圣证理解，就会有欲魔进入此修行者的心腑之中，一向妄说淫欲就是菩提道，并且教化在家的白衣居士不分僧俗，与其平等恣行淫欲，将与其行淫的人称为持法子；因有欲魔鬼神力的邪加持，于末法世中所摄受的凡愚之人，其数至一百，乃至二百或五百、六百，甚至多达上千上万。等到魔心生厌，离开其人身体而去，魔力消失，威德失去之后，就陷于国法的制裁，惑乱误导众生，堕入无间地狱。这样，失去三昧正受，当因此又沉沦坠落。

"阿难，如是十种禅那现境，皆是受阴用心交互，故现斯事。众生顽迷，不自忖量，逢此因缘，迷不自识，谓言登圣，大妄语成，堕无间狱。汝等亦当，将如来语，于我灭后，传示末法，遍令众生开悟斯义，无令天魔得其方便，保持覆护，成无上道。

译文：

"阿难，以上所说的十种禅定中所出现的境界，都是受阴将破而未破之时，正定禅观与习气妄想两种用心交互陵替，故显现如此境界。众生顽迷无知，不自思量，逢此暂现的境界因缘，迷昧不能自识，便妄言已证得圣位，于是成为大妄语，堕入无间地狱。你们也应当将如来宣说的法语，在如来灭度后的末法时期，传承宣说，让所有的众生都能明白如此义理，不能让天魔得其机会，乘虚而入，恼害行人，以保持禅心、覆护修行人得成无上道果。

"阿难，彼善男子修三摩地受阴尽者，虽未漏尽，心离其形，如鸟出笼，已能成就从是凡身上历菩萨六十圣位，得意生身①，随往无碍。譬如有人熟寐呓言，是人虽则无别所知，其言已成音韵伦次，令不寐者咸悟其语，此则名为想阴区宇。若动念尽，浮想销除，于觉明心，如去尘垢，一伦生死，首尾圆照，名想阴尽。是人则能超烦恼浊②。观其所由，融通妄想以为其本。

注释：

①意生身：非父母所生之身体，乃入圣位之菩萨为济度众生，依"意"所化生之身。

②按，六识缘尘与本识觉性，相织妄成。

译文:

"阿难,那些善男子修习三摩提受阴已尽者,虽未得漏尽,但心已能离开身体,犹鸟出笼一样,去住自由,已能成就以此凡夫身上历菩萨六十圣位,获得意生身,随意而往一切刹土,无有障碍。譬如有人在熟睡中说梦话,此人虽然自己一无所知,但其梦话已构成有音节次序的语言,使清醒的人都能领悟其意,此种定境名为想阴区宇。若六识种子妄动之念消尽,六识现行虚浮之想消除,则于第八本识之觉明心体,如同明镜除去了表面的尘垢,不再有想阴覆盖,故一切伦类众生的所有生死,从首至尾皆能圆照明了,这称为想阴消尽。这时修行者就能超越烦恼浊。回观想阴生起的因由,众生的融通妄想是其根本。

"阿难,彼善男子,受阴虚妙,不遭邪虑,圆定发明;三摩地中,心爱圆明,锐其精思,贪求善巧。尔时,天魔候得其便,飞精附人,口说经法。其人不觉是其魔著,自言谓得无上涅槃,来彼求巧善男子处敷座说法;其形斯须,或作比丘,令彼人见,或为帝释,或为妇女,或比丘尼,或寝暗室,身有光明。是人愚迷,惑为菩萨,信其教化;摇荡其心,破佛律仪,潜行贪欲。口中好言灾祥变异,或言如来某处出世,或言劫火,或言刀兵,恐怖于人,令其家资无故耗散。此名怪鬼,年老成魔,恼乱是人;厌足心生,去彼人体,弟子与师俱陷王难。汝当先觉,不入轮回,迷惑不知,堕无间狱。

译文：

"阿难，那些修禅定的善男子，受阴已破，正受虚妙，不再被受阴邪虑所惑，圆通妙定得以发明，离身无碍，见闻周遍；然而于此三摩地中，忽起一念，爱着圆明境界及其胜妙大用，故而锐力进行精研观思，贪求获得善巧方便。这时，天魔候得其人贪着爱求之便，飞遣精魅附在他人身上，口说经法。其人不知有魔附身，却自言已证得无上涅槃，并来到这位贪求善巧的善男子处敷座说法；其人形貌须臾之间，或现比丘身，令这位修禅定者看见以生信，或现为天帝释身，或为妇女身、比丘尼身等，或者寝于暗室而身有光明。这位修禅定者愚昧迷惑，以为是菩萨现身，相信他的教化；于是魔乃摇荡这人的定心，使他毁破佛制律仪，并且潜行淫欲。那个被魔附身的人，口中好言灾祥变异之事，或说如来在某处出世，或说将有劫火之灾，或说又有战争之难，以此灾异怪诞之事，使人恐怖，为求消灾免难，令其家财无故耗散。此名为怪鬼，年老成魔，受魔王遣使来恼乱修行者；若达目的则渐生厌足之心，便离开所附之人，而贪求善巧之弟子与为魔附体之邪师都陷于国法的制裁。你当预先觉知此等魔事，才不至于堕入轮回，如果迷惑不知，就会堕入无间地狱。

"阿难，又善男子受阴虚妙，不遭邪虑，圆定发明；三摩地中，心爱游荡，飞其精思，贪求经历。尔时，天魔候得其便，飞精附人，口说经法。其人亦不觉知魔著，亦言自得无上涅槃，来彼求游善男子处敷座说法；自形无变，其听法者忽自见身坐宝莲华，全体化成紫

金光聚，一众听人各各如是，得未曾有。是人愚迷，惑
为菩萨，淫逸其心，破佛律仪，潜行贪欲。口中好言诸
佛应世，某处某人当是某佛化身来此；某人即是某菩
萨等来化人间。其人见故，心生倾渴，邪见密兴，种智
销灭。此名魅鬼，年老成魔，恼乱是人；厌足心生，去
彼人体，弟子与师俱陷王难。汝当先觉，不入轮回，迷
惑不知，堕无间狱。

译文:

"阿难，那些修禅定的善男子，受阴已破，正受虚妙，不再被
受阴邪虑所惑，圆通妙定得以发明，离身无碍，见闻周遍；然而
于此三摩地中，忽起一念贪着，心爱神通游戏，放荡自在，故而
飞速进行精研观思，贪求经历十方刹土。这时，天魔候得其人
贪着爱求之便，飞遣精魅附在他人身上，口说经法。其人不知
有魔附身，也自言已证得无上涅槃，并来到这位贪求游历的善男
子处敷座说法；此附魔者说法之时，自己形貌并无变化，而那
些听法的人忽见自身坐于宝莲花上，全身变成紫金光色，会中所
有的听众各如此，得未曾有。这位修禅定者愚昧迷惑，以为是
菩萨现身，相信他的教化；于是魔使这人放纵淫逸之心，毁破
佛制律仪，并且潜行淫欲。此附魔人口中好言诸佛应世，说某
处某人当是某佛化身来此世间；某人即是某菩萨等来教化人
间。贪求经历的修定者见此情景，就生出仰慕渴望之心，邪见
暗自生起，菩提种智消灭。此名为魅鬼，年老成魔，受魔王遣
使来恼乱修行者；若达目的则渐生厌足之心，便离开所附之人，

而贪求经历之弟子与为魔附体之邪师都陷于国法的制裁。你当预先觉知此等魔事，才不至于堕入轮回，如果迷惑不知，就会堕入无间地狱。

"又善男子受阴虚妙，不遭邪虑，圆定发明；三摩地中，心爱绵滔①，澄其精思，贪求契合。尔时，天魔候得其便，飞精附人，口说经法。其人实不觉知魔著，亦言自得无上涅槃，来彼求合善男子处敷座说法；其形及彼听法之人，外无迁变，令其听者未闻法前，心自开悟，念念移易；或得宿命，或有他心，或见地狱，或知人间好恶诸事，或口说偈，或自诵经，各各欢娱，得未曾有。是人愚迷，惑为菩萨，绵爱其心，破佛律仪，潜行贪欲。口中好言佛有大小，某佛先佛，某佛后佛，其中亦有真佛、假佛、男佛、女佛，菩萨亦然。其人见故，洗涤本心，易入邪悟。此名魅鬼，年老成魔，恼乱是人；厌足心生，去彼人体，弟子与师俱陷王难。汝当先觉，不入轮回，迷惑不知，堕无间狱。

注释：

①滔（wěn）："忿"的异体字，意为"符合"。下同。

译文：

"又那些修禅定的善男子，受阴已破，正受虚妙，不再被受阴邪虑所惑,圆通妙定得以发明,离身无碍,见闻周遍;然而于此三摩地中,忽起一念贪着,心爱定力绵密不断,吻合妙用,故而澄心进行精研观思,贪求上契至理,下合妙用。这时,天魔候得其人贪着爱求之便,飞遣精魅附在他人身上,口说经法。其人实不知有魔附身,也自言已证得无上涅槃,并来到这位贪求契合的善男子处敷座说法;此附魔者说法之时,其形貌以及那些听法人的形貌都没有变化,但能使听法者在未闻法之前,心自然开悟,且能念念变化妙用;或得相似宿命通,或得相似他心通,或见地狱,或能知晓人间善恶诸事,或者口说偈语,或者自诵经文,令听法众各欢喜快乐,得未曾有。这位修禅定者愚昧迷惑,以为是菩萨现身,缠绵亲爱其心;乃至随其所教,而毁破佛制律仪,并且潜行淫欲。此附魔人口中好言佛有大、小之分,说某佛是先佛,某佛是后佛,还说其中也有真佛、假佛、男佛、女佛,菩萨也是如此。贪求契合的修定者见此情景,就洗涤本所修心,改变本修而堕入邪悟了。此名为魅鬼,年老成魔,受魔王遣使来恼乱修行者;若达目的则渐生厌足之心,便离开所附之人,而贪求契合之弟子与为魔附体之邪师都陷于国法的制裁。你当预先觉知此等魔事,才不至于堕入轮回,如果迷惑不知,就会堕入无间地狱。

"又善男子受阴虚妙,不遭邪虑,圆定发明;三摩地中,心爱根本,穷览物化,性之终始,精爽其心,贪求辨析。尔时,天魔候得其便,飞精附人,口说经法。其人先不觉知魔著,亦言自得无上涅槃,来彼求元善男子

处敷座说法；身有威神，摧伏求者，令其座下，虽未闻
法，自然心伏。是诸人等，将佛涅槃、菩提、法身即是
现前我肉身上，父父子子递代相生即是法身常住不绝，
都指现在即为佛国，无别净居及金色相。其人信受，
亡失先心，身命归依，得未曾有。是等愚迷，惑为菩
萨，推究其心，破佛律仪，潜行贪欲。口中好言眼、耳、
鼻、舌皆为净土，男女二根即是菩提、涅槃真处，彼无
知者，信是秽言。此名蛊毒魇胜恶鬼，年老成魔，恼乱
是人；厌足心生，去彼人体，弟子与师俱陷王难。汝当
先觉，不入轮回，迷惑不知，堕无间狱。

译文：

"又那些修禅定的善男子，受阴已破，正受虚妙，不再被受
阴邪虑所惑，圆通妙定得以发明，离身无碍，见闻周遍；然而于
此三摩地中，忽起一念贪着，心爱追究万物之元始根本，穷研
遍观万物变化、物性始终，故而精明其心，贪求辨析。这时，
天魔候得其人贪着爱求之便，飞遣精魅附在他人身上，口说经
法。此人先不知有魔附身，也自言已证得无上涅槃，并来到这
位贪求辨析的善男子处敷座说法；因魔力的作用，此附魔者诈
现身有威严神通之力，摧伏贪求辨析本元的修定人，使他在座
下，虽未闻法，就已自然心服。这些人将佛所证的涅槃、菩提、
法身，认为就是在现前我们的肉身上，父父子子递代相生即是
法身常住不绝，并指现在世界就是佛国，此外别无依报庄严之

净居土和正报庄严之金色佛身相。贪求辨析的修定者,信受此等邪说,亡失了先前定心,以身命归依此邪师,还以为得未曾有。这些人愚昧迷惑,以为是菩萨现身,推究其心之所好而顺承其教,毁破佛制律仪,并且潜行淫欲。此附魔人口中好言眼、耳、鼻、舌等根都是净土,男、女二根即是菩提、涅槃的真处所,那些无知之人,相信了这些秽言。此名为蛊毒魔胜恶鬼,年老成魔,受魔王遣使来恼乱修行者;若达目的则渐生厌足之心,便离开所附之人,而贪求契合之弟子与为魔附体之邪师都陷于国法的制裁。你当预先觉知此等魔事,才不至于堕入轮回,如果迷惑不知,就会堕入无间地狱。

　　"又善男子受阴虚妙,不遭邪虑,圆定发明;三摩地中,心爱悬应,周流精研,贪求冥感。尔时,天魔候得其便,飞精附人,口说经法。其人元不觉知魔著,亦言自得无上涅槃,来彼求应善男子处敷座说法;能令听众暂见其身如百千岁,心生爱染,不能舍离,身为奴仆,四事供养[①],不觉疲劳。各各令其座下人心知是先师、本善知识,别生法爱,黏如胶漆,得未曾有。是人愚迷,惑为菩萨,亲近其心,破佛律仪,潜行贪欲。口中好言,我于前世于某生中先度某人,当时是我妻妾兄弟,今来相度,与汝相随归某世界,供养某佛;或言别有大光明天,佛于中住,一切如来所休居地。彼无知者,信是虚诳,遗失本心。此名疬鬼,年老成魔,恼乱是人；厌足心生，去彼人体，弟子与师俱陷王难。汝当先觉，不入轮回，迷惑不知，堕无间狱。

注释：

①四事：供给资养佛、僧等日常生活所需的衣服、饮食、卧具、医药等。

译文：

"又那些修禅定的善男子，受阴已破，正受虚妙，不再被受阴邪虑所惑，圆通妙定得以发明，离身无碍，见闻周遍；然而于此三摩地中，忽起一念贪着，心爱悬远感应，故而周遍流览，精研观思，贪求冥感。这时，天魔候得其人贪着爱求之便，飞遣精魅附在他人身上，口说经法。此人本不知有魔附身，也自言已证得无上涅槃，并来到这位贪求冥感的善男子处敷座说法；因魔力的作用，此附魔者能使听众一时见其身形像是上百上千岁的有道之人，从而使人心生爱慕，不能舍离，甘愿以身做奴，四事供养，也不觉疲劳。同时，此附魔者又使座下的听众心里相信他就是前世的师父、宿世的善知识，从而特别生出一种法眷情爱，如胶似漆，黏不可解，前所未有。这位修禅定者愚昧迷惑，以为是菩萨现身，亲近其心，旦夕相染，乃至毁破佛制律仪，并且潜行淫欲。此附魔人口中好言，我于前世于某生中先度某人，当时是我的妻妾兄弟等，今天特来度化，与你们相随一起归于某一世界，供养某佛；或者说，别有一大光明天，佛居住其间，这是一切如来所休止居住的地方。那些无知之人，相信了这些虚诳之言,遗失了本修定心。此名为疠鬼,年老成魔,受魔王遣使来恼乱修行者;若达目的则渐生厌足之心,便离开所附之人,而贪求冥感之弟子与为魔附体之邪师都陷于国法的制裁。你当预先觉知此等魔事,才不至于堕入轮回,如果迷惑不知,就会堕入无间地狱。

"又善男子受阴虚妙,不遭邪虑,圆定发明;三摩地中,心爱深入,克己辛勤,乐处阴寂,贪求静谧①。尔时,天魔候得其便,飞精附人,口说经法。其人本不觉知魔著,亦言自得无上涅槃,来彼求阴善男子处敷座说法;令其听人各知本业,或于其处语一人言'汝今未死,已作畜生',敕使一人于后蹋尾,顿令其人起不能得,于是一众倾心钦伏。有人起心,已知其肇;佛律仪外,重加精苦;诽谤比丘,骂詈徒众,讦露人事②,不避讥嫌。口中好言未然祸福,及至其时,毫发无失。此大力鬼,年老成魔,恼乱是人;厌足心生,去彼人体,弟子与师俱陷王难。汝当先觉,不入轮回,迷惑不知,堕无间狱。

注释:

①谧(mì):寂静。

②讦(jié):揭发、攻击他人的隐私、过错或短处。

译文：

"又那些修禅定的善男子，受阴已破，正受虚妙，不再被受阴邪虑所惑，圆通妙定得以发明，离身无碍，见闻周遍；然而于此三摩地中，忽起一念贪着，心爱穷极深入之禅寂，故而克己勤修，乐处阴隐寂静之处，贪求静谧。这时，天魔候得其人贪着爱求之便，飞遣精魅附在他人身上，口说经法。此人本不知有魔附身，也自言已证得无上涅槃，并来到这位贪求静谧的善男子处敷座说法；因魔力的作用，此附魔者能使听众各自知道前世本业，或者在说法处对一听众说'你现在虽然没有死，但已经成为畜生'，并让另一人于其背后踏住其尾部，此人立刻就不能起身，于是一会听众无不诚心悦服。有人起一心念，他立刻知晓其起因；在佛制律仪之外，又增加许多精刻苦行；还诽谤比丘，责骂徒众，披露别人的隐私，不避讥嫌。此附魔人口中好言未来的祸福之事，到时一一皆应验，毫发无差。此是大力鬼，年老成魔，受魔王遣使来恼乱修行者；若达目的则渐生厌足之心，便离开所附之人，而贪求静谧之弟子与为魔附体之邪师都陷于国法的制裁。你当预先觉知此等魔事，才不至于堕入轮回，如果迷惑不知，就会堕入无间地狱。

"又善男子受阴虚妙，不遭邪虑，圆定发明；三摩地中，心爱知见，勤苦研寻，贪求宿命。尔时，天魔候得其便，飞精附人，口说经法。其人殊不觉知魔著，亦言自得无上涅槃，来彼求知善男子处敷座说法；是人无端于说法处得大宝珠。其魔或时化为畜生，口衔其珠及杂珍宝、简册符牍诸奇异物，先授彼人，后著其体。
或诱听人，藏于地下有明月珠，照耀其处，是诸听者得
未曾有。多食药草，不餐嘉馔，或时日餐一麻一麦，其
形肥充，魔力持故；诽谤比丘，骂詈徒众，不避讥嫌。
口中好言他方宝藏、十方圣贤潜匿之处，随其后者，往
往见有奇异之人。此名山林、土地、城隍、川岳鬼神，
年老成魔，或有宣淫，破佛戒律，与承事者，潜行五欲；
或有精进，纯食草木，无定行事，恼乱是人；厌足心生，
去彼人体，弟子与师多陷王难。汝当先觉，不入轮回，
迷惑不知，堕无间狱。

译文：

"又那些修禅定的善男子，受阴已破，正受虚妙，不再被受
阴邪虑所惑，圆通妙定得以发明，离身无碍，见闻周遍；然而于
此三摩地中，忽起一念贪着，心爱宿命知见，故而勤苦研究观
寻，贪求宿命。这时，天魔候得其人贪着爱求之便，飞遣精魅附
在他人身上，口说经法。此人实不知有魔附身，也自言已证得
无上涅槃，并来到这位贪求宿命的善男子处敷座说法；此附魔
人无端于说法处得到大宝珠，显其瑞应。此魔有时化作畜生，
口中衔着宝珠以及杂色珍宝，或简册符牍等多种奇珍异物，此畜
生先将珍宝授予那人，然后就附着在那人身体上。此附魔人有
时又诱惑听众说，有明月珠藏于地下，其地果然就有珠光照耀，
听法的人眼见此事，大为叹服，得未曾有。此附魔人多食草药，

不吃饭菜,有时一日只吃一麻一麦,其身体反而肥壮,这都是魔力所持的原故;还诽谤比丘,责骂徒众,不避讥嫌。此附魔人口中好言某地藏有宝藏,某地有圣贤在潜修,随他去看,往往见到奇异之人。此名为山林、土地、城隍、川岳鬼神,年老成魔,附体于人,或者宣讲淫秽之行,毁破佛制律仪,并与承事他的弟子潜行世间五欲之事;或行无益的精进,纯食草木,令人仿效,或者行事没有定规,恼乱修行者;若达目的则渐生厌足之心,便离开所附之人,而贪求宿命之弟子与为魔附体之邪师都陷于国法的制裁。你当预先觉知此等魔事,才不至于堕入轮回,如果迷惑不知,就会堕入无间地狱。

"又善男子受阴虚妙,不遭邪虑,圆定发明;三摩地中,心爱神通种种变化,研究化元,贪取神力。尔时,天魔候得其便,飞精附人,口说经法。其人诚不觉知魔著,亦言自得无上涅槃,来彼求通善男子处敷座说法;是人或复手执火光,手撮其光,分于所听四众头上,是诸听人顶上火光皆长数尺,亦无热性,曾不焚烧;或水上行,如履平地;或于空中安坐不动;或入瓶内,或处囊中,越牖透垣①,曾无障碍;惟于刀兵,不得自在。自言是佛,身著白衣,受比丘礼,诽谤禅律,骂詈徒众,讦露人事,不避讥嫌。口中常说神通自在,或复令人旁见佛土,鬼力惑人,非有真实;赞叹行淫,不毁粗行,将诸猥媟以为传法。此名天地大力山精、海精、风精、河精、土精、一切草木积劫精魅,或复龙魅,或寿终仙再活为魅，或仙期终，计年应死，其形不化，他怪所附，年老成魔，恼乱是人；厌足心生，去彼人体，弟子与师多陷王难。汝当先觉，不入轮回，迷惑不知，堕无间狱。

注释：

①牖（yǒu）：窗户。

译文：

"又那些修禅定的善男子，受阴已破，正受虚妙，不再被受阴邪虑所惑，圆通妙定得以发明，离身无碍，见闻周遍；然而于此三摩地中，忽起一念贪着，心爱神通种种变化，故而研究变化之根元，贪取神力。这时，天魔候得其人贪着爱求之便，飞遣精魅附在他人身上，口说经法。此人诚不知有魔附身，也自言已证得无上涅槃，并来到这位贪求神通的善男子处敷座说法；此附魔人有时手拿火光，用手撮取火光分置于所有听讲的四众头上，所有听众头顶上的火光都高数尺，但却没有热的感觉，也不焚烧头顶；此人有时在水上走，如履平地；有时又安坐于空中不动；有时又进入瓶内，有时又进入袋中，有时又越壁穿墙，全无障碍；唯有对于刀兵之事还不得自在。他自称是佛，身着俗家白衣，受出家人礼拜；又诽谤禅律，责骂徒众，披露他人的隐私，不避讥嫌。此附魔人口中常说神通自在，有时又使人在旁观见佛国净土，这都是魔鬼之力迷惑众人，并非真实的存在；他赞叹行淫，不毁粗鄙之行，将种种猥亵邪淫的行为作为传法。此名为天地大力山精、海精、风精、河精、土精及一切草木积劫所成的精魅，或者是龙魅，或者是寿终之仙再活为魅；或者仙寿将终，计算年限当死，但其形体不化，被其他精怪所附，如此等等，年老成魔，受魔王遣使来恼乱修行者；若达目的则渐生厌足之心，便离开所附之人，而贪求神通之弟子与为魔附体之邪师都陷于国法的制裁。你当预先觉知此等魔事，才不至于堕入轮回，如果迷惑不知，就会堕入无间地狱。

"又善男子受阴虚妙，不遭邪虑，圆定发明；三摩地中，心爱入灭，研究化性，贪求深空。尔时，天魔候得其便，飞精附人，口说经法。其人终不觉知魔著，亦言自得无上涅槃，来彼求空善男子处敷座说法；于大众内，其形忽空，众无所见，还从虚空突然而出，存没自在；或现其身洞如琉璃，或垂手足作旃檀气，或大小便如厚石蜜，诽毁戒律，轻贱出家。口中常说'无因无果，一死永灭，无复后身及诸凡圣'；虽得空寂，潜行贪欲，受其欲者，亦得空心，拨无因果。此名日月薄蚀精气，金玉、芝草、麟、凤、龟、鹤，经千万年不死为灵，出生国土，年老成魔，恼乱是人；厌足心生，去彼人体，弟子与师多陷王难。汝当先觉，不入轮回，迷惑不知，堕无间狱。

译文：

"又那些修禅定的善男子，受阴已破，正受虚妙，不再被受阴邪虑所惑,圆通妙定得以发明,离身无碍,见闻周遍;然而于此三摩地中,忽起一念贪着,心爱进入灭色归空之境,故而研究万物变化之本性,贪求深空境界。这时,天魔候得其人贪着爱求之便,飞遣精魅附在他人身上,口说经法。此人终不知有魔附身,也自言已证得无上涅槃,并来到这位贪求神通的善男子处敷座说法;此附魔人大众中,其身形忽空,众人一无所见,其人又从虚空中突然而出,或现身或没身都很自在;或者又显现身体透明如同琉璃,又显现手足发出旃檀香气,或显现大小便如同厚石蜜一样甘甜;又诽谤佛制律仪,轻贱出家人。此附魔人口中常说‘无因无果,人一死就永远灭亡,并没有再转生的后身,也没有凡圣迷悟的差别’;虽然获得断灭的空寂境界,却潜行淫欲,受其贪欲法而与其一起行欲之人,也得到空心的体验,也相信无因无果之邪说。此名为日月薄蚀精气贯注,滋养于金玉、芝草以及麟、凤、龟、鹤等,经过千万年不死而变成精灵,出生于国土世间,年老成魔,受魔王遣使来恼乱修行者;若达目的则渐生厌足之心,便离开所附之人,而贪求深空之弟子与为魔附体之邪师都陷于国法的制裁。你当预先觉知此等魔事,才不致于堕入轮回,如果迷惑不知,就会堕入无间地狱。

“又善男子受阴虚妙,不遭邪虑,圆定发明;三摩地中,心爱长寿,辛苦研几,贪求永岁,弃分段生,顿希变易,细相常住。尔时,天魔候得其便,飞精附人,口说经法。其人竟不觉知魔著,亦言自得无上涅槃,来彼求生善男子处敷座说法;好言他方往还无滞,或经万里，瞬息再来，皆于彼方取得其物；或于一处、在一宅中，数步之间令其从东诣至西壁，是人急行，累年不到；因此心信，疑佛现前。口中常说'十方众生皆是吾子，我生诸佛，我出世界，我是元佛，出世自然，不因修得'。此名住世自在天魔，使其眷属，如遮文茶及四天王毗舍童子，未发心者，利其虚明，食彼精气；或不因师，其修行人亲自观见，称执金刚与汝长命，现美女身，盛行贪欲，未逾年岁，肝脑枯竭；口兼独言，听若妖魅。前人未详，多陷王难，未及遇刑，先已干死。恼乱彼人，以至殂殒。汝当先觉，不入轮回，迷惑不知，堕无间狱。

译文：

"又那些修禅定的善男子，受阴已破，正受虚妙，不再被受阴邪虑所惑，圆通妙定得以发明，离身无碍，见闻周遍；然而于此三摩地中，忽起一念贪着，心爱长寿，故而辛苦研究身心气脉之几微动相，贪求永世寿岁，摒弃分段生死，立刻获得变易生死，微细生相得以常住。这时，天魔候得其人贪着爱求之便，飞遣精魅附在他人身上，口说经法。此人竟不知有魔附身，也自言已证得无上涅槃，并来到这位贪求长寿的善男子处敷座说法；此附魔人好言他方往来无有阻碍，或去万里之外，瞬息就可回来，且在他方取得物品作为证明；或者在某处的宅舍中，于不过数步长的屋中，让一人从东壁走到西壁，此人急行，但累年也走不到；因为看到这些情景而对附魔人生起信心，怀疑是佛显现于前。此附魔人口中常说'十方一切众生都是我子，我生出诸佛，我创造出世界，我是最初的元佛，自然而然出现于世间，并非因修习而证得'。此名为住世自在天魔，遣使其眷属如遮文茶及四天王所统属的毗舍童子等未发护法心者，利用修行人定心之虚明，来吸食精气；或者不因循师父教授，修行者亲自观见魔王现身，口称执金刚菩萨赐予你长命之法，身同金刚，并现为美女身，与修行者广行淫欲，未到一年，其行人精气被吸啖而肝脑枯竭；口中又喃喃自语，别人听之如妖魅声。因为现前修定者未能详察被魔迷惑，多会陷于国法的制裁，然而未及遭刑戮就已经先干死。此魔如此恼乱修行人，直至其死亡为止。你当预先觉知此等魔事，才不至于堕入轮回，如果迷惑不知，就会堕入无间地狱。

　　"阿难当知，是十种魔于末世时，在我法中出家修道，或附人体，或自现形，皆言已成正遍知觉；赞叹淫欲，破佛律仪，先恶魔师与魔弟子淫淫相传，如是邪精，魅其心腑，近则九生，多逾百世，令真修行总为魔眷，命终之后，必为魔民，失正遍知，堕无间狱。汝今未须先取寂灭，纵得无学，留愿入彼末法之中，起大慈悲，救度正心深信众生，令不著魔，得正知见。我今度汝已出生死，汝遵佛语，名报佛恩。阿难，如是十种禅那现境，皆是想阴用心交互，故现斯事。众生顽迷，不自忖量，逢此因缘，迷不自识，谓言登圣，大妄语成，堕无间狱。汝等必须将如来语，于我灭后，传示末法，遍令众生开悟斯义，无令天魔得其方便，保持覆护，成无上道。"

译文：

"阿难，你应当知道，这十种魔于末法之世，将在我佛法中假示出家修道，或者附于别人身体上，或者自己现形，都自言已成正遍知正觉；称赞淫欲，毁破佛制律仪，且自起初恶魔所附之师与魔弟子以淫法相授，淫淫相传，如此则邪魔精灵迷魅了修行者的心腑，近则九生，多则百世，令真修行的人总是成为魔的眷属，命终之后，又成为魔民，失去了正遍知的觉心，堕入无间地狱。你现在不须先取寂灭入涅槃，纵然证得无学圣道，也要发愿留住世间进入末法世中，起大慈悲，救度具有正心、深信佛法的众生，使他们不着于魔，获得正知见。我现在度化你已经出离生死苦海，你当遵循佛之教言，此名报佛深恩。阿难，以上所说的十种禅定中所出现的境界，都是想阴将破而未破之时，正定禅观与习气妄想两种用心交互陵替，故显现如此境界。众生顽迷无知，不自思量，逢此暂现的境界因缘，迷昧不能自识，便妄言已证得圣位，于是成为大妄语，堕入无间地狱。你们必须将如来宣说的法语，在如来灭度后的末法时期，传承宣说，让所有的众生都能明白如此义理，不能让天魔得其机会，乘虚而入，恼害行人，以保持禅心、覆护修行人得成无上道果。"

卷　十

　　本卷内容首先是"五十阴魔"之行阴魔中的十种外道邪计（无因论、圆常论、一分常论、有边论、四种颠倒不死矫乱遍计虚论、立五阴中死后有相心颠倒论、立五阴中死后无相心颠倒论、立五阴中死后俱非心颠倒论、立五阴中死后断灭心颠倒论、立五阴中五现涅槃心颠倒论），以及识阴魔中的十种邪执（因所因执、能非能执、常非常执、知无知执、生无生执、归无归执、贪非贪执、真无真执、定性声闻执、定性辟支佛执）。最后，佛告诫会中大众应当多方教导末世众生正确认识上述五阴诸魔的真相，重申末世修禅持诵楞严咒佛以除魔事的重要性。此时，阿难又提出了三个问题：一是五阴为何以妄想为本？二是五阴是一并消除，还是次第消尽？三是五阴的边际界限？佛对此作了解答，特别指出五阴是次第生起，其生先从识阴开始次第而有，其灭则先从色阴开始次第消除，"理则顿悟，乘悟并消；事非顿除，因次第尽"。至此，本经"正宗分"圆满。其后部分是全经的"流通分"，佛讲述了弘扬、持诵《楞严经》和"楞严咒"所获得的无量功德利益，告诫大众要将此法门开示给末世众生。

　　"阿难，彼善男子修三摩提想阴尽者，是人平常梦想销灭，寤寐恒一，觉明虚静，犹如晴空，无复粗重前尘影事，观诸世间大地山河，如镜鉴明，来无所黏，过无踪迹,虚受照应,了罔陈习,唯一精真。生灭根元,从此披露,见诸十方十二众生,毕殚其类;虽未通其各命由绪,见同生基,犹如野马,熠熠清扰[1],为浮尘根究竟枢穴,此则名为行阴区宇。若此清扰熠熠元性,性入元澄,一澄元习,如波澜灭,化为澄水,名行阴尽。是人则能超众生浊[2]。观其所由,幽隐妄想以为其本。

注释:

[1]熠熠(yì):光耀,闪耀。
[2]按,想行相织,成众生浊。

译文:

"阿难,那些善男子修习三摩提想阴已尽者,此人平常睡时之梦和醒时之想都已消除灭尽,醒和睡时定心恒一,安住于觉明虚静之境,犹如晴空之明净,再也没有粗重的前尘影事呈现,观一切世间的山河大地,犹如明镜照映物象,来无黏连,去无踪迹,此时心之触境不过是虚受照应而已,心识中了无陈旧习气,唯是一识精真体,湛然独存。由此,一切万有的生灭根元——行阴之体从此披开显露,得以观见十方世界的十二类众生,全部穷尽各类众生的生灭根由;虽然还未通达众生各别性命的因由端绪,但已见到他们同分生死的根基——行阴,就如同虚幻的野马尘埃,在清虚中轻清扰动,熠熠闪烁,生灭不停,这是一切众生浮根四尘迁流、转依的究竟枢穴和关键,此种定境名为行阴区宇。如果此轻清扰动、熠熠生灭之根元体性，因定力转深，其性入于本元澄湛之藏识，一旦澄净了行阴本元之种子和习气，就如波澜平息，化为澄清的止水，这称为行阴消尽。这时修行者就能超越众生浊。回观行阴生起的因由，众生的幽隐妄想是其根本。

　　"阿难当知，是得正知奢摩他中，诸善男子，凝明正心，十类天魔不得其便，方得精研，穷生类本。于本类中，生元露者，观彼幽清圆扰动元，于圆元中起计度者，是人坠入二无因论。一者，是人见本无因。何以故？是人既得生机全破，乘于眼根八百功德，见八万劫所有众生业流湾环，死此生彼，只见众生轮回其处，八万劫外冥无所观，便作是解：此等世间十方众生，八万劫来无因自有。由此计度，亡正遍知，堕落外道，惑菩提性。

译文：

　　"阿难，你应当知道，那些得到正知禅定的善男子，正心凝定，觉照常明，因为想阴已破、不遭邪虑，故十类天魔不得其可乘之便，方得精研究究十二类众生的生灭根本。于修行者本类中，想阴既破，行阴即现，则生灭根元得以显露，这时修行者于禅定中观彼行阴幽隐轻清之扰动，并圆遍观察十二类众生之扰动根元，于圆扰群动的根元生起计度心，误执为胜性，此修行者便堕入二种无因论。第一，此人持本无因论。为什么呢？此人既得将作为生机根本的浮根四尘全部破除，生灭根元行阴全然显露，故于定中，依凭眼根的八百功德，得见八万劫中的所

有众生，随着业力之流而湾转回环，死于此而又生于彼，但见众
生轮回在其间，然而他对于八万劫以外则冥然莫知，无所观见，
于是他就作这样的理解：此等世间的十方众生，自八万劫以来
都无因自有。此人由于这样计度，就亡失了正遍知，堕入外道
的无因论邪见，从而迷失了菩提真性。

"二者，是人见末无因。何以故？是人于生既见其
根，知人生人，悟鸟生鸟，乌从来黑，鹄从来白，人天
本竖，畜生本横，白非洗成，黑非染造，从八万劫无复
改移。今尽此形，亦复如是，而我本来不见菩提，云何
更有成菩提事？当知今日一切物象皆本无因。由此计
度，亡正遍知，堕落外道，惑菩提性。是则名为第一外
道立无因论。

译文：
"第二，此人持末无因论。为什么呢？此人从诸类生命中，
既见八万劫前本来无根，无因而有，知道人自然生人，悟知鸟
自然生鸟，乌鸦从来自然是黑的，鹄从来自然是白的，人和天人
本来就竖着行走，畜生本来就横着行走，白不是洗成的，黑也不
是染造的，乃是自然而然，从八万劫以来就未曾改变过。今尽
未来际，此形也是如此，而我本来八万劫前就不见十二类众生
从菩提性起，如何还有八万劫之后成就菩提之事呢？由此应当
知道，现在的一切物象都是本来无因而自有。此人由于如此计
度，就亡失了正遍知，堕入外道的无因论邪见，从而迷失了菩提

真性。这就是第一外道所创立的无因论。

　　"阿难，是三摩中诸善男子，凝明正心，魔不得便，穷生类本，观彼幽清常扰动元，于圆常中起计度者，是人坠入四遍常论。一者，是人穷心境性，二处无因；修习能知二万劫中十方众生所有生灭，咸皆循环，不曾散失，计以为常。二者，是人穷四大元，四性常住；修习能知四万劫中十方众生所有生灭，咸皆体恒，不曾散失，计以为常。三者，是人穷尽六根、末那、执受，心意识中，本元由处，性常恒故；修习能知八万劫中一切众生循环不失，本来常住，穷不失性，计以为常。四者，是人既尽想元，生理更无，流止运转，生灭想心，今已永灭，理中自然成不生灭，因心所度，计以为常。由此计常，亡正遍知，堕落外道，惑菩提性。是则名为第二外道立圆常论。

　　译文：

　　"阿难，你应当知道，那些在禅定中的善男子，正心凝定，觉照常明，因为想阴已破、不遭邪虑，故十类天魔不得其可乘之便，修行者于禅定中穷究十二类众生的生灭根本，观彼行阴幽隐轻清之扰动，并圆遍观察十二类众生之扰动根元，于行阴之圆遍、相续常相中生起计度心，误执为胜性，此修行者便堕入四种遍常论。第一，此人穷究心和境的根元之性，认为心和境二

处都无生因；依此修习能知两万劫中十方众生的所有生灭，都
是循环往复，相续不断，未曾散失，此人因此妄计心、境二性是
遍常。第二，此人穷究四大为生灭变化之根元，认为四大之性
常住不灭；依此修习能知四万劫中十方众生的所有生灭都从四
大而来，而四大本身皆体性恒常，未曾散失，此人因此妄计四大
之性是遍常。第三，此人穷究六根、第七末那识以及执受根身
器界种子的第八识，以为此心、意、识中的本元生起之处，其性
恒常不变；依此修习能知八万劫中一切众生之生灭循环往复，
未曾散失，而循环之根元八识则本来常住，穷此循环也不失其
性，此人因此妄计八识之性是遍常。第四，此人既然已尽想阴
之根元，想阴生起之理更不复有流止运转，生灭之想心现已永
远灭除，从理上说自然成就了不生灭性，因此妄心揣度，妄计
此行阴的不生灭性是遍常。此人由于如此计度，就亡失了正遍
知，堕入外道的遍常论邪见，从而迷失了菩提真性。这就是第
二外道所创立的圆常论。

"又三摩中诸善男子，坚凝正心，魔不得便，穷生类
本，观彼幽清常扰动元，于自、他中起计度者，是人坠入
四颠倒见，一分无常，一分常论。一者，是人观妙明心
遍十方界，湛然以为究竟神我；从是则计我遍十方，凝
明不动，一切众生于我心中自生自死，则我心性名之为
常；彼生灭者，真无常性。二者，是人不观其心，遍观十
方恒沙国土，见劫坏处，名为究竟无常种性，劫不坏处
名究竟常。三者，是人别观我心精细微密，犹如微尘，

流转十方，性无移改，能令此身即生即灭，其不坏性名我性常；一切死生从我流出，名无常性。四者，是人知想阴尽，见行阴流，行阴常流，计为常性；色、受、想等今已灭尽，名为无常。由此计度，一分无常、一分常故，堕落外道，惑菩提性。是则名为第三外道一分常论。

译文：

"又那些在禅定中的善男子，正心坚凝，因为想阴已破、不遭邪虑，故十类天魔不得其可乘之便，修行者于禅定中穷究十二类众生的生灭根本，观彼行阴幽隐轻清之扰动，并圆遍观察十二类众生之扰动根元，对于自、他生起计度心，此修行者便堕入四颠倒见，计执诸法是一部分无常，一部分恒常。第一，此人观行阴之幽清境相而误作是妙明真心，遍及十方世界而湛然不动，以为此即是最究竟的神我；由此而妄计神我遍及十方世界，凝常、明净而不动，一切众生都在我心中自生自死，这样，则我的心性即是真常性，那些生灭的众生则是真无常性。第二，此人不观其自心，而遍观十方恒河沙国土，但见被劫末三灾所坏之处的国土众生即认为是究竟无常种姓，而对于劫末三灾所不能坏处的国土众生即认为是究竟真常种姓。第三，此人又别为观察自心，见行阴根本动相精细，行相微密，犹如极微尘，妄计为微细我，此微细我虽然流转十方，不断地起惑、造业、受报，然其性并无移改，能令此身在流转中即生即灭，而其不坏性名之为我性真常；而一切从'我性'流出的有生有死之身体，名之为无常性。第四，此人观知想阴已尽，现见行阴迁流不息，便将此行阴之常流，妄计为常性；将已消尽的色、受、想三阴，妄计为无常。此人由于如此计度，妄认一分有常、一分无常之论，堕入外道邪见，从而迷失了菩提真性。这就是第三外道所创立的一分常论。

"又三摩中诸善男子，坚凝正心，魔不得便，穷生类本，观彼幽清常扰动元，于分位中生计度者[1]，是人坠入四有边论。一者，是人心计生元流用不息，计过、未者，名为有边；计相续心，名为无边。二者，是人观八万劫，则见众生；八万劫前，寂无闻见。无闻见处，名为无边；有众生处，名为有边。三者，是人计我遍知，得无边性；彼一切人现我知中，我曾不知彼之知性，名彼不得无边之心，但有边性。四者，是人穷行阴空，以其所见心路筹度一切众生，一身之中计其咸皆半生半灭；明其世界一切所有，一半有边，一半无边。由此计度有边、无边，堕落外道，惑菩提性。是则名为第四外道立有边论。

注释：

[1]分位：指四种分位，即三际分位、见闻分位、彼我分位、生灭分位。

译文：

"又那些在禅定中的善男子，正心坚凝，因为想阴已破、不遭邪虑，故十类天魔不得其可乘之便，修行者于禅定中穷究十二类众生的生灭根本，观彼行阴幽隐轻清之扰动，并圆遍观察十二类众生之扰动根元，于四种分位中生起计度心，此修行者便堕入四有边论。第一，此人心中计执生灭本元之行阴相续迁流，业用不息，于是计度过去心已灭、未来心未至，名之为有边；现在相续心从无间断，名之为无边。第二，此人定中观察八万劫之内，则众生生灭不息；观八万劫之前，则寂然无有闻见。将此八万劫前无闻见处，名之为无边；八万劫内有众生处，名之为有边。第三，此人计执行阴为真我，以为真我遍知一切，而得其无边性；其他一切人都现于我的知性范围之中，但我却不能知道彼众生的知性，可见他们的知性必定是有边的，因其知性不能达于我之知性，因此当说彼众生没有得到无边之心，仅只是有边性。第四，此人穷究行阴，欲求灭除，于禅定中，觉得已将行阴灭除，但出定后，行阴又生起。此人即以其禅定所见之心路来筹量计度一切众生，认为众生的一生身之中，都是半生灭半不生灭；由此判定，世界中所有一切都是一半有边、一半无边。此人由于如此计度有边、无边，堕入外道邪见，从而迷失了菩提真性。这就是第四外道所创立的有边论。

"又三摩中诸善男子，坚凝正心，魔不得便，穷生类本，观彼幽清常扰动元，于知见中生计度者，是人坠入四种颠倒不死矫乱、遍计虚论。一者，是人观变化元，见迁流处，名之为变；见相续处，名之为恒；见所见处，名之为生；不见见处，名之为灭；相续之因，性不断处，名之为增；正相续中，中所离处，名之为减；各各生处，名之为有；互互亡处，名之为无。以理都观，用心别见。有求法人来问其义，答言'我今亦生亦灭，亦有亦无，亦增亦减'。于一切时皆乱其语，令彼前人遗失章句。二者，是人谛观其心互互无处，因'无'得证。有人来问，唯答一字，但言其'无'，除'无'之余，无所言说。三者，是人谛观其心各各有处，因'有'得证。有人来问，唯答一字，但言其'是'，除'是'之余，无所言说。四者，是人有、无俱见，其境枝故，其心亦乱。有人来问，答言'亦有即是亦无，亦无之中不是亦有'。一切矫乱，无容穷诘。由此计度，矫乱虚无，堕落外道，惑菩提性。是则名为第五外道四颠倒性不死矫乱、遍计虚论。

译文：

"又那些在禅定中的善男子，正心坚凝，因为想阴已破、不遭邪虑，故十类天魔不得其可乘之便，修行者于禅定中穷究十二类众生的生灭根本，观彼行阴幽隐轻清之扰动，并圆遍观察十二类众生之扰动根元，于定中所得的知见中生起计度心，此修行者便堕入四种颠倒不死矫乱、遍计虚论。第一，此人于定中观察变化本元之行阴，见其迁流相之处，名之为变；见其相续性之处，名之为恒；见八万劫内能见之处，名之为生；八万劫外不能见之处，名之为灭；行阴相续之因，其性不断之处，名之为增；正相续时，中间的分开之处，名之为减；见众生各有其生处,名之为有;见众生各有其亡处,名之为无。虽然都以行阴之理总观,以行者用心之别而有不同的知见。当有求法之人前来询问修证之义,此人即回答'我今亦生亦灭,亦有亦无,亦增亦减'。无论什么时候,此人的回答都是如此矫乱其语,使前来求法的人迷失言辞正理,知见淆乱,无所适从。第二,此人细致观察行阴各相续之无处,因观'无'而有所证悟。有人前来问法,只回答一个'无'字,除了'无'字之外,什么也不说。第三,此人细致观察行阴各相续之有处,因观'有'而有所证悟。有人前来问法,只回答一个'是'字,除了'是'字之外,什么也不说。第四,此人细致观察行阴之相续,双观其生处和灭处,有无俱见,因所观之境既有分枝,能观之心也昏乱不定。有人前来问法,他回答说'有有即是亦无,亦无之中不是亦有。'这完全是矫乱言语,使人无法追问清楚。此人由于如此计度,言语矫乱虚无,堕入外道邪见,从而迷失了菩提真性。这就是第五外道所创立的四颠倒性不死矫乱、遍计虚论。

　　"又三摩中诸善男子,坚凝正心,魔不得便,穷生类本,观彼幽清常扰动元,于无尽流生计度者,是人坠入死后有相,发心颠倒。或自固身,云'色是我';或见我圆,含遍国土,云'我有色';或彼前缘,随我回复,云'色属我';或复我依行中相续,云'我在色'。皆计度言死后有相,如是循环,有十六相。从此或计毕竟烦恼、毕竟菩提,两性并驱,各不相触。由此计度死后有故,堕落外道,惑菩提性。是则名为第六外道立五阴中死后有相、心颠倒论。

译文：

"又那些在禅定中的善男子，正心坚凝，因为想阴已破、不遭邪虑，故十类天魔不得其可乘之便，修行者于禅定中穷究十二类众生的生灭根本，观彼行阴幽隐轻清之扰动，并圆遍观察十二类众生之扰动根元，于行阴相续无尽流生起计度心，以为色、受、想诸阴虽然已经灭除，但死后还会再次生起。此修行者便堕入死后有相、发心颠倒论。或者坚持自己固守身形，说'四大之色都是我'；或者见我性圆融，遍含十方国土，说'我中包有一切色'；或者现前所缘之色法，都随我回旋往复运用，说'色属于我'；或者见我依行阴中相续迁流之相而存活，说'我在色中'。这些都是虚妄计度而说死后仍有我相，如此循环推展，于色、受、想、行四阴中，各计度有四种我，共有十六相。由此更转深一层的计度，毕竟烦恼与毕竟菩提，皆如行阴之无尽流，两种体性并驾齐驱，同时并存，各自不相抵触、妨碍。此人由于如此计度死后有相，堕入外道邪见，从而迷失了菩提真性。这就是第六外道所创立的五阴中死后有相、心颠倒论。

"又三摩中诸善男子，坚凝正心，魔不得便，穷生类本，观彼幽清常扰动元，于先除灭色、受、想中生计度者，是人坠入死后无相，发心颠倒。见其色灭，形无所因；观其想灭，心无所系；知其受灭，无复连缀。阴性销散，纵有生理而无受、想，与草木同。此质现前，犹不可得,死后云何更有诸相? 因之勘校,死后相无。如是循环,有八无相。从此或计涅槃、因果一切皆空,徒有名字,究竟断灭。由此计度死后无故,堕落外道,惑菩提性。是则名为第七外道立五阴中死后无相、心颠倒论。

译文:

"又那些在禅定中的善男子,正心坚凝,因为想阴已破、不遭邪虑,故十类天魔不得其可乘之便,修行者于禅定中穷究十二类众生的生灭根本,观彼行阴幽隐轻清之扰动,并圆遍观察十二类众生之扰动根元,于先已灭除的色、受、想三阴中生起计度心,此修行者便堕入死后无相、发心颠倒论。此人于定中见其色阴灭除,则身形无所依托;观其想阴灭除,则意识心无所系;知其受阴灭除,则色与心之间便失去连缀。色、受、想三阴之性既已消散,纵有行阴能生之理,然而无有受、想,也只是与草木同类。色、受、想、行四阴之质体即使现前定中皆无相可得,死后怎么能更有诸体相呢? 因此勘定,死后当是无相。如此循环推论,色、受、想、行四阴生前死后皆无相,共有八种无相。由此计度转深,认为涅槃、因果等一切世间法、出世间法皆空,徒有名字,究竟归于断灭。由于如此计度死后无相,堕入外道邪见,从而迷失了菩提真性。这就是第七外道所创立的五阴中死后无相、心颠倒论。

"又三摩地中诸善男子,坚凝正心,魔不得便,穷生类本,观彼幽清常扰动元,于行存中,兼受、想灭,双计有、无，自体相破，是人坠入死后俱非、起颠倒论。色受想中，见有非有；行迁流内，观无不无。如是循环，穷尽阴界，八俱非相，随得一缘，皆言死后有相、无相。又计诸行，性迁讹故，心发通悟，有、无俱非，虚实失措。由此计度死后俱非，后际昏瞢无可道故[①]，堕落外道，惑菩提性。是则名为第八外道立五阴中死后俱非、心颠倒论。

注释：

①瞢（méng）：晦暗无光貌，不明。

译文：

"又那些在禅定中的善男子，正心坚凝，因为想阴已破、不遭邪虑，故十类天魔不得其可乘之便，修行者于禅定中穷究十二类众生的生灭根本，观彼行阴幽隐轻清之扰动，并圆遍观察十二类众生之扰动根元，于行阴尚存中，再兼以受、想灭除，对上述二者双计亦有亦无，这样自体相就相互破坏，此修行者便堕入死后俱非、起颠倒论。于色、受、想三阴之中，先前虽然是有，但灭除则为非有，行阴也是如此；从行阴迁流之中，在色、受、想三阴未破前，行阴未显露，故是'无'，三阴灭除，行阴显露，故说是'非无'，色、受、想三阴也是如此。如此循环观察，穷尽色、受、想、行四阴界而衍成八种俱非相，随举一阴为缘，都说死后非有相、非无相。由此推演妄计一切法之性都是迁变消讹，有亦非有，无亦非无；于是心中发起邪悟，以为世间一切法都是有、无俱非,这样便失去了对有无虚实的合理抉择。由于如此计度死后非有非无,后际未来昏懵,无有道理可言,堕入外道邪见,从而迷失了菩提真性。这就是第八外道所创立的五阴中死后俱非、心颠倒论。

"又三摩中诸善男子,坚凝正心,魔不得便,穷生类本,观彼幽清常扰动元,于后后无生计度者,是人坠入七断灭论[1]。或计身灭,或欲尽灭,或苦尽灭,或极乐灭,或极舍灭。如是循环,穷尽七际,现前销灭,灭已无复。由此计度死后断灭,堕落外道,惑菩提性。是则名为第九外道立五阴中死后断灭、心颠倒论。

注释:

[1]断灭:主张众生死后完全断灭。

译文:

"又那些在禅定中的善男子,正心坚凝,因为想阴已破、不遭邪虑,故十类天魔不得其可乘之便,修行者于禅定中穷究十二类众生的生灭根本,观彼行阴幽隐轻清之扰动,并圆遍观察十二类众生之扰动根元,于行阴念念迁灭之无相,也就是'后后无'中生起计度心,以为人天七处众生死后必然断灭,此修行者便堕入七断灭论。或者计度人道、六欲天处身灭,或者计度初禅天处欲尽灭,或者计度二禅天处苦尽灭,或者计度三禅天处极乐尽灭,或者计度四禅天和四空天处极舍尽灭。如此循环推论，穷尽七际，妄计现前的一切法都悉归消灭，灭后不再生起。由于如此计度死后断灭，堕入外道邪见，从而迷失了菩提真性。这就是第九外道所创立的五阴中死后断灭、心颠倒论。

"又三摩中诸善男子，坚凝正心，魔不得便，穷生类本，观彼幽清常扰动元，于后后有生计度者，是人坠入五涅槃论。或以欲界为正转依，观见圆明，生爱慕故；或以初禅，性无忧故；或以二禅，心无苦故；或以三禅，极悦随故；或以四禅，苦乐二亡，不受轮回生灭性故。迷有漏天，作无为解，五处安隐，为胜净依，如是循环，五处究竟。由此计度五现涅槃，堕落外道，惑菩提性。是则名为第十外道立五阴中五现涅槃、心颠倒论。

译文：

"又那些在禅定中的善男子，正心坚凝，因为想阴已破、不遭邪虑，故十类天魔不得其可乘之便，修行者于禅定中穷究十二类众生的生灭根本，观彼行阴幽隐轻清之扰动，并圆遍观察十二类众生之扰动根元，于行阴念念迁灭而又相续不断之有相，也就是'后后有'之中生起计度心，以为人、天众生死后必然另有存在处，恒常不灭，此修行者便堕入五涅槃论。或者将欲界六欲天作为正转依果，即不再转生的涅槃界，这是由于修行者观见欲界诸天天光圆明，而心生爱慕的缘故；或者以初禅天性无苦逼之忧，故妄计为涅槃界；或者以二禅天心中无忧愁之苦，故妄计为涅槃界；或者以三禅天极乐随顺，故妄计为涅槃界；或者以四禅天苦、乐俱亡，不受轮回生灭性，故妄计为涅槃界。这样，行者就将五处有漏诸天，妄计为无漏涅槃界，误认为五处为究竟安稳之地，为最胜清净的所依之处；如此循环，将五处都误当作最究竟之处。由于如此计度五种现证涅槃，堕入外道邪见，从而迷失了菩提真性。这就是第十外道所创立的五现涅槃、心颠倒论。

"阿难，如是十种禅那狂解，皆是行阴用心交互，故现斯悟。众生顽迷，不自忖量，逢此现前，以迷为解，自言登圣，大妄语成，堕无间狱。汝等必须将如来语，于我灭后，传示末法，遍令众生觉了斯义，无令心魔自起深孽，保持覆护，销息邪见；教其身心开觉真义，于无上道不遭枝歧，勿令心祈得少为足，作大觉王清净标指。

译文：

"阿难，如此十种禅那中的狂解，都是于想阴已破、行阴显露之际，定慧与妄计两种用心交互陵替，故显现如此邪见悟解。众生顽迷无知，不自思量，逢此狂悟境界现前，以迷妄计度作为胜解，便自言已证得圣位，于是成为大妄语，堕入无间地狱。你们必须将如来宣说的法语，在如来灭度后的末法时期，传承宣说，让所有的众生都能觉悟如此义理，不能让心魔自起狂解、造下邪见大妄语的深重罪孽，以保持禅心、覆护修行人，消除种种邪见；教导他们于身心中开显觉悟真实义理，于无上菩提道不遭歧途，并且不要心生得少为足之念，应作大觉王菩提道的清净正见标指。

"阿难,彼善男子修三摩提行阴尽者,诸世间性、幽清扰动、同分生机,倏然隳裂;沉细纲纽,补特伽罗,酬业深脉,感应悬绝。于涅槃天将大明悟,如鸡后鸣,瞻顾东方已有精色。六根虚静,无复驰逸,内外湛明,入无所入,深达十方十二种类受命元由。观由执元,诸类不召,于十方界,已获其同,精色不沉,发现幽秘,此则名为识阴区宇。若于群召已获同中,销磨六门,合开成就,见闻通邻,互用清净;十方世界及与身心,如吠琉璃①,内外明彻,名识阴尽。是人则能超越命浊。观其所由,罔象虚无②,颠倒妄想以为其本。

注释:

①吠(fèi)琉璃:七宝之一,宝青色。
②罔(wǎng)象:即虚无。

译文:

"阿难,那些修习三摩地的善男子,当行阴消尽之后,诸世间生灭性以及幽隐轻清而扰动不息的十二类众生之同分生命根元枢机,突然坏裂解散;第八识沉细业识种子纲网、补特伽罗酬答宿业的深细业报脉络,如此因果业报感应就此断绝。此时,修行者本所具有的涅槃佛性、第一义天将大明悟,如同雄鸡清晨的最后一次啼鸣，瞻望东方，已经现出精明光色。修行者六根虚静，不再随着六尘而奔逸外驰，内根外尘湛然明澈，归于一味，入于无所入之境，从而深达十方世界十二类众生受命的根本元由。既观其受命之由，又执守其受生本元，十二类众生已不再受业报之牵召而去受生，修行者于十方世界已获证其同一识性，识精元明常得现前，不再沉隐，故能发现识体之幽秘，此种定境名为识阴区宇。修行者若于十二类众生的果报牵召已获证同一唯识性之境界中，再加定慧功行，销镕六根隔别之相而融通为一体，六根一体，一体六根，开合自如，进而六根功用相通无碍，见闻觉知等如邻舍相通，以六根为一根用，一根为六根用，六根互用清净无碍；至此，定境中十方世界及其行者身心犹如吠琉璃一样，内外明彻，这就是识阴消尽的境界。这时修行者就能超越命浊。回观识阴生起的因由，众生的罔象虚无、颠倒妄想是其根本。

"阿难当知，是善男子穷诸行空，于识还元，已灭生灭，而于寂灭精妙未圆。能令己身根隔合开，亦与十方诸类通觉，觉知通淴，能入圆元。若于所归立真常因，生胜解者，是人则堕因所因执，娑毗迦罗所归冥谛成其伴侣，迷佛菩提，亡失知见。是名第一立所得心成所归果，违远圆通，背涅槃城，生外道种。

译文：

"阿难，应当知道，此修习三摩地的善男子，穷尽行阴而达于空,识阴显现,于八识返本还元,已经灭除七识迁流生灭行相,但寂灭精妙的识阴之体仍未圆满。他能使自身的六根隔别销镕,六根开合自如,也能与十方十二类众生通一觉性,见闻觉知相通吻合,故能证入圆妙根元之识阴体性。如果此人将所归向之圆元不达是识阴,而妄立为真常因,并生起了此为究竟极果的殊胜义解,此人则堕入'因所因'之妄执中,这样就与娑毗迦罗所归向之冥谛见解成为伴侣,于是迷失了佛菩提真性,亡失了正知正见。此名为第一种以所证得之心而妄成立为所归究竟极果,这样就违背远离了本修的圆通妙心,与涅槃城背道而驰,当生于外道种类之中。

"阿难,又善男子穷诸行空,已灭生灭,而于寂灭精妙未圆。若于所归览为自体,尽虚空界十二类内所有众生,皆我身中一类流出,生胜解者,是人则堕能非能执,摩醯首罗现无边身[1],成其伴侣,迷佛菩提,亡失知见。是名第二立能为心成能事果,违远圆通,背涅槃城,生大慢天我遍圆种。

注释:
[1]摩醯(xī)首罗:即大自在天。

译文:
"阿难,又此修习三摩地的善男子,穷尽行阴而达于空,识阴显现,已经灭除七识迁流生灭行相,但寂灭精妙的识阴之体仍未圆满。此修行者如果对于所归托之圆元识体观为自体，观识忘身，遂见尽虚空界十二类内的所有众生都是从我身中一类流出，于此生起了殊胜义解，此人则堕入'能非能'之妄执中，摩醯首罗天就现无边身成为其伴侣，于是迷失了佛菩提真性，亡失了正知正见。此名为第二种妄立能生众生之识体为因心而成立能生众生之事果，这样就违背远离了本修的圆通妙心，与涅槃城背道而驰，当生于妄计我遍摄一切众生的大慢天外道种类之中。

"又善男子穷诸行空，已灭生灭，而于寂灭精妙未圆。若于所归有所归依，自疑身心从彼流出，十方虚空咸其生起，即于都起所宣流地作真常身、无生灭解。在生灭中早计常住，既惑不生，亦迷生灭。安住沉迷，生胜解者，是人则堕常非常执，计自在天成其伴侣，迷佛菩提，亡失知见。是名第三立因依心成妄计果，违远圆通，背涅槃城，生倒圆种。

译文：

"又此修习三摩地的善男子，穷尽行阴而达于空，识阴显现，已经灭除七识迁流生灭行相，但寂灭精妙的识阴之体仍未圆满。此修行者如果对于所归托之圆元识体觉为有所究竟归依之处，并且自疑身心是从此识体流出，十方虚空也都是此识生起，此人即于能生起一切法的宣流地——识阴，看作是真常之身、无生灭来理解。将仍处于生灭之中的识阴过早计执为常住真性,既迷惑于不生不灭之常住真性,也迷惑于犹属微细生灭的识阴。安住此沉迷之法,并生起殊胜义解,此人则堕入'常非常'之妄执中,这样就与自在天成为伴侣,于是迷失了佛菩提真性,亡失了正知正见。此名为第三种妄立识阴为能生身心之因心以及归依处而成妄计的真常果,这就违背远离了本修的圆通妙心,与涅槃城背道而驰,当生颠倒圆满的外道种类之中。

"又善男子穷诸行空,已灭生灭,而于寂灭精妙未圆。若于所知,知遍圆故,因知立解,十方草木皆称有情,与人无异;草木为人,人死还成十方草树。无择遍知,生胜解者,是人则堕知无知执,婆咤、霰尼执一切觉成其伴侣[1],迷佛菩提,亡失知见。是名第四计圆知心成虚谬果,违远圆通,背涅槃城,生倒知种。

注释:

[1]婆咤(zhà)、霰(xiàn)尼:两种外道。

译文:

"又此修习三摩地的善男子,穷尽行阴而达于空,识阴显现,已经灭除七识迁流生灭行相,但寂灭精妙的识阴之体仍未圆满。此修行者如果对于所观之知体识阴,以为其知圆遍一切法,即因此遍一切法之知而立邪解,认为十方世界的一切草木都应该当作有情看待,其知觉与人无异,草木可以成为人,人死后也可以成为十方草树。不加拣择地以一切有情无情普遍皆有觉知，并于此生起殊胜义解，此人则堕入'知无知'之妄执中，婆咤、霰尼二种外道计执一切有情无情都有知觉，就成为其伴侣，于是迷失了佛菩提真性，亡失了正知正见。此名为第四种妄立识阴之知圆遍一切而成虚谬果，这就违背远离了本修的圆通妙心，与涅槃城背道而驰，当生颠倒知的外道种类之中。

"又善男子穷诸行空，已灭生灭，而于寂灭精妙未圆。若于圆融根互用中，已得随顺，便于圆化，一切发生，求火光明，乐水清净，爱风周流，观尘成就，各各崇事，以此群尘发作本因，立常住解，是人则堕生无生执，诸迦叶波并婆罗门，勤心役身，事火崇水，求出生死，成其伴侣，迷佛菩提，亡失知见。是名第五计著崇事，迷心从物，立妄求因，求妄冀果，违远圆通，背涅槃城，生颠化种。

译文：

"又此修习三摩地的善男子，穷尽行阴而达于空，识阴显现，已经灭除七识迁流生灭行相，但寂灭精妙的识阴之体仍未圆满。此修行者如果对于六根圆融互用中，已得随心顺意，便于此圆融化理妄生计度，认为一切诸法发生都由四大产生，于是求火的光明，乐水的清净，爱风的周流，观尘的成就诸事，各尊崇事奉，以此四大群尘当作发生造作万物的本因，立四大为常住的邪解，此人则堕入'生无生'之妄执中，诸迦叶波以及婆罗门，精勤修行身心，事奉火而崇拜水，求出离生死，成为其伴侣,于是迷失了佛菩提真性,亡失了正知正见。此名为第五种计着四大为圆化之体并尊崇其事相,迷本心而逐外物,妄立四大生灭法作为求出生死之正因,妄求能生真常实果,这就违背远离了本修的圆通妙心,与涅槃城背道而驰,当生颠倒圆化之理的外道种类之中。

"又善男子穷诸行空,已灭生灭,而于寂灭精妙未圆。若于圆明计明中虚,非灭群化,以永灭依为所归依,生胜解者,是人则堕归无归执,无想天中诸舜若多成其伴侣[1],迷佛菩提,亡失知见。是名第六圆虚无心成空亡果,违远圆通,背涅槃城,生断灭种。

注释:

[1]舜若多:译作"空性",此为虚空之神。

译文:

"又此修习三摩地的善男子,穷尽行阴而达于空,识阴显现,已经灭除七识迁流生灭行相,但寂灭精妙的识阴之体仍未圆满。此修行者如果对于识阴之圆遍湛明妄计其明中的虚无之性,以此非毁灭除一切依报正报的生灭化相,以永灭群化之空作为究竟所归依处,并于此生起殊胜义解,此人则堕入'归无归'之妄执中,无想天中的诸多虚空神就成为其伴侣,于是迷失了佛菩提真性,亡失了正知正见。此名为第六种于识阴圆明中以虚无心为因而成灰身灭智之顽空果,这就违背远离了本修的圆通妙心,与涅槃城背道而驰,当生断灭种的外道种。

"又善男子穷诸行空,已灭生灭,而于寂灭精妙未圆。若于圆常,固身常住,同于精圆,长不倾逝,生胜解者,是人则堕贪非贪执,诸阿斯陀求长命者成其伴侣[①],迷佛菩提,亡失知见。是名第七执著命元,立固妄因,趣长劳果,违远圆通,背涅槃城,生妄延种。

注释:
①阿斯陀:即长寿仙人。

译文:
"又此修习三摩地的善男子,穷尽行阴而达于空,识阴显现,已经灭除七识迁流生灭行相,但寂灭精妙的识阴之体仍未圆满。此修行者如果对于识阴妄计为圆满常住,而生起了坚固色身使其常住,如同识精圆满常住一样,长生不死,并于此生起殊胜义解,此人则堕入'贪非贪'之妄执中,求取长命的诸阿斯陀就成为其伴侣,于是迷失了佛菩提真性,亡失了正知正见。此名为第七种执着于识阴是受命根元,而立坚固幻妄之色身同于圆常识阴的因心,趣向长恋尘劳之果,这就违背远离了本修的圆通妙心,与涅槃城背道而驰,当生妄想延长寿命的外道种类之中。

"又善男子穷诸行空,已灭生灭,而于寂灭精妙未圆。观命互通，却留尘劳，恐其销尽，便于此际坐莲华宫，广化七珍，多增宝媛①，恣纵其心，生胜解者，是人则堕真无真执，咤枳迦罗成其伴侣②，迷佛菩提，亡失知见。是名第八发邪思因立炽尘果，违远圆通，背涅槃城，生天魔种。

注释：

①媛（yuàn）：美女。

②咤（zhà）枳迦罗：指爱染所作，是天魔的异名。

译文：

"又此修习三摩地的善男子，穷尽行阴而达于空，识阴显现，已经灭除七识迁流生灭行相，但寂灭精妙的识阴之体仍未圆满。此修行者观十二类众生皆以识阴为受命根元，故受命互通无碍，却妄想留住尘劳，恐怕尘劳消尽则我的身命便无依托，此人于是便以神通之力坐于莲花宫内，广为化现七宝以庄严宫殿，多增美女以恣纵其心，并于此生起殊胜义解，此人则堕入'真无真'之妄执中，咤枳迦罗成为其伴侣，于是迷失了佛菩提真性，亡失了正知正见。此名为第八种发邪思欲心为因而妄立炽盛尘劳爱染之果，这就违背远离了本修的圆通妙心，与涅槃城背道而驰，当生天魔种的外道种类之中。

"又，善男子穷诸行空，已灭生灭，而于寂灭精妙未圆。于命明中分别精粗，疏决真伪，因果相酬，唯求感应，背清净道；所谓见苦、断集、证灭、修道，居灭已休，更不前进，生胜解者，是人则堕定性声闻^①，诸无闻僧增上慢者成其伴侣，迷佛菩提，亡失知见。是名第九圆精应心成趣寂果，违远圆通，背涅槃城，生缠空种。

注释：

①定性声闻：唯修声闻之因，证声闻之果，不更进求佛道，称为"定性声闻"。

译文：

"又此修习三摩地的善男子，穷尽行阴而达于空，识阴显现，已经灭除七识迁流生灭行相，但寂灭精妙的识阴之体仍未圆满。此修行者对十二类众生命元根由了然明白，便于其中分别诸法之精、粗，疏通抉择圣道、外道之真、伪，并观察世、出世间都是因果相应，于是唯求感圣道、应寂灭果，背离了一乘实相清净之道；于所谓见苦谛、断集谛、证灭谛、修道谛，一旦证居于灭谛涅槃就停止，以为所作已办，中止化城，更不前进求大乘之道，并于此生起殊胜义解，此人则堕入定性声闻之中，那些增上慢的无闻比丘成为其伴侣，于是迷失了佛菩提真性，亡失了正知正见。此名为第九种以圆满专精求应之因心而成其趣向寂灭声闻果，这就违背远离了本修的圆通妙心，与涅槃城背道而驰，当生缠于偏空种类之中。

"又，善男子穷诸行空，已灭生灭，而于寂灭精妙未圆。若于圆融清净觉明，发研深妙，即立涅槃，而不前进，生胜解者，是人则堕定性辟支，诸缘、独伦不回心者成其伴侣，迷佛菩提，亡失知见。是名第十圆觉滔心成湛明果，违远圆通，背涅槃城，生觉圆明、不化圆种。

译文：

"又此修习三摩地的善男子，穷尽行阴而达于空，识阴显现，已经灭除七识迁流生灭行相，但寂灭精妙的识阴之体仍未圆满。此修行者如果于圆融、清净、觉明之观境中，发心研参深妙之悟，即立此妙悟之境以为究竟涅槃，而不前进更求无上菩提，并于此生起殊胜义解，此人则堕入定性辟支佛之中，那些缘觉、独觉中不肯回心趣向大乘的一类成为其伴侣，于是迷失了佛菩提真性，亡失了正知正见。此名为第十种以圆融觉明、清净通吻之因心而成其湛明寂灭之果，这就违背远离了本修的圆通妙心，与涅槃城背道而驰，当生觉吻圆明而不能融伦透悟空净圆影种类之中。

"阿难，如是十种禅那，中途成狂，因依迷惑，于未足中生满足证，皆是识阴用心交互，故生斯位。众生顽迷，不自忖量，逢此现前，各以所爱先习迷心而自休息，将为毕竟所归宁地，自言满足无上菩提，大妄语成，外道、邪魔所感业终，堕无间狱；声闻、缘觉不成增进。汝等存心秉如来道，将此法门于我灭后，传示末世，普令众生觉了斯义，无令见魔自作沉孽，保绥哀救，销息邪缘；令其身心入佛知见，从始成就，不遭歧路。

译文：

"阿难，如此十种禅那中，识阴将尽未尽之中途成为狂解，乃是由于因心迷惑而起妄执，进而于未圆满证悟之地妄生满足证地想，保果不前，都是识阴将破未破之际，用心不正，正心与妄念交互陵替，故产生此十种谬执之境。众生顽迷无知，不自思量，逢此妄执境界现前，各以所爱染的先世业习迷惑自心而自以为已到休止息心之境，并将此认为是究竟所归依的安宁寂灭之地，便自言已圆满具足了无上菩提，于是成为大妄语，当其外道、邪魔所感应的业报享尽之时，就会堕入无间地狱；而定性声闻、定性缘觉则不会再增进，永闭化城，不达宝所。你们存心秉持如来大乘菩提道，必须将此辨魔法门，在如来灭度后的末法时期，传承宣说，让所有的众生都能觉悟如此义理，不能让自心邪见之魔自作沉沦的罪孽，以保安禅心、哀救修行人，消除邪见之缘；令他们身心入于佛之知见，从开始直至成就证果，中途都不遭邪见歧路。

"如是法门，先过去世恒沙劫中，微尘如来乘此心开，得无上道。识阴若尽，则汝现前诸根互用，从互用中能入菩萨金刚干慧圆明精心，于中发化，如净琉璃，内含宝月；如是乃超十信、十住、十行、十回向、四加行心，菩萨所行金刚十地，等觉圆明，入于如来妙庄严海，圆满菩提,归无所得。此是过去先佛世尊奢摩他中,毗婆舍那觉明分析微细魔事。魔境现前,汝能谙识,心垢洗除,不落邪见。阴魔消灭,天魔摧碎,大力鬼神褫魄逃逝①,魑魅魍魉无复出生,直至菩提无诸少乏;下劣增进,于大涅槃,心不迷闷。若诸末世愚钝众生未识禅那,不知说法,乐修三昧。汝恐同邪,一心劝令持我佛顶陀罗尼咒;若未能诵,写于禅堂,或带身上,一切诸魔所不能动,汝当恭钦十方如来究竟修进最后垂范。”

注释:

①褫(chǐ):夺去。

译文:

“如此五阴辨魔的法门,乃先前过去世恒河沙劫中的微尘数如来,都因此法门而破内外魔境,心得开悟,成就无上菩提。识阴如果除尽,则你现前六根即得融通互用,从根根互用之中,即能进入菩萨金刚三昧干慧地之圆明精觉妙心,于中发起神通变化,其证悟境界就如同净琉璃内含着宝月,内外明彻,法界一味;如此即超越十信、十住、十行、十回向、四加行心,乃至超越菩萨所行金刚十地以及等觉圆明,直入如来妙庄严海,圆满菩提真性,归于无所得之一真法界。这是过去世先佛世尊于奢摩他中,以毗婆舍那觉明观智来分析微细魔事。若能信解奉持如来所说,则当魔境现前时,你便能熟识辨知,于诸境界妄计胜解之心垢洗除,不会落于邪见。由此,内之阴魔消灭,外之天魔摧碎; 大力鬼神也丧魄逃逝, 魑魅魍魉也不再出生扰乱, 直至无上菩提, 一切功德具足成就而无所乏少; 下劣二乘也回小向大, 增进菩萨道, 于无上大涅槃圣果心中不再迷闷。如果那些末法时期的愚昧众生未能认识禅定修行, 也不知佛所说的辨魔法要, 但是乐于修习三昧。你担心他们误入邪道, 同于邪人, 应当一心劝说他们持诵我所说的佛顶陀罗尼咒; 如果未能持诵, 就将其写于禅堂, 或将书写好的神咒带在身上, 这样, 一切诸魔就不能扰动, 你应当恭敬钦承十方如来究竟的修进之路以及最后的垂范。"

　　阿难即从座起, 闻佛示诲, 顶礼钦奉, 忆持无失, 于大众中, 重复白佛: "如佛所言, 五阴相中, 五种虚妄为本想心, 我等平常未蒙如来微妙开示。又此五阴, 为并消除? 为次第尽? 如是五重, 诣何为界? 惟愿如来发宣大慈, 为此大众清净心目, 以为末世一切众生作将来眼。"

译文:

　　阿难即从座位而起, 向佛顶礼, 钦奉佛的开示教诲, 口持心忆, 不敢忘失, 并于大众中再次向佛说: "如佛以上所说, 五阴相中, 以五种虚妄为根本想心, 我们平常未蒙如来作如此微妙开示。其次, 此五阴是一并消除, 还是次第消尽? 如此五重之五阴至于何处方为尽其边际界限? 唯愿如来宣发大慈悲予以开示, 使此会中的大众心目清净, 并且为末法时期的一切众生将来入道作正法眼。"

佛告阿难:"精真妙明,本觉圆净,非留死生及诸尘垢,乃至虚空,皆因妄想之所生起。斯元本觉,妙明真精,妄以发生诸器世间,如演若达多迷头认影。妄元无因,于妄想中立因缘性,迷因缘者称为自然;彼虚空性犹实幻生,因缘、自然皆是众生妄心计度。阿难,知妄所起,说妄因缘;若妄元无,说妄因缘元无所有,何况不知推自然者?是故如来与汝发明,五阴本因同是妄想。

译文:

佛告诉阿难:"精真妙明的本觉真心,本来是圆满清净,本来没有有情的生死及业惑的尘垢、乃至虚空世界等留碍其中,这些都是因为自心妄想才得以生起。此五阴等法元是本觉妙明真精中,一念妄动遂发生了诸器世间及有情世间,这就如演若达多迷头认影,迷失了自己本来就有的头,妄认镜中头影为真而发狂。一切妄相本来没有本因,却于妄想中假立因缘性以说明妄相生起,立因缘法已是方便,更何况又有迷因缘法者拨无因果,又称之为自然性;其实,即使是虚空性也实在是幻妄而生,更何况因缘、自然,都是因众生的妄心计度而有。阿难,如果能知道妄想之所以生起的原因,尚可以说妄想是从因缘而生;如果妄想本来就没有自体起因可得,则说妄想生起之'因缘'就更是本无所有,何况那些尚不知因缘法而谬推一切法因'自然'而生者?因此,如来为你阐明五阴之根本生因同是妄想，并有坚固妄想、虚明妄想、融通妄想、幽隐妄想、虚无妄想等五种差别。

"汝体先因父母想生，汝心非想，则不能来想中传命。如我先言，心想醋味，口中涎生；心想登高，足心酸起。悬崖不有，醋物未来，汝体必非虚妄通伦，口水如何因谈醋出？是故当知，汝现色身名为坚固第一妄想。

译文：

"你的身体首先是因父母的爱欲妄想而生起，但是，如果你的中阴身没有欲爱之想，就不会来与父母想心会合而神识入胎传续命根。如我先前所说，心中想到醋味，口中就会生出口水；心中想着登高，足心就会产生酸涩的感觉。悬崖并不曾有，醋物也并未拿来，而且你的身体也必定不是与虚妄之物同为一类，口水为何会因为谈论醋而生出？因此，应当知道，你现在的色身即是第一重坚固妄想。

"即此所说临高想心，能令汝形真受酸涩。由因受生，能动色体，汝今现前顺益、违损，二现驱驰，名为虚明第二妄想。

译文：

"即如前所说，登临高处的想心，能使你的身体真有酸涩的感受。由想心为因而有受阴生起，能动色阴形体而产生酸涩之妄受,如此则有你现前的顺益性的快乐和违损性的痛苦两种感受相互交替,驱役自心,驰流不息,即是第二重虚明妄想。

"由汝念虑,使汝色身,身非念伦,汝身何因随念所使种种取像,心生形取,与念相应?寤即想心,寐为诸梦,则汝想念摇动妄情,名为融通第三妄想。

译文:

"由于你的念头思虑,所以能役使你的色身,然而色身属色法,念虑属心法,色身与念虑不是同一类,你的色身为什么随着念虑的役使而攀缘前境、取着种种形像,心生念虑而后身形即随念取境,所取境像与念虑相应?想阴于醒时即是想心,睡着时则是各种梦境,故此你的想心念虑摇动妄情,即是第三重融通妄想。

"化理不住,运运密移,甲长发生,气销容皱,日夜相代,曾无觉悟。阿难,此若非汝,云何体迁?如必是真,汝何无觉?则汝诸行,念念不停,名为幽隐第四妄想。

译文:

"行阴变化之理是迁流不住,运行运迁密密推移,如指甲渐长,头发渐生,盛年之气渐渐消退,面容渐渐生起皱纹,新陈代谢,日夜变化,你却不曾觉察了悟。阿难,如果这些迁流变化的不是你自己，何以你的身体会变迁呢？如果此迁流实是你身中的变化，你为何又毫无觉知呢？故此你的一切行迁变化，念念不停，隐微难知，即是第四重幽隐妄想。

"又汝精明湛不摇处名恒常者，于身不出见闻觉知，若实精真，不容习妄；何因汝等曾于昔年睹一奇物，经历年岁忆忘俱无，于后忽然覆睹前异，记忆宛然，曾不遗失？则此精了湛不摇中，念念受熏，有何筹算？阿难当知，此湛非真，如急流水，望如恬静，流急不见，非是无流。若非想元，宁受妄习？非汝六根互用开合，此之妄想无时得灭。故汝现在见闻觉知，中串习几，则湛了内，罔象虚无，第五颠倒微细精想。

"阿难，是五受阴，五妄想成。

译文：

"若你识阴之精明、湛然不动摇处，名之为恒常不动性，然此性于众生身上不出见闻觉知等六用，如果此识实是精明真心，就不应容有习气种子的染妄；那么为何你们曾于以前看到一件奇物，经过数年后，对于它的记忆和遗忘都没有了，但后来忽然又见到这些奇物，却又记忆如新，并未忘失呢？则此精明、湛然不摇动的识精之中，念念受前六识的熏习，积习之多，无法筹算。阿难，你应当知道，此湛然不摇的识阴之体并不是真实的存在，如同急速流动的水，望去似乎十分恬静，其实是因为流动太急而看不出其流动相状，并不是水没有流动。因此，识阴如果不是妄想的根元，怎么会受妄习的熏染呢？除非你的六根能够修得互用开合自如，否则，此妄想就没有消灭之时。故此你现在的见、闻、觉、知、嗅、尝等六根之性粗相显现于外，而其中第八识念念受熏，有串习几微生灭之相，则湛了精明之体内，但是罔象虚无，似有而非有，似无而非无，即是第五重颠倒的微细精想。

"阿难，色、受、想、行、识五种受阴，是由以上五种妄想所成。

"汝今欲知因界浅深，惟色与空是色边际，惟触及离是受边际，惟记与忘是想边际，惟灭与生是行边际，湛入合湛归识边际。此五阴元重叠生起，生因识有，灭从色除。理则顿悟，乘悟并消；事非顿除，因次第尽。我已示汝劫波巾结，何所不明，再此询问？汝应将此妄想根元心得开通，传示将来末法之中诸修行者，令识虚妄，深厌自生，知有涅槃，不恋三界。

译文：

"你现在想知道五阴边际的深浅，唯有相之色与无相之空是色阴的边际，色是浅界，空是深界；唯取着之触及厌舍之离是受阴的边际，触是浅界，离是深界；唯有念之记与无念之忘是想阴的边际，记是浅界，忘是深界；唯定心细行之灭与散心粗行之生是行阴的边际，生相是浅界，灭相是深界；唯有所入之湛入境与无所入之合湛境是识阴的边际，入湛是浅界，合湛是深界。此五阴根元是一重叠一重次第生起，其生先从识阴开始次第而有，其灭则先从色阴开始次第消除。此五阴妄想，就理体而言则顿悟可尽，乘此开悟之力，五重妄想可一并消除；然事相上则不能顿时消除，必须依次第而得除尽。我前面已经以劫波巾为例讲解了结解之理，你为何仍不明白，又有这样的询问呢？你应将此五阴妄想的根本元由，参研深究，心得开悟，通达法义，将其传示给末法时期的修行者，使他们都能够认识五阴的虚妄，深切厌离生死之心自然生起，知道有不生不灭的涅槃境界而不再贪恋三界有漏杂染境界。

"阿难，若复有人遍满十方所有虚空，盈满七宝，持以奉上微尘诸佛，承事供养，心无虚度，于意云何？是人以此施佛因缘，得福多不？"

译文：

"阿难，如果有人用遍满十方一切虚空的七宝，持以奉上微尘数之多的诸佛，并一一承事供养，心无片刻虚度，你以为如何？此人以此布施佛的殊胜因缘，所得的福报多不多？"

阿难答言："虚空无尽，珍宝无边。昔有众生施佛七钱，舍身犹获转轮王位[①]，况复现前虚空既穷，佛土充遍皆施珍宝，穷劫思议尚不能及，是福云何更有边际？"

注释:

①转轮王：即转轮圣王，即位时，由天感得轮宝，转其轮宝，而降伏四方，故称"转轮王"。

译文:

阿难回答说："虚空之量无尽，珍宝之量无边。过去有一众生仅仅布施佛七钱，他在舍身去世后尚且获得转轮圣王位，何况现在穷尽虚空以及十方国土都充满珍宝来布施供养如来，此人所获福报即使穷劫思量计算尚不可及，这样所得福报怎么还有边际呢？"

佛告阿难："诸佛如来语无虚妄。若复有人身具四重、十波罗夷，瞬息即经此方、他方阿鼻地狱，乃至穷尽十方无间，靡不经历；能以一念将此法门于末劫中开示未学，是人罪障应念销灭，变其所受地狱苦因成安乐国，得福超越前之施人百倍、千倍、千万亿倍，如是乃至算数、譬喻所不能及。阿难，若有众生能诵此经，能持此咒，如我广说，穷劫不尽；依我教言，如教行道，直成菩提，无复魔业。"

译文:

佛告诉阿难："诸佛如来所说的话语绝无虚妄。如果有人犯了杀、盗、淫、妄四重戒，又犯了十波罗夷重罪，瞬息之间就经历此方、他方的阿鼻地狱，乃至十方世界所有的无间地狱无不经历；然而此人在将要堕落的时候，若能起一念，发心将此法门于末劫中传示给未学之人，此人的罪障就会应念消灭，转变其所遭受的地狱苦因成为安乐国土，此人所得的福报，超过前面所说的布施满世界七宝之人百倍、千倍、千万亿倍，乃至于算术、譬喻都无法说明。阿难，如果有众生能诵此经，能持此咒，所获得的福报，如我广说，穷无量劫也说不尽；又能依我的教言，如教奉行修道，就能直接成就菩提，不会再有一切魔业的扰乱。"

　　佛说此经已，比丘、比丘尼、优婆塞、优婆夷，一切世间天、人、阿修罗，及诸他方菩萨、二乘、圣仙童子，并初发心大力鬼神，皆大欢喜，作礼而去。

译文：
　　佛宣说此经后，在座的比丘、比丘尼、优婆塞、优婆夷，一切世间的天、人、阿修罗，以及诸他方的菩萨、声闻、缘觉、圣仙童子和初发心的大力鬼神等，皆大欢喜，向佛致礼而去。

延伸阅读书目

《大佛顶如来密因修证了义诸菩萨万行首楞严经》十卷，又名《中印度那兰陀大道场经于灌顶部录出别行》十卷，唐中天竺沙门般剌蜜帝译，菩萨戒弟子前正谏大夫同中书门下平章事清河房融笔受，乌苌国沙门弥伽释迦译语。《大正藏》第十九册。

《大佛顶如来密因修证了义诸菩萨万行首楞严经》，唐中天竺沙门般剌蜜帝译，金陵刻经处本。

《大佛顶如来放光悉怛多钵怛啰陀罗尼》一卷，唐大兴善寺三藏沙门不空译。《大正藏》第十九册。

《首楞严义疏注经》十卷，宋·长水子璿，《大正藏》第十六册。

《楞严经正脉疏》十卷，明·交光真鉴，《大正藏》第十八册。

《楞严经义疏释要钞》六卷，宋·长水怀远，《卍续藏经》第十一册。

《楞严经集注》十卷，宋·桐洲思坦集注，《卍续藏经》第十一册。

《楞严经笺》十卷，宋·可度，《卍续藏经》第十一册。

《楞严经要解》二十卷，宋·戒环，《卍续藏经》第十七册。

《楞严经熏闻记》五卷，宋·仁岳，《卍续藏经》第十七册。

《首楞严经会解》，元·惟则会解，上海古籍出版社，1991年。

《楞严经圆通疏》十卷，元·惟则会解，明·传灯疏，《卍续藏经》第十二册。

《楞严经通议》十卷，明·憨山德清，《卍续藏经》第十二册。

《楞严经摸象记》一卷，明·莲池袾宏，《卍续藏经》第十二册。

《楞严经玄义》二卷，明·蕅益智旭，《卍续藏经》第十三册。

《楞严经文句》十卷，明·蕅益智旭，《卍续藏经》第十三册。

《楞严经玄义》四卷，明·天台传灯疏，《卍续藏经》第十三册。

《楞严经疏解蒙钞》十卷，明·钱谦益，《卍续藏经》第十三册。

《楞严经直指》十卷，明·丹霞函昰，《卍续藏经》第十四册。

《楞严说通》（又名《楞严经贯摄》）十卷，清·刘道开，《卍续藏经》第十五册。

《楞严经观心定解》十卷，清·天台灵耀，《卍续藏经》第十五册。

《楞严经指掌疏》十卷，清·达天通理，《卍续藏经》第十六册。

《楞严经宝镜疏》十卷，清·溥畹，《卍续藏经》第十六册。

《楞严经宗通》十卷，明·曾凤仪，《卍续藏经》第十六册。

《大佛顶首楞严经摄论》，太虚撰，《太虚大师全集》第二十六册。

《大佛顶首楞严经研究》，太虚撰，《太虚大师全集》第二十七册。

《楞严经讲义》，圆瑛，佛教慈济文化服务中心，1988年印行。

《〈大佛顶首楞严经〉释译》，圆香居士语译，佛光出版社，

1997 年。

《楞严经白话注释》,王治平,上海佛学书局印行。

《楞严大义今释》,南怀瑾,复旦大学出版社,2001 年。

《大佛顶首楞严经译解》(上下册),智觉,《广东佛教》编辑部,2004 年印行。

《大佛顶首楞严经义贯》(上下册),成观,台湾文殊文教基金会,2006 年印行。

《首楞严经行法释要》,程叔彪,宗教文化出版社,2006 年。

《图解楞严经》,释见明,百花洲文艺出版社,2009 年。

《大乘起信论与楞严经考辨》,张曼涛主编《现代佛教学术从刊》第三十五册,大乘文化出版社,1978 年。

《吕澂佛学论著选集》,齐鲁书社,1991 年。